Así es
Microsoft Windows 98

Así es
Microsoft Windows 98

Russell Borland

Traducción

LUIS LIRAS ROLDÁN
Ingeniero Superior de Telecomunicación

MARCOS CHECA RUBIO
Ingeniero en Informática

Revisión técnica

ANTONIO VAQUERO SÁNCHEZ
Catedrático de Lenguajes y Sistemas Informáticos
Escuela Superior de Informática
Universidad Complutense de Madrid

MADRID • BUENOS AIRES • CARACAS • GUATEMALA • LISBOA • MÉXICO
NUEVA YORK • PANAMÁ • SAN JUAN • SANTAFÉ DE BOGOTÁ • SANTIAGO • SÃO PAULO
AUCKLAND • HAMBURGO • LONDRES • MILÁN • MONTREAL • NUEVA DELHI • PARÍS
SAN FRANCISCO • SIDNEY • SINGAPUR • ST. LOUIS • TOKIO • TORONTO

Traducción de la primera edición en inglés
Introducing Microsoft Windows 98
ISBN: 1-57231-630-6

Copyright © 1998 por Russell Borland

Publicado por McGraw-Hill Interamericana de España por acuerdo con el editor original, Microsoft Corporation, Redmond, Washington, EE.UU.

ISBN: 84-481-1361-6
Depósito legal: M. 6.584-1998

Editor: José Domínguez Alconchel
Compuesto en: Puntographic, S. L.
Impreso en: LAVEL, S. L.

IMPRESO EN ESPAÑA - PRINTED IN SPAIN

Contenido

Capítulo 8. Creación y publicación de páginas Web 199

PARTE 3. EXTENSIÓN DEL ALCANCE DE WINDOWS 98 213

Capítulo 9. Las redes en Windows 98 215

Capítulo 10. Impresión 259

Agradecimientos

Doy las gracias a la plantilla de editorial y producción de Microsoft Press, que ha realizado un extraordinario esfuerzo para crear este libro en un tiempo récord: Kim Fryer, editora de adquisiciones; Sally Stickney, editora de proyecto y manuscrito; Kathleen Atkins y Victoria Thulman, editoras de manuscrito; Jean Ross y Marc Young, editores técnicos; Sandra Haynes, maquetadora jefe; Travis Beaven, ilustraciones; Bill Teel, captura de pantallas, y Shawn Peck, supervisor de la corrección de pruebas.

Dedicado al sueño de ver un elemento informático en cada puesto de trabajo y en cada hogar, que nos ponga la información al alcance de la mano, hacia el cual Windows 98 constituye un paso hacia adelante.

Limitaciones

Este documento tiene un carácter exclusivamente informativo. La información contenida en este documento representa la opinión actual de Microsoft Corporation sobre los temas descritos en el momento de la publicación de este libro. Puesto que Microsoft debe adaptarse a los cambios que experimenta el mercado, esta información no debe interpretarse como un compromiso por parte de Microsoft. Microsoft no puede garantizar la exactitud de la información presentada en este libro después de la fecha de publicación.

La información incluida en este documento se entrega «tal cual», sin ningún tipo de garantía, expresa o implícita, incluyendo, aunque sin limitarse a ellas, las garantías implícitas de comerciabilidad, idoneidad para un fin específico y libertad para su incumplimiento. El usuario asume todos los riesgos relativos a la precisión y utilización de este documento.

Introducción

Este libro describe Microsoft Windows 98, el sucesor de Microsoft Windows 95, quien revolucionó el aspecto y funcionamiento de Microsoft Windows. Construido sobre los sólidos cimientos de Windows 95, Windows 98 amplía las innovaciones heredadas.

Con Windows 98 podrá aprovechar al máximo las nuevas tecnologías y plataformas de entretenimiento, llevando a su escritorio el mundo de Internet y las intranets con Microsoft Internet Explorer 4.0. Como verá más adelante en esta Introducción, las nuevas características de Windows 98 benefician a todos los usuarios. Sea un usuario doméstico, de empresa o móvil, un desarrollador o un administrador de sistemas, podrá comprobar que Windows 98 hace que su PC sea más fiable, rápido, mejor integrado con el Web, más fácil de mantener y más divertido. Y además de proporcionar nuevas y excitantes funciones, Windows 98 sigue admitiendo las anteriores aplicaciones y tecnologías basadas en Windows, lo que permite a las empresas proteger sus inversiones.

Para proporcionarle una vista de Windows 98 lo más completa posible en poco espacio, este libro incluye algunos temas que han cambiado poco o que no han cambiado desde Windows 95. Para aquellos lectores familiarizados con Windows 95, las partes más interesantes de este libro serán probablemente las descripciones de las nuevas características y ventajas de Windows 98.

Como un primer paso hacia la descripción de cómo Windows 98 mejora a Windows 95, el apartado siguiente resume brevemente la historia de Windows 95.

Una breve historia de Windows 95

Desde su introducción en agosto de 1995, Windows 95 ha demostrado ser un sólido sistema operativo para computadoras personales. La facilidad de uso y compatibilidad de este sistema operativo de 32 bits ha permitido a todos los clientes incrementar su productividad, ahorrar tiempo y divertirse más. A continuación se detallan algunos hechos que le permitirán tener una mejor perspectiva:

- Windows 95 ha superado el número de 50 millones de unidades vendidas. International Data Corporation (IDC) espera que la base instalada de Windows 95 crezca en 1997 hasta los 132 millones.

- Los clientes pueden elegir entre 348 fabricantes de hardware, 267 fabricantes de software y 273 fabricantes de PC que se han ganado el logotipo Designed for Windows 95 (diseñado para Windows 95).

🌐 Las últimas versiones de los productos más vendidos, de los VAR (suministradores de valor añadido) y de las aplicaciones de negocio están escritas para Windows 95.

🌐 El 95 por ciento de los editores de software educativo desarrollan sus aplicaciones para Windows 95.

La razón de la aceptación de Windows 95 es que Microsoft sigue atendiendo las necesidades de sus clientes. En particular, los usuarios seleccionan Windows 95 por las siguientes razones:

🌐 Es fácil de usar.

🌐 Incluye tecnologías que mejoran su mantenimiento.

🌐 Funciona con el hardware y software disponible.

🌐 Proporciona conectividad de red completa con todos los sistemas más importantes.

🌐 Windows es la plataforma para el desarrollo de tecnologías de Internet.

En el siguiente apartado podrá encontrar una breve introducción a las mejoras que ofrece Windows 98.

Una versión nueva y mejorada: Windows 98

Windows 98 está diseñado para ayudarle de las siguientes formas:

Aprovechar las últimas innovaciones en hardware y software

En los últimos años, los avances de hardware y software han conseguido el respaldo de la industria. Innovaciones como el Bus serie universal (USB), IEEE 1394, FAT32 y DVD prometen nuevos niveles en la utilización de los PC. Windows 98 proporciona soporte integrado para estos avances de hardware y software de forma que se puedan aprovechar al máximo.

Trabajar con un entorno más sencillo, más rápido y más productivo

Microsoft siempre trabaja para facilitar la utilización de las computadoras y para poner la información al alcance de su mano. Las nuevas características y tecnologías de Windows 98 pueden ayudarle a encontrar y dar formato a la información más rápidamente que nunca, incrementar la velocidad de sus aplicaciones y conexiones de red y automatizar la conexión a unidades de red y la creación de accesos directos.

Trabajar en un entorno más fiable y con mejor mantenimiento

Uno de los objetivos de Microsoft es reducir los costes de la adquisición de un PC, a la vez que se incrementan los beneficios por utilizarlo. Windows 98 incluye características y funcionalidad que permiten configurar sistemas, resolver problemas y mantener actualizados los PC. Windows 98 puede automatizar la instalación de nuevos controladores, parches y otros componentes actualizables.

Aprovechar al máximo Internet con una integración completa

Al incorporar la versión 4.0 del visualizador Web Internet Explorer, Windows 98 contiene todo aquello que necesita para aprovechar al máximo Internet y la intranet de su empresa. Funciones de búsqueda avanzadas, herramientas de comunicación por Internet y tecnologías para automatizar la publicación de información en Internet e intranets proporcionan un nuevo nivel de integración en Windows 98.

Más diversión

El soporte multimedia le permitirá recibir películas y sonido de alta calidad, incluso DIRECTV, directamente en su escritorio.

Otros recursos

Si desea mantenerse informado de las últimas noticias relativas a Windows 98, consulte el nodo Web de Microsoft en:

http://www.microsoft.com/regwiz/personalinfo.asp

En este nodo puede suscribirse a la lista de distribución *Exploring Windows* de Microsoft. También puede suscribirse a *Windows Technology News* para conocer la última información técnica necesaria para todas aquellas personas que están construyendo, comprando o manteniendo un sistema Windows 98 o Microsoft Windows NT. Aquellos que deseen hacer más hincapié en los temas de empresa, pueden suscribirse a *BackOffice News* para obtener información puntual de Microsoft BackOffice y productos de otros fabricantes de informática empresarial. Si tiene un módem o acceso a Internet, podrá obtener información actualizada del último minuto, nuevos borradores de documentos, recortes de prensa y más información sobre la documentación de Windows 98 directamente de Microsoft.

También puede suscribirse al servicio de noticias electrónico *Exploring Windows* de Microsoft si envía un mensaje de correo electrónico a:

microsoft-request@microsoft.nwnet.com

Escriba *subscribe explore* en una línea del cuerpo del mensaje.

Si desea comprobar los últimos cambios que van produciéndose en Windows 98 a medida que va finalizando su desarrollo, revise la página de actualizaciones de este libro en el nodo Web de Microsoft Press:

http://mspress.microsoft.com/mspress/products/1428

INSTALACIÓN
Y CONFIGURACIÓN

1

Instrucciones para instalar Windows 98

LA MAYORÍA DE LOS USUARIOS tendrán su primer contacto con Microsoft Windows 98 durante la instalación. Para asegurar que el proceso de instalación se desarrolle sin problemas, el programa Instalar de Windows 98 se ha rescrito en su totalidad para ofrecer una mayor flexibilidad y una mejor personalización que la que tenía en Windows 95. Así, los usuarios principiantes y de nivel intermedio ya no se ven enfrentados a una serie de preguntas para las que no tienen respuesta, y los usuarios avanzados no ven puesta a prueba su paciencia. El nuevo programa Instalar hace que la instalación de Windows 98 sea un proceso sencillo para todos los usuarios, independientemente de su nivel.

Nota. Después del lanzamiento oficial de Microsoft Windows 98, los usuarios podrán comprar computadoras PC con Windows 98 preinstalado, por lo que probablemente nunca van a tener que ejecutar el programa Instalar.

REQUISITOS DEL SISTEMA

Para ejecutar Windows 98 es preciso disponer de un PC con Windows 95 o con un disco duro recién formateado. En esta versión no es posible actualizar desde Windows 3.*x*. Como mínimo, el sistema debe ser un 386 con 4 megabytes (MB) de RAM. Se puede mejorar el rendimiento si se utiliza un PC con un procesador 486 o superior y al menos 8 MB de RAM.

INSTALACIÓN DE WINDOWS 98

Para instalar Windows 98 es preciso ejecutar el programa Instalar incluido en el CD-ROM de Windows 98. Este programa puede ejecutarse desde una instalación Windows 95 ya existente o con un disco duro recién formateado.

Instalación de Windows 98 desde Windows 95

Para instalar Windows 98 desde Windows 95 es necesario seguir los pasos que figuran a continuación:

1. Inserte el CD-ROM de Windows 98 en la unidad lectora de CD-ROM. El programa Instalar se ejecuta automáticamente.
2. Siga las instrucciones que aparecen en la pantalla.

Instalación de Windows 98 en un disco duro recién formateado

Para instalar Windows 98 en un disco duro recién formateado, siga los pasos que figuran a continuación de la Nota.

Nota. Los pasos siguientes utilizan la herramienta FDISK.EXE. Si no está familiarizado con este programa, consulte la documentación asociada de MS-DOS o Windows 95.

1. Cree un disco de inicio de Windows 95. Para crearlo, haga lo siguiente:

   — Haga clic en el botón Inicio.

   — En el menú de Inicio, haga clic en Configuración y, a continuación, en el Panel de control.

   — En la ventana del Panel de control, haga doble clic en Agregar o quitar Programas.

   — En el cuadro de diálogo de Propiedades de Agregar o quitar programas, haga clic en la lengüeta Disco de inicio y, a continuación, haga clic en Crear disco.

   — Siga las instrucciones que aparecen en la pantalla.

Importante. Asegúrese de que el disco de inicio de Windows 95 contiene los archivos FDISK.EXE y FORMAT.COM

2. Inserte el disco de inicio de Windows 95 en la disquetera y reinicialice la computadora.
3. Una vez reinicializada, aparece en la pantalla el indicador de MS-DOS, C:\>. Escriba *A:* para cambiar a la unidad A. Escriba *FDISK* y pulse INTRO.

Nota. Al ejecutar *FDISK* se borra toda la información del disco duro.

---

4. Elimine todas las particiones del disco duro.
5. Cree una partición DOS primaria y asegúrese de que su estado es A (activa).
6. Salga de FDISK.
7. Una vez que se haya reinicializado la computadora, escriba *FORMAT C: /S* y pulse INTRO.
8. Cuando termine el proceso de formateado, extraiga el disco de inicio de Windows 95.
9. Pulse CTRL+ALT+SUPR para inicializar la computadora.
10. Ahora debe habilitar la unidad de CD-ROM. Para ello, instale el controlador de CD-ROM para el modo real de MS-DOS adecuado a su unidad IDE o SCSI.
11. Reinicialice la computadora.
12. Inserte el CD-ROM de Windows 98 en la unidad lectora de CD-ROM.
13. Ejecute INSTALAR.EXE desde el indicador del sistema de MS-DOS.
14. Siga las instrucciones que aparecen en la pantalla.

AYUDAS PARA LA CONFIGURACIÓN DE WINDOWS 98

El programa de instalación de Windows 98 tiene varias características que facilitan y agilizan su uso con respecto a los anteriores programas Instalar.

Programa de instalación gráfico

El programa Instalar de Windows 98 permite realizar el proceso de instalación de forma totalmente gráfica. Este tipo de entorno simplifica la interacción con el usuario, ya que permite mostrarle información visual y flexibiliza la navegación a través del proceso de instalación. Para crear este entorno gráfico, el programa Instalar de Windows 98 se ejecuta en el entorno de Windows. Los usuarios con Windows 95 ejecutan el programa de instalación de la misma manera que lo harían con cualquier otro programa basado en Windows. En las instalaciones nuevas, el programa de instalación de Windows 98 incluye los componentes necesarios para instalar una versión mínima de Windows, que permite la ejecución gráfica de la instalación.

El programa de instalación gráfico de Windows 98 muestra más información a los usuarios durante el proceso de instalación. De esta manera, los usuarios saben en todo momento en qué paso de la instalación se encuentran y qué tarea está efectuando el sistema.

Detección de hardware

Durante el proceso de instalación, Windows 98 detecta los dispositivos hardware y los componentes configurados en la computadora. Esta información se utiliza para instalar los controladores y establecer las entradas adecuadas del Registro. Windows 98 proporciona detección de hardware y mecanismos de configuración para una amplia gama de dispositivos.

Windows 98 ofrece detección directa para los componentes básicos de la computadora, como puertos de comunicaciones y tipo de procesador, pero también es capaz de detectar sin problemas otros dispositivos del sistema, como adaptadores de vídeo, dispositivos apuntadores, controladoras de discos duros, controladoras de unidades de disquete y tarjetas adaptadoras de red.

Algunos recursos hardware, como IRQ, direcciones de E/S o el número de DMA, pueden provocar muchos problemas al instalar un sistema operativo, ya que en aquellos casos en los que dos o más dispositivos comparten un mismo recurso puede ocurrir que el sistema no pueda funcionar correctamente. La instalación de Windows 98 ayuda a detectar conflictos en los recursos hardware durante el proceso de configuración.

Windows 98 detecta los componentes y dispositivos hardware de una de las dos maneras siguientes:

- Mediante detección Plug and Play, para identificar los dispositivos y periféricos Plug and Play.

- Mediante un mecanismo de detección por consulta, para los dispositivos y periféricos antiguos.

Una vez que Instalar detecta un dispositivo, Windows 98 instala los controladores de dispositivo adecuados y configura el sistema.

Mejor control sobre los componentes instalados

Los usuarios tienen ahora un mejor control sobre los componentes y las diversas partes de Windows 98 instaladas durante el proceso de instalación. Gracias a la arquitectura modular de Windows 98, los usuarios pueden seleccionar las opciones que debe instalar Windows 98 para obtener la funcionalidad deseada.

Mecanismo de recuperación inteligente de la instalación

Windows 98 proporciona un mecanismo de recuperación cuando se produce un fallo durante la ejecución del programa Instalar. Durante el proceso de instalación, Windows 98 crea y escribe en un archivo de registro a medida que se van efectuando las operaciones de configuración y se detectan los dispositivos hardware. Si falla la instalación, como cuando por ejemplo la máquina se cuelga durante la detección hardware, la última línea del registro identifica en qué paso se ha interrumpido el proceso. Para recuperarse y continuar, los usuarios sólo deben volver a ejecutar el programa Instalar, ya que éste se da cuenta de que ya se ha ejecutado con anterioridad y prosigue desde el punto en que se quedó la última vez. Cuando se cuelga la máquina durante la detección hardware, el sistema evita el módulo de detección en el que se ha producido la caída y permite a los usuarios seleccionar manualmente el dispositivo correcto instalado o conectado al sistema.

Verificación de los archivos del sistema

Durante el proceso de instalación y configuración (y posteriormente durante el mantenimiento del sistema Windows 98), Windows 98 crea y mantiene un registro de los componentes instalados. Esta información forma parte del mecanismo de recuperación inteligente de la instalación y permite comprobar la integridad de los componentes instalados.

Si se ejecuta Instalar una vez que Windows 98 está en funcionamiento, el programa pregunta al usuario si desea reinstalar Windows 98 o si, por el contrario, quiere comprobar los componentes instalados. En este último caso, Instalar examina el registro de instalación y ejecuta el proceso de instalación *sin* instalar los componentes del sistema. Así, comprueba la integridad de los archivos instalados con respecto a los archivos que se encuentran en el disco de instalación de Windows 98. Si la comprobación de integridad falla porque falta o está corrupto algún archivo de la computadora, el programa instala automáticamente el archivo en cuestión.

Cuando se necesita conocer qué archivos faltan o qué configuraciones están corruptas, esta función de Windows 98 simplifica enormemente el trabajo. Como consecuencia, el control de la configuración es menos costoso, tanto en tiempo como en dinero.

Configuración de red

Para efectuar la actualización de los usuarios que tienen Windows 95, Microsoft Windows 98 puede instalarse en red. Windows 98 ofrece la misma funcionalidad para ejecutarse en red que la que tiene Windows 95, aunque tiene algunas mejoras para satisfacer las necesidades de las organizaciones de gestión.

Además del soporte básico para computadoras autónomas, Windows 98 permite las siguientes configuraciones:

- Instalación y ejecución de Windows 98 desde una computadora local de la red.

- Instalación y ejecución de Windows 98 desde un servidor de red, en vez de instalarlo en la computadora local.

- Instalación de Windows 98 en un servidor de red y ejecución en computadoras sin disco que arrancan desde el servidor de red.

- Instalación de Windows 98 en un servidor de red y ejecución en computadoras con una sola unidad de disquete que ejecutan Windows 98 desde el servidor de red.

Si desea obtener más información acerca del soporte de red de Windows 98, consulte el Capítulo 9, «Las redes en Windows 98».

Memoria de la localización de la instalación por red

Cuando los usuarios modifican la configuración de sus PC en un entorno de red, el programa de instalación de Windows 98 realiza la instalación de los nuevos controladores con facilidad, ya que recuerda la localización de la red desde donde se instaló Windows 98. Sea un servidor NetWare o Windows NT, cuando los usuarios añaden un controlador o necesitan controladores adicionales para ejecutar correctamente Windows 98, Instalar trata de obtener automáticamente los archivos del servidor de red. Instalar almacena una ruta de acceso UNC en el Registro, lo que elimina la necesidad de mantener una conexión permanente con el PC.

Instalación por lotes

Windows 98 incorpora una opción para realizar instalaciones por lotes que permite utilizar un script para automatizar el proceso de instalación. Los administradores de sistemas pueden simplificar a los usuarios el procedimiento de instalación si especifican respuestas para las preguntas que formula Instalar y fijan los valores predeterminados para instalar y configurar dispositivos, como pueden ser las impresoras.

Para ello se debe utilizar la herramienta NetSetup, incluida con Windows 98, que crea scripts de procesamiento por lotes, donde se especifican todas las opciones necesarias para el programa de instalación, de manera que puedan hacerse instalaciones desatendidas.

Utilización de la configuración de Windows 95

Durante el proceso de actualización, Windows 98 utiliza la información de configuración existente para establecer los valores predeterminados y examina el contenido de algunos archivos INI y los valores del Registro para determinar cuáles son las opciones más adecuadas en la instalación.

Windows 98 almacena la información de configuración y convierte las características de interfaz de usuario o la funcionalidad de Windows 95 a su equivalente en Windows 98.

Otras mejoras de la instalación

El programa Instalar de Windows 98 se ha mejorado para reducir el tiempo de instalación, a la vez que se incrementa la fiabilidad general:

- Cuando se actualiza desde Windows 95, Windows 98 utiliza los mismos parámetros que la instalación actual, por lo que se puede ejecutar el proceso de instalación más deprisa y con una menor intervención del usuario.

- La detección del hardware antiguo se hace ahora durante el primer arranque de Windows 98, una vez que se han configurado todos los dispositivos Plug and Play, lo que permite realizar una detección más rápida y fiable.

- Instalar ofrece la opción de almacenar los archivos del sistema en el disco duro, de manera que puede desinstalarse Windows 98 y volver a utilizar Windows 95.

- El disco de inicio de emergencia (EBD) ahora contiene un controlador ATAPI en modo real para CD-ROM, lo que permite utilizar los dispositivos CD-ROM cuando se arranca con el EBD. Este controlador puede no ser compatible con todas las unidades de CD-ROM, aunque se ofrece como un posible sustituto si los controladores de modo real instalados en la máquina no pueden utilizarse.

EL PROCESO DE INSTALACIÓN

El programa Instalar de Windows 98 proporciona diversas opciones para satisfacer los cuatro escenarios siguientes:

- 🌐 **Típica.** La mayoría de los usuarios seleccionan esta opción para realizar la instalación normal de Windows 98.

- 🌐 **Portátil.** Esta opción instala los componentes de Windows 98 útiles para los usuarios de computadoras portátiles o móviles.

- 🌐 **Compacta.** Esta opción realiza una instalación compacta de Windows 98, de manera que se instala el mínimo número de archivos necesarios para su funcionamiento.

- 🌐 **Personalizada.** Esta opción permite personalizar totalmente el proceso de configuración de Windows 98, de manera que los usuarios pueden instalar todos los componentes o sólo aquellos seleccionados.

El proceso de instalación de Windows 98 está dividido en cuatro fases lógicas:

- 🌐 Copia de los componentes de Windows 98.

- 🌐 Detección del hardware.

- 🌐 Recogida de información sobre la configuración.

- 🌐 Configuración final del sistema.

Los siguientes apartados describen lo que sucede en cada una de estas fases.

Fase de copia de archivos

Esta es la fase de instalación más sencilla. Una vez que los usuarios ejecutan Instalar, se inicia la copia de archivos del disco de instalación de Windows 98 (o del servidor de red, si así se indica). Cuando los archivos necesarios se han terminado de copiar en el PC, Instalar solicita al usuario que retire los discos de las disqueteras y reinicializa el sistema para comenzar la configuración.

Fase de detección de hardware

Durante la fase de detección de hardware, Instalar analiza los componentes del sistema y detecta los dispositivos hardware instalados y los periféricos conectados. En esta fase, Windows 98 analiza el sistema para identificar los recursos hardware disponibles (por ejemplo, IRQ, direcciones de E/S y números DMA), identifica la configuración de los componentes hardware instalados (por ejemplo, las IRQ utilizadas) y construye el árbol de hardware del Registro.

Durante la instalación, Windows 98 utiliza mecanismos de detección de dispositivos hardware. Para los PC antiguos, Windows 98 mantiene una base de datos de dispositivos hardware conocidos y efectúa una detección manual en los puertos de E/S y en direcciones específicas de memoria para tratar de identificar si algún dispositivo conocido los está utilizando. Windows 98 también comprueba los periféricos Plug and Play conectados a los PC antiguos, quienes devuelven sus propios códigos de identificación. En los PC con BIOS Plug and Play, Windows 98 solicita al PC información acerca de los dispositivos conectados y la configuración que utilizan (Windows 98 también comprueba los periféricos Plug and Play conectados a los PC con Plug and Play).

Durante la fase de detección, Windows 98 trata de identificar los posibles conflictos de hardware y proporciona un mecanismo para superar los problemas de configuración hardware.

Fase de obtención de información de configuración

Windows 98 utiliza la información obtenida durante la fase de detección de hardware para determinar qué componentes del sistema se deben instalar. Los usuarios pueden revisar los componentes que va a instalar Windows 98 y eliminar o agregar los que deseen.

Fase de configuración final del sistema

Durante la configuración final del sistema, Instalar examina la configuración existente de Windows. Una vez actualizados los archivos y configurado el sistema, Instalar guía a los usuarios durante el proceso de configuración de los dispositivos periféricos, como módem e impresoras, conectados al sistema. Cuando finaliza esta configuración, Windows 98 está preparado para utilizarse.

DESINSTALACIÓN

Windows 98 ofrece la posibilidad de desinstalarse. Durante la instalación se muestra una página del Asistente que pregunta si se desean almacenar los archivos del sistema para una posterior desinstalación. Si se responde afirmativamente, Instalar almacena los archivos existentes del sistema en el disco duro para una posible futura desinstalación.

Para desinstalar Windows 98 y volver a Windows 95, los usuarios sólo tienen que dirigirse al icono Agregar o quitar programas del Panel de control y seleccionar la opción adecuada de la página de propiedades Instalar o desinstalar.

ASISTENTE DE REGISTRO EN LÍNEA

Cuando un usuario adquiere un producto software, normalmente debe cumplimentar y enviar una tarjeta de registro para indicar a la empresa de software que ahora posee una licencia del software y, por tanto, es un candidato a ciertos beneficios exclusivos, como la notificación de versiones actualizadas. Windows 98 contiene la clásica tarjeta de registro de papel, pero también ofrece una versión electrónica de dicha tarjeta de registro, conocida como el Asistente de registro, que se muestra en la Figura 1.1.

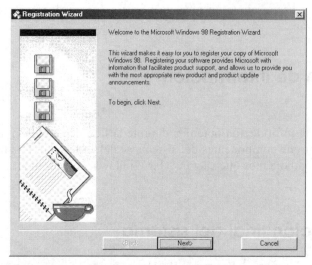

Figura 1.1
El Asistente de registro facilita la operación de registro de los productos software.

¿Por qué ofrece Microsoft una tarjeta de registro electrónica?

Actualmente, muchos usuarios no se molestan en registrar su software porque les resulta incómodo cumplimentar y enviar por correo una tarjeta de registro de papel. Otros tienen dudas en el momento de rellenar la tarjeta porque no conocen el sistema hardware de su computadora o el número de versión del producto. En Microsoft, las tarjetas de registro de papel deben introducirse manualmente en la base de datos de clientes, proceso proclive a errores y que consume mucho tiempo.

Con Windows 98, Microsoft ofrece a los usuarios la opción de registrarse con el Asistente de registro, mostrado en la Figura 1.2 de la página siguiente. El Asis-

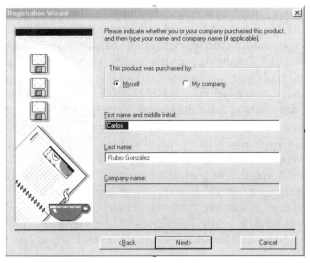

Figura 1.2
El Asistente de registro solicita el mismo tipo de información
que las tarjetas de registro de papel.

tente de registro guía a los usuarios paso a paso en el proceso de registro y cumplimenta muchos de los campos automáticamente. Puesto que la información se envía a Microsoft de forma electrónica, puede procesarse más rápidamente y con más precisión.

¿Qué sucede cuando se registra el usuario?

Es preciso tener en cuenta que registrarse es completamente opcional. Si un usuario desea registrarse, bien con la tarjeta de papel o bien con el Asistente de registro, se añade a una base de datos de clientes registrados. Estos usuarios son los primeros que reciben notificaciones acerca de versiones actualizadas (normalmente con ofertas especiales de actualización), nuevos productos y otras ventajas. El proceso de registro permite a Microsoft enviar información relativa a sus programas específicos para las necesidades e intereses particulares de cada usuario. En algunas ocasiones, otros fabricantes solicitan el envío de información que creen que puede ser útil para los usuarios registrados, aunque éstos pueden especificar durante el proceso de registro si desean recibir este tipo de información.

¿Cómo funciona el Asistente de registro?

El Asistente de registro ayuda a los usuarios a proporcionar la información que normalmente deberían escribir en la tarjeta de registro de papel. Por ejemplo, en primer lugar, se solicita el nombre, nombre de empresa, dirección y número de teléfono del usuario. El usuario tiene la opción de enviar información acerca de la configuración de la computadora y de los periféricos hardware (como el módem o la unidad de CD-ROM). El Asistente de registro facilita la obtención de la información del sistema, ya que la obtiene directamente del Registro de Windows, y muestra una lista con la información de configuración de la máquina. El Asistente también pregunta al usuario si desea enviar información relativa a las aplicaciones de su sistema. Para registrarse no es necesario enviar información acerca del hardware o del software, y no se envía a Microsoft, a menos que el usuario lo indique explícitamente.

¿Por qué deben los usuarios enviar información adicional relativa a la configuración? Esta información ayuda a Microsoft a construir mejores productos y permite ofrecer a los usuarios una mejor asistencia y mejores programas. Por ejemplo, la información relativa al sistema, como la memoria, el espacio de disco y la presencia de CD-ROM, permite a Microsoft comprender mejor las configuraciones de los usuarios y, como consecuencia, diseñar productos que satisfagan las necesidades de la mayoría de ellos.

El Asistente de registro *no* envía información sin el consentimiento explícito del usuario. La información del disco duro o de la memoria no puede enviarse accidentalmente. El Asistente de registro no tiene forma alguna de enviar información que el usuario no haya visto previamente en la pantalla (véase Figura 1.3).

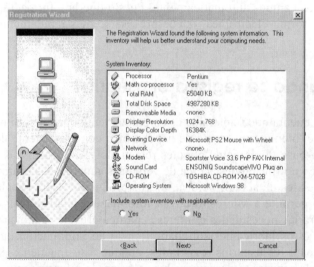

Figura 1.3
Los usuarios deben confirmar explícitamente si desean que se incluya la información del sistema con el registro.

Si los usuarios desean observar la información exacta recogida durante el proceso de registro en línea, pueden consultar el archivo REGINFO.TXT, que se encuentra en el directorio C:\WINDOWS de la computadora.

2

Introducción a las nuevas características de Windows 98

EL CONTENIDO DE ESTE CAPÍTULO describe las nuevas características de Microsoft Windows 98. Estas características pueden repartirse en las siguientes categorías:

- 🌐 Plataforma abierta a las innovaciones.
- 🌐 Sencillez, rapidez y mayor potencia.
- 🌐 Fiabilidad y capacidad administrativa mejoradas.
- 🌐 Integración con Internet (Microsoft Internet Explorer 4.0).

UNA PLATAFORMA ABIERTA A LAS INNOVACIONES

Las características de Windows 98 admiten los últimos avances de hardware y software.

Modelo de controladores Win32

El Modelo de controladores Win32 (WDM) es un modelo nuevo y unificado para Windows 98 y Microsoft Windows NT 5.0. WDM permite que muchos dispositivos tengan el mismo controlador en ambos sistemas operativos. WDM se ha implementado en Windows 98 mediante un controlador de dispositivos virtual (NTKERN.VXD) que incluye algunos de los servicios del Kernel de Windows NT. Este controlador permite la coexistencia en Windows 98 de los controladores de dispositivos antiguos junto con los nuevos.

FAT32

FAT32 es una versión mejorada del sistema de archivos FAT que permite formatear discos de más de 2 gigabytes en una única partición de disco. Además, utiliza tamaños de bloques más pequeños, lo que significa un mejor aprovechamiento del espacio en los discos grandes y una mayor eficiencia.

Utilidad de conversión FAT32

Para conseguir una mayor flexibilidad, Windows 98 incluye una utilidad de conversión gráfica a FAT32 que permite convertir discos duros con la versión original de FAT a la nueva FAT32 de una forma rápida y segura.

Mejoras en la administración de energía

Windows 98 incorpora funciones de Configuración avanzada e interfaz de energía (ACPI). ACPI es una especificación abierta propuesta por Intel, Microsoft y Toshiba que define las interfaces hardware necesarias para obtener una funcionalidad estándar de administración de energía en los sistemas PC. Además de ACPI, Windows 98 incluye extensiones de Administración de energía avanzada (APM) 1.2, con parada de los discos duros, PCMCIA, apagado del módem y encendido por llamada telefónica.

Capacidad para varios monitores simultáneos

Esta característica permite utilizar varios monitores y/o varios adaptadores gráficos en un único PC. La posibilidad de visualizar el escritorio de trabajo en varios monitores puede ser extremadamente útil en muchos entornos, como la autoedición, desarrollo de páginas Web, edición de vídeo y entretenimiento.

Soporte para una nueva generación de hardware

Uno de los objetivos principales de Windows 98 es proporcionar un soporte completo para los usuarios que desean aprovechar al máximo los últimos adelantos incorporados al hardware de sus computadoras. Algunos de los estándares hardware más importantes que admite Windows 98 son el Bus serie universal (USB), IEEE 1394, Puerto gráfico acelerado (AGP), ACPI y Videodisco digital (o disco versátil digital, DVD).

MAYOR POTENCIA

Estas características forman parte de la nueva interfaz de Windows 98 y hacen que sea más sencillo, rápido y potente trabajar con Windows 98, con los programas y aplicaciones y con configuraciones especiales de hardware.

Interfaz integrada con Internet

Con la interfaz integrada con Internet de Windows 98, el acceso a Internet forma parte de la interfaz de usuario. Ya no es necesario aprender a utilizar varias aplicaciones, una para consultar la información local, otra quizá para acceder a la red, e incuestionablemente otra para utilizar Internet o una intranet. La interfaz integrada con Windows 98 unifica todas estas aplicaciones en una única utilidad para consultar todos los datos locales, de red, de la intranet y de Internet. De esta manera, la información se obtiene más fácil y rápidamente.

Windows Scripting Host

Windows 98 admite la ejecución directa de scripts desde la interfaz de usuario o desde la línea de mandatos (un script es simplemente una serie de mandatos que se ejecutan automáticamente). Esta funcionalidad se realiza con el Windows Scripting Host (WSH), y permite a los administradores y usuarios automatizar muchas de las acciones de la interfaz de usuario, como la creación de accesos directos, conectarse a un servidor de red, etc., lo que ahorra tiempo. El WSH es extremadamente flexible, ya que incorpora la ejecución de scripts Visual Basic, Java y una arquitectura independiente del lenguaje que permite a otras empresas de software construir motores de scripts Microsoft ActiveX para lenguajes como Perl, TCL, REXX y Phyton.

Mejoras en la configuración de la pantalla

Las mejoras en la configuración de la pantalla permiten cambiar dinámicamente su resolución y el número de colores. También puede modificarse la tasa de refresco en aquellos adaptadores que disponen de los nuevos chips especializados de vídeo. Windows 98 también incluye algunas de las mejoras disponibles anteriormente en Microsoft Plus! (Microsoft Plus! es un paquete opcional de Microsoft Windows 95 que contiene algunas sencillas mejoras del sistema operativo). Entre otras mejoras de Windows 98, se encuentra la capacidad de arrastrar ventanas mostrando todo su contenido, estirar el tapiz de fondo y la utilización de iconos más grandes y multicolores.

Mejoras en la instalación

Se han efectuado varias mejoras al programa de instalación de Windows 98 para intentar reducir el tiempo necesario para la instalación y mejorar su fiabilidad. Estas mejoras de la instalación se describen con más detalle en el Capítulo 1.

Asistente organizador del menú de Inicio

El nuevo Asistente organizador del menú de Inicio simplifica el proceso de añadir, eliminar, configurar y mantener el menú de Inicio.

Asistente de conexión a Internet

El Asistente de conexión a Internet (ICW) proporciona a los usuarios de Windows toda la funcionalidad necesaria para conectar sus estaciones de trabajo a Internet de forma rápida y sencilla. Cuando se instala el ICW, puede configurarse la máquina para la comunicación por Internet, entrar en una cuenta de cualquiera de los proveedores de servicios de Internet (ISP) y configurar cualquier software necesario para comunicarse con dicho proveedor.

Soporte para Microsoft Intellimouse

La nueva «rueda» de Microsoft Intellimouse permite a los usuarios concentrarse en el documento u hoja de cálculo y evita tener que desplazar el ratón hacia los iconos o barras de desplazamiento para navegar por el programa.

Mejoras de acceso a redes telefónicas (con agregación de canales multienlace)

El acceso a redes telefónicas incluido en Windows 98 se ha actualizado para admitir scripts de marcado, que automatizan el proceso de conexión a tablones electrónicos y servicios interactivos. El acceso a redes telefónicas también ofrece mejoras en la interfaz de usuario que simplifican la configuración y utilización de conexiones telefónicas y admite la Agregación de canales multienlace, de manera que los usuarios puedan combinar todas las líneas disponibles para conseguir mayores velocidades de transferencia. Por ejemplo, se pueden combinar dos o más líneas RDSI para conseguir velocidades superiores a 128 Kbps, o combinar dos o más líneas telefónicas estándar. Esto puede proporcionar impresionantes mejoras de rendimiento cuando se efectúa una conexión con Internet o con una red corporativa.

Asistente para la optimización del desfragmentador de disco

El nuevo Asistente para la optimización del desfragmentador de disco utiliza el proceso de desfragmentación para incrementar la velocidad de ejecución de las aplicaciones más utilizadas. Para ello, el asistente crea un archivo de registro que identifica los programas más frecuentemente utilizados. Una vez creado este archivo de registro, el desfragmentador de disco lo utiliza para almacenar contiguamente en el disco duro los archivos asociados con los programas más ejecutados. Cuando todos los archivos asociados a una aplicación dada se encuentran en la misma zona del disco duro, se optimiza la velocidad con la que se ejecuta la aplicación.

Asistente para la optimización de Windows

El Asistente para la optimización de Windows permite planificar un día y una hora a la semana para que la computadora haga automáticamente una limpieza. El asistente también permite planificar un día y una hora para que se ejecute la utilidad ScanDisk. Este asistente sirve asimismo para planificar días y horas en las que el sistema debe eliminar los archivos innecesarios y realizar la desfragmentación sobre las aplicaciones más utilizadas para que se ejecuten más rápidamente.

Soporte incorporado para Infrared Data Association 3.0

Windows 98 incorpora soporte para el estándar Infrared Data Association (IrDA) de conectividad sin hilos. El soporte IrDA de Windows 98 permite a los usuarios conectar dispositivos periféricos u otros PC sin necesidad de utilizar cables de conexión. Este juego de controladores proporciona a las computadoras portátiles o de sobremesa con equipos infrarrojos la capacidad de conectarse en red, transferir archivos e imprimir sin cables en otros dispositivos con infrarrojos compatibles IrDA.

Carpeta de servicios en línea

El escritorio de Windows 98 contiene una Carpeta de servicios en línea con enlaces a clientes CompuServe 3.0 e Infovía, así como Microsoft Network (MSN). Cuando se hace clic en el enlace de un cliente, se inicia un programa de configuración que efectúa automáticamente el registro en dicho Proveedor de servicios de Internet.

Soporte de clientes para el Protocolo túnel punto a punto

El Protocolo túnel punto a punto (PPTP) permite utilizar las redes de datos públicas, como Internet, para crear redes privadas virtuales que conectan computadoras PC clientes con servidores. PPTP ofrece encapsulación de protocolo para admitir distintos protocolos a través de conexiones TCP/IP, y cifrado de datos para asegurar la privacidad, lo que hace que sea más seguro el envío de información a través de redes no seguras. Esta tecnología amplía las funciones del acceso telefónico, permitiendo a los usuarios el acceso remoto y ampliando de forma segura las redes privadas por Internet sin tener que cambiar el software del cliente.

Servidor de acceso remoto

Windows 98 incluye todos los componentes necesarios para que un PC funcione como un servidor de acceso telefónico. Los clientes de acceso telefónico pueden conectarse remotamente a una máquina Windows 98 para acceder a sus recursos locales o para acceder a redes IPX/SPX o NetBEUI (o ambas).

Mejoras PCMCIA

Windows 98 incorpora mejoras para la tecnología PCMCIA:

- 🌀 **Soporte para PC Card32 (CardBus).** CardBus ofrece un rendimiento de 32 bits a las pequeñas tarjetas de PC. Esto permite a las computadoras portátiles utilizar soluciones que requieren un gran ancho de banda, como captura de vídeo y acceso a redes a 100 Mbaudios.

- 🌀 **Soporte para tarjetas de PC que funcionan a 3,3 voltios.** Esto permite a los fabricantes de hardware reducir el consumo de energía de sus dispositivos, al utilizar 3,3 voltios en vez de 5 voltios.

- 🌐 **Soporte para tarjetas PC multifunción.** Esto permite disponer de dos o más funciones (como LAN y módem, o SCSI y sonido) en una única tarjeta física. La utilización de tarjetas multifunción ayuda a reducir el precio por función de las tarjetas de PC y utiliza más eficazmente el limitado número de ranuras que tienen la mayoría de los PC, de manera que puedan albergar más funciones.

ActiveMovie

ActiveMovie es una nueva arquitectura de canales de datos de Windows que permite ofrecer una reproducción de vídeo de alta calidad, a la vez que exporta un juego de interfaces extensible con los que pueden construirse aplicaciones multimedia y herramientas. ActiveMovie permite la reproducción de los formatos multimedia más conocidos, como sonido MPEG, sonido WAV, vídeo MPEG, vídeo AVI y vídeo Apple QuickTime.

Soporte para procesadores MMX de Intel

Windows 98 admite el software de otros fabricantes que aprovechan las Extensiones multimedia (MMX) de algunos Pentium de Intel para mejorar el rendimiento de sonido y vídeo.

Modelo de objetos componentes distribuidos

El Modelo de objetos componentes (COM) permite a los desarrolladores de software crear aplicaciones en componentes. Ahora, el Modelo de objetos componentes distribuidos (DCOM) de Windows 98 (y Windows NT 4.0) proporciona la infraestructura necesaria que permite comunicarse a las aplicaciones DCOM (tecnología habitualmente conocida como Network OLE) a través de redes sin que sea necesario rediseñarlas.

Soporte cliente para los servicios de directorio NetWare

Windows 98 incluye los Servicios de cliente de NetWare que utilizan los Servicios de directorio de Novell NetWare (NDS). Estos servicios permiten a los usuarios de Windows 98 iniciar sesiones en servidores Novell NetWare 4.*x* con NDS para acceder a los archivos y recursos de impresión. Este servicio proporciona las características principales que necesitan los usuarios de Novell: autenticación NDS, capacidad para navegar por los recursos NDS, capacidad para imprimir en colas de impresión NSD y soporte completo para procesar los scripts de inicio de sesión NetWare, páginas de propiedades NDS y contraseñas NDS.

Control de enlace de datos de 32 bits

El protocolo de Control de enlace de datos (DLC) se utiliza fundamentalmente para acceder a computadoras centrales y AS/400 de IBM. El software de 32 bits del protocolo DLC incorporado en Windows 98 permite a los administradores de redes añadir soporte para programas DLC de 32 y 16 bits.

MAYOR FIABILIDAD Y CAPACIDAD DE ADMINISTRACIÓN

Estas características se reflejan en utilidades nuevas u optimizadas que mejoran la fiabilidad y capacidad de administración de Windows.

Actualización del sistema por Internet

La actualización del sistema por Internet asegura que siempre se utilizan los últimos controladores y archivos del sistema disponibles. Es un nuevo servicio basado en Web (control ActiveX) que analiza el sistema para determinar el hardware y software instalado y compara esta información con una base de datos remota, de manera que puede detectar si hay nuevos controladores o archivos del sistema. En este caso, el servicio puede instalarlos automáticamente. Este proceso es totalmente configurable. Se puede elegir cuáles de los nuevos controladores y archivos del sistema se desean cargar en la máquina o cargar todos los controladores sin intervención del usuario. Incluso se ha incluido una característica de «anulación» que puede eliminar los controladores instalados automáticamente a través de la Actualización del sistema por Internet.

Utilidad Comprobación de archivos de sistema

La Comprobación de archivos de sistema es una nueva utilidad que ofrece la posibilidad de comprobar si se han modificado o corrompido los archivos del sistema de Windows 98 (archivos *.dll, *.com, *.vxd, *.ocx, *.inf y *.hlp). Esta utilidad también proporciona un mecanismo sencillo para restaurar las versiones originales de los archivos del sistema que hayan cambiado. La Comprobación de los archivos del sistema es muy útil para ayudar a los usuarios y al personal de asistencia a hacer un seguimiento de los cambios efectuados en los sistemas Windows 98 (corrupción de archivos, instalación de aplicaciones, eliminación de aplicaciones, borrado accidental de archivos, etc.) y recuperar los archivos originales cuando uno de estos cambios haya producido un conflicto.

Utilidad de información del sistema de Microsoft

La Utilidad de información del sistema de Microsoft recoge información acerca del estado del software y hardware en una máquina dada. Esta información abarca el hardware y el software, controladores de dispositivos o los recursos actualmente en uso. Esta información puede ser muy valiosa durante la identificación y resolución de problemas, además de facilitar la resolución de los problemas de configuración de hardware y software.

Nueva utilidad Dr. Watson

Windows 98 incorpora una versión mejorada de la utilidad Dr. Watson. Cuando está activada esta utilidad, en el momento de producirse un error software (error de protección general, caída, etc.), Dr. Watson lo intercepta e indica cuál ha sido el software que ha fallado y porqué. Además, Dr. Watson recoge información detallada del estado del sistema en el momento en que se ha producido el error. Esta información se almacena en disco y puede mostrarse en la pantalla para ayudar al personal de asistencia del producto a determinar la causa del fallo.

Nueva utilidad Copia de seguridad

La nueva utilidad de copia de seguridad admite dispositivos de cinta SCSI y permite efectuar una copia de seguridad más sencilla y rápida de los datos.

ScanDisk automático después de apagar el sistema de forma incorrecta

Se ha mejorado Windows 98 para que ejecute automáticamente ScanDisk cuando el sistema operativo se apaga de forma incorrecta o cuando el disco duro experimenta un error hardware. Esto ayuda a que los discos duros de los usuarios siempre estén preparados para su funcionamiento correcto, sin bloques perdidos, tablas de archivos cruzadas y otros errores.

INTEGRACIÓN CON INTERNET (MICROSOFT INTERNET EXPLORER 4.0)

Microsoft Internet Explorer 4.0 también tiene algunas importantes características nuevas en Windows 98.

Funcionalidad de navegación por Internet avanzada

Con la inclusión de Microsoft Internet Explorer 4.0 en Windows 98, el usuario puede disfrutar de la forma más sencilla, rápida y entretenida de navegar por la red. Esta navegación es posible gracias a algunas de las funciones avanzadas de Microsoft Internet Explorer 4.0, entre las que se encuentran:

- Herramientas de navegación avanzadas, como AutoComplete; búsqueda Web mejorada; mejor administración de las páginas favoritas; historial de navegación en los botones Adelante y Atrás; e impresión mejorada.

- Soporte para la mayoría de los estándares de Internet, como HTML, Java, ActiveX, JavaScript, VisualBasic, Scripts Edition (VBScript) y los principales estándares de seguridad.

- Mejora de rendimiento con HTML dinámico, compilador Java en tiempo real y «optimización» básica de código.

Juego de herramientas para la comunicación por Internet

Windows 98 también contiene herramientas útiles para la comunicación interactiva:

- Microsoft Outlook Express, correo electrónico completo y cliente para leer news.

- Microsoft NetMeeting, una solución completa de conferencia a través de Internet que ofrece funcionalidad de videoconferencia con sonido y datos basada en estándares internacionales.

- Microsoft NetShow, que permite disfrutar de emisiones en directo o grabadas con imagen y sonido sin tener que esperar a recibir archivos o reducir el rendimiento de la red.

- Microsoft FrontPad, editor WYSIWYG de HTML basado en la versión completa de Microsoft FrontPage 97 que proporciona capacidades de edición HTML fáciles de utilizar, lo que permite crear páginas Web incluso a los usuarios principiantes.

- Servidor personal de Web (y el Asistente de publicación Web), lo que proporciona una forma sencilla de publicar páginas Web en intranets o en Internet.

Obtención de información personalizada de Internet

Los usuarios suelen decir que el problema principal de la World Wide Web es la obtención de la información deseada. Windows 98 aborda este problema con un mecanismo que permite seleccionar y planificar automáticamente la carga de información deseada. Se puede ver qué es lo que ha cambiado en un nodo Web sin tener que visitar físicamente el nodo y consultarlo aunque no se esté conectado a la red.

WINDOWS 98
E INTERNET

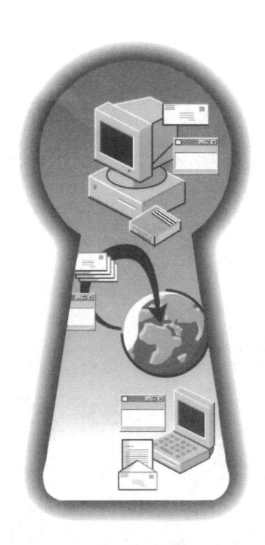

3

El nuevo aspecto
de Windows 98

CUANDO INICIE POR PRIMERA VEZ Windows 98 podrá ver un «aspecto» familiar: el escritorio de Microsoft Windows. Con dos clics de ratón es posible convertir el escritorio de Windows 98 en el nuevo Escritorio activo (*Active Desktop*). A través del nuevo Escritorio activo de Windows 98 podrá introducirse en una nueva dimensión: ahora su computadora formará parte del inmenso mundo de redes, intranets e Internet (Windows 98 puede también configurarse para iniciarse con el nuevo Escritorio activo. En este caso, dos clics de ratón vuelven a dejar el escritorio de Windows 98 con su aspecto original). Este capítulo presenta muchas de las nuevas características de Windows 98.

ESCRITORIO MEJORADO INTEGRADO CON INTERNET

Independientemente del escritorio de trabajo elegido, el escritorio de Windows normal o el nuevo Escritorio activo, Windows 98 contiene versiones mejoradas de las herramientas del escritorio que ya se encontraban en Windows 95; entre ellas, la barra de tareas y el menú de Inicio.

Windows 95 introdujo por primera vez la barra de tareas y su botón de Inicio. El objetivo de la barra de tareas era que el 95 por ciento de todo lo que cualquier usuario deseara hacer con Windows pudiera hacerlo siempre y con facilidad. La barra de tareas fue inicialmente diseñada como un lanzador de programas y un cambiador de tareas para los usuarios principiantes. Sin embargo, por su gran simplicidad y potencia, la barra de tareas se ha hecho popular entre los usuarios experimentados, quienes también aprovechan muchas de sus avanzadas características. La reorganización del escritorio supuso un enorme cambio con respecto al aspecto que tenía Windows 3.*x,* e hizo que los usuarios tuvieran que dedicar un cierto tiempo a aprender a utilizar esta nueva interfaz.

Uno de los objetivos principales de Windows 98 es añadir el concepto de Internet a Windows 95 sin que los usuarios tengan que volver a aprender la interfaz de usuario. Para ello, algunas partes del escritorio, como Mi PC, Entorno de red y el menú Inicio, están preparadas para trabajar con Web. En vez de añadir un nivel de funcionalidad por encima del sistema operativo y cambiar la interfaz de usuario, Windows 98 proporciona una forma sencilla de acceder a la información, independientemente de si reside en la máquina local, en la red de área local (LAN) o en Internet. También pueden crearse espacios de trabajo personalizados para acceder a la información desde el nodo local, la red, una intranet o Internet.

Menú de Inicio y barra de tareas mejorados

Windows 98 ha mejorado el menú de Inicio y la barra de tareas para trabajar con Web. Así, resulta más fácil su utilización (ahora también se puede personalizar el menú de Inicio con facilidad y definir accesos directos a las herramientas que se utilizan con más frecuencia). Las mejoras en la barra de tareas hacen que ésta tenga un mayor alcance que cuando se utilizaba como punto de referencia en Windows 95.

A continuación se muestran las características principales del nuevo menú de Inicio y barra de tareas:

- **El menú de Inicio realiza tareas Web.** En el menú de Inicio se encuentran los nuevos mandatos Favoritos y En Internet (del menú Buscar), lo que simplifica el acceso a los nodos que se visitan con más frecuencia.

- **Personalización del menú de Inicio.** Ahora es posible personalizar el menú Favoritos, todo el menú de Programas, e incluso la parte superior del menú de Inicio con sólo arrastrar y soltar.

- **Barra de tareas ampliable.** La barra de tareas es ahora abierta y ampliable, con una barra de direcciones predeterminada para introducir direcciones Web. También pueden crearse barras de herramientas personalizadas simplemente arrastrando una carpeta o ventana de nodo Web y soltándola sobre la barra de tareas.

EL BOTÓN DE INICIO

En Windows 95 se consiguió incrementar espectacularmente la velocidad con la que se lanzaban las aplicaciones (de 3 a 9 veces). Esta mejora sigue presente en Windows 98 gracias al botón Inicio mostrado en la Figura 3.1.

Sin embargo, el botón de Inicio de Windows 98 es mucho más que un lanzador de programas. Los apartados siguientes describen sus funciones básicas (heredadas de Windows 95) y las nuevas características de Windows 98.

Figura 3.1
El botón de Inicio de Windows 98 y su menú asociado.

Programas

El menú Programas del botón de Inicio permite lanzar programas más deprisa que nunca. Este menú es el mismo que se encontraba en Windows 95, con una excepción: ahora es posible cambiar el orden en el que aparecen los programas y los grupos.

Favoritos

El menú Favoritos, mostrado en la Figura 3.2 de la página siguiente, muestra todos los nodos Favoritos y cualquier otra carpeta o archivo que se consulte con frecuencia. Si hace clic en uno de los elementos de la lista, se conectará automáticamente al nodo Web asociado o se abrirá la carpeta o el documento. El submenú Favoritos muestra todos los elementos almacenados en la carpeta Favoritos del disco duro.

- **Canales.** La carpeta Canales permite acceder rápidamente a los canales de Microsoft Network (MSN).

- **Vínculos.** La carpeta Vínculos muestra una lista de los nodos Web a los que puede acceder simplemente haciendo clic sobre ellos, sin tener que abrir primero Internet Explorer.

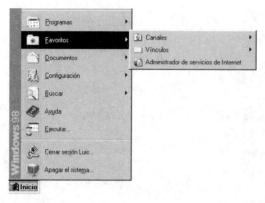

Figura 3.2
Menú Favoritos de Windows 98.

Documentos

El menú Documentos del botón de Inicio contiene una lista con los últimos 15 documentos abiertos. Este menú proporciona un rápido acceso a la información que se ha utilizado más recientemente y le ayuda a evitar búsquedas largas y frustrantes. También le ayuda a pensar en su trabajo en términos de documentos, en vez de aplicaciones.

Configuración

El menú Configuración del botón de Inicio ahora muestra el nuevo mandato Asistente de configuración, además de los mandatos Panel de control e impresoras, ya presentes en Windows 95. El mandato Barra de tareas que se encontraba en el menú Configuración ahora se llama Barra de Tareas y Menú Inicio. El Asistente de configuración se utiliza para cambiar la configuración del sistema fácilmente y con rapidez. El Asistente de configuración no incluye nuevas características de configuración, aunque permite acceder a ellas más rápidamente. Los parámetros que pueden modificarse con el Asistente de configuración se muestran en la Figura 3.3.

Estos parámetros se encuentran dentro de la ventana del Panel de control. En Windows 95 era necesario abrir el Panel de control para fijar las opciones de todos los elementos de la lista situados antes de la opción Abrir el Panel de control. La lista siguiente explica brevemente cada una de las opciones del Asistente de configuración:

- Agregar impresora inicia el Asistente para agregar impresora.

- Cambiar el menú Inicio abre el cuadro de diálogo Propiedades de la barra de tareas (lengüeta de la opción Programas del menú Inicio).

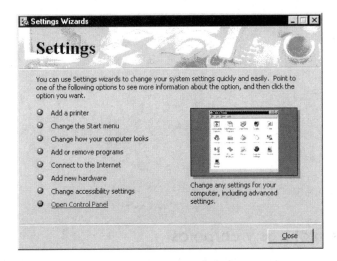

Figura 3.3
El Asistente de configuración de Windows 98.

🌐 Cambiar el aspecto de la computadora abre el cuadro de diálogo Propiedades de pantalla.

🌐 Agregar o quitar programas abre el cuadro de diálogo Propiedades de Agregar o quitar programas (lengüeta Instalar o desinstalar).

🌐 Conectarse a Internet inicia el Asistente para la conexión.

🌐 Agregar nuevo hardware inicia el Asistente para agregar nuevo hardware.

🌐 Cambiar las opciones de accesibilidad abre el cuadro de diálogo Opciones de accesibilidad.

🌐 Abrir el Panel de control abre el Panel de control. Esta opción funciona exactamente igual que cuando se hace clic en el Panel de control del menú Configuración (si desea obtener más detalles, consulte el apartado «Panel de control» de este capítulo).

Buscar

En Windows 98 se ha incluido una potente utilidad llamada Buscar. Como puede verse en la Figura 3.4 de la página siguiente, el mandato Buscar del menú de Inicio de Windows 98 tiene un par de opciones nuevas en su lista.

Las opciones Archivos o carpetas y PC son las mismas que había en Windows 95. Sin embargo, las opciones En Internet y Personas son nuevas.

Figura 3.4
Nuevas opciones del menú Buscar.

Búsqueda de archivos y carpetas

El mandato Archivos o carpetas del menú Buscar muestra el cuadro de diálogo ilustrado en la Figura 3.5.

El cuadro de diálogo del mandato Buscar archivos o carpetas proporciona las siguientes funciones de búsqueda:

🌐 **Búsqueda parcial de nombres.** Si escribe *rep* en el cuadro de texto Nombre, aparecerán todos los archivos y carpetas en cuyos nombres se encuentre la cadena *rep*.

🌐 **Búsqueda según la fecha de última modificación.** Puesto que los archivos pueden buscarse según sus fechas de última modificación, es posible fijar los datos de la lengüeta Fecha de manera que se hagan búsquedas del tipo *Busca todos los archivos Word modificados en los tres últimos días*.

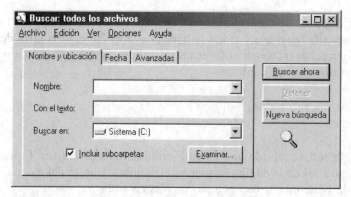

Figura 3.5
Búsqueda de archivos y carpetas en Windows 98.

- 🌐 **Búsquedas de texto completo.** Se pueden buscar documentos que contengan un determinado texto, si se escribe dicho texto en el cuadro Con el texto.

- 🌐 **Guardar los resultados de una búsqueda.** Es posible almacenar los resultados de búsquedas complejas o útiles.

- 🌐 **Administración de archivos desde el panel de resultados de búsqueda.** Es posible efectuar ciertas operaciones, como renombrar archivos o consultar las propiedades de los archivos desde el propio panel de resultados, de la misma manera que se hace en el Explorador de Windows.

Búsqueda en Internet

El mandato Buscar En Internet facilita el acceso a los nodos más frecuentes. El servicio de directorio completo LDAP (Protocolo ligero de acceso a direcciones) permite acceder a las páginas amarillas virtuales de Internet y facilita la búsqueda de personas en servidores LDAP corporativos, así como la utilización del soporte incorporado para Four11, InfoSpace, Bigfoot o WhoWhere para localizar a personas en la red.

Búsqueda de personas

Dependiendo de la instalación de Windows 95, es posible que pueda observar un mandato Mediante Microsoft Outlook. El mandato Personas del menú Buscar es una alternativa a este tipo de mandatos específicos de aplicación. Para el mandato Personas, Windows 98 utiliza sus libretas de direcciones para localizar información acerca de las personas señaladas, independientemente de si su nombre está almacenado en una libreta de direcciones de Microsoft Outlook, Microsoft Exchange o cualquier otra.

Ayuda

La Ayuda también se ha revisado en Windows 98 y es fácilmente accesible desde el botón de Inicio. La interfaz de usuario ha cambiado con respecto al formato estándar de la Ayuda y es ahora más parecida a una interfaz Web. Este nuevo formato incluye enlaces a la Ayuda disponible en Internet (si desea obtener más información acerca de la Ayuda, consulte el apartado «Más ayuda» de este capítulo).

Ejecutar

La opción Ejecutar del botón de Inicio proporciona la funcionalidad de una línea de mandatos mejorada.

Cerrar sesión nombre

Para cambiar rápidamente entre usuarios, haga clic en el nuevo mandato Cerrar sesión del botón Inicio. Esta opción sustituye a la opción «Cerrar todos los programas e iniciar la sesión como un usuario distinto» del cuadro de diálogo Salir de Windows de Windows 95. Esta opción no está disponible en el cuadro de diálogo Salir de Windows de Windows 98.

Sugerencia. Puesto que el mandato Cerrar sesión identifica el nombre de la persona que está utilizando la computadora, ahora es más fácil saber quién la está utilizando.

Apagar el sistema

El elemento Apagar el sistema proporciona los mandatos Apagar, Reiniciar y Reiniciar en modo MS-DOS, accesibles de forma fácil y segura.

Otros mandatos del menú Inicio

Si ejecuta Windows 98 en una computadora portátil, especialmente si es una computadora portátil que se utiliza con y sin estación de acoplamiento (*docking station*), el menú Inicio muestra dos mandatos adicionales: Eject y Suspender (también puede observarse el mandato Suspender en algunas estaciones de trabajo). El mandato Eject utiliza control software para soltar la computadora portátil de aquellas estaciones de acoplamiento que utilizan un motor para fijarla y liberarla. El mandato Suspender apaga la computadora para ahorrar energía. El monitor y el disco duro son los mayores consumidores de energía en un PC, por ello, Suspender los deja «dormidos». Con la característica OnNow, descrita en el Capítulo 19, «Soporte para dispositivos», la computadora estará preparada para «despertarse» cuando se desee trabajar o cuando se reciba una llamada de entrada. Con este mandato se reduce el consumo de energía mientras que la computadora está lista para funcionar al instante o siempre que se reciba un mensaje de fax o cualquier otra llamada (como una petición de la red cuando el disco duro está configurado para compartir carpetas o funcionar como un servidor).

Asistente organizador del menú Inicio

El menú Inicio está diseñado para ayudarle a iniciar los programas, utilidades y archivos que utiliza con más frecuencia. El nuevo Asistente organizador del menú Inicio simplifica el proceso de añadir, eliminar, configurar y mantener el menú

Inicio. Las ventajas que proporciona este asistente son las de mantener el menú Inicio organizado y actualizado.

Con el tiempo, a medida que se añaden y eliminan archivos y programas, el menú Inicio puede contener accesos directos «rotos». Esto ocurre, por ejemplo, cuando se instala una aplicación y se elimina posteriormente, de manera que el acceso directo se queda en el menú de Inicio, o cuando un programa sitúa un acceso directo a los archivos Léame y de Ayuda en la carpeta de programas. El Asistente organizador del menú Inicio analiza los accesos directos del menú de Inicio y efectúa las acciones siguientes:

- Elimina los accesos directos que apuntan a aplicaciones ya eliminadas.
- Elimina los accesos directos que apuntan a carpetas vacías.
- Elimina o mueve los accesos directos que no se han utilizado en una determinada cantidad de tiempo.
- Elimina los accesos directos que apuntan a archivos Léame y de Ayuda innecesarios.
- Permite añadir y eliminar componentes.

Independientemente del nivel de experiencia que tenga con computadoras, este asistente le ayudará a mantener el menú de Inicio actualizado, personalizado y sin accesos directos no deseados e innecesarios.

Otras mejoras del menú Inicio

Además de los cambios indicados en los apartados anteriores, el menú Inicio contiene otras dos mejoras:

- **Clic y arrastrar.** Para eliminar un elemento del menú de Inicio, arrástrelo fuera de él.
- **Menús de accesos directos.** Para mostrar un menú de accesos directos, haga clic con el botón derecho en cualquiera de los elementos del menú de Inicio.

LA BARRA DE TAREAS

El objetivo de la barra de tareas es facilitar el cambio entre las distintas aplicaciones de la misma manera que se cambia de canal en un televisor. Cada una de las ventanas abiertas tiene un botón en la barra de tareas. Pueden verse todas las aplicaciones abiertas observando simplemente en la barra de tareas. El cambio entre aplicaciones se convierte en hacer clic sobre el «canal» deseado de la barra de tareas.

Cuando una tarea está minimizada en la barra de tareas o se restaura desde ella, la animación ayuda a los nuevos usuarios a comprender «dónde» va a parar la tarea.

En Windows 98, la barra de tareas, además de los botones para las aplicaciones en ejecución y las carpetas abiertas, puede contener varias barras de herramientas.

Botones de la barra de tareas y configuración

Los botones de tareas cambian su tamaño automáticamente dependiendo del número de tareas activas. Cuando los botones se hacen demasiado pequeños para ser útiles, puede personalizarse la barra de tareas. De hecho, existen unas cuantas opciones de configuración que permiten personalizarla de muchas otras formas, entre las que se encuentran las siguientes:

- **Colocación.** Se puede arrastrar la barra de tareas a cualquier posición del perímetro de la pantalla.

- **Cambio de tamaño.** Puede incrementarse la altura de la barra de tareas si se arrastra el borde superior (o el borde inferior, si se ha situado la barra de tareas en el lateral o la parte superior de la pantalla).

- **Ocultación automática.** Es posible ocultar la barra de tareas y hacer que aparezca únicamente cuando el ratón pase por el borde inferior de la pantalla si se hace clic en la barra de tareas y se selecciona Propiedades en el menú emergente.

- **Barras de herramientas.** La barra de tareas de Windows 98 puede contener varias barras de herramientas, además de los iconos de las aplicaciones en ejecución (si desea obtener más información acerca de estas barras de herramientas, consulte el apartado «Barras de herramientas en la barra de tareas»).

Además de facilitar enormemente el cambio entre tareas y hacer que sean más accesibles desde la barra de tareas, Windows 98 incluye una versión actualizada del «cambio rápido» ALT+TAB, introducido en Windows 95, que muestra una representación con iconos de todas las tareas activas, e impide que los usuarios se pierdan en un bucle ALT+TAB infinito.

Botón Escritorio

La barra de herramientas de Inicio rápido contiene el botón Escritorio, ilustrado a continuación:

Cuando se hace clic en este botón, se minimizan todas las ventanas abiertas del escritorio. Cuando se vuelve a hacer clic sobre él, se restauran las posiciones de todos los programas activos del escritorio. Este botón resulta más rápido que seleccionar la opción Minimizar todas las ventanas del menú emergente de la barra de tareas.

Cuando se pulsa el botón Escritorio para minimizar las ventanas, se queda pulsado hasta que se vuelve a hacer clic sobre él (para restaurar todas las ventanas a sus posiciones previas) o sobre otro icono de la barra de herramientas (para restaurar una única ventana a su tamaño previo).

Barras de herramientas en la barra de tareas

Como puede observarse en la Figura 3.6, el menú emergente de la barra de tareas tiene nuevas opciones. En cada barra de herramientas, puede mostrarse u ocultarse su nombre (Mostrar título) y los nombres de los iconos que contienen (Mostrar texto). La barra de herramientas ocupa menos espacio cuando no se muestran los nombres de los títulos e iconos.

El submenú Barras de herramientas

Con el submenú Barras de herramientas, mostrado en la Figura 3.6, es posible agregar direcciones Web, enlaces, iconos del escritorio y carpetas completas a la barra de tareas. Este submenú también contiene la opción Inicio rápido, que puede situarse en la barra de herramientas para iniciar Internet Explorer rápidamente.

Dirección

Como puede observarse en la Figura 3.7, la barra de herramientas Dirección contiene el mismo visor de direcciones de Internet Explorer. Las direcciones Web visitadas aparecen en una lista desplegable.

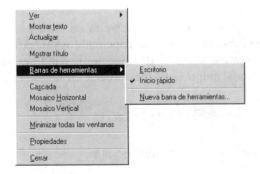

Figura 3.6
El submenú Barras de herramientas en el menú emergente de la barra de tareas.

Figura 3.7
Barra de herramientas Dirección de la barra de tareas.

Vínculos

Si se hace clic en la opción Vínculos del submenú Barras de herramientas se muestra una barra de herramientas que contiene los mismos enlaces disponibles de la barra de herramienta Vínculos de Internet Explorer: Lo mejor del Web, Microsoft, Novedades, Vínculos del día y Galería del Web. La barra de herramientas Vínculos, ilustrada en la Figura 3.8 de la página siguiente, funciona de la misma manera que la barra de herramientas Dirección descrita en el apartado anterior.

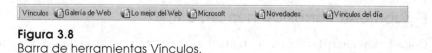

Figura 3.8
Barra de herramientas Vínculos.

Escritorio

La opción Escritorio muestra todos los iconos del escritorio en la barra de tareas, como se muestra en la Figura 3.9.

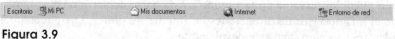

Figura 3.9
Barra de herramientas Escritorio con las etiquetas visibles.

Si se hace clic con el botón derecho del ratón sobre la etiqueta Escritorio se muestra un menú emergente que también contiene una opción Mostrar texto. Cuando se desactiva este mandato (al eliminar la marca de selección), Windows 98 oculta el texto que acompaña a los iconos, como se puede apreciar en la Figura 3.10.

Figura 3.10
Barra de herramientas Escritorio con las etiquetas ocultas.

Incluso con la opción Mostrar texto desactivada, siempre es posible observar el nombre de un Icono. Para ello, sitúe el puntero del ratón sobre el icono para que aparezca una etiqueta que especifica su nombre.

Inicio rápido

Cuando se hace clic en la opción Inicio rápido del submenú Barras de herramientas, se añade la barra de herramientas Internet Explorer a la barra de tareas, como se muestra en la Figura 3.11.

Basta con hacer clic sobre el botón Internet Explorer para iniciarlo. Si hace clic sobre el botón Canales, se lanza Internet Explorer configurado para ver canales MSN.

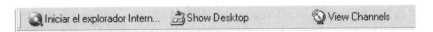

Figura 3.11
Barra de herramientas Internet Explorer en la barra de tareas.

Manipulación de las barras de herramientas de la barra de tareas

Windows 98 proporciona un gran número de posibilidades para trabajar con las barras de herramientas de la barra de tareas. Es posible cambiar el número de barras de herramientas visibles, así como la forma con la que aparecen.

Creación de una nueva barra de herramientas

El mandato Nueva barra de herramientas le permite seleccionar una carpeta y situarla en la barra de tareas. Cuando se hace clic en la opción Nueva barra de herramientas del submenú Barras de herramientas, se muestra el cuadro de diálogo Nueva barra de herramientas, mostrado en la Figura 3.12.

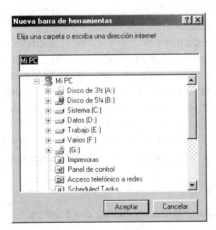

Figura 3.12
Cuadro de diálogo Nueva barra de herramientas, en el que puede seleccionarse una carpeta para situarla en la barra de tareas.

Con este cuadro de diálogo, es posible incluir cualquier carpeta en la barra de tareas, como Favoritos de Internet, Panel de control, Mis Documentos e incluso la Papelera de reciclaje y MS-DOS. La Figura 3.13 muestra la barra de tareas en la que se ha añadido la carpeta MiPC como una nueva barra de herramientas.

Figura 3.13
La carpeta MiPC se ha añadido a la barra de tareas.

Ajuste de los botones de las barras de herramientas

Una barra de herramientas puede contener más botones de los que caben en el espacio que tiene asignado. Esto es especialmente cierto si hay más de una barra de herramientas. En este caso, la barra de herramientas utiliza flechas para indicar que contiene más botones. Cuando se hace clic en una de estas flechas, los botones se deslizan en la dirección opuesta a la que indica la flecha, mostrándose los botones que estaban ocultos. En cuanto la barra de herramientas contiene botones fuera de la parte visible, aparecen las flechas: la flecha que apunta hacia la derecha permite ver los botones ocultos en la parte derecha, y la que apunta hacia la izquierda, los ocultos en la parte izquierda.

Cambio de tamaño de las barras de herramientas

Las barras de herramientas de la barra de tareas pueden mostrarse en varios tamaños. Pueden comprimirse de manera que únicamente se vean las barras en relieve de su parte izquierda. También pueden tener un tamaño intermedio, determinado al compartir su anchura con las demás barras de herramientas. Por último, pueden ocupar la máxima anchura, que es el total de la barra de tareas cuando las demás barras de herramientas están comprimidas.

Para cambiar el ancho de una barra de herramientas, sitúe el puntero del ratón en su extremo izquierdo. En este momento, el puntero se convertirá en una flecha con dos extremos. Ahora basta con arrastrar la parte izquierda hacia la derecha para reducir su anchura (y ensanchar la barra de herramientas de su izquierda), o bien hacia la izquierda para incrementar la anchura de la barra de herramientas (y comprimir las barras de herramientas situadas a su izquierda).

También puede cambiarse el tamaño de las barras de herramientas con el menú emergente. Con la opción Ver es posible seleccionar entre Iconos grandes e Iconos pequeños.

Posición de las barras de herramientas en la barra de tareas

La barra de herramientas puede arrastrarse a lo largo de la barra de tareas o bien fuera de ella. En este caso se crea una barra de herramientas flotante, como se muestra en la Figura 3.14.

Figura 3.14
Barra de herramientas flotante MiPC.

Sugerencia. Cuando desee hacer sitio en la barra de tareas, cree barras de herramientas flotantes.

Las barras de herramientas también pueden arrastrarse hacia el lateral o parte superior de la pantalla y dejarlas fijas en esa posición. La barra de herramientas funciona en este caso de la misma manera que la barra de tareas.

Las barras de herramientas flotantes pueden cambiarse de tamaño igual que cualquier otra ventana: basta con arrastrar un borde o una esquina. Esto puede ser necesario cuando la barra de tareas flotante es más pequeña que el espacio necesario para mostrar los iconos.

Apilamiento de barras de herramientas

Las barras de herramientas pueden arrastrarse a una barra de herramientas flotante para añadirse a ella. La Figura 3.15 muestra cuatro barras de herramientas flotantes combinadas en un único panel.

Figura 3.15
Cuatro barras de herramientas combinadas en una única barra de herramientas flotante.

EXPLORADOR UNIFICADO

Con Internet Explorer, el proceso de buscar información se concentra en un único punto, de manera que pueda consultarse la información local, de red, de la intranet y de Internet con la misma herramienta. El Explorador unificado tiene las siguientes características principales:

- 🌐 **Navegación coherente.** Ahora se pueden examinar los discos duros locales o la red de la misma manera que se navega por el Web.

- 🌐 **Barras de herramientas y menús sensibles al contexto.** Windows 98 detecta el tipo de información visible en la vista actual, sea HTML, archivos locales o carpetas, y ajusta automáticamente las barras de herramientas y los menús.

- 🌐 **Visualizador global.** El Explorador unificado tiene la capacidad de mostrar varios tipos de información en cualquier carpeta, sean archivos y carpetas o HTML.

- 🌐 **Favoritos globales.** Con los nuevos Favoritos globales se pueden anotar las carpetas, archivos, servidores y nodos Web favoritos, por lo que podrá navegar por los elementos locales y Web sin distinción alguna.

- 🌐 **Vista Web.** Vista Web amplía las vistas originales de Windows 95 (Iconos grandes, Iconos pequeños, Lista y Detalles) con una quinta vista. Como su nombre indica, con «Ver como página Web» se pueden representar carpetas como páginas Web, por lo que puede navegarse por carpetas locales y de red como si se estuviera explorando un nodo Web.

- 🌐 **Asistente Personalizar esta carpeta.** Para crear una vista Web personalizada de una carpeta, Windows 98 incluye un asistente que le guiará paso a paso en el proceso de configurar una vista personalizada de cualquiera de las carpetas del PC. Puede accederse a este asistente desde el menú Ver de cualquier vista de carpeta de Windows.

ESCRITORIO ACTIVO

El Escritorio activo (*Active Desktop*) le permite fijar sus páginas Web de Internet favoritas como fondo del escritorio. Puesto que el escritorio de Windows 98 es activo, la página está «viva». Se puede desplazar por la página, hacer clic en los enlaces Web, ver las animaciones, escuchar el sonido y cualquier otra cosa que podría hacer con Internet Explorer en una página Web.

Para configurar el Escritorio activo, haga clic con el botón derecho en el escritorio y seleccione la opción Propiedades del menú emergente. Cuando se muestre el cuadro de diálogo Propiedades de pantalla, haga clic en la lengüeta Web. En la Figura 3.16 se muestra un ejemplo de la lengüeta, con dos elementos en el escritorio activo.

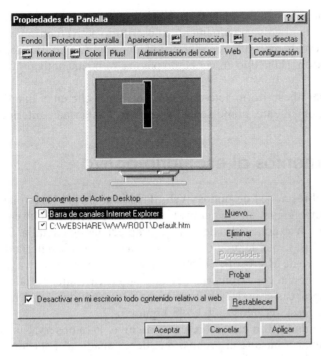

Figura 3.16
Lengüeta Web del cuadro de diálogo Propiedades de pantalla.

El panel Componentes de Active Desktop muestra los objetos (archivos, carpetas o páginas Web) agregadas al Escritorio activo. Si se indican páginas Web que se actualizan periódicamente de forma automática, podrá ver las actualizaciones en el escritorio automáticamente.

La opción Desactivar en mi escritorio todo contenido relativo al web oculta los elementos del Escritorio activo sin eliminarlos de la lista. Esta opción funciona igual que si se deselecciona el mandato Active Desktop del menú emergente del escritorio (como se describe en el apartado siguiente). Cuando se desactiva esta opción se muestra el escritorio normal de Windows 95, pero con los cambios que incorpora Windows 98 descritos en este capítulo.

Conmutación rápida entre los escritorios estándar y activo

Después de configurar el escritorio activo, en alguna ocasión puede ser necesario volver al escritorio normal, de forma temporal o permanente. Para conmutar rápidamente entre el escritorio normal y el escritorio activo, haga clic con el botón derecho del ratón en el escritorio y, a continuación, en la opción Active Desktop del menú emergente. Haga clic en la opción Ver como página Web para eliminar la marca de selección. Para volver rápidamente al escritorio activo configurado, haga clic con el botón derecho del ratón en el escritorio normal y, a continuación, haga clic en Active Desktop. Haga clic en Ver como página Web para activar la marca de selección.

Si desea cambiar al escritorio activo, tendrá que hacer clic en el mandato Propiedades del menú emergente, como se ha descrito en el apartado anterior.

Cómo añadir elementos al escritorio activo

Es posible añadir direcciones de nodos Web, documentos HTML e imágenes al escritorio activo. Para agregar un elemento al escritorio activo, haga clic en el botón Nuevo de la lengüeta Web del cuadro de diálogo Propiedades de Pantalla. En primer lugar aparece un mensaje que le pregunta si desea conectarse a la galería de Active Desktop del nodo Web de Microsoft. Si ya tiene una conexión Web activa, haga clic en Sí. Si no tiene ninguna conexión Web activa o no desea visitar la galería, haga clic en No. En ambos casos podrá observar el primer panel del Asistente Nuevo elemento de Active Desktop, mostrado en la Figura 3.17.

Puede escribirse un URL o el nombre de un archivo. Para observar un archivo, haga clic en Examinar y busque el archivo que desea añadir al Escritorio activo. En el cuadro Tipo de archivos del cuadro de diálogo Examinar puede seleccionar Acceso directo a Internet (valor predeterminado), Archivo de descripción de canal

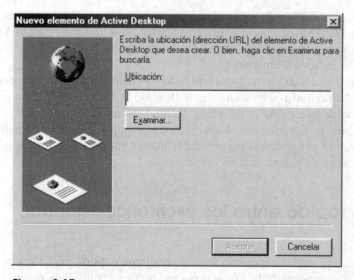

Figura 3.17
Primer panel del asistente Nuevo elemento de Active Desktop para agregar imágenes Web o nodos Web al Escritorio activo.

(para agregar canales MSN al Active Desktop), Documento HTML (almacenados en un disco conectado a la computadora) o Imagen (bitmap, GIF o JPEG). Cuando el cuadro Nombre de archivo del asistente Nuevo elemento de Active Desktop esté completo, haga clic en Aceptar. Windows añade el nuevo elemento a la lista.

Sugerencia. Si desea añadir un nodo Web al Escritorio activo, debe conocer previamente la dirección Web. Si fuera necesario, busque el URL en el Web antes de realizar esta acción.

Si añade un nodo Web, se abre el cuadro de diálogo Suscribir, como muestra la Figura 3.18.

Se puede cambiar la planificación de actualización de una página, el tipo de notificación recibida cuando se actualiza y configurar el nombre y contraseña de inicio de sesión de los nodos Web protegidos. Cuando se hace clic en el botón Personalizar, se inicia el Asistente de suscripción para realizar esos cambios y configuraciones. El botón Login abre el cuadro de diálogo Login, en caso de que sea necesario cambiar únicamente la configuración de inicio de sesión.

En la Figura 3.19 se muestra un Escritorio activo con un documento HTML y un GIF animado. Tenga en cuenta que los elementos del Escritorio activo siempre aparecen en el fondo, incluso por detrás de los iconos del escritorio.

Figura 3.18
Cuadro de diálogo Suscribir.

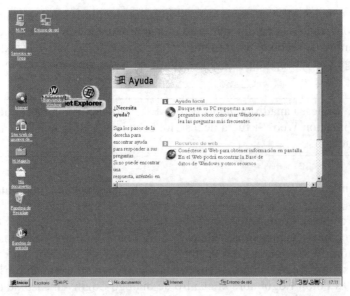

Figura 3.19
Escritorio activo de Windows 98 con un documento HTML
y un GIF animado en el fondo.

Desactivación y eliminación de elementos del Escritorio activo

En la lengüeta Web del cuadro de diálogo Propiedades de pantalla se puede desactivar un elemento o eliminarlo completamente. Para desactivar un elemento, deseleccione la casilla de verificación que acompaña a su nombre en la lista. Para eliminarlo, seleccione el objeto y haga clic en el botón Eliminar.

Con o sin iconos en el escritorio

Cuando se activa por primera vez el Escritorio activo, Windows 98 sigue mostrando los iconos que había en Windows 95. Es posible ocultar dichos iconos. Para ello, haga clic en el Escritorio activo y, a continuación, en la opción Mostrar iconos del menú emergente para eliminar la marca de selección. Para volver a mostrar los iconos en el Escritorio activo, haga clic con el botón derecho del ratón y en la opción Mostrar iconos del menú emergente.

Cuando se ocultan los iconos del escritorio, no quedan totalmente inaccesibles. La barra de tareas tiene ahora una barra de herramientas Escritorio que muestra los iconos del escritorio (si desea obtener más información acerca de las barras de herramientas de la barra de tareas, consulte el apartado «Barras de herramientas en la barra de tareas» de este capítulo).

TODA LA POTENCIA DEL ESCRITORIO PARA USUARIOS AVANZADOS

Los usuarios avanzados pueden aprovechar muchas de las funciones de la barra de tareas y del botón de Inicio, como son el lanzamiento rápido de programas, el cambio rápido a otra tarea, etc., que ya aprovechan los usuarios principiantes. Sin embargo, los usuarios avanzados necesitan más:

- Necesitan una forma potente para consultar y administrar jerarquías de archivos, sean o no locales.

- Necesitan ser capaces de personalizar la interfaz de usuario para que se ajuste a sus necesidades y preferencias.

- Necesitan poder configurar accesos directos para realizar las tareas más rápida y eficazmente.

- Necesitan ser capaces de *hacer* más.

Accesos directos: para acceder a objetos

Los accesos directos son una herramienta muy potente para incrementar la eficacia y funcionan en Windows 98 prácticamente igual que en Windows 95. Son especialmente útiles en entornos de red. Se puede crear un acceso directo para cualquier objeto, como puede ser un archivo, un programa, una carpeta de red, una herramienta del Panel de control, unidad de disco o página Web, y situarlo en cualquier parte de la interfaz de usuario o en una aplicación. Cuando se abre el acceso directo, se abre el objeto al que éste «apunta». Por ejemplo, si se crea un acceso directo a la carpeta MiRed de un servidor de red y se arrastra al escritorio local, cuando se abre el acceso directo, en realidad se está abriendo la carpeta MiRed. Los iconos que tienen una pequeña flecha de «salto» en la esquina inferior izquierda, como se muestran a continuación, representan accesos directos:

Podrá crear accesos directos si selecciona cualquier objeto del Explorador de Windows y elige la opción Crear acceso directo del menú Archivo, o si hace clic con el botón derecho sobre el objeto y elige la opción Crear acceso directo. Después de crear los accesos directos, puede cambiar sus nombres. Si el acceso directo se refiere a un objeto creado después de la instalación de Windows 98 y se cambia el nombre del objeto, Windows 98 corrige la definición del acceso directo para que refleje el nuevo nombre. Por ejemplo, si crea un acceso directo en el escritorio local a \\Servidor\Compartido\Carpeta pública y la carpeta cambia su nombre, el acceso directo sigue funcionando. La eliminación de accesos directos no afecta al objeto al que apunta.

La utilidad de los accesos directos es virtualmente ilimitada, aunque a continuación se presentan algunas de sus aplicaciones más potentes:

- ⊕ **Accesos directos en la carpeta de Programas.** En Windows 98, los iconos que aparecen en el menú Programas del botón de Inicio, que pueden personalizarse si se selecciona la opción Barra de tareas y botón de Inicio del menú Configuración, también aparecen como accesos directos en la carpeta Programas. Cuando se añade o elimina un acceso directo de la carpeta de Programas, también se añade o elimina del menú Programas. Como consecuencia, puede mantener accesos directos a todos sus programas favoritos reunidos en un único lugar centralizado, independientemente del lugar en que se encuentren almacenados los programas.

- ⊕ **Accesos directos en el escritorio.** Se pueden crear accesos directos a los archivos, programas, unidades de disco y herramientas más utilizados directamente en el escritorio. Esta función es especialmente potente para los recursos de red, puesto que permite evitar la búsqueda y conversión de discos de red en unidades de disco para acceder a las carpetas de la red.

- ⊕ **Accesos directos incrustados en las aplicaciones.** Los accesos directos pueden arrastrarse hasta un archivo almacenado en la red o un mensaje de correo electrónico. Cuando el destinatario del mensaje haga doble clic sobre el acceso directo, se abrirá el archivo de red. Este proceso es mucho más eficaz que incrustar el archivo en el mensaje, ya que éste es más pequeño; además, si se incrustan accesos directos, también se reduce la proliferación de versiones distintas.

Propiedades: para personalizar todos los objetos

Las hojas de propiedades están dispersas por todo Windows 98. Todos los objetos de la interfaz de usuario tienen propiedades sensibles al contexto a las que se puede acceder y personalizar con la opción Propiedades del menú Archivo o haciendo clic con el botón derecho sobre el objeto y seleccionando Propiedades.

Clic con el botón derecho: para realizar acciones sobre los objetos

Al igual que las propiedades, la posibilidad de hacer clic con el botón derecho es una de las características sensibles al contexto de Windows 98. Pruebas de utilización han demostrado que hacer clic con el botón derecho es un método directo muy popular y potente para realizar acciones frecuentes sobre un objeto. Generalmente, sin embargo, hacer clic con el botón derecho no es una característica que suelen descubrir y recordar los usuarios principiantes, por lo que la mayoría de las funciones que se efectúan haciendo clic en el botón derecho del ratón pueden hacerse también con los correspondientes mandatos de menú.

Orientado a documentos: para trabajar como lo hace un usuario

OLE introdujo el concepto de «orientación a documentos», ya que incorporaba la edición de objetos *in situ*. En un entorno orientado a documentos, es la ventana de aplicación la que cambia y el documento permanece inalterado, de manera que el software funciona igual que trabajan las personas, en vez de hacerse al contrario.

La interfaz de usuario de Windows 98 utiliza el concepto de entorno orientado a documentos, en sutiles pero potentes aspectos:

- **Ventanas como vistas de objetos.** Cuando se abre un objeto en cualquier parte de la interfaz del usuario, se abre una nueva ventana. Lógicamente, el título de la nueva ventana debe ser el mismo que el del icono del objeto. Por ejemplo, cuando se hace doble clic en el icono de un documento Word, llamado MiDocumento, desde cualquier parte de la interfaz de usuario, se abre una nueva ventana titulada MiDocumento - Microsoft Word.

- **Creación de documentos en carpetas y en el Explorador de Windows.** Desde cualquier carpeta de Windows 98 es posible crear nuevos archivos, sin tener que seleccionar la opción Nuevo del menú Archivo y escribir un nombre de archivo. En el escritorio se puede hacer clic con el botón derecho para mostrar el menú emergente, que contiene los mismos mandatos. Para representar el nuevo archivo se crea un icono como el ilustrado a continuación (para un documento PowerPoint):

Esta flexibilidad permite administrar los archivos por proyectos, en vez de hacerlo por la función de una aplicación.

Archivos largos

Windows 98 permite utilizar nombres largos de hasta 255 caracteres. A continuación se muestra un ejemplo:

Para asegurar la compatibilidad ascendente con las aplicaciones existentes basadas en MS-DOS y Win16, las extensiones de los archivos no se han eliminado totalmente; de forma predeterminada, se ocultan de la vista.

El nombre de los archivos en Windows 98 puede cambiarse si se selecciona el archivo, se hace clic sobre su nombre y se escribe el nuevo nombre. Las extensiones de archivo ocultas no quedan afectadas cuando se cambia el nombre del archivo. También puede cambiarse el nombre de los archivos en los cuadros de diálogo de aparición más frecuente, como los cuadros de diálogo Abrir y Guardar como.

Etiquetas en los controles de Windows

En Windows 98, cuando se pone el puntero del ratón sobre el menú Sistema, los botones Minimizar, Restaurar, Maximizar y Cerrar muestran una etiqueta con el nombre del botón.

Menús deslizantes

En Windows 95, cuando un submenú del menú de Inicio tenía más mandatos de los que cabían en un panel, se mostraba un segundo panel (e incluso un tercero) para albergar la lista. Windows 98 utiliza un menú deslizante, igual que el que aparece en las aplicaciones Office 97. Los menús deslizantes sólo tienen un panel. Si el número de mandatos supera la longitud del panel, se muestra una flecha en la parte inferior de la lista. Para desplazar el menú es preciso situar el puntero del ratón en la flecha de desplazamiento. Después de desplazar el menú, aparece una flecha en la parte superior de la lista para regresar de nuevo al comienzo de la lista.

Explorador de Windows

El Explorador de Windows, ilustrado en la Figura 3.20, es potente, flexible, eficaz y ampliable. Para muchos de los usuarios avanzados de Windows 98, el Explorador de Windows será la interfaz principal que utilizarán para moverse por la información.

A continuación se hace un resumen de las características principales del Explorador de Windows:

- **Vista única de información global.** El Explorador de Windows son los ojos de cualquier PC con Windows 98. Con él es posible ver todo el espacio de nombres, equivalente a 30 km (todos los recursos, locales o conectados), e ir reduciendo hasta su equivalente a 25 cm. Con el Explorador de Windows podrá examinar y administrar MiPC y el Entorno de red, rápida y fácilmente.

- **Flexible y personalizable.** Desde la barra de herramientas del Explorador de Windows y el menú Ver pueden seleccionarse los distintos tipos de presentación del contenido de las carpetas, entre los que se encuentran Iconos grandes, Iconos pequeños, Lista y Detalles. En la vista de Detalles es posible ordenar el contenido de la carpeta por nombre, tamaño, tipo y fecha de modificación si se hace clic en el título de la columna (cuando se hace clic en una columna por segunda vez se invierte el orden).

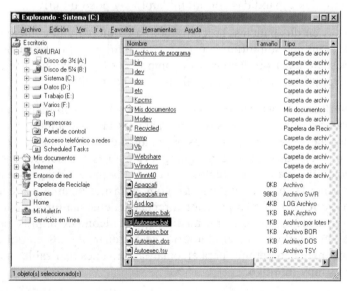

Figura 3.20
El Explorador de Windows.

⊕ **Completa información de los objetos en la vista Detalles.** La vista Detalles proporciona un amplio conjunto de información sobre el contenido de una carpeta:

— Los archivos mantienen sus iconos de identificación.

— Se muestra el tamaño de los discos y el espacio libre (incluso de las unidades de red) en el icono MiPC.

— Se incluyen descripciones de las herramientas del Panel de control.

— En la carpeta Impresoras se muestran los trabajos de la lista de impresión.

— Pueden observarse comentarios relativos a las demás computadoras en la vista Entorno de Red.

Todas las potentes características del botón derecho del ratón, descritas anteriormente en este capítulo, están disponibles desde el Explorador de Windows.

MiPC

El equipo de diseño de Windows realizó los siguientes descubrimientos relativos a la administración y examen básico de archivos:

⊕ Las jerarquías expandidas son intimidatorias y poco intuitivas.

⊕ Las vistas en dos paneles, la jerarquía a la izquierda y el contenido en la derecha, también son intimidatorias y poco intuitivas. Los usuarios principiantes suele tener problemas para comprender la conexión entre el panel de la jerarquía en árbol lógica y el panel de contenidos.

⊕ Las interfaces de usuario orientadas a objetos funcionan bien para las tareas básicas, aunque no lo suficiente para las tareas complejas. El sentimiento general es que cuanto más orientado a objetos es una interfaz, más sencillo resulta de utilizar. Sin embargo, este no es el caso. Aunque la manipulación directa de los objetos de la pantalla para conseguir resultados resulta sencilla en las tareas básicas (como arrastrar un archivo de una carpeta al escritorio), la manipulación directa para efectuar otro tipo de tareas más avanzadas (como arrastrar un archivo a un icono de impresora) ya no resulta tan intuitivo. Por el contrario, seleccionar objetos con el ratón y examinar menús o botones para efectuar las acciones realizables sobre ese objeto es muy intuitivo.

⊕ Las vistas de iconos grandes son mucho más cómodas que las vistas de listas.

🌐 Aunque los usuarios principiantes puedan saber qué es lo que están haciendo, estén satisfechos y bien «asentados», es en todo el proceso donde se definen las características de una buena experiencia de visualización. La eficacia y la velocidad son menos importantes.

El modelo de visualización de MiPC de Windows 98 está basado en los siguientes puntos.

En Windows 95, las carpetas o unidades se abren haciendo doble clic sobre ellas o seleccionándolas y eligiendo la opción Abrir del menú Archivos. En Windows 98, la configuración predeterminada de ventanas solamente requiere un único clic, como se hace en un enlace de una página Web. Esta configuración se denomina Ver como Web, puesto que se «navega» por los discos, unidades de red y nodos Web de la computadora de la misma manera en todas las ventanas. Las nuevas ventanas se abren con la vista de iconos grandes, como se muestra en la Figura 3.21, que también ilustra varias de las nuevas características de las ventanas de Windows 98.

La vista de la ventana MiPC de la Figura 3.21 muestra los tres tipos de barras de herramientas que pueden añadirse a una ventana: Botones estándar, barra de direcciones y Vínculos. Los Botones estándar son los botones de Internet Explorer con dos botones adicionales: Arriba, igual que el botón de subir un nivel de Windows 95, y Vistas, un botón que contiene los mandatos de vistas.

Es preciso tener en cuenta que en el modo ver como Web, los iconos de la ventana aparecen subrayados. Esto indica que son vínculos que abren unidades de disco. En aquellas ventanas que se muestran carpetas, los vínculos abren carpetas o archivos. En esta vista, para seleccionar un icono basta con señalarlo; no es necesario hacer clic sobre él, como se hacía en Windows 95 (es posible desactivar

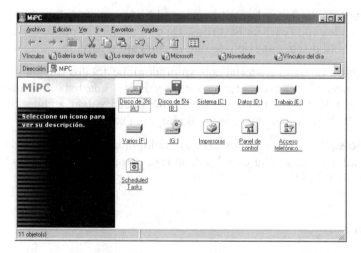

Figura 3.21
«Navegar» por MiPC.

este método y volver al de Windows 95. Para ello seleccione Opciones del menú
Ver y seleccione Estilo clásico en la lengüeta General).

Sugerencia. Para seleccionar más de un elemento de una carpeta, señale el primer elemento y mantenga pulsada la tecla MAYÚSCULAS (para seleccionar un conjunto de archivos en sucesión) o la tecla CTRL (para seleccionar archivos individuales no seguidos) y señale el último archivo que desee seleccionar (método tecla MAYÚSCULAS) o señale los demás archivos que desee incluir en la selección (método tecla CTRL). Para seleccionar un icono, detenga el puntero encima de él.

En el lateral izquierdo, el panel muestra una información muy útil. Si se señala
una unidad de disco, el panel muestra la información de dicha unidad, tamaño y
espacio libre. Si se señala una carpeta o archivo, el panel muestra una descripción
de la carpeta. Cuando se abre una carpeta, este panel desaparece.

Barras del explorador

En el lateral izquierdo de la ventana puede mostrarse una de las cuatro barras del
explorador: Búsqueda, Favoritos, Historial y Canales. El submenú Barras del explorador del menú Ver también contiene un mandato Ninguno para desactivar las
barras del explorador.

- **Búsqueda.** La barra Búsqueda del explorador configura la búsqueda en Internet, de manera que pueda localizar las páginas Web que contienen la información que le interesa.

- **Favoritos.** La barra Favoritos del explorador muestra los elementos almacenados en la carpeta Favoritos. De esta manera se puede ir a cualquier nodo Web, disco, conexión de red, documento o carpeta.

- **Historial.** La barra Historial del explorador muestra dos categorías: Día de la semana (la semana anterior a hoy) y Hoy. Cada lista muestra las conexiones Web realizadas, de manera que pueda volver a conectarse a un nodo Web al que se haya conectado hoy o la semana anterior.

- **Canales.** La barra Canales del explorador muestra los canales MSN configurados en la carpeta Canales. Con esta barra puede volver rápidamente a un canal MSN.

Entorno de red

El cliente de red de Windows 98 facilita la utilización de las redes, independientemente del proveedor de red (Microsoft Windows NT Server, Novell NetWare, Windows 95 o Windows 98) (si desea obtener más información acerca de las funciones de red de Windows 98, consulte el Capítulo 9, «Las redes en Windows 98»).

La exploración de la red se realiza en el icono Entorno de red, situado en el escritorio, y representa los recursos no disponibles en el icono MiPC (el mandato Buscar/PC del menú Inicio es una alternativa al icono Entorno de red). Este icono se ilustra a continuación:

Examinar la red con el Entorno de red es tan sencillo como examinar un disco duro local y proporciona los siguientes beneficios:

- **Configuración personalizada.** El administrador de red puede configurar el Entorno de red para que sólo se muestren aquellos PC, servidores e impresoras que pertenecen al grupo inmediato del usuario. Este tipo de configuración aísla al usuario de la complejidad de las grandes redes corporativas. El usuario puede seguir explorando en toda la red si abre el icono Toda la red del Entorno de red (hasta Windows 95 no era posible examinar toda la red). Cuando se examina un servidor, se realizan conexiones de red sin asignación de unidades de disco (la asignación de letras de unidad a recursos de red específicos).

- **Soporte universal para nombres UNC.** Esta tecnología deja obsoleto el proceso de asignación de unidades y permite examinar la red de forma natural con el Entorno de red. El soporte para nombres UNC permite muchas mejoras adicionales, de las que el examen de la red sólo es una de ellas.

- **La herramienta Red del Panel de control.** Esta herramienta consolida toda la configuración de la red en un único lugar, por lo que se elimina la dificultad de configurar la red.

- **Asignación de unidades sencilla.** La opción Conectar a unidad de red del menú Herramientas del Explorador de Windows permite asignar unidades de red en Windows 98 (los usuarios avanzados pueden también hacer clic con el botón derecho en el icono MiPC). Las unidades asignadas aparecen como conexiones en MiPC.

- **Trabajo en red y movilidad.** La interfaz de usuario de Windows 98 se ha diseñado teniendo en cuenta el trabajo en red y la movilidad. Por ejem-

plo, cuando se copia un archivo por un enlace de baja velocidad (una conexión módem), el cuadro de diálogo Copiar incluye el mensaje de estado
«Quedan... segundos».

🌐 **Integración de la red en los nuevos cuadros de diálogo.** Los cuadros de diálogo más frecuentes, estandarizados en las aplicaciones que los
utilizan, proporcionan una forma coherente de abrir y guardar archivos en
los recursos de red, así como en las unidades locales. Además, se puede
explorar el Entorno de red directamente desde los cuadros de diálogo más
utilizados, ya que permiten realizar la mayoría de las tareas de administración de archivos básicas.

La papelera de reciclaje

La papelera de reciclaje es una metáfora fácilmente comprensible para «tirar» archivos y recuperarlos simplemente sacándolos de la papelera. Los archivos eliminados en Windows 98, o eliminados de los cuadros de diálogo que lo admiten, se
envían a la papelera de reciclaje. Es posible eliminar realmente un archivo de la
papelera de reciclaje y arrastrar o cortar/copiar/pegar a otro lugar. También se pueden volver a situar los archivos en sus ubicaciones originales si se selecciona el
archivo en el Explorador de Windows y, a continuación, la opción Deshacer Eliminar del menú Edición.

La papelera de reciclaje indica gráficamente si está vacía o contiene elementos. La información sobre los elementos «borrados» puede encontrarse en la vista
Detalles de la papelera de reciclaje, como se muestra en la Figura 3.22.

Deshacer operaciones con los archivos

Cuando se trabaja con archivos del sistema, ¿cuántas veces se ha dicho a sí mismo:
«¡No era esto lo que quería hacer!», después de borrar, cambiar el nombre, mover

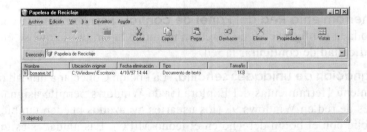

Figura 3.22
La vista Detalles de la papelera de reciclaje muestra los elementos borrados
con información adicional.

o copiar un archivo accidentalmente? Windows 98 tiene una respuesta sencilla para volver a dejar las cosas como estaban: incorpora una característica Deshacer multinivel que permite deshacer una o varias acciones anteriores. Para deshacer borrados, cambios de nombre, desplazamiento o copias de archivos, basta con seleccionar la opción Deshacer del menú Edición de cualquier ventana de la interfaz de usuario, como se muestra en la Figura 3.23.

Asistentes

Desarrollado inicialmente en el Grupo de aplicaciones de Microsoft y utilizado en aplicaciones Microsoft como Word y Excel, los asistentes son una herramienta contrastada que facilita a los usuarios de todos los niveles la utilización de funcionalidad potente y compleja. Windows 98 utiliza asistentes en todo el sistema operativo para realizar las siguientes operaciones:

- Mostrar las opciones de configuración durante el proceso de instalación.
- Agregar al sistema un nuevo dispositivo, como una impresora o módem.
- Configurar el acceso remoto en el Entorno de red.
- Crear un acceso directo para una aplicación.
- Instalar una nueva aplicación.
- Crear un Maletín para sincronizar los archivos entre dos PC.

Figura 3.23
El mandato Deshacer del menú Edición se utiliza para deshacer
las operaciones con archivos.

⊕ Crear una Oficina de correos en un grupo de trabajo, para su posterior utilización con un cliente de correo electrónico de Mensajería de Microsoft.

⊕ Organizar el menú de Inicio.

⊕ Ajustar el rendimiento de Windows.

⊕ Personalizar carpetas.

Más ayuda

La Ayuda interactiva de Windows 98 tiene un nuevo aspecto. Ahora los archivos de ayuda de Windows 98 pueden escribirse como páginas HTML, con atributos de controles ActiveX, animación y enlaces (el sistema de ayuda presentado con Windows 95 se sigue utilizando y se emplea en muchas de las aplicaciones y elementos de Windows 98). La Figura 3.24 de la página siguiente muestra un archivo de ayuda con formato HTML.

A continuación se describen brevemente las características principales del sistema de Ayuda de Windows 98:

⊕ **Interfaz Web.** Los archivos de ayuda HTML de Windows 98 se comportan exactamente igual que las ventanas de discos y Web.

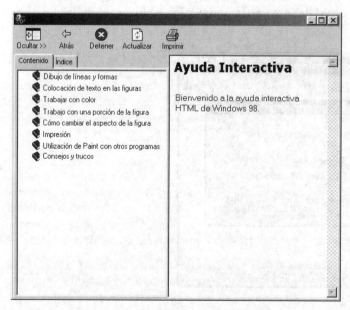

Figura 3.24
Página de un archivo de ayuda con formato HTML.

🌐 **Lengüeta Contenido.** Organizado como el contenido de un libro, la lengüeta Contenido muestra los «capítulos» principales (representados con el icono de un libro), que pueden expandirse para mostrar los temas (representados como páginas). Muchos capítulos también incluyen secciones de Sugerencias y Trucos.

Sugerencia. Si hace clic con el botón derecho del ratón en la lengüeta Contenido, se muestra un menú emergente con los mandatos Abrir todo y Cerrar todas. Para abrir todos los libros y ver sus páginas, haga clic en Abrir todo. Después de haber abierto algunos libros, haga clic en Cerrar todas para cerrar todos los libros abiertos.

🌐 **Lengüeta Índice.** En ella se puede escribir o seleccionar un tema que se ajuste a la información necesitada y pulsar el botón Display para mostrar la información (cuando sólo hay un tema disponible) o un cuadro de diálogo en el que se puede seleccionar la presentación de un tema más detallado.

🌐 **Botones Ocultar y Mostrar.** Si no desea ver las lengüetas Contenido e Índice cuando lea la información de la ayuda, haga clic en el botón Ocultar. De esta manera tendrá más espacio en la pantalla para trabajar mientras consulta la ayuda. Para volver a ver las lengüetas Contenido e Índice, pulse el botón Mostrar.

🌐 **Botón Imprimir visible.** Ahora tiene directamente a la vista el botón de Imprimir. Cuando desee imprimir un tema de Ayuda, simplemente pulse este botón.

Sugerencia. Para copiar texto de la Ayuda, seleccione lo que desea copiar, haga clic con el botón derecho sobre el texto seleccionado y, a continuación, haga clic en la opción Copiar del menú emergente. Si desea seleccionar un tema de Ayuda completo, haga clic con el botón derecho sobre la información de ayuda y seleccione la opción Seleccionar todo.

🌐 **Botones de acceso directo.** Los botones de acceso directo facilitan el uso de la ayuda de Windows 98. Algunos temas de ayuda contienen botones de acceso directo que le llevan hasta la zona adecuada de Windows 98. La ventana de Ayuda permanece visible para que pueda trabajar sobre la tarea en cuestión y, al mismo tiempo, pueda consultar la ayuda.

🌐 **Botón ¿Qué es esto?** Muchos de los cuadros de diálogo de Windows 98 tienen un botón ? en el extremo derecho de su barra de título. Cuando se hace clic en este botón, el puntero cambia a una interrogación. Si se hace clic sobre cualquiera de los objetos del cuadro de diálogo, aparecerá una descripción breve del objeto.

Banco de ayuda de Windows 98

Cuando se desea resolver un problema técnico, lo primero que debe hacerse es lanzar el banco de ayuda de Windows 98. Los enlaces le dirigen hacia recursos locales y de Internet, entre los que se encuentran la Ayuda interactiva, Asistentes de resolución de problemas, la Base de conocimiento de Microsoft, la página de Asistencia MTS de Windows, el Administrador de actualizaciones de Windows y la herramienta de informe de fallos Web de Windows 98. En las ventanas MiPC y Panel de control puede observarse en el lado izquierdo un panel que contiene dos vínculos de Microsoft. El enlace Microsoft Home le dirige a la página principal de Microsoft. El enlace Soporte técnico le dirige a la página de Asistencia MTS de Windows (naturalmente, debe tener una conexión activa a Internet para utilizar estos enlaces).

Panel de control

El Panel de control reúne todos los mandatos, controles y funciones de configuración en un único lugar. Como se muestra en la Figura 3.25, en Windows 98 existen distintos gráficos que hacen que las funciones más importantes se reconozcan instantáneamente, y se suministran vistas rápidas donde resulta más indicado. También pueden observarse dos vínculos en el panel del lado izquierdo. Si se hace clic en estos enlaces, se dirigirá al nodo Web de Microsoft y a la ayuda de asistencia técnica.

Figura 3.25
Vista web con iconos grandes del Panel de control.

Las funciones disponibles en el Panel de control se detallan en los capítulos dedicados a ellas. Por ejemplo, la herramienta Red se detalla en el Capítulo 9, «Las redes en Windows 98». Sin embargo, una de las herramientas del Panel de control, Pantalla, controla la configuración de la interfaz de usuario de Windows 98 y permite a los usuarios personalizarla a su gusto (véase la Figura 3.26).

Como se muestra en la Figura 3.26, la hoja de propiedades de Propiedades de la pantalla tiene las seis lengüetas siguientes:

- 🌐 **Fondo.** Permite configurar y observar los patrones y fondo de la pantalla.

- 🌐 **Protector de pantalla.** Permite configurar y observar los protectores de pantalla disponibles. Se ha añadido un nuevo tipo de protector de pantalla a la lista: Channel Subscription Preview. Este protector de pantalla utiliza el canal MSN seleccionado como protector de pantalla (naturalmente, es preciso tener una cuenta MSN).

- 🌐 **Apariencia.** Permite configurar y observar todas las métricas de la interfaz de usuario (tipos de letra, tamaños, colores, etc.).

- 🌐 **Configuración.** Permite configurar la resolución del monitor y el tamaño de la paleta de colores.

- 🌐 **Web.** Permite configurar el Escritorio activo.

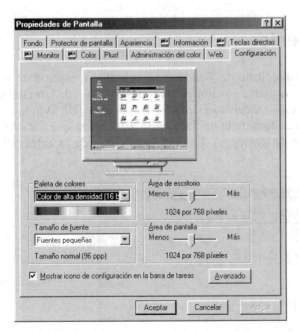

Figura 3.26
Lengüeta Configuración de Propiedades de la pantalla.

🌍 **Plus!** Permite configurar características especiales, como son el suaviza-do de las fuentes de pantalla, mostrar el contenido completo de la ventana al arrastrar y cambiar los iconos de los accesos directos estándar del escritorio [MiPC, Entorno de red, Papelera de reciclaje (llena), Papelera de reciclaje (vacía)]. La lengüeta Plus! sólo está disponible como un paquete opcional en Windows 95, pero es estándar en Windows 98.

Dependiendo de la configuración hardware, también podrían encontrarse algunas de estas lengüetas:

🌍 **Administración del color.** Permite seleccionar el perfil de color predeterminado para el monitor.

🌍 **CHIPS.** Permite configurar opciones hardware, como la tasa de refresco y de visualización (CRT, LDC, o ambas).

La carpeta Impresoras

La carpeta Impresoras, ilustrada en la Figura 3.27, ofrece un único lugar para la administración y configuración de las impresoras.

La carpeta Impresoras se detalla en el Capítulo 10, «Impresión».

Configuración de fuentes

La carpeta Fuentes del directorio de Windows representa un espacio de nombres único en el que pueden instalarse y manipularse todos los tipos de letra del sistema (si alguno de los tipos está especificado en el archivo WIN.INI, Windows 98 los copia a la carpeta Fuentes durante la inicialización, de manera que todas las fuentes se encuentren en un único lugar). Las distintas vistas de la carpeta Fuentes

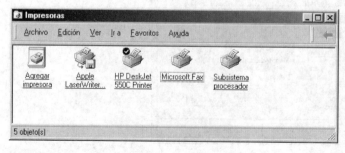

Figura 3.27
La carpeta Impresoras de Windows 98.

presentan información adicional acerca de los tipos de letra instalados en el sistema. La Figura 3.28 muestra la vista de iconos grandes.

Pueden realizarse operaciones con las fuentes de la misma manera que se hacen en otros objetos del sistema de archivos. Por ejemplo, se puede eliminar un tipo de letra de la carpeta Fuentes arrastrándolo a otro lugar, y añadir un tipo de letra al sistema arrastrándolo desde otro lugar y soltándolo en la carpeta Fuentes.

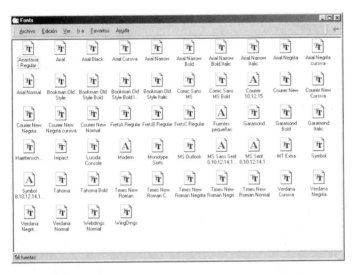

Figura 3.28
Vista de iconos grandes de la carpeta Fuentes.

4

Introducción a Internet Explorer 4.0

MICROSOFT INTERNET EXPLORER 4.0 es un conjunto abierto e integrado de software para Internet que incluye uno de los principales clientes de Internet del mercado y una solución básica de trabajo en equipo para usuarios, administradores de sistemas y desarrolladores. Internet Explorer 4.0 amplía las innovaciones que incorporaba ya Internet Explorer 3.0 para alcanzar el objetivo de Microsoft: una integración completa entre Internet y el PC. El resultado es una forma mucho más sencilla y personalizada de extraer todo el potencial de Internet.

Microsoft ha escuchado de cerca a los usuarios durante el diseño de Internet Explorer 4.0. Éstos tenían bastantes quejas en cinco áreas principales que querían ver solucionadas:

- Buscar información útil en Internet es difícil.

- El ancho de banda de Internet limita la productividad y la diversión de navegar por la red.

- El contenido del Web pocas veces alcanza las expectativas puestas en él.

- Hay una ausencia estrepitosa de utilidades de comunicación personal.

- Las herramientas y métodos para navegar por la red y la utilización de los PC no tienen relación alguna.

Internet Explorer 4.0 aborda cada una de estas áreas con innovaciones que pueden clasificarse en cuatro categorías:

- **Mejor visualizador.** Internet Explorer 4.0 contiene mejoras para los usuarios, centradas sobre los puntos fuertes de Internet Explorer 3.0. Internet Explorer 4.0 presenta el HTML dinámico, que beneficia significativamente a los usuarios y constituye un avance de la siguiente generación de funciones que ya están demandando los creadores de nodos Web para maximizar el impacto de su contenido y minimizar la carga del servidor.

- **Comunicación y trabajo en equipo completos.** Internet Explorer 4.0 incluye un conjunto de herramientas completo e integrado para todos los tipos de usuarios, desde servicios básicos, como correo electrónico, hasta funciones más avanzadas, como teleconferencias, emisiones de programas y creación de páginas Web.

- **Emisión de nodos y canales Web.** La WWW puede ahora acercarse hasta el mismo escritorio. Es posible recibir la información deseada directamente en el escritorio en el momento y formato adecuado. Internet Explorer 4.0 también avisa automáticamente cuando cambia su nodo Web favorito y, para mayor comodidad y menor coste, permite consultar los nodos sin estar conectado a la red.

- **Integración real con el Web.** La integración real con el Web tiene dos significados en Internet Explorer 4.0. En primer lugar, Internet y las intranets forman parte integrante del escritorio del sistema operativo, ya que el visualizador y su modo de exploración están disponibles en todas las ventanas de Microsoft Windows. En segundo lugar, Internet Explorer 4.0 está fuertemente integrado con los productos que le acompañan. Esto significa que hay coherencia entre todas las aplicaciones, puesto que tienen una barra de herramientas común que permite cambiar de una herramienta a otra con facilidad.

¿A quién está dedicada esta nueva versión de Internet Explorer 4.0? La respuesta es «a todos», y la explicación es la siguiente:

- Para los usuarios, Internet Explorer 4.0 proporciona una experiencia de visualización más rica, integrada y personalizada que permite explorar Internet, las intranets y sus PC locales de forma sencilla y completa.

- Para los usuarios internacionales, Internet Explorer 4.0 proporciona el mejor soporte actual de Unicode, visualización y entrada multilenguaje, y un formato de recursos sencillo que facilita la localización. Para ayudar a los desarrolladores internacionales, Microsoft entrega Internet Explorer en 12 idiomas: alemán, chino (tradicional), chino (simplificado), coreano, español, francés, griego, inglés, italiano, japonés, polaco y portugués (brasileño).

- Para los administradores de sistemas, la combinación del visualizador Internet Explorer 4.0 en el sistema operativo reduce el coste total de adquisición y mejora la productividad de los usuarios, amplía la funcionalidad existente y amortiza las inversiones en formación, lo que reduce los costes de formación. Las nuevas y mejoradas herramientas de administración, con unas características de seguridad muy sofisticadas, facilitan la migración a la intranet y el mantenimiento y control de los Web internos.

- Los administradores Web, proveedores de información por Internet y desarrolladores pueden aprovechar la plataforma de Internet Explorer 4.0, que admite una amplísima gama de estándares de Internet. Internet Explorer 4.0 también proporciona nuevas funciones por medio del HTML dinámico, incluido en este producto, y los controles ActiveX. Los desarrolladores pueden crear productos totalmente interactivos con información impactante.

NUEVAS CARACTERÍSTICAS DE INTERNET EXPLORER 4.0

El conjunto Internet Explorer 4.0 contiene el visualizador Web más rápido y personalizable del mercado. También incluye el juego de herramientas de comunicación y trabajo en equipo más amplio disponible, utilizable para cualquier tipo de necesidad, desde enviar correo electrónico de texto con formato e imágenes, a utilizar la computadora como un teléfono por Internet, diseñar su propio nodo Web o mantener una conversación con vídeo. Las nuevas características de Internet Explorer 4.0 facilitan su uso, lo completan y personalizan:

- **Es más sencillo.** Explorar por Internet es más sencillo, ya que pueden aprovecharse las búsquedas mejoradas, la característica Auto Completar, que facilita la escritura de direcciones Web, y las Suscripciones, que le avisan cuando se actualizan sus páginas Web favoritas. Además, si selecciona la opción Ver como página Web, la navegación por Internet, las intranets y el PC local es la misma.

- **Es completo.** Internet Explorer 4.0 incluye todo lo necesario para obtener el máximo partido de Internet. Además de ser el mejor visualizador Web disponible, se acompaña de herramientas completas de correo electrónico, grupos de noticias, videoconferencia, sesiones de conversación, compartición de aplicaciones, emisión de programas y creación y publicación de páginas Web.

- **Es personal.** Con Internet Explorer 4.0 puede configurar el Web a su gusto. Es posible personalizar los Vínculos rápidos y otros nodos Web favoritos simplemente arrastrando y soltando. También puede crear su propia página de inicio a Internet personalizada. Con la opción Ver como página

Web, puede convertir el escritorio en una página Web interactiva y multimedia, en la que la información más importante se actualiza automáticamente.

En los siguientes apartados se describen algunas de las nuevas características de Internet Explorer 4.0.

Mejoras para Java

Internet Explorer 4.0 incluye características que facilitan a los desarrolladores la creación de aplicaciones Java para la red más ricas y con más características. Las mejoras de rendimiento de Internet Explorer 4.0 hacen que las aplicaciones se ejecuten más deprisa que nunca. Internet Explorer 4.0 también incorpora mejoras de seguridad que hacen que las aplicaciones Java no puedan dañar la computadora ni amenazar su privacidad.

- 🌐 **Rendimiento mejorado.** Internet Explorer 4.0 mantiene su liderazgo en rendimiento, y es la forma más rápida de ejecutar aplicaciones Java, gracias a sus mejoras en el funcionamiento de la máquina virtual, el compilador en tiempo real y las bibliotecas de clases.

- 🌐 **Integración completa con ActiveX.** Los desarrolladores ahora pueden acceder a los controles ActiveX como Java Beans (componentes) y a las Java Beans como controles ActiveX. Esta integración es directa, automática y bidireccional. Además, los desarrolladores pueden depurar directamente código de Microsoft Visual Basic, Scripting Edition (VBScript), Jscript y Java.

- 🌐 **Nuevo modelo de objetos.** El nuevo modelo de objetos de Internet Explorer 4.0 se hace público a través de las bibliotecas Java, de manera que los desarrolladores en Java pueden manipular páginas de forma dinámica e integrar más estrechamente las aplicaciones Java en las páginas Web.

- 🌐 **Abstract Windowing Toolkit (AWT) mejorado.** El nuevo AWT reduce la sobrecarga y mejora el rendimiento.

- 🌐 **Nuevas Application Foundation Classes (AFC).** El soporte para Java incluye las recientes AFC de Microsoft, que son un completo conjunto de bibliotecas de clases multiplataforma que ayudan a los desarrolladores de software a crear, rápidamente, aplicaciones de calidad comercial escritas en Java. AFC proporciona a los creadores que utilizan Java en sus páginas Web un rico conjunto de gráficos, así como una interfaz de usuario y funciones multimedia. Internet Explorer 4.0 es el primer visualizador que admite las AFC.

- 🌐 **Compatibilidad con Java Development Kit (JDK) 1.1.** Internet Explorer 4.0 es totalmente compatible con las características multiplataforma del JDK 1.1.

- 🌐 **Nuevas bibliotecas de clases multimedia.** Toda la funcionalidad de DirectX 5 se encuentra disponible en las bibliotecas de clases Java multiplataforma, lo que permite a los desarrolladores manipular y animar muchos tipos de elementos.

- 🌐 **Modelo de seguridad basado en propiedades.** Internet Explorer 4.0 amplía la característica de firma Authenticode, para especificar mediante el uso de firmas digitales a qué propiedades del sistema, por ejemplo un sistema de archivos, pueden acceder las aplicaciones Java.

Barra de búsqueda

Cuando se hace clic en el botón Búsqueda de la barra de herramientas, Internet Explorer 4.0 muestra la barra de búsqueda que aparece en la Figura 4.1. La barra de búsqueda muestra los resultados de las búsquedas, independientemente de la zona de visualización principal. Esta función responde a una de las dificultades principales que manifiestan los usuarios del Web: es incómodo volver a los resultados de la búsqueda después de visitar un nodo. La barra de búsqueda reduce ligeramente la zona de visualización y permanece visible hasta que se vuelve a pulsar el botón Búsqueda. Cada vez que se abre la barra de búsqueda, aparece una lista de motores de búsqueda para que elija el que le resulte más adecuado. Los resultados de la búsqueda sólo se muestran en la barra de búsqueda. Cuando se señala con el ratón uno de los resultados, Internet Explorer 4.0 muestra un resumen del nodo en una etiqueta emergente.

Figura 4.1
Barra de búsqueda activada en el visualizador Internet Explorer 4.0.

Cuando se selecciona un nodo de la lista de Resultados, éste se muestra en la zona de visualización principal, dejando visible la barra de búsqueda para futuras búsquedas. Los resultados permanecen en la barra de búsquedas, de manera que el usuario puede moverse fácilmente de un resultado a otro sin tener que utilizar repetidamente el botón Atrás para regresar a las páginas de resultados de la búsqueda. Internet Explorer 4.0 también mantiene el estado de la búsqueda, por lo que si en la misma sesión se vuelve a hacer clic en el botón Búsqueda, aparecen los resultados de la búsqueda anterior.

La barra de búsqueda aprovecha la arquitectura de componentes de Internet Explorer 4.0, ya que no es simplemente un marco, sino un control de visualización independiente.

Barra de herramientas inteligente

Internet Explorer 4.0 incluye una barra de herramientas «inteligente» que distingue entre la visualización de páginas HTML, archivos y carpetas. Como se muestra en la Figura 4.2, la barra de herramientas inteligente se reconfigura ella sola, agregando y eliminando herramientas según el tipo de archivo visualizado.

Figura 4.2
La barra de herramientas inteligente es diferente cuando se muestra una página Web (barra superior) que cuando se muestran archivos y carpetas (barra inferior).

Por ejemplo, si se está visualizando una carpeta o un archivo, no es necesario el botón Detener, puesto que no se está transfiriendo nada. De la misma manera, no son necesarios los botones Cortar y Pegar si se está visualizando una página Web que no puede editarse. La barra de herramientas inteligente realiza los ajustes necesarios, aunque siempre incluye las opciones necesarias para desplazarse Atrás y Adelante.

Nota. La barra de direcciones inteligente también conoce la diferencia entre los directorios y carpetas del sistema (\\) y una dirección de Internet o intranet (//). En la barra de direcciones simplemente debe escribirse el destino que se desea visitar.

Barra de historial

La barra de Historial muestra las páginas Web visitadas, para facilitar el regreso a los nodos visitados hace días o incluso semanas. Las páginas se encuentran agrupadas por fecha, nodo y página individual.

Páginas en miniatura

Pueden visualizarse múltiples páginas Web simultáneamente, sin tener que visitar los nodos, con la vista Páginas en miniatura. Puesto que la vista de Páginas en miniatura es ampliable, se puede aplicar en cualquier carpeta para ver rápidamente su contenido.

Vista de páginas en miniatura de los Favoritos Web

¿Ha visto algún nodo interesante en Internet, lo ha agregado a la lista de Favoritos, y ahora no puede recordar cuál de todos es? Haga lo siguiente:

1. En el Explorador de Windows, vaya a la carpeta Favoritos. Por ejemplo, escriba *C:\Windows\Favoritos* en la barra Dirección para ir hasta la carpeta Favoritos.
2. Haga clic en la opción Páginas en miniatura del menú Ver.

Ahora podrá observar las páginas en miniatura de todos los nodos Web favoritos en el marco situado a la derecha.

Esto mismo puede hacerse también en el menú Favoritos de la barra de herramientas del Explorador de Windows o Internet Explorer. Haga clic en la opción Organizar Favoritos. Cuando aparezca el marco Favoritos, haga clic con el botón derecho, señale la opción Ver y, a continuación, haga clic en Páginas en miniatura. La ventana Organizar Favoritos tendrá un aspecto similar al mostrado en la Figura 4.3.

Refresco de las vistas de páginas en miniatura

Para ver la versión actual de una página Web que cambia con frecuencia, haga clic con el botón derecho en una página en miniatura y seleccione la opción Actualizar Páginas en miniatura del menú emergente.

Vistas en miniatura en otras carpetas

Las vistas de páginas en miniatura también le permiten echar una rápida ojeada a sus carpetas más importantes. Para ver en miniatura otras carpetas distintas a Favoritos, siga los pasos que figuran a continuación:

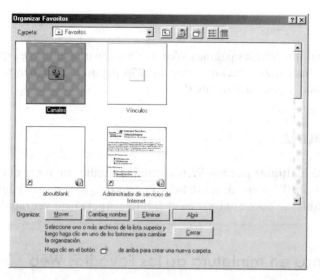

Figura 4.3
Ver páginas en miniatura en la ventana Organizar favoritos.

1. En la barra Dirección, escriba la ruta de acceso a la carpeta que desea ver y pulse INTRO.
2. Haga clic con el botón derecho sobre la carpeta y seleccione la opción Propiedades del menú emergente.
3. En el cuadro de diálogo Propiedades, seleccione la opción Habilitar la vista Página en miniatura y haga clic en Aceptar (véase Figura 4.4).

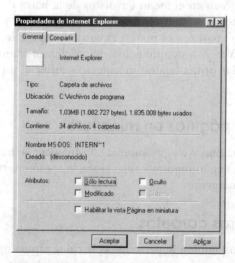

Figura 4.4
Habilitar la vista Página en miniatura en una carpeta.

Autocompletar

Autocompletar facilita la escritura de los URL y reduce la posibilidad de cometer errores. Utiliza heurísticos para completar las direcciones URL teniendo en cuenta los nodos ya visitados. Además, agrega prefijos y sufijos a las direcciones de Internet y corrige errores sintácticos. Autocompletar es muy parecido a la característica Autocompletar de Microsoft Excel.

Autocompletar utiliza el historial para predecir qué es lo que se va a escribir en la barra de Dirección. El texto sugerido se muestra como un grupo seleccionado de caracteres. De esta manera, pueden descartarse las sugerencias si se escribe sobre ellas.

Autocompletar incluye las siguientes características y pasos abreviados:

🌐 Salta los caracteres de separación (como \\ \ . , ? +) de los URL si se mantiene pulsada la tecla CTRL junto con las teclas FLECHA IZQUIERDA O DERECHA.

🌐 Busca en el archivo de historial si se escribe el comienzo de una dirección y se pulsa la FLECHA ARRIBA O FLECHA ABAJO para completarla.

🌐 CTRL+INTRO realiza una sugerencia rápida *http://www.<lo escrito>.com*. Esta característica puede personalizarse en una clave del Registro.

🌐 Si se hace clic en el botón derecho del ratón sobre la barra de Dirección, se muestra un menú emergente que incluye posibles terminaciones para el texto escrito en ella.

La característica Autocompletar del mandato Ejecutar de Windows (en el menú Inicio) no sólo sirve para direcciones Internet, sino también para rutas de acceso a archivos.

Favoritos inteligentes

La característica Favoritos inteligentes comprueba automáticamente si se han producido actualizaciones en las páginas Web favoritas desde la última vez que se visitaron y, en caso afirmativo, notifica los cambios agregando un pequeño «destello» rojo junto al icono de cada página en el menú Favoritos, como se muestra en la Figura 4.5, así como una etiqueta emergente que muestra la última fecha en la que se visitó el nodo y la fecha en la que se ha actualizado por última vez.

Destello

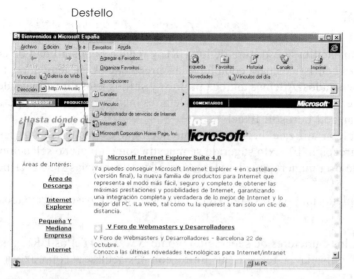

Figura 4.5
Favoritos inteligentes.

Nota. No debe confundirse Favoritos inteligentes con la distribución de información de Internet Explorer 4.0 (*WebCasting*), que obtiene automáticamente las páginas de los nodos que han cambiado. Favoritos inteligentes permite conocer cuáles de los nodos favoritos se han modificado, pero sin obtener automáticamente las páginas en cuestión. Puesto que la mayoría de los usuarios tienen una gran cantidad de favoritos, la característica de Favoritos inteligentes ahorra costes de conexión.

Con Favoritos inteligentes, los creadores de páginas Web pueden incluir sus propios textos dentro de metaetiquetas, para que su contenido aparezca en la etiqueta emergente cuando el usuario detiene el puntero del ratón sobre el nombre de dicho nodo en el menú Favoritos. A continuación se presenta un ejemplo de metaetiquetas que permiten insertar la información del creador de la página en la etiqueta emergente del nodo Web:

```
<meta http-equiv="Bulletin-Text" content="Recién actualizado:
Microsoft Internet Explorer 4.0. ¡Léala ya!">
<meta http-equiv="Content-Type" CONTENT="text/html;
charset=iso-8859-1">
<meta name="Autor" content="Microsoft Corporation">
<meta name="Descripción" content="Información corporativa de
Microsoft, Asistencia técnica y otros">
```

Sugerencia. Los creadores de páginas Web deberían incluir estas etiquetas en las cabeceras de sus páginas Web por varias razones. Por ejemplo, cuando una empresa lanza un nuevo producto, los usuarios pueden obtener esta información directamente de su menú Favorito. Si un nodo tiene nuevos artículos interesantes para los lectores, los autores pueden insertar información relativa a ellos en las etiquetas de la cabecera, de modo que Internet Explorer 4.0 la resalte. Favoritos inteligentes facilita a los creadores de nodos la posibilidad de poner la información delante de los usuarios para motivarles a explorar un determinado nodo.

También puede indicarse a Internet Explorer 4.0 que obtenga una página, establezca la conexión automáticamente y transfiera la información de forma no interactiva. Asimismo, puede especificarse con qué frecuencia debe realizar las comprobaciones y cargar únicamente lo que haya cambiado. También se puede indicar cuántos niveles del nodo deben cargarse y cómo notificar la actualización de los nodos favoritos, bien con un icono en la barra de tareas de Windows o con un mensaje de correo electrónico.

Vínculos rápidos mediante arrastrar y soltar

Ahora, con Internet Explorer 4.0, es todavía más fácil consultar los nodos favoritos. Los vínculos rápidos de la barra de Vínculos pueden personalizarse simplemente arrastrando con el ratón. Seleccione un vínculo de una página que desee incluir en la barra de herramientas y arrástrelo a uno de los botones de la barra de Vínculos.

También pueden crearse accesos directos a páginas Web con la técnica de arrastrar y soltar. Desde cualquier nodo Web o carpeta, haga clic en la esquina superior izquierda de la ventana Internet Explorer y arrástrela a cualquier parte del escritorio para crear un acceso directo. Si la información es local o de una red de área local (LAN), cuando se hace clic con el botón derecho del ratón y se arrastra el icono, es posible mover, copiar o crear un acceso directo a dicha ubicación.

Botones Atrás y Adelante

Para regresar a una página no es necesario pulsar repetidamente los botones Atrás y Adelante. Si se hace clic con el botón derecho del ratón sobre los botones Atrás y Adelante, puede verse en un menú desplegable la lista de los nodos visitados más recientemente. También puede accederse al menú desplegable si se hace clic en el nuevo botón flecha abajo situado a la derecha de los botones Atrás y Adelante. Basta con hacer clic en la página deseada para verla inmediatamente.

Modo Pantalla completa

Internet Explorer 4.0 tiene un modo de Pantalla completa que elimina todas las barras de herramientas, iconos del escritorio y barras de desplazamiento de la pantalla, de forma que quede más espacio para las páginas Web. Esta vista reduce la necesidad de desplazarse por una página para ver su contenido. Los proveedores de información también pueden emplear el modo Kiosco, en el que la computadora sirve como una herramienta emulador de terminal de propósito único.

Para que la información Web ocupe toda la pantalla, seleccione la opción Pantalla completa del menú Ver. El único elemento que queda en la pantalla, además de la página Web, es una paleta flotante, con la que puede desactivarse el modo Pantalla completa en cualquier momento.

Impresión mejorada

Los usuarios siempre se han quejado de tener que visualizar todas las páginas que desean imprimir. Tampoco estaban demasiado satisfechos con la impresión, ya que el formato de una página Web es diferente del formato de un documento impreso. Internet Explorer 4.0 es el primer visualizador que implementa las nuevas ampliaciones efectuadas en las hojas de estilos en cascada para la impresión, que se han enviado como propuesta al Consorcio World Wide Web (W3C).

Internet Explorer 4.0 utiliza la especificación de hojas de estilos en cascada para definir muchas de las características del formato de una página, incluyendo la impresión de documentos en segundo plano, impresión recursiva de todos los enlaces de un documento y opciones inteligentes de impresión de marcos, como la impresión de un solo marco o todos los marcos de una página. El contenido impreso tiene el mismo aspecto que la página visualizada. Internet Explorer 4.0 también almacena los hipervínculos de una página para su impresión, de manera que pueda imprimirse todo un nodo Web en una sola visita.

Sistema de restricciones

Si le preocupa el tipo de información al que acceden sus hijos o empleados en Internet, puede interesarle la nueva característica de Internet Explorer 4.0 que limita lo que puede verse en la computadora o por la red. Internet Explorer 4.0 proporciona esta protección con un estándar de restricciones de la Plataforma para la selección de contenidos de Internet (PICS). El estándar de restricciones permite controlar el acceso al material interactivo con cualquier sistema de restricciones de Internet basado en PICS. El sistema de restricciones incorporado, llamado RSACi, permite limitar totalmente algunas categorías de información, como el lenguaje, desnudez, sexo o violencia, o fijar el nivel que le resulte aceptable. La Figura 4.6 muestra el cuadro de diálogo Asesor de contenido, al que se accede para fijar las Restricciones desde la lengüeta Contenido del cuadro de diálogo Opciones.

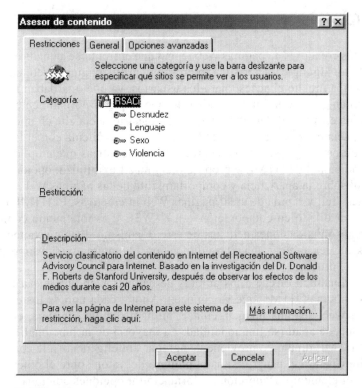

Figura 4.6
Cuadro de diálogo Asesor de contenido para fijar el sistema de restricciones de la computadora.

¿Cómo funciona el sistema de restricciones?

Los padres y los supervisores pueden utilizar Internet Explorer 4.0 para fijar las contraseñas necesarias en las consultas a los nodos Web. También puede limitarse el acceso a nodos Web no clasificados. Puesto que el sistema es abierto, es posible crear un sistema de restricciones propio para impedir que cierta información llegue a la computadora o red. Si desea obtener más información acerca de los sistemas de restricciones que pueden utilizarse con Internet Explorer 4.0, consulte el nodo Web de la PICS en:

http://www.w3.orgPICS/

Si desea obtener más información acerca de cómo conseguir una calificación para su propio nodo Web, visite el nodo del Recreational Software Advisory Council en:

http://www.rsac.org/

HTML DINÁMICO

Hasta ahora, los creadores de páginas Web tenían que enfrentarse a un duro compromiso: si incluían alguna característica interesante en sus páginas Web, casi siempre se ralentizaba mucho el acceso para los usuarios, ya que o tardaban mucho en cargarse o tenían una cierta interactividad, lo que requería normalmente volver a cargar la página en su totalidad cada vez que un usuario hacía clic en uno de estos elementos especiales. Internet Explorer 4.0 resuelve este dilema con el HTML dinámico de Microsoft, que es una colección de características que amplían la funcionalidad tradicional de HTML y proporcionan más flexibilidad, opciones de diseño y control sobre la apariencia y comportamiento de las páginas Web, así como una forma más fácil y rápida de crear páginas Web interactivas. El HTML dinámico ha sido desarrollado en colaboración con el W3C y es totalmente compatible con todas las recomendaciones actuales de este organismo. Esta nueva tecnología permite a los autores agregar una nueva dimensión a la interactividad sin reducir el rendimiento del proceso.

El HTML dinámico ofrece a los autores de páginas Web una nueva forma de controlar las etiquetas HTML que ya conocen. Ahora, cada uno de los elementos de una página Web, sea una imagen, enlace, miniaplicación, cabecera, etc., es un objeto al que puede añadirse funcionalidad. La mayoría de la funcionalidad y flexibilidad del HTML dinámico proviene de agregar «inteligencia» a la computadora del usuario. Cuando el usuario sitúa el puntero del ratón sobre el objeto o hace clic sobre él, el elemento proporciona información u opciones adicionales sin tener que utilizar un servidor Web. De esta manera, los creadores de páginas pueden utilizar HTML dinámico para dar más valor a sus páginas Web.

A continuación se presentan algunos de los aspectos principales del HTML dinámico, que pronto harán que las páginas actuales estáticas sean cosa del pasado:

- 🌐 **Modelo de objetos en HTML.** El Modelo de objetos del HTML dinámico permite acceder a todas las etiquetas HTML de una página. No es necesario ser un programador experto para crear una experiencia totalmente dinámica para el usuario. Basta con añadir algo de JavaScript o VBScript a las etiquetas estándares que ya se utilizan en el Web. También pueden ampliarse las funciones del HTML dinámico con miniaplicaciones Java o controles ActiveX.

- 🌐 **Colocación 2D.** Ahora, los autores de páginas Web pueden situar los elementos con precisión para que los nodos se muestren con el aspecto deseado. Los objetos pueden solaparse y ser transparentes. Combinado con las demás características del HTML dinámico, estas funciones de colocación permiten a los usuarios mover los elementos por la página, creando animaciones en ellas. Los usuarios que no ejecuten Internet Explorer 4.0 no podrán disfrutar de estas nuevas posibilidades, aunque siempre verán la página con buen aspecto, ya que el modelo está basado en HTML y en las hojas de estilos.

- **Datos enlazados.** Una vez que los usuarios reciben datos desde un nodo Web con HTML dinámico, pueden ordenar, filtrar y modificar los datos repetidamente, sin tener que acceder de nuevo al servidor. Al reducir el número de accesos al servidor, los datos enlazados aceleran las operaciones tanto para el usuario como para el nodo Web.

- **Controles multimedia en HTML dinámico.** Los efectos multimedia del HTML dinámico hacen de Internet Explorer 4.0 el visualizador Web más excitante del mercado, ya que permite disponer de sonido con calidad CD-ROM en un mínimo tiempo de carga. Los controles multimedia incluidos con Internet Explorer 4.0 facilitan a los autores la creación de interesantes páginas que aprovechan todas las ventajas del HTML dinámico.

Estas características del HTML dinámico se describen con más detalle en los siguientes apartados.

Modelo de objetos de HTML dinámico

Cuando se utiliza el Modelo de objetos completo del HTML dinámico, lo que se ve al principio sólo es el inicio de lo que puede conseguirse de una página Web. Este modelo está basado en el Modelo de objetos documentado que Microsoft ha propuesto al W3C. Considere un diagrama de organización de una empresa, por ejemplo. El nuevo Modelo de objetos permite a un autor Web construir el diagrama de manera que cuando un usuario mueva el ratón sobre el nombre de una persona, aparezca un cuadro emergente con más información acerca de la persona o su grupo. Si se desea más información, el usuario puede simplemente hacer clic en uno de los enlaces de este cuadro. Esta forma de presentar la información no ocupa tanto espacio en la página, ni el valioso tiempo del usuario, ya que «oculta» la información y las opciones hasta que el usuario las solicita.

Otro ejemplo de cómo puede utilizarse el Modelo de objetos es la creación de un índice que los usuarios puedan expandir o contraer para ver rápidamente la información principal de una página. Este tipo de índices pueden generarse en HTML dinámico con gran facilidad, incluso en nodos ya existentes, puesto que el Modelo de objetos da control a los usuarios sobre las etiquetas HTML de una página. En este caso, el autor simplemente agrega unas pocas líneas de script que recogen las etiquetas existentes y las ordenan en un índice enlazado cuando lo solicita el usuario.

A continuación se muestran algunas de las posibilidades que ofrece el Modelo de objetos del HTML dinámico cuando se añade JavaScript o VBScript al HTML estándar:

- Crear texto e imágenes que se mueven y ocultan dinámicamente de acuerdo con lo que hace el usuario con el ratón.

- En una imagen, mostrar texto cuando el usuario mueve el ratón sobre cualquiera de los botones.

- Ocultar y mostrar texto, así como mover objetos por la página.

- Agregar varios niveles de información, con colores impactantes, sobre el texto ordinario. Puede configurarse un título para que muestre dinámicamente los encabezados principales, o configurar los encabezados para que cambie el color del tipo de letra con un clic del ratón. Con otro clic, pueden mostrarse subcabeceras enlazadas a otras páginas del nodo Internet Explorer 4.0.

- Con los eventos de situación del ratón del Modelo de objetos del HTML dinámico, puede situarse el puntero del ratón sobre las palabras escritas en la página de forma que cambie su color y quede resaltado.

Colocación dinámica en 2D

Los creadores de páginas Web se han sentido a veces como conductores obligados a sentarse en los asientos traseros de un coche. Aunque intentaban crear las páginas según el primer boceto que habían concebido, con grandes mapas de bit y tablas, pronto tenían que abandonarlo, sintiendo como si el volante del coche estuviera en las manos de otra persona.

Ahora, con la colocación dinámica en 2D, los autores tienen un control completo sobre la colocación de las imágenes y los distintos elementos, y pueden determinar en cada una de las páginas que crean qué sucede y dónde. Además de ser capaces de especificar la colocación exacta del texto y las imágenes de una página, los autores pueden crear múltiples capas con las hojas de estilos en cascada, de manera que las imágenes puedan solaparse y aparecer como transparentes, creando nuevos efectos visuales para animar las páginas Web. También pueden conseguir una mayor interactividad si combinan la colocación dinámica 2D con la escritura de scripts.

Datos enlazados en HTML dinámico

Hasta ahora, el envío y recepción de datos por Web ha sido difícil y poco eficaz. Siempre que se deseaba consultar los datos de otra manera, era necesario volver al servidor Web y esperar a que se cargara de nuevo la página. Todo esto cambia con Internet Explorer 4.0. Los autores de páginas Web pueden aprovechar las ventajas de las funciones de datos del HTML dinámico, o datos enlazados, para crear útiles y potentes aplicaciones comerciales basadas en Web.

Una vez que se recibe la información de un nodo que aprovecha las ventajas del HTML dinámico y de los datos enlazados, los datos pueden ordenarse y filtrarse repetidamente sin iniciar otro acceso al servidor. Por ejemplo, supóngase que desea comprar un coche y solicita la lista de todos los coches entre 2 y 3 millones de pesetas. Después de obtenerla, puede desear limitar la búsqueda a los coches deportivos que se encuentran en ella. La computadora del usuario realiza todo este procesamiento y refresca la página, reflejando el resultado de la operación de ordenación. Resultado: un mayor rendimiento y menos tráfico en el servidor Web. Los datos enlazados proporcionan una forma de crear páginas útiles para mostrar información, como listas de precios, descripciones de productos, horarios de vuelos y los beneficios de una empresa.

Los datos enlazados no necesitan prácticamente ningún tipo de programación adicional y permiten a los autores insertar datos en una página Web, que pueden ser manipulados como una miniaplicación u objeto. Los elementos HTML pueden enlazarse a los datos con las extensiones de Datos enlazados de HTML, propuestos al W3C para su incorporación en el estándar HTML. Los autores pueden escoger entre los objetos de orígenes de datos incluidos con Internet Explorer 4.0, los de otros fabricantes, o los suyos propios, que puede crear con facilidad. Una vez que se inserta el objeto en una página HTML, Internet Explorer 4.0 lo reconoce como un suministrador de datos. Así de sencillo.

Si desea obtener más ejemplos de objetos orígenes de datos, consulte la Galería de objetos orígenes de datos del nodo Site Builder Network[1] en:

http://www.microsoft.com/sitebuilder/gallery/files/datasrc/

Cuando se obtiene la página por primera vez, los datos enlazados ofrecen los mejores nodos de Internet. A continuación, según se seleccionan las diversas categorías de la información, los datos enlazados filtran la información en la computadora local, sin tener que volver a acceder al servidor. De esta manera, la información deseada se muestra instantáneamente, independientemente del número de páginas visualizadas o el número de veces que se filtre la información.

Los datos enlazados proporcionan un rápido acceso a la información y permiten introducir información, realizar selecciones y manipular los datos como se desee. Lo mejor de todo es que los Datos enlazados permiten ver las páginas instantáneamente, aunque se estén procesando tablas muy complejas.

SOPORTE PARA ACTIVEX

Los nodos Web adquieren más vida con ActiveX, el estándar que están utilizando los desarrolladores de todo el mundo para crear impresionantes efectos multimedia, objetos interactivos y sofisticadas aplicaciones. Internet Explorer 4.0 hace que

---

[1] Este nodo Web puede encontrarse en castellano en el URL: *http://www.microsoft.com/spain/ sitebuilder.html (N. del T.).*

los controles ActiveX sean más rápidos, pequeños y divertidos que nunca. Además, Internet Explorer 4.0 facilita la desinstalación de los controles que no se utilizan.

La tecnología ActiveX es un medio para crear componentes software innovadores, basados en Web, sin tener que aprender nada nuevo ni cambiar código. Los desarrolladores pueden escribir controles ActiveX en cualquier lenguaje, como C++, Microsoft Visual Basic y Java. Internet Explorer 4.0 se instala con un nuevo juego de controles multimedia ActiveX que ofrece a los desarrolladores unos impresionantes efectos para sus páginas Web, con un mínimo consumo de ancho de banda. Además, los controles ActiveX tienen un acceso completo al Modelo de objetos de Internet Explorer 4.0, lo que permite a los desarrolladores manipular las páginas de forma dinámica.

Para aquellos desarrolladores que deseen crear sus propios controles ActiveX, Internet Explorer 4.0 presenta nuevas oportunidades de crear controles más rápidos, pequeños e integrados que nunca. A continuación se resaltan algunos de sus puntos fuertes:

- 🌐 **Controles sin ventanas.** Permite a los desarrolladores crear controles transparentes o no rectangulares, una característica importantísima para los controles solapados de la característica de Colocación en 2D de Internet Explorer 4.0.

- 🌐 **Controles independientes.** Incrementa el rendimiento, ya que aprovecha las características de Internet Explorer 4.0 como contenedor con threads.

- 🌐 **Activación rápida.** Simplifica enormemente el proceso de inicialización de controles.

- 🌐 **Carga de datos asíncrona.** Mejora el rendimiento de los controles que necesitan cargar imágenes u otros datos complejos.

Scripts ActiveX

Los creadores de páginas Web pueden utilizar los scripts ActiveX para ofrecer páginas más interactivas, capaces de hacer preguntas, responder a consultas, comprobar los datos del usuario, calcular expresiones y conectarse a otros controles. Los scripts ActiveX de Internet Explorer 4.0 constituyen el tipo de script más rápido, completo e independiente del lenguaje disponible actualmente en Internet. Ya se pueden ver páginas que utilizan cualquiera de los lenguajes de script más populares, como VBScript y JScript.

Los scripts ActiveX permiten a los controles ActiveX «comunicarse» entre sí y con otras miniaplicaciones Web. Así, los controles ActiveX y Java pueden acceder al Modelo de objetos de Internet Explorer 4.0, que a su vez permite a los desarrolladores crear páginas que pueden manipular los usuarios.

Además del soporte de scripts en el visualizador Internet Explorer 4.0, Microsoft proporciona las siguientes opciones de script:

- Windows Scripting Host (WSH) es una solución de script simple, potente y flexible para la plataforma Windows de 32 bits. WSH permite ejecutar scripts, incluyendo los escritos en VBScript y JavaScript, directamente en el escritorio de Windows sin necesidad de incluirlos en un documento HTML. Este motor de scripts requiere muy poca memoria y es ideal para el inicio de sesiones y de tareas administrativas. WSH puede ejecutarse desde el motor basado en Windows (WSCRIPT.EXE) o desde el motor de la interfaz de mandatos (CSCRIPT.EXE).

- Microsoft Internet Information Server ahora admite Páginas activas de servidor y permite la ejecución de scripts en servidores Web de Internet o una intranet.

CÓMO COMUNICARSE Y TRABAJAR EN EQUIPO CON INTERNET EXPLORER 4.0

El trabajo en equipo a través de Internet o en intranets es uno de los temas más interesantes y discutidos de la actualidad. Microsoft se ha comprometido en este aspecto con un conjunto completo de herramientas para la comunicación. Internet Explorer 4.0 proporciona una solución para cualquiera de las necesidades de comunicación de los usuarios basadas en Internet o intranet. Con su programa de instalación modular pueden instalarse únicamente los componentes que se necesitan y aprovechar la extensibilidad de Internet Explorer 4.0 para integrarlos con las soluciones ya existentes.

Internet Explorer 4.0 contiene los siguientes componentes para la comunicación y trabajo en equipo:

- NetMeeting, para realizar conferencias y compartir aplicaciones (consulte el Capítulo 5, «Conferencias y compartición de aplicaciones por Internet con NetMeeting 2.0»).

- NetShow, para la emisión de programas (consulte el Capítulo 6, «Reproducción multimedia con NetShow 2.0»).

- Outlook Express, para la mensajería (consulte el Capítulo 7, «Mensajería con Windows»).

- FrontPad, para la creación de páginas Web, y el Servidor personal de Web, el Asistente de publicación Web, Site Builder Network y el Kit de desarrollo software para clientes de Internet, para la creación de páginas (consulte el Capítulo 8, «Creación y publicación de páginas Web»).

El conjunto Internet Explorer 4.0 permite realizar una integración completa entre sus aplicaciones, ya que todas ellas están fuertemente integradas y han sido desarrolladas con la misma interfaz de usuario, menú y barra de herramientas. Esta disposición simplifica el proceso de formación, puesto que cuando se aprende a utilizar una de las aplicaciones del conjunto, ya puede trabajarse con las demás.

Internet Explorer 4.0 se ha construido para facilitar su ampliación; las empresas que lo utilizan no necesitan eliminar ninguna de sus herramientas actuales. Por ejemplo, una empresa puede utilizar su propia solución para mensajería y, al mismo tiempo, aprovechar las características de integración del conjunto Internet Explorer 4.0. La Figura 4.7 muestra la lengüeta Programas del cuadro de diálogo Opciones, en el que pueden fijarse las opciones de mensajería.

Además, Internet Explorer 4.0 ofrece una solución escalable para los usuarios que necesitan aplicaciones de alto nivel. Por ejemplo, los usuarios que necesitan un cliente de correo con más funciones, pueden cambiar Microsoft Outlook Express por Microsoft Outlook. Aunque Microsoft FrontPad es excepcionalmente bueno para crear páginas Web, Microsoft FrontPage es una plataforma de desarrollo completa para los desarrolladores que desean aún más opciones. Para disponer de un servidor Web realmente corporativo, los usuarios deben cambiar el Servidor personal de Web por Microsoft Internet Information Server, que contiene toda la seguridad, escalabilidad y robustez que necesita un nodo Web en la Internet actual.

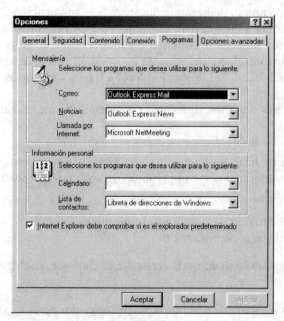

Figura 4.7
En el cuadro de diálogo Opciones pueden fijarse las opciones de mensajería y contactos.

Multimedia: cómo potenciar los nodos con Internet Explorer 4.0

La red Web se hace cada día más interesante, gracias a que las páginas Web incorporan nuevos elementos multimedia, como películas, sonidos, animaciones y mundos en 3D. Internet Explorer 4.0 admite todos los últimos estándares multimedia, como el Lenguaje de modelado de realidad virtual (VRML) 2.0, y hace que la visualización de elementos multimedia por Internet sea más rápida y más divertida.

Los desarrolladores Web podrán comprobar ahora cómo la utilización de efectos multimedia para crear páginas Web atrayentes e interactivas es más fácil que nunca. La nueva tecnología multimedia del HTML dinámico de Internet Explorer 4.0 permite agregar filtros y transiciones a las páginas, crear efectos temporizados y cambiar la superficie de un mapa de bits. Además, Internet Explorer 4.0 añade las siguientes características, que ayudan a los creadores de páginas Web a insertar contenidos multimedia en sus páginas:

- 🌐 **Multimedia con HTML dinámico.** Un nuevo conjunto de controles facilita la utilización de impresionantes efectos multimedia que se cargan rápidamente en las páginas Web.

- 🌐 **Control interactivo de música.** Un nuevo control permite crear música que responde instantáneamente a las acciones del usuario.

- 🌐 **Control ActiveMovie.** Proporciona tecnología de vídeo y sonido para múltiples plataformas.

- 🌐 **NetShow.** Potente tecnología que permite emitir eventos multimedia por Internet o intranets corporativas (consulte el Capítulo 6 si desea obtener una descripción detallada de NetShow).

Efectos multimedia con HTML dinámico

La experiencia multimedia suele resultar bastante deslucida y requiere un tiempo de carga alto y frustrante. Para conseguir la calidad de gráficos y animación que los usuarios esperan de los productos CD-ROM y televisión, Internet Explorer 4.0 incluye efectos multimedia en el HTML dinámico. Los creadores y desarrolladores Web pueden utilizar los efectos multimedia del HTML dinámico para crear complejos gráficos animados que se cargan muy deprisa.

Aunque los mecanismos de estos nuevos controles facilitan la creación de comportamientos dinámicos, sus capacidades van mucho más lejos respecto a las que ofrecen la mayoría de las herramientas multimedia actuales. Además, los controles multimedia del HTML dinámico proporcionan una completa animación sin reducir las prestaciones del servidor y con un tiempo de carga mínimo en los PC. Las cargas son rápidas porque los controles son archivos pequeños que se reproducen en la computadora del usuario.

Control interactivo de música

Internet Explorer 4.0 incluye un nuevo control interactivo de música ActiveX que compone y reproduce música en tiempo real como respuesta a las acciones del usuario. El control interactivo de música crea una banda sonora de acuerdo con las acciones del usuario, para un juego de computadora o una visita guiada por un nodo Web, sin utilizar archivos WAV o MIDI, que necesitan un cierto tiempo de carga.

Este control musical ligero y flexible da vida e interés a las páginas Web y asegura una reproducción musical coherente y configurable con cualquier tarjeta de sonido. El control interactivo de música tiene las siguientes características:

- Ofrece una gran variedad de sonidos, lo que atrae más a los usuarios que si escucharan siempre los mismos sonidos una y otra vez.

- Realiza motivos armónicos correctos de forma dinámica en respuesta al movimiento del ratón y las demás entradas del usuario.

- Las transiciones entre distintos tipos de música se efectúan suavemente.

- Tiene un sonido especial de salida cuando el usuario abandona una página.

- Tiene un sonido especial de transición cuando el usuario pasa de una página a otra.

Special Bonus Pack disponible para los usuarios de Internet Explorer 4.0

El Interactive Music Bonus Pack es la forma más rápida de disfrutar de música por el Web. Creado especialmente para los usuarios de Internet Explorer 4.0, este paquete contiene cinco nuevos estilos: Heartland, Textures, Dark Chase, Smokin' y Lay Back. Este paquete preparado para Windows 98 puede cargarse desde Internet Explorer 4.0 si se elige la opción Internet Explorer Suite Components de la dirección:

http://www.microsoft.com/ie/ie40/download/

A continuación, visite el nuevo nodo de música interactiva de Microsoft:

http://www.microsoft.com/music/

Para hacer que las páginas tengan un sonido aún más dinámico, cargue el sintetizador de Microsoft de la dirección:

http://www.microsoft.com/music/MSSynth/Synth.htm

Esta opción aprovecha la salida musical que crea el control interactivo de música y añade profundidad y definición a la música que MIDI no puede reproducir, independientemente del tipo de tarjeta de sonido instalada.

ActiveMovie

La tecnología de Microsoft ActiveMovie (que forma parte de DirectShow) es otra razón por la que Internet Explorer 4.0 es el mejor visualizador para visitar los nodos multimedia. ActiveMovie admite todos los formatos Web de sonido y vídeo populares, entre los cuales se encuentra MPEG (Grupo de expertos en imágenes en movimiento), formato que permite disfrutar de vídeo con calidad de TV y sonido con calidad de CD. Para reducir el tiempo de espera, ActiveMovie utiliza la «carga progresiva», que permite iniciar la reproducción de un archivo de sonido o vídeo mientras continúa transfiriéndose en segundo plano.

ActiveMovie proporciona las siguientes ventajas:

- Reproducción rápida y sencilla de todos los tipos de formatos de Internet, como sonido y vídeo MPEG, AVI, QuickTime, MIDI, AU, WAV y AIFF.

- Reproducción MPEG por software, lo que proporciona vídeo con calidad de TV a pantalla completa en los sistemas de gama alta.

- Una arquitectura flexible y ampliable que puede integrar con facilidad nuevas tecnologías.

Ayuda HTML: basada en los estándares Web

La Ayuda HTML forma parte de la próxima generación de Microsoft WinHelp 4.0, que es realmente un superconjunto de WinHelp 4.0 y proporciona la mejor documentación interactiva para Internet. La Ayuda HTML tiene una presentación muy rica, con HTML y tecnologías Web, como ActiveX, Java, JavaScript y VBScript, para que los autores Web puedan crear ayudas interactivas. La Ayuda HTML combina este potente juego de herramientas con las funciones de publicación de alta calidad del escritorio, con hojas en cascada que crean un entorno ideal para la creación de Ayuda interactiva, publicaciones multimedia y nodos Web.

La Ayuda HTML enriquece el juego de características de WinHelp, con índices, glosarios y capacidades de búsqueda de texto completo, y las combina con la información escrita en HTML. Además, la Ayuda HTML ofrece herramientas, como el Editor de cuadros de diálogo de Ayuda, que facilitan la creación de ayudas sensibles al contexto sin necesidad de hacer ningún tipo de desarrollo. Puesto que la Ayuda HTML es multiplataforma y abierta, admite cualquier versión de HTML disponible en el sistema.

La tecnología de la Ayuda HTML está formada por los siguientes componentes:

- **Control de ayuda HTML ActiveX.** Permite insertar controles de navegación, como índices, glosarios, elementos emergentes e información relacionada en un archivo HTML. También pueden incluirse otros tipos de funcionalidad, como pantallas de presentación y cuadros de diálogo, para presentar, por ejemplo, la versión de la ayuda.

🌐 **HTML comprimido.** Permite combinar todos los elementos originales (HTML, controles ActiveX, scripts ActiveX, miniaplicaciones Java, gráficos, multimedia, índices de búsqueda de texto completo, palabras clave y otros) y comprimirlos en un único archivo, reduciendo así el espacio en disco necesario para los archivos HTML.

🌐 **Microsoft HTML Help Workshop.** Permite editar los índices, glosarios y archivos HTML, lo que simplifica el proceso de creación y mantenimiento de proyectos de Ayuda HTML.

🌐 **DLL de creación de Ayudas HTML.** Permite mostrar información detallada para las entradas del índice, una característica muy útil cuando se trata de localizar un documento HTML enlazado en una entrada del índice.

🌐 **Motor de presentación.** Permite utilizar cualquier visualizador, como Microsoft Internet Explorer 3.02 o una aplicación que admita ActiveX.

🌐 **Ventana de ayuda HTML.** Permite a los autores mostrar sus archivos HTML en una ventana de tamaño variable y personalizable, independiente del visualizador del usuario.

🌐 **Microsoft Flash.** Permite convertir los mapas de bits y metaarchivos en formatos GIF y JPEG, crear coordenadas USEMAP, realizar capturas de pantallas y mucho más.

DISTRIBUCIÓN DE INFORMACIÓN POR WEB

La distribución de información por Web está basada simplemente en las nuevas tecnologías de «recoger» (*pull*) y «enviar» (*push*). Con Internet Explorer 4.0, Microsoft proporciona una solución abierta y basada en estándares que permite a los creadores de páginas Web enviar información a los usuarios por medio de páginas Web, componentes software, mensajes de correo electrónico o por difusión directa. La distribución por Web facilita el acceso a la información y avisa al usuario cuando cambian sus nodos Web favoritos, de manera que pueda consultarlos sin conexión a la red.

Internet Explorer 4.0 permite realizar distribución por Web automática en cualquier nodo Web ya existente sin realizar ningún tipo de modificación. Para distribuir el contenido desde un nodo Web convencional, Internet Explorer 4.0 realiza una «búsqueda Web» planificada del contenido del nodo, comprueba si hay información actualizada y, en caso afirmativo, la transfiere para su utilización sin conexión a la red. El usuario puede iniciar este proceso si se «suscribe» a un nodo Web con el menú Favoritos de Internet Explorer 4.0.

Los usuarios pueden aprovechar los siguientes métodos de distribución de información que ofrece Internet Explorer 4.0: suscripciones y canales.

Suscripciones

Una parte importante de la distribución eficiente de información consiste en proporcionar un mecanismo para seleccionar y planificar transferencias automáticas de información. Los usuarios que visitan los mismos nodos con frecuencia pueden suscribirse a ellos, de manera que la computadora transfiera periódicamente sus páginas Web. Esto permite a los usuarios conocer qué es lo que ha cambiado en un nodo Web sin visitar realmente el nodo. Una vez suscritos, los usuarios reciben notificaciones de cambios por medio de diversos métodos que selecciona el propio usuario, desde la notificación por correo electrónico hasta el aviso en la barra de herramientas.

Nota. Cuando un usuario se suscribe a un nodo, no es necesario efectuar ningún pago. La palabra *suscripción* en este contexto significa transferencia planificada de información.

Características principales de las suscripciones

🌐 **Recepción de nueva información.** Cada vez que se agrega un nodo a la carpeta de Favoritos, es posible suscribirse a él o a cualquiera de sus páginas; en este caso, Internet Explorer 4.0 transfiere la página a la caché de acuerdo con las preferencias indicadas en la planificación y notifica los cambios. Una vez recibido el nodo o página suscritos, puede desconectarse de Internet y continuar consultando y trabajando con los datos.

🌐 **Planificación de las transferencias de nodos.** Es posible seleccionar cuándo se desea que la computadora obtenga la información a la que se ha suscrito. Existen numerosas opciones (como diariamente, semanalmente, u otras), y también manualmente (consulte el apartado «Planificación», situado más adelante en este capítulo, si desea obtener más información).

🌐 **Notificación de la llegada de nueva información.** Cuando realiza una suscripción, se ponen a su disposición una serie de opciones acerca de cómo notificar los cambios producidos en la información de un nodo (consulte el apartado «Notificación», situado más adelante en este capítulo, si desea obtener más información).

Beneficios de las suscripciones

Las suscripciones permiten mantenerle informado del estado actual de un nodo Web. Los usuarios móviles pueden estar al día y consultar la información por el camino cuando lo necesitan. Los beneficios de las suscripciones se muestran en los siguientes ejemplos:

- 🌐 **Mejora la capacidad de mantenerse al día aunque cambie el nodo Web.** Supóngase que necesita consultar diariamente 10 nodos Web. Para ello, en el pasado necesitaba abrir el visualizador, visitar cada nodo y explorar las distintas páginas para ver si alguna de ellas había cambiado. Con los Favoritos inteligentes, Internet Explorer 4.0 sondea el nodo en segundo plano (con una tecnología llamada WebCheck), consulta las etiquetas y notifica los cambios producidos.

- 🌐 **Consultar el Web en movimiento.** Supóngase que se desplaza diariamente al trabajo en tren y disfruta leyendo el periódico durante el trayecto. Con las suscripciones, no tiene más que suscribirse a un periódico interactivo, planificar las actualizaciones para que se realicen antes de salir y leer las noticias en el tren. Esta opción es muy ventajosa para aquellos usuarios que viajan mucho en avión.

- 🌐 **Optimización del tiempo de conexión.** Actualmente, la mayoría de los usuarios se conecta a Internet por un motivo concreto. Sin embargo, es muy fácil distraerse por el gran número de enlaces existentes a otros nodos. Con las suscripciones y la planificación de Internet Explorer 4.0, puede seleccionar cuáles son los nodos en los que está interesado, conectarse al Web, transferir información, desconectarse del Web y leer la información más adelante. Esto ahorra un valioso tiempo de conexión y reduce el gasto.

¿Cómo funcionan las suscripciones?

Todos los nodos incluidos en la lista de Favoritos se encuentran dentro de la categoría de Favoritos inteligentes. Internet Explorer 4.0 examina todos estos nodos de forma automática y le avisa cuando han sufrido modificaciones. El cuadro de diálogo Agregar a Favoritos, mostrado en la Figura 4.8, tiene una nueva casilla de verificación que le permite suscribirse a los nodos favoritos.

También puede suscribirse con la opción Suscribir del menú Favoritos. Con cualquiera de los métodos anteriores, se abre el cuadro de diálogo Suscribir (ilustrado en la Figura 4.9), que presenta la información de suscripción y le permite confirmar o personalizar el método de suscripción predeterminado. Si prefiere personalizar la suscripción, un asistente le guía por el proceso de selección de las distintas opciones posibles. La opción más importante es decidir si sólo se desea recibir una notificación cuando la página cambia o si se desea transferir la infor-

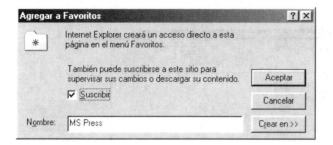

Figura 4.8
Las suscripciones se realizan exactamente igual que cuando
se agrega un favorito.

mación actualizada para su utilización sin conexión de red (consulte el apartado
«Tecnología necesaria para suscribirse a un nodo Web», si desea obtener más detalles acerca de esta opción). Además, el Asistente para la suscripción a nodos Web
permite configurar la búsqueda Web, planificar el período de visitas al nodo y seleccionar el método de notificación de los cambios producidos.

También puede controlarse el tiempo de transferencia y espacio de disco que
se utiliza por cada suscripción. La información de las suscripciones se almacena
en la nueva carpeta Subscriptions (mostrada en la Figura 4.10) de Internet Explorer 4.0, que permite consultar qué nodos se han comprobado y transferido.

Figura 4.9
Información resumen de la suscripción.

Destello

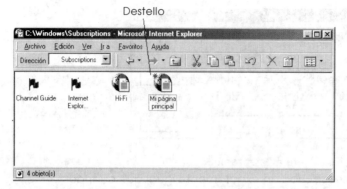

Figura 4.10
Un destello rojo resalta las suscripciones actualizadas.

Planificación

Como ya se ha mencionado, es posible planificar cuándo se transfiere la información a la computadora (diaria, semanal o en los intervalos seleccionados). También se puede solicitar una transferencia manualmente. Las opciones de planificación se fijan en la página Propiedades de cada página Web que se está planificando,
como se muestra en la Figura 4.11.

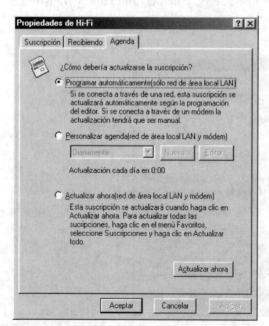

Figura 4.11
Planificación de la actualización de una suscripción.

Notificación

Los cambios producidos en los nodos suscritos pueden notificarse de las siguientes maneras:

- 🌐 **Mostrar un icono de notificación en la barra de tareas.** Esta opción muestra un icono de tarea de suscripción en la barra de tareas. Cuando se actualiza el nodo, aparece un destello rojo sobre el icono. Los nodos actualizados se muestran en el menú desplegado al hacer clic en el icono de suscripción de la barra de tareas. Desde este menú es posible actualizar las suscripciones y fijar las propiedades generales de cada una de ellas.

- 🌐 **Enviar una notificación mediante Outlook Express.** Esta opción envía un mensaje cuando se actualiza alguno de los nodos suscritos. El mensaje también incluye un enlace a dicho nodo. Internet Explorer 4.0 envía la página Web actualizada íntegra en el mensaje de correo electrónico que puede visualizarse en aquellos clientes de correo electrónico que admiten MIME HTML. El enlace le permite acceder a Internet y recibir esta información directamente en su cliente de correo electrónico. Con Internet Explorer 4.0, puede suscribirse a cualquier nodo del mundo y recibir mensajes de correo electrónico completos, independientemente del fabricante del cliente de correo utilizado.

Nota. Las notificaciones de correo electrónico utilizan MHTML para enviar HTML por correo electrónico a cualquier aplicación de correo electrónico basada en POP3 o SMTP. Si no dispone de correo electrónico con HTML, el MHTML se muestra como un mensaje de texto que contiene un vínculo HTML.

- 🌐 **Notificación en Favoritos.** En el menú Favoritos aparece un destello rojo al lado de cada nodo actualizado, como se muestra en la Figura 4.12. Si el nodo se señala con el ratón, se muestra un breve resumen de los cambios efectuados en el nodo.

Tecnología necesaria para suscribirse a un nodo Web

Como ya se ha mencionado, es posible elegir entre dos tipos de suscripción de nodos Web, dependiendo de si sólo se desea recibir una notificación cuando cambia el nodo o si se desea transferir la información para su utilización sin conexión de red.

Si se personaliza una suscripción para que únicamente se envíe una notificación cuando cambia la información, Internet Explorer 4.0 visita el nodo periódicamente, consulta la página suscrita para comprobar si ha cambiado su contenido y genera una notificación en caso afirmativo, aunque *no se transfiere el contenido*. Este proceso se ilustra en la Figura 4.13.

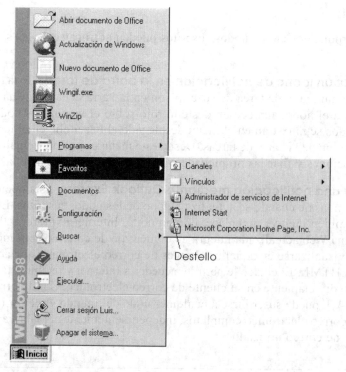

Figura 4.12
Lista de Favoritos con un destello rojo en una de las suscripciones
actualizadas.

Si se desea recibir la información, se sigue el proceso ilustrado en la Figura 4.14. Internet Explorer 4.0 visita el nodo periódicamente, revisa las páginas (de acuerdo con sus preferencias), transfiere *únicamente las páginas modificadas* y genera una notificación que indica la llegada de nueva información para su consulta sin conexión a red.

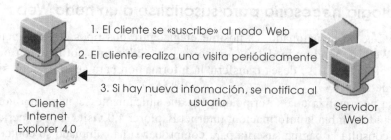

Figura 4.13
Suscripción a un nodo Web (únicamente notificación de cambios).

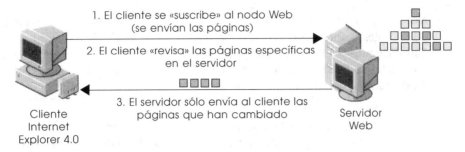

Figura 4.14
Suscripción a un nodo Web para su utilización sin conexión a red (sólo se transfiere la información nueva o actualizada).

Cuando Internet Explorer 4.0 revisa nodos que requieren un nombre de usuario y contraseña, se presenta automáticamente con la identificación de usuario y utiliza una caché única compartida entre el visualizador Web y el revisor de páginas, de manera que evita tener copias duplicadas del mismo archivo HTML.

Nota. Si no tiene conexión de red y hace clic en un enlace que apunta hacia una página que no se encuentra en la caché, un cuadro de diálogo ofrece la posibilidad de conectarse a Internet para consultar la página en cuestión.

El mecanismo de obtención de información no es realmente de tipo «enviar», sino más parecido a una «recogida planificada inteligente». Al igual que sucede en la mayoría de los productos de «envío» del mercado, la capacidad de Internet Explorer 4.0 para notificar al usuario la llegada de nueva información hace que la «recogida inteligente» parezca un «envío». Internet Explorer 4.0 necesita esta «recogida inteligente» para realizar las revisiones de nodos con servidores HTTP, aunque su arquitectura también puede ampliarse para proporcionar una difusión múltiple de tipo «envío real».

El autor del nodo

No es necesario ningún tipo de modificación en los nodos Web para que los usuarios puedan suscribirse a ellos. Sin embargo, los autores que crean que sus páginas se van a encontrar en las suscripciones de los usuarios, pueden hacer dos cosas para mejorar su distribución:

- En algunos nodos, una transferencia de dos o tres niveles puede no tener resultados útiles, bien porque no hay información interesante o bien porque se transfiere demasiada información no deseada. En estos nodos, el autor debe intentar reconstruir la estructura del nodo para que sea más eficaz de cara a la búsqueda Web.

Nota. Esta limitación es inherente a la búsqueda Web. Para solucionar en parte este problema, Internet Explorer 4.0 proporciona la opción de transferir sólo HTML (sin imágenes) para su utilización sin conexión a la red. Esta opción requiere menos ancho de banda y menos espacio en disco, lo que facilita la búsqueda en profundidad para obtener información útil.

⊕ Para optimizar la búsqueda Web, los autores pueden convertir su nodo Web en un canal. Para ello deben añadir un archivo de tipo Formato de definición de canal (CDF) al nodo, como se describe en los siguientes apartados.

Canales potenciados

Uno de los retos más importantes del Web actualmente es proporcionar foros donde se pueda encontrar la información más interesante con la última tecnología Web. Internet Explorer 4.0 ofrece a los proveedores de información una oportunidad para innovar, convirtiendo una parte de su nodo Web en un canal que reside físicamente en el escritorio del usuario. Microsoft está trabajando estrechamente con los proveedores de información para conseguir esta experiencia por medio de los canales potenciados.

Los canales potenciados ofrecen los siguientes beneficios:

⊕ **Información potenciada.** Los proveedores de información más importantes del mundo se encuentran a un solo clic de ratón.

⊕ **Soporte para plataformas activas.** En el interior de los canales puede consultarse la información interactiva más interesante disponible; los canales potenciados están diseñados específicamente para Internet Explorer 4.0 y admiten HTML dinámico, ActiveX y Java.

⊕ **Personalización.** Puede seleccionar la información que más le interese y consultarla directamente en su escritorio. Basta con utilizar la barra de canales para seleccionar sus temas favoritos. Internet Explorer 4.0 recoge la información para que la pueda leer cuando lo desee, incluso sin conexión a la red. Empleará menos tiempo en navegar por la red, ya que recibe únicamente la información que necesita.

⊕ **Experiencia visual interesante.** Antes de Internet Explorer 4.0, los desarrolladores no encontraban ninguna razón que justificara la dedicación de tiempo necesaria para que sus páginas Web admitieran las nuevas tecnologías de Internet. Normalmente se desarrollaba siguiendo el mínimo común denominador. Sin embargo, con el selector de canales de Internet Explorer 4.0, situado en el escritorio, los desarrolladores pueden conseguir que su información resulte más completa e impactante.

Eficiencia. Con las limitaciones actuales de HTML, los desarrolladores ven difícil y costoso en tiempo la creación de información impactante que los usuarios puedan transferir y consultar rápidamente. Con el HTML dinámico, que permite crear nodos Web interactivos con extensiones multimedia, los proveedores de información pueden crear fantásticos nodos que no requieren la transferencia de mucha información desde el servidor Web.

¿Cómo funcionan los canales potenciados?

Los usuarios de Internet Explorer 4.0 tienen en el escritorio una barra de Canales que contiene múltiples botones. Cada botón se almacena como un acceso directo en la carpeta Canales del disco duro del usuario. Cuando el usuario hace clic en uno de estos botones, Internet Explorer 4.0 abre (si no está ya abierta) la página del canal vinculada al acceso directo. La página del canal puede contener todo lo que admite normalmente una página HTML de Internet Explorer 4.0, como Java, ActiveX o HTML dinámico.

Cada canal es un nodo suscrito, por lo que las páginas que se muestran son las almacenadas más recientemente en el disco duro del usuario. El funcionamiento es muy rápido, puesto que la página se toma directamente del disco duro. El creador del canal proporciona una lista de URL (un archivo contenedor Web) que describe la información (HTML, imágenes, clases, etc.) que debe transferirse al disco duro del usuario, así como la planificación necesaria para su transferencia, en caso de que el creador desee controlar cuándo debe recoger la información Internet Explorer 4.0. Si el creador del canal no incluye estos parámetros, los usuarios pueden controlar el momento en el que desean que Internet Explorer 4.0 transfiera la información. En la Figura 4.15 se muestra la arquitectura de distribución para canales potenciados (así como para las páginas señalizadoras y los protectores de pantallas).

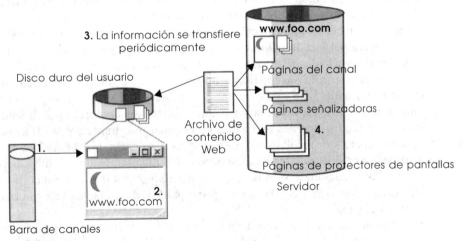

Figura 4.15
Arquitectura de distribución de canales.

En el archivo contenedor Web, el proveedor de información puede especificar las páginas que deben mostrarse en el protector de pantalla o quizás en los señalizadores del escritorio. De nuevo, es preciso señalar que los canales son páginas HTML normales que se muestran en una ventana más especializada que un visualizador Web ordinario.

Nota. Los componentes de los canales y del Escritorio activo deben permitir la consulta de información cuando los usuarios estén lejos de sus oficinas y sin tener conexión a la red. Por ello, el Escritorio activo funciona sin conexión a la red. Puesto que la mayoría de los usuarios que se conectan mediante el acceso telefónico no tienen una conexión continua con Internet, los componentes del escritorio deben mostrar una cierta cantidad de información aunque no haya conexión. Esta característica es muy importante, ya que el escritorio es visible desde que se inicia el sistema operativo y antes de iniciar una conexión telefónica.

Por esta razón, todos los archivos de datos que necesitan los componentes deben almacenarse en la caché de la máquina local. Afortunadamente, la característica de suscripciones de Internet Explorer 4.0 permite transferir automáticamente imágenes, objetos, miniaplicaciones y cualquier número de niveles de profundidad de HTML. Los componentes también pueden definir suscripciones individuales para archivos de datos u objetos.

Suscripción a un canal

La suscripción a un canal puede efectuarse de una de las dos maneras siguientes: con la opción Suscribir del menú Favoritos o haciendo clic en un vínculo a un archivo CDF (detallado más adelante) o en uno de los botones de este tipo incluidos en el propio nodo Web. Ambos procedimientos le guían por el proceso de suscripción a un canal: presentación del resumen de la suscripción, como se muestra en la Figura 4.16 de la página siguiente, y modificación con el Asistente para la suscripción a canales. Para los usuarios de nivel intermedio, la suscripción a un canal es similar a la suscripción a un nodo Web (la diferencia radica en que un canal es un nodo Web que contiene un archivo CDF). De nuevo, la opción más importante del Asistente de suscripción a canales es la elección de si sólo se examinan las modificaciones realizadas en el canal o se transfiere la información actualizada para su consulta sin conexión de red. Además de esta opción, el Asistente de suscripción a canales permite personalizar la planificación y otros parámetros de las actualizaciones. Si lo desea, Internet Explorer 4.0 puede enviar un mensaje de correo electrónico con la página principal HTML cada vez que cambia el contenido del canal.

Después de realizar la suscripción de un canal, Internet Explorer 4.0 agrega automáticamente el logotipo del canal al panel Canales del visualizador y a la barra de canales del Escritorio activo (véase la Figura 4.17).

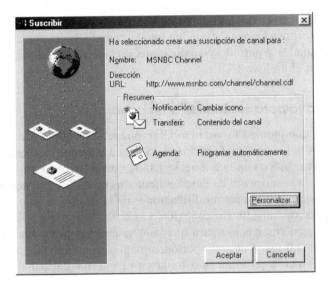

Figura 4.16
Cuadro de diálogo Suscripciones a canales.

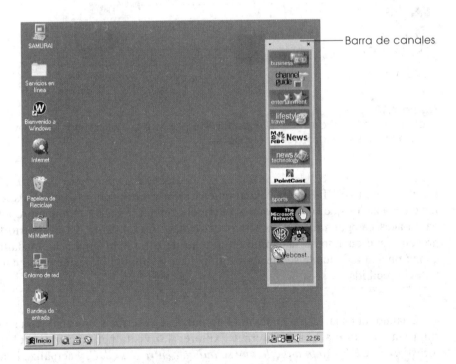

Figura 4.17
La barra de canales en el Escritorio activo.

La barra de canales proporciona una manera sencilla que permite acceder a todos los canales suscritos. El panel Canales indica cuándo se ha actualizado la información de los canales y permite visualizar sus estructuras jerárquicas (la información incluida en el archivo CDF).

Tecnología necesaria para suscribirse a un canal

Cualquier nodo Web que incluya un archivo CDF puede suscribirse como un canal. Cualquiera de las páginas Web de dicho nodo puede apuntar hacia este archivo, bien con la etiqueta <A> o con la etiqueta <LINK> de HTML. Al igual que las demás suscripciones, la suscripción de canales tiene dos modalidades, dependiendo de si únicamente se examinan las modificaciones de la información o se transfiere el contenido para su consulta sin conexión a la red.

Si se personaliza una suscripción para que sólo se examinen las modificaciones, Internet Explorer 4.0 visita el nodo periódicamente, *transfiere únicamente el archivo CDF*, y actualiza la jerarquía mostrada en el interior del panel Canales (véase la Figura 4.18).

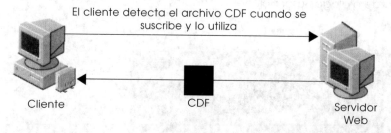

Figura 4.18
El cliente recibe el archivo CDF periódicamente para examinar los nuevos encabezados y la jerarquía del canal.

Nota. El archivo CDF proporciona mucha información sobre los cambios, como los encabezados que se muestran en el panel Canales. El CDF también proporciona enlaces categorizados a los temas del canal. Sin embargo, es necesario tener presente que cuando se hace clic en alguno de estos temas para la consulta sin conexión a la red, puede ser necesario transferir páginas HTML que no hayan sido todavía recibidas.

Cuando un usuario con conexión telefónica se suscribe a un canal para su consulta sin conexión a la red, Internet Explorer 4.0 visita periódicamente el nodo, *transfiere el CDF y todo aquello que se indica dentro del CDF*, y actualiza la jerarquía mostrada en el interior del panel Canales (ilustrado en la Figura 4.19 de la página siguiente). El archivo CDF proporciona información acerca de la informa-

1. El cliente detecta el archivo CDF cuando
se suscribe y lo utiliza

2. El servidor envía únicamente el CDF
y la información que ha cambiado

Cliente

Servidor
Web

CDF

Figura 4.19
El cliente recibe periódicamente el CDF y todas las páginas señaladas
en él del nodo Web.

ción actualizada, como por ejemplo los encabezados mostrados en el panel Canales. Además, todas las páginas señaladas con enlaces en el panel Canales se encuentran disponibles para su consulta sin conexión a la red.

Nota. Después de transferir el archivo CDF de un canal, Internet Explorer 4.0 no transfiere más información que las páginas especificadas en él que no hayan sido transferidas todavía (con información actualizada). Es preciso tener en cuenta que en el archivo CDF puede incluirse *cualquier* formato de información, independientemente de si se trata de una página HTML o de una aplicación Java o ActiveX más compleja.

MÁS ALLÁ DE LA DISTRIBUCIÓN BÁSICA POR WEB: ASPECTOS DE LA BÚSQUEDA WEB

La búsqueda Web de Internet Explorer 4.0 se ha dividido en tres apartados:

- La búsqueda Web básica explica la búsqueda Web en los nodos Web actuales y cómo los usuarios pueden hacer que se distribuya la información de un nodo Web sin tener que efectuar ninguna modificación en él.

- La búsqueda Web gestionada explica cómo puede modificarse un nodo Web para que admita la búsqueda Web mediante canales y CDF.

- La búsqueda Web «real» explica la búsqueda Web con difusión múltiple o «envío real», que permite abordar los problemas de crecimiento en empresas grandes con limitaciones de ancho de banda.

Búsqueda Web básica

La búsqueda Web básica tiene algunas ventajas importantes, aunque la tecnología que utiliza tiene algunos claros inconvenientes:

- 🌐 **La búsqueda Web es difícil para los usuarios.** Aunque es muy sencillo preparar un nodo Web para que acepte búsqueda Web, el usuario debe seleccionar varias opciones, que van desde la planificación hasta la distribución y tipos de información.

- 🌐 **Se transfiere demasiada información al cliente.** La búsqueda Web comienza en la página principal del árbol Web. Si el usuario necesita una determinada parte de información del nodo Web que se encuentra un par de niveles por debajo de la página principal, la búsqueda Web transfiere automáticamente toda la información hasta el nivel que ha seleccionado el usuario.

- 🌐 **No es posible personalizar y agrupar lógicamente la información de los nodos Web.** Con la búsqueda Web, el usuario no puede especificar tipos de información. En vez de ello, la búsqueda Web recoge toda la información y es el usuario quien determina lo que le resulta de utilidad. El creador del nodo Web no tiene manera alguna de ofrecer grupos lógicos de información a los usuarios.

- 🌐 **No es posible planificar y controlar el nodo de forma inteligente.** Con la búsqueda Web, el usuario especifica la planificación de la recogida de información. Esta planificación puede entrar en conflicto con la actualización planificada del nodo Web. Por ejemplo, si las actualizaciones se publican en el nodo Web todos los días a las 9:00 y a las 15:00 y el usuario ha planificado la búsqueda Web a las 14:00, perderá las actualizaciones del nodo Web. Estos conflictos de planificación podrían evitarse si el nodo Web pudiera indicar a los usuarios cuándo deben planificar la actualización.

- 🌐 **Algunos nodos Web desactivan la búsqueda Web.** La búsqueda Web puede provocar una fuerte carga en el servidor Web, ya que tiene que transferirse todo el nodo por cada usuario que se suscribe a él. Por ello, muchos nodos Web no permiten realizar búsquedas.

Para solucionar algunas de las limitaciones de la búsqueda Web, Microsoft ha introducido un nivel más a esta búsqueda Web: la búsqueda Web gestionada.

Búsqueda Web gestionada con el CDF

El Formato de definición de canales (CDF), ya descrito en este capítulo con anterioridad, permite a los autores optimizar, personalizar y controlar en su totalidad cómo se realiza la búsqueda Web en un nodo. Lo único necesario para convertir cualquier nodo Web en un canal es crear un archivo CDF.

La búsqueda Web es una solución básica, por lo que no tiene toda la funcionalidad necesaria para crear una experiencia de «envío» útil para la mayoría de los nodos Web actuales. Algunos de los problemas habituales son los siguientes:

- 🌐 **Estructura del nodo desconocida.** La búsqueda Web utiliza la estructura en árbol descrita por los enlaces para determinar cuál es la información que debe enviar (envío inteligente), ya que los nodos no proporcionan información acerca de la estructuración de la información.

- 🌐 **La información se toma o se deja.** El HTML de los nodos Web actuales no es capaz de indicar a la búsqueda Web qué enlaces debe seguir para llegar a la información útil y dónde se encuentra la información no útil. Por esta razón, la mayoría de los buscadores Web establecen un número máximo de niveles y un límite de espacio en disco, y suponen que la información que recogen es útil.

- 🌐 **Las planificaciones de la búsqueda Web no coinciden con las planificaciones de actualización de información.** Puesto que los nodos Web actuales no informan acerca de las actualizaciones de información, las búsquedas Web planificadas pueden comprobar si se producen actualizaciones demasiado a menudo o con menos frecuencia de la necesaria.

Para solucionar estos problemas, Microsoft ha trabajado con varios líderes del sector para crear y proponer el CDF al W3C. El formato de este archivo está basado ampliamente en el estándar del Lenguaje de marcas extendido (XML). El CDF es un formato abierto y muy sencillo que permite describir un canal, de manera que los autores Web puedan personalizar y canalizar la distribución de la información. Internet Explorer 4.0 implementa el CDF en un emisor Web que permite convertir automáticamente a cualquier nodo Web, optimizando el envío de información a los usuarios de Internet Explorer 4.0.

El CDF ofrece ventajas inmediatas a los usuarios y desarrolladores, entre las que se encuentran las siguientes:

- 🌐 **Optimización.** El CDF permite optimizar la planificación y consigue que el envío de información se haga de forma eficiente. Los autores de los nodos Web pueden especificar cuál es la información que debe enviarse automáticamente, lo que soluciona el problema de tener que tomar o dejar la información de la búsqueda Web. El CDF también permite equilibrar la carga del nodo y asegurar que no se desperdicia ancho de banda solicitando información no disponible. El CDF otorga a los autores de la información la capacidad de decidir cómo deben realizarse las búsquedas Web, es decir, la información que debe recogerse y con qué frecuencia debe actualizarse.

Estructura. El CDF proporciona índices estructurados independientes del formato de la información. El CDF proporciona un índice o mapa del nodo Web que describe el tipo de información que contiene. Concretamente, el CDF describe los grupos lógicos de información (por ejemplo, grupos de noticias de deportes, de información económica, etc.), proporcionando así una estructura jerárquica y la categorización de la información del nodo, como se muestra en la Figura 4.20. Puesto que esta información es totalmente independiente del formato del contenido, los canales basados en CDF pueden incluir cualquier tipo de contenido Web o aplicaciones construidas con tecnologías HTML, JavaScript, Java y ActiveX.

Personalización. El estándar de cookies HTTP proporciona un potente mecanismo que permite personalizar la información Web para cada uno de los visitantes del nodo. Los nodos que utilizan CDF con la búsqueda Web de Internet Explorer 4.0 adquieren más funcionalidades con este estándar. Los nodos Web pueden utilizar las cookies estándar de HTTP para enviar información personalizada a los usuarios y generar un CDF personalizado basado en las preferencias de éstos. Por ello, el CDF utiliza el estándar actual de cookies para la personalización HTML del Web y da un paso hacia los canales personalizados.

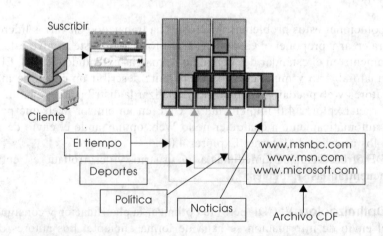

Figura 4.20
El CDF puede diferenciar la información a partir de su estructura.

⊕ **Formato abierto.** Cualquier empresa puede crear información que aprovecha las ventajas del CDF, ya que todos los servidores de nodos Web funcionan con CDF y todo el software cliente preparado para realizar emisiones puede acceder a los canales disponibles en los nodos Web con CDF.

⊕ **Tecnología probada.** El liderazgo de Microsoft en las soluciones cliente/servidor de Internet y su extenso trabajo con información Web y desarrolladores de tecnología asegura que el CDF satisface los requisitos del mercado.

⊕ **Bajo coste.** La especificación CDF ahorra costes en el desarrollo de la información, ya que permite a los desarrolladores de nodos Web acceder fácilmente a un mercado de millones de clientes compatibles, utilizando el software disponible actualmente.

⊕ **Utilización de las tecnologías de Internet más interesantes.** El CDF es ampliable, lo que permite a los nodos publicar canales con HTML, HTML dinámico, tecnologías ActiveX y otras tecnologías de emisión especializadas.

Pero ¿qué es exactamente un archivo CDF? El CDF es un archivo muy simple, como el que se muestra en la Figura 4.21, que sólo contiene una lista de URL con información. Este archivo es muy fácil de crear y no requiere efectuar ningún cambio en las páginas HTML actuales. Los archivos CDF más avanzados también incluyen URL con información y, además, planificaciones para la actualización de la información, una organización jerárquica de los URL que describen la estructura del nodo Web e información de Título y Notas que describen cada uno de los elementos informativos.

El mecanismo CDF permite crear canales mediante un simple proceso de dos pasos que no requiere crear nueva información, modificar la información existente ni programar nada ni en el cliente ni en el servidor:

1. Escribir el archivo CDF con la lista de URL que contienen la información.
2. Crear un enlace al archivo CDF para que pueda localizarse.

Búsqueda Web real: crecimiento con una arquitectura ampliable de difusión múltiple

Aunque la información tradicional con HTTP suele ser suficiente para la mayoría de las necesidades de distribución de información, en algunos escenarios es necesario un nuevo mecanismo. Microsoft proporciona una arquitectura abierta y ampliable de distribución de información que permite integrar los productos de distri-

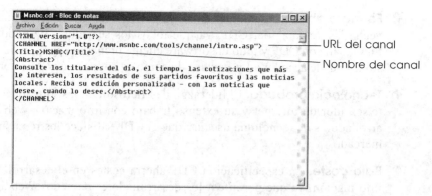

Figura 4.21
Un archivo CDF de ejemplo.

bución del mercado con el cliente de búsqueda Web de Internet Explorer 4.0. Los usuarios actuales se enfrentan a posibles problemas y necesitan tiempo de aprendizaje si utilizan varios productos de distribución de software distintos en sus PC. Internet Explorer 4.0 puede ayudarle a reducir los conflictos de planificación y las confusiones de interfaz de usuario, ya que proporciona un método estándar para que los usuarios planifiquen la distribución de información.

La arquitectura de búsqueda Web del cliente Internet Explorer 4.0 proporciona puntos de enlace que permiten a otros fabricantes incorporar valor añadido para mejorar la búsqueda Web. Concretamente, la arquitectura de búsqueda Web de Internet Explorer 4.0 permite agregar software cliente de otros fabricantes que definan nuevos protocolos de transporte de URL o proporcionen un mecanismo de envío de canales alternativo.

Microsoft utiliza esta arquitectura ampliable para incorporar la difusión múltiple, o «envío real», en Internet Explorer 4.0. Los protocolos de difusión múltiple aprovechan el hardware especial de red para realizar emisiones con una mínima ocupación del ancho de banda de las intranets corporativas. Gracias a la arquitectura ampliable de la búsqueda Web de Microsoft, NetShow, el componente software multimedia por red de Internet Explorer 4.0, puede recibir emisiones de canales, como se muestra en la Figura 4.22. Más adelante, como ya se ha anunciado, NetShow se integrará con la tecnología Protocolo de transferencia de archivos por difusión múltiple (MFTP) de StarBurst Communications. Con esta tecnología en Internet Explorer 4.0, las empresas pueden aprovechar el ahorro de ancho de banda de la multiemisión IP para enviar eficazmente la información a los usuarios de las intranets o Internet.

Para conseguir ahorros de ancho de banda similares para los usuarios domésticos, Microsoft ha anunciado recientemente la Arquitectura de emisión para Windows que permitirá a los usuarios de PC recibir información de canales CDF a través de las redes actuales y futuras, incluyendo satélites de emisión directa de gran ancho de banda y canales de TV analógicos y por cable. Esto significa que

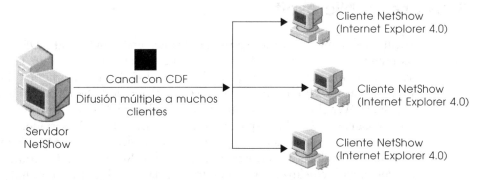

Figura 4.22
Los protocolos de difusión múltiple permiten a las empresas ahorrar ancho de banda con la búsqueda Web de Internet Explorer 4.0 y el CDF.

sin tener que hacer llamadas telefónicas o utilizar conexiones bidireccionales con Internet, la información del canal estará permanentemente actualizada en los PC de los usuarios. Además, las relaciones de Microsoft con AirMedia prometen que la información de los canales llegará a los usuarios domésticos de cualquier parte a través de ondas aéreas.

Soporte CDF de otros fabricantes: clientes, servidores, herramientas e información

La mayoría de los fabricantes más importantes de software de distribución de información, como PointCast, BackWeb, AirMedia, FirstFloor, Torso, UserLand Software, DataChannel, Lanacom (ahora forma parte de BackWeb), NETdelivery, Ncompass, Diffusion, Wayfarer, y muchos otros, están adoptando el CDF. En una estrecha relación con Microsoft, PointCast ha adoptado el CDF como formato estándar para la definición de los canales, de manera que los autores podrán crear canales que puedan utilizar todos los usuarios de Internet Explorer 4.0 y todos los clientes de «envío» de PointCast. Además, PointCast, BackWeb, AirMedia y First-Floor utilizarán Internet Explorer 4.0 como plataforma estratégica para el envío de información, y trabajan con Microsoft para proporcionar soluciones integradas para sus clientes. Varios fabricantes de herramientas de servidor, como DataChannel, UserLand Software y Torso, facilitan la creación de información para su utilización con CDF. Finalmente, el software cliente Netscape Netcaster admite archivos CDF con las limitaciones de la tecnología de búsqueda Web básica de Netscape.

Si desea obtener la lista completa de todos los fabricantes que admiten CDF, consulte el nodo Web:

http://www.microsoft.com/corpinfo/press/1997/Mar97/Cdfrpr.htm

Software de Microsoft

Además del fuerte apoyo que otros fabricantes han brindado al CDF, muchos de los productos de servidor y herramientas de creación de Microsoft facilitarán la creación de información para su distribución a los clientes Internet Explorer 4.0 a través de canales. Por ejemplo, la próxima versión de la herramienta de creación de páginas Web, Microsoft FrontPage, proporcionará soporte directo para la creación de canales CDF. La arquitectura de Páginas activas de servidor de Internet Information Server 3.0 facilita la generación dinámica de archivos CDF con scripts en el lado servidor. El recientemente anunciado SiteServer 2.0 permite efectuar una completa personalización de la información CDF de los canales, integrada con otros servicios del nodo Web. Como ya se ha mencionado, NetShow y la nueva Arquitectura de emisión para Windows permitirá la difusión múltiple y la emisión de canales basados en CDF. Finalmente, se mejorará la próxima versión de Microsoft Proxy Server, que ya reduce el tráfico de la red con su caché inteligente y permite administrar mejor y con más seguridad el acceso a Internet, de manera que pueda soportar redes ampliables con caché distribuido, optimizadas para los canales y el CDF de Internet Explorer 4.0.

Nota. Si se configuran los clientes de Internet Explorer 4.0 para funcionar con la caché compartida de un servidor proxy, pueden reducirse los efectos de la carga de los canales en los recursos de la red. Esta solución no sólo es válida para la información de Internet, sino para las de las grandes intranets corporativas. Microsoft adelanta que algunos usuarios de Proxy Server 2.0 podrán efectuar reducciones de la carga de la red por tráfico HTTP de hasta el 50 por ciento.

INTEGRACIÓN WEB COMPLETA

Para muchas personas, Internet se ha convertido en la forma más rápida de obtener la información que necesitan para realizar su trabajo diario satisfactoriamente. Sin embargo, con la tecnología actual se produce una división entre dos mundos claramente diferenciados: uno contiene la información local y de red y el otro contiene los datos de Internet y las intranets. Internet Explorer 4.0, con sus extensiones de escritorio, elimina esta división, ya que integra Internet en todos los aspectos del PC: el escritorio, las carpetas de archivos, la red e incluso el menú Inicio. Gracias a su fuerte integración con el sistema operativo, Internet Explorer 4.0 proporciona una integración completa con el Web.

La integración completa con el Web está formada por varios componentes:

- Explorador único (descrito en el siguiente apartado).

- Menú de Inicio y barra de tareas con aspecto Web (consulte el Capítulo 3, «El nuevo aspecto de Windows 98»).

- Escritorio Activo (*Active Desktop*) (consulte el Capítulo 3, «El nuevo aspecto de Windows 98»).

Explorador único

Actualmente, los usuarios son capaces de obtener más información que nunca. No sólo pueden buscar entre los miles de documentos que ya existen con distintos formatos en su disco duro o en la red corporativa, sino que además deben manejar el inmenso mundo de nodos Web de Internet y las aplicaciones que contienen la información que necesitan. Para acceder a esta información, los usuarios tenían que aprender a utilizar varias aplicaciones: una para consultar la información local, otra para conectarse a su red, y otra, incuestionablemente, para navegar por Internet o una intranet. Con un único explorador, Internet Explorer 4.0 trabaja con el sistema operativo para unificar este proceso en una única aplicación que permite consultar de forma universal los datos locales, de red, de Internet y de las intranets.

La integración de las mejores características del visualizador con la interfaz de usuario del sistema operativo ofrece varias ventajas:

- **Reducción de costes de formación y asistencia.** Los usuarios sólo tienen que aprender a utilizar una única aplicación o método de navegación para acceder a la información, independientemente de dónde se encuentre o de su formato. Además, al agregar los simples botones de exploración (Atrás, Adelante), barras de tareas inteligentes y los favoritos, que no sólo funcionan con páginas Web, Internet Explorer 4.0 hace que el sistema operativo sea tan fácil de usar como un visualizador Web.

- **Eficiencia mejorada.** Un único Explorador hace más eficiente el uso de Internet e intranets para los usuarios y para todas las aplicaciones del PC. Puesto que Internet siempre está accesible desde cualquier ventana, los usuarios son más productivos, ya que no necesitan iniciar otra aplicación para consultar los nodos Web. El PC también se hace más productivo, puesto que la carga de memoria necesaria para ejecutar el Explorador único es menor que si se ejecuta un visualizador Web independiente junto con el sistema operativo. Con un único Explorador, queda libre más memoria para otras aplicaciones y el rendimiento global mejora.

- **Unifica la intranet y la compartición de archivos por red.** El acceso a los archivos compartidos actual es completamente diferente al acceso a las páginas de la intranet. Los archivos compartidos no permiten disponer de vistas hipertextuales y no pueden enlazarse como información relacionada. Con Internet Explorer 4.0 y la Vista Web personalizada, los usuarios pueden agregar páginas HTML a los archivos compartidos y unificar el servicio de archivos con la intranet. Ya no es necesario añadir servidores HTTP; los usuarios que acceden a uno de los anteriores archivos compartidos ven ahora una página HTML, que puede contener enlaces a una intranet o Internet. Además, en la actual conversión de redes en intranets, muchas empresas están dedicando una gran cantidad de tiempo y dinero a intentar pasar todos sus archivos desde los servidores de archivos a los nuevos servidores Web HTTP. Ver como página Web permite a las empresas migrar sus directorios actuales sin necesidad de un servidor Web. Con Ver como página Web, las empresas pueden dejar los archivos en sus servidores de archivos actuales, a la vez que aprovechan todas las características que ofrece la intranet.

🌐 **Personalización sencilla y rápida.** Actualmente, una pantalla de interfaz de usuario bien escrita requiere conocer lenguajes de programación de alto nivel, como C o C++. Con Internet Explorer 4.0, los desarrolladores pueden generar pantallas de interfaz con facilidad, que pueden residir en carpetas de servidores de archivos, disquetes o CD-ROM, puesto que pueden crear páginas Web con cualquier tecnología (HTML, ActiveX, scripts o Java). Estas páginas proporcionan más información a los usuarios que los archivos de texto interactivos actuales.

¿Cómo funciona el Explorador único?

Internet Explorer 3.0 se desarrolló con una arquitectura basada en componentes. Incluía un control de visualización OLE, que podían utilizar los desarrolladores para crear sus propias aplicaciones con acceso a Internet. Este control era extremadamente potente porque ofrecía al desarrollador toda la funcionalidad de Internet Explorer. Tenía la capacidad de mostrar cualquier tipo de información HTML, Java, Active Documents o cualquier otro control ActiveX.

Con el Explorador único, los desarrolladores de Internet Explorer 4.0 realizaron dos tareas fundamentales. En primer lugar, insertaron el objeto visualizador en la interfaz del sistema operativo, ampliándolo para que las carpetas pudieran mostrar todos los elementos mencionados anteriormente. A continuación, crearon un control ActiveX que muestra el contenido de una carpeta con la misma funcionalidad que el Explorador de Windows, pero mejorada para comportarse como una página Web, con características como navegación con un clic único y los mandatos Atrás y Adelante. Ahora, al igual que la navegación por Web, un único clic le lleva a la «página siguiente», independientemente de si tiene que abrirse una carpeta, documento o aplicación.

PC Web

Internet Explorer 4.0 integra el PC e Internet en un concepto global de Microsoft, conocido como PC Web, que tiene en cuenta la importancia de integrar las tareas Web en una interfaz de usuario probada y popular que amortiza las inversiones realizadas en formación y soluciona algunos de los principales problemas de los clientes. PC Web es el siguiente paso en el objetivo de Microsoft de llevar la información a todas las personas (la búsqueda de información debe ser fácil y sencilla, independientemente de dónde se encuentre almacenada).

HERRAMIENTAS DE ADMINISTRACIÓN DE INTERNET EXPLORER 4.0

Puesto que las empresas actuales están haciendo hincapié en la reducción de costes de mantenimiento de sus entornos distribuidos de PC, es crítico que los paquetes software proporcionen formas de automatizar algunas de las tareas de administración más frecuentes. Internet Explorer 4.0 incluye varias características que ayudan a las empresas a poner en marcha el software, realizar configuraciones y administrar el puesto de trabajo.

El conjunto de herramientas de administración de Internet Explorer 4.0 contiene las siguientes utilidades:

- 🌐 Instalación activa.

- 🌐 Kit de administración de Internet Explorer.

- 🌐 Visor de controles ActiveX.

- 🌐 Configuración Proxy automática.

Instalación activa

El motor de la Instalación activa (*Active Setup*) facilita la instalación a los administradores y les ayuda a administrar el software una vez instalado en las computadoras de los usuarios. La Instalación activa tiene las siguientes características:

- 🌐 **Motor de instalación eficiente y modular.** La Instalación activa optimiza el tiempo de conexión por red, ya que transfiere únicamente el motor de instalación inicial e identifica cualquier problema potencial (como la falta de espacio en disco) antes de cargar ninguno de los componentes de la aplicación. Los administradores pueden crear un único disco de instalación de Internet Explorer 4.0 que contenga solo el motor de instalación, para cargar los componentes a través de un servidor de red.

(9) **Instalación autónoma.** Los administradores pueden proporcionar instalaciones en scripts que no requieran la intervención del usuario, instalándose automáticamente los componentes preseleccionados de la aplicación con sus parámetros de configuración.

(9) **Migración automática de las configuraciones actuales.** Durante la instalación, Internet Explorer 4.0 importa todos los parámetros proxy, favoritos, libretas de direcciones y cookies de la instalación de Internet Explorer o Netscape Navigator anterior.

(9) **Características de registro mejoradas.** La Instalación activa crea un registro de transacciones durante el proceso de instalación, lo que permite a los usuarios y administradores resolver los problemas que pudieran presentarse durante la instalación.

(9) **Cambio a múltiples nodos de transferencia.** Si se produce un problema en el lado del servidor durante la instalación, la Instalación activa permite al cliente cambiar a otro servidor automáticamente, de manera que se prosiga con la instalación sin más.

¿Cómo funciona la Instalación activa?

La Instalación activa tiene un motor de instalación eficiente y modular. La instalación de Internet Explorer 4.0 se realiza de la siguiente manera. En primer lugar, el usuario selecciona entre los tipos de instalaciones mínima, estándar o completa. En ese momento, se transfiere el motor básico de la Instalación activa (aproximadamente 200 K). Instalación activa comprueba el espacio en disco disponible para la opción de instalación más adecuada y transfiere e instala *únicamente* Internet Explorer 4.0 desde el nodo de transferencia. Finalmente, la Instalación activa transfiere e instala los componentes opcionales desde el nodo de transferencia.

Durante el proceso de instalación, la Instalación activa crea un cierto número de archivos de registro donde pueden anotarse los problemas que pudieran suceder. En la carpeta Windows se crean los siguientes archivos de registro:

(9) **Active Setup Log.txt.** Registra todas las acciones realizadas desde el Asistente de Instalación activa o las siguientes fases de instalación de componentes. Este registro es muy útil si no se instala correctamente alguno de los componentes seleccionados de Internet Explorer 4.0.

(9) **RunOnceEx Log.txt.** Registra todas las acciones durante la fase de registro de bibliotecas de enlace dinámico (DLL). Este registro es muy útil cuando aparece algún mensaje que indica que una DLL específica no ha podido registrarse correctamente o si aparece algún cuadro de diálogo durante la fase final de la instalación.

La mayor parte de los nodos Web fuerzan a los usuarios a seleccionar el nodo de donde se transfieren los productos o componentes. En este modelo, el usuario corre el riesgo de no poder realizar la transferencia si falla este servidor. La Instalación activa selecciona automáticamente el servidor de transferencia y controla la procedencia de los componentes. Esta arquitectura permite dividir las instalaciones en múltiples paquetes, de manera que se facilite la transferencia y la recuperación frente a errores en caso de fallo de la instalación.

Kit de administración de Internet Explorer

El Kit de administración de Microsoft Internet Explorer (IEAK) permite a las empresas crear y distribuir un visualizador Web que incluya las necesidades específicas de la empresa y de los usuarios. Con el IEAK, los administradores de la empresa pueden crear una instalación personalizada autónoma de Internet Explorer 4.0 fácil de distribuir y mantener.

Un sencillo asistente guía a los administradores de la empresa, proveedores de información de Internet (ICP) y proveedores de servicios de Internet (ISP) a través del proceso de creación de las instalaciones autónomas personalizadas de Internet Explorer 4.0 y otros productos opcionales. A continuación, pueden distribuir el paquete, sin coste alguno, de acuerdo con los términos de la licencia de Microsoft y los acuerdos de distribución. La administración y mantenimiento centralizado del paquete es fácil con la ayuda del editor INS que se incluye con el IEAK. El editor INS hace que la administración centralizada se realice en un momento.

Visualizador de controles ActiveX

Introducidos por primera vez en Internet Explorer 3.0, los controles ActiveX permiten a los desarrolladores utilizar herramientas como Microsoft Visual Basic, Microsoft Visual C++ o Borland Delphi para crear componentes software pequeños y rápidos visualizables en páginas Web. Estas herramientas permiten a los desarrolladores crear aplicaciones basadas en Web mucho más deprisa. Los desarrolladores simplemente tienen que reutilizar el código que ya han escrito, quizá de aplicaciones propias de la empresa, e insertarlo en una página Web. Normalmente, solía ser difícil administrar estos controles una vez instalados en el PC del cliente. El visualizador de controles ActiveX muestra todos los controles instalados y los elimina cuando es necesario.

A continuación se muestran las características principales del visualizador de controles ActiveX:

- **Integración con la interfaz de usuario de Windows.** El visualizador de controles ActiveX es un único directorio dentro de la carpeta de Windows que muestra todos los controles ActiveX instalados.

⚫ **Borrado de controles.** El visualizador de controles ActiveX facilita la búsqueda de controles ActiveX instalados e incluso su borrado.

El visualizador de controles ActiveX es una carpeta del disco duro, llamada Downloaded ActiveX Controls (véase la Figura 4.23).

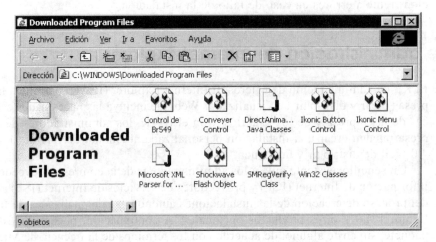

Figura 4.23
Carpeta Downloaded ActiveX Controls.

El visualizador de controles ActiveX ofrece las siguientes ventajas:

⚫ **Manejo sencillo.** Con el visualizador de controles ActiveX, pueden observarse fácilmente los controles instalados en el PC y eliminar aquellos que no se han utilizado en mucho tiempo, lo que maximiza el espacio disponible en disco.

⚫ **Búsqueda de archivos más rápida.** En entornos de empresa muy estrictos, el visualizador de controles ActiveX facilita la localización de software innecesario que pudiera no cumplir los estándares de la empresa.

Configuración proxy automática

Internet Explorer 4.0 facilita la administración permitiendo la configuración automática de parámetros proxy, como las direcciones de los servidores y las listas de excepciones. Los administradores pueden utilizar el IEAK para configurar los parámetros proxy o para crear archivos de parámetros con JScript.

Internet Explorer 4.0 puede configurarse para recoger automáticamente los parámetros proxy de cada protocolo de Internet (HTTP, FTP, Secure, Gopher,

SOCKS) de un archivo INS creado con el IEAK o de un archivo HTML que contenga el JScript que se ejecuta cuando se produce una petición por la red. Para cada tipo de protocolo pueden configurarse varios proxies, e Internet Explorer 4.0 puede cambiar automáticamente de forma cíclica entre los distintos servidores proxy para evitar la sobrecarga de algún servidor en particular. Los parámetros proxy se fijan en el cuadro de diálogo Opciones de la lengüeta Conexión, mostrado en la Figura 4.24.

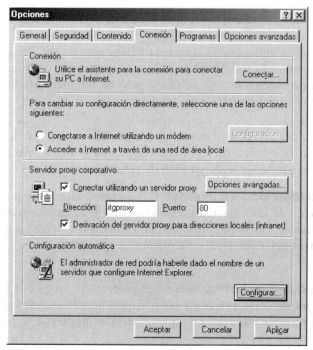

Figura 4.24
Parámetros proxy en el cuadro de diálogo Opciones.

La configuración automática ofrece las siguientes ventajas:

- **Administración centralizada y compatibilidad.** La configuración automática de proxies facilita la administración de redes distribuidas de PC con Internet Explorer 4.0, ya que permite a los administradores fijar la configuración proxy en un lugar centralizado para todos los usuarios. Los cambios se propagan a todos los usuarios cuando utilizan sus visualizadores, sin necesidad de interrumpir su trabajo.

- **La solución de administración más compatible.** Internet Explorer 4.0, el soporte para parámetros IEAK y las configuraciones con JScript aseguran la máxima compatibilidad con las instalaciones existentes. Por lo tanto, las empresas que están migrando sus soluciones de administración de JScript a archivos INS IEAK (o viceversa) pueden hacerlo gradualmente, puesto que ambas soluciones funcionan juntas sin problemas.

CARACTERÍSTICAS DE SEGURIDAD EN INTERNET EXPLORER 4.0

Internet proporciona una conveniente y eficaz forma de comunicarse y compartir información con otras personas de todo el mundo. Sin embargo, cada vez se utiliza más el Web para nuevas aplicaciones, como la banca interactiva y la compra a distancia. Con ello aparece la necesidad de reforzar la seguridad de Internet. Con su sólido soporte de protocolos de seguridad estándar de Internet, Internet Explorer 4.0 proporciona a los usuarios las siguientes ventajas:

- **Comunicación privada.** Internet Explorer 4.0 asegura que lo que envían los usuarios por Internet, sea una contraseña o un número de tarjeta de crédito, no pueda ser leído en caso de ser interceptado.

- **Proteger la identidad en Internet.** Los usuarios suscritos a un servicio o que disponen de información personal almacenada en un servidor Web pueden obtener un certificado personal único que hace virtualmente imposible que otras personas puedan suplantarles cuando acceden a un nodo Web.

- **Saber con quién se habla.** Internet Explorer 4.0 impide que los usuarios envíen información privada a las personas no adecuadas, puesto que los usuarios pueden asegurarse de que el servidor pertenece a quien realmente pertenece.

- **Protegerse de informaciones no deseadas.** Si se establecen restricciones con el Asesor de contenido, es posible controlar los nodos que pueden verse en la computadora (si desea obtener más información, consulte el apartado «Sistema de restricciones», ya aparecido en este capítulo).

- **Impedir a otros controlar sus actividades.** Internet Explorer 4.0 permite a los usuarios impedir que los nodos Web almacenen información personal en sus computadoras.

- **Proporcionar información sobre el origen y fiabilidad del software interactivo.** Con la tecnología Microsoft Authenticode, Internet Explorer 4.0 indica a los usuarios quién ha creado el software y si ha sido manipulado de alguna forma, de manera que puedan decidir si desean transferirlo a su computadora. Los administradores corporativos permiten preinstalar certificados, de manera que los usuarios no tengan que tomar decisiones acerca de si deben o no transferir cada uno de los archivos de software.

⊕ **Almacenamiento y control seguro de la información privada en Internet.** Con Microsoft Protected Store, los usuarios pueden almacenar números de tarjetas de crédito y dinero electrónico con seguridad, eliminando así la necesidad de memorizar contraseñas y escribir números. Para los administradores de nodos Web, proporciona una solución para el pago de los usuarios, lo que reduce el coste de desarrollar un nodo Web.

⊕ **Proporciona una interfaz con proveedores de servicios criptográficos (CSP).** Los desarrolladores de software ya no tienen que crear su propia criptografía. El diseño modular de CryptoAPI permite a los desarrolladores trabajar con una amplia gama de CSP que proporcionan criptografía hardware y software, como algoritmos software o tarjetas inteligentes.

Microsoft participa activamente en el Grupo de ingeniería de Internet (IETF), el W3C y otros grupos para desarrollar estándares de seguridad para Internet. Entre las últimas iniciativas de Microsoft, se encuentra la propuesta de firma de código enviada al W3C y el protocolo de Seguridad del nivel de transporte (TLS) enviado al IETF, para crear un estándar de canales único y seguro.

Las siguientes características de seguridad de Internet Explorer 4.0 facilitan la protección de la computadora y la privacidad cuando se accede a Internet.

⊕ **Zonas de seguridad.** Ahora puede dividirse el Web en zonas y hacer que Internet Explorer 4.0 proporcione distintos niveles de seguridad, dependiendo de la zona asignada al nodo Web.

⊕ **Tecnología Authenticode.** Como ya se ha mencionado, los certificados Authenticode identifican al autor de una aplicación software, de manera que es posible comprobar si se han manipulado los archivos y pueda decidir si desea transferirlos.

⊕ **Administración de certificados.** Ahora, los administradores de red pueden controlar qué miniaplicaciones Java, controles ActiveX y demás software desean ejecutar en sus intranets, según el autor del software.

⊕ **Seguridad Java basada en capacidades (*sandboxing*).** El nuevo modelo de seguridad de Internet Explorer 4.0 para Java permite controlar cómo deben interactuar las miniaplicaciones Java con la computadora. Tanto los usuarios como los administradores pueden decidir anticipadamente qué capacidades y niveles de acceso a la computadora o red se desea asignar a las miniaplicaciones Java dentro de cada zona de seguridad. Por ejemplo, las miniaplicaciones Java con origen conocido pueden tener un acceso completo, mientras que se restringen las miniaplicaciones de orígenes desconocidos a zonas limitadas donde no puedan dañar archivos.

🌐 **Protección de la privacidad.** Internet Explorer 4.0 soporta todos los protocolos de seguridad de Internet para asegurar la privacidad cuando se realizan comunicaciones a través del Web. Una nueva característica le avisa antes de enviar el nombre de usuario y contraseña a un nodo Web que no haya sido designado como nodo seguro. Para los nodos seguros, puede elegir no recibir este aviso antes de transmitir información personal. Outlook Express, el componente de correo y noticias de Internet de Internet Explorer 4.0 permiten cifrar los mensajes y asegurar que nadie pueda suplantar su identidad en Internet.

Estas características de seguridad se describen con más detalle en los siguientes apartados.

Nota. Internet Explorer 4.0 también incluye todos los arreglos de seguridad efectuados en Internet Explorer 3.02.

Zonas de seguridad

La seguridad en Internet es un tema muy complicado, aunque dos simples hechos resumen la situación:

🌐 Los usuarios desean utilizar potentes aplicaciones en los nodos Web en los que confían sin interrupciones debidas a mensajes de seguridad repetitivos.

🌐 Cuando los usuarios visitan nodos Web en los que no confían, desean asegurar sus computadoras y su privacidad para que no se vean puestas en peligro.

Internet Explorer 4.0 introduce un nuevo sistema de seguridad que tiene en cuenta estos dos hechos, y facilita a los usuarios la toma de decisiones de seguridad y a los administradores la gestión de la seguridad de sus empresas. Con las nuevas zonas de seguridad de Internet Explorer 4.0, ahora puede dividirse el nodo Web en zonas en las que puede o no confiar, decidiendo anticipadamente el nivel de seguridad que se asigna a cada zona.

Las zonas de seguridad dan potencia y protección

Las zonas de seguridad de Internet Explorer 4.0 son parecidas a los visados que algunos países exigen a los turistas. Si el país tiene confianza, pone un sello en su pasaporte para que pueda viajar a donde quiera durante su visita. Si por alguna razón el país no confía plenamente en el viajero, limita estrictamente las zonas por donde puede moverse y lo que puede hacer durante su visita.

Las zonas de seguridad funcionan de la misma manera, excepto en que es el usuario el que hace el papel de país y decide qué tipo de acceso le otorga a los visitantes de su computadora. Los nodos Web en los que confía, por ejemplo los de su intranet o los de empresas serias, pueden designarse como seguros. A partir de ese momento podrán ejecutar aplicaciones mucho más potentes con la información activa de la computadora. Los nodos en los que el usuario no tiene confianza plena se clasifican en otra categoría, desde la que puede limitar estrictamente el acceso a la computadora. Las zonas pueden fijarse en la lengüeta de Seguridad del cuadro de diálogo Opciones, mostrada en la Figura 4.25.

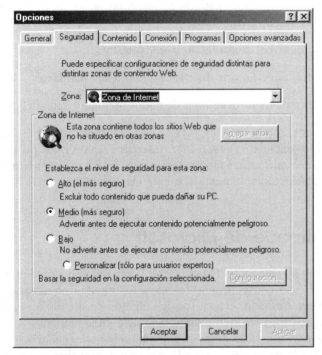

Figura 4.25
Establecimiento de zonas de seguridad en el cuadro de diálogo Opciones.

El valor de las zonas de seguridad reside en que proporcionan una protección avanzada para la computadora y su privacidad sin interrumpirle con mensajes de aviso repetitivos cada vez que visita algún nodo Web que sabe que es seguro. Las características para los administradores de empresas facilitan el proceso aún más, permitiendo a las empresas establecer fronteras automáticamente.

¿Cómo funcionan las zonas de seguridad?

Internet Explorer 4.0 tiene tres zonas predefinidas: Internet, mi intranet y Nodos Web seguros. En el cuadro de diálogo Opciones, pueden establecerse las opciones de seguridad deseadas para cada zona y agregar o eliminar nodos de cada una de ellas según su nivel de seguridad. Los usuarios avanzados y los administradores pueden crear nuevas zonas. En entornos corporativos, los administradores pueden crear zonas para los usuarios e incluso agregar o eliminar los certificados de autenticación de los creadores de software en los que confían o no confían, de manera que los usuarios no tengan que tomar decisiones cuando utilizan Internet.

Para cada zona de seguridad, es posible seleccionar un nivel de seguridad Alto, Medio, Bajo o Personalizado. Aunque Microsoft recomienda el nivel Alto para los nodos que se encuentran en una zona de seguridad incierta, puede utilizarse con seguridad el nivel Medio en las zonas seguras. La opción Personalizado permite a los usuarios avanzados y a los administradores controlar mejor todas las opciones de seguridad, entre las que se encuentran:

- 🌐 Acceso a los archivos, controles ActiveX y scripts.

- 🌐 Nivel de funcionalidad otorgado a las miniaplicaciones Java.

- 🌐 Establecimiento de identificaciones de nodos mediante autenticación SSL.

- 🌐 Protección por contraseña sobre NTLM (NT LanMan) (dependiendo de la zona en que se encuentra el servidor, Internet Explorer 4.0 puede enviar información de contraseñas automáticamente, solicitar al usuario el nombre y la contraseña o simplemente denegar toda solicitud de inicio de sesión).

Tecnología Authenticode de Microsoft

El software de Internet no está etiquetado ni envuelto en celofán, como en las tiendas de informática. Como consecuencia, los usuarios pueden no saber quién ha creado un software determinado, cuáles son los efectos de dicho software en su computadora ni si el software ha sido manipulado de alguna manera.

Microsoft ha desarrollado la tecnología Authenticode para ayudar a solucionar estos problemas. Cuando los usuarios transfieren código con firma a sus computadoras, Authenticode comprueba el autor y la integridad del código (es decir, que no haya sido manipulado después de que el autor lo haya creado). No se puede garantizar al ciento por ciento la seguridad de ningún software en todas las circunstancias, pero Authenticode le ofrece la oportunidad de tomar una decisión coherente e informada acerca de en qué cosas puede confiar y bloquear selectivamente la ejecución de programas. La tecnología Authenticode funciona bien con todos los tipos de código transferible, como las miniaplicaciones Java, controles ActiveX y módulos opcionales.

¿Cómo funciona Authenticode?

Microsoft proporciona Authenticode junto con VeriSign, una autoridad líder en certificados, y otras autoridades de certificación que generan la identificación digital que los creadores de software necesitan para firmar su código. Cuando se firma digitalmente un software, Internet Explorer 4.0 puede comprobar si el software procede del creador de software especificado y si ha sido manipulado. Internet Explorer 4.0 muestra un certificado de comprobación si el software «pasa la prueba».

La nueva característica de registro de fecha de Authenticode indica si un software se ha firmado durante el período de validez del certificado de un creador de software (la razón por la que los certificados tienen un período de validez limitado es la de impedir que los piratas informáticos tengan tiempo suficiente para romper la codificación asociada con el certificado).

Con Internet Explorer 4.0, Authenticode 2.0 tiene una nueva característica para proteger a los navegantes del Web. Antes de transferir código potencialmente peligroso, Internet Explorer 4.0 puede comprobar automáticamente si se le ha retirado el certificado al creador del software. Se puede retirar el certificado a los creadores de software si dejan de cumplir el acuerdo de la firma de código, como por ejemplo si incluyen código que daña las computadoras de los usuarios con fines maliciosos.

Los desarrolladores pueden encontrar herramientas para firmar su código en el SDK de ActiveX. Si desea obtener más información acerca de cómo conseguir su propio certificado personal, consulte el apartado «Obtención y utilización de certificados personales», más adelante en este capítulo.

Administración de certificados

Los certificados de autenticación son la clave de la seguridad de Internet. La administración de certificados facilita la administración de la seguridad de la red. Los certificados, que se asignan a los creadores de software que cumplen unos determinados niveles de integridad y seguridad en su código, ofrecen a los usuarios una forma de identificar el origen de un cierto programa software de Internet. Este mecanismo de identificación forma la base de Authenticode.

Con la administración de certificados, Internet Explorer 4.0 aprovecha aún más los certificados de autenticación, con una nueva función que permite controlar a los administradores de red qué miniaplicaciones Java y qué controles ActiveX pueden ejecutarse en sus redes, según el creador del software. Por ejemplo, un administrador puede permitir a los usuarios abrir y ejecutar todos los controles creados internamente e impedir la ejecución de todos los que procedan del exterior del cortafuegos de la empresa.

¿Cómo funciona la administración de certificados?

Por medio del IEAK, los administradores pueden preinstalar certificados en las computadoras de los usuarios e impedir que éstos puedan transferir otros certificados. Este tipo de preinstalación tiene dos ventajas fundamentales:

- Los administradores tienen un mejor control sobre el software y los controles que pueden transferirse a las computadoras de los usuarios.

- Los usuarios reciben menos mensajes de aviso y opciones para transferir el software.

Después de la instalación inicial de Internet Explorer 4.0, se pueden administrar remotamente todos los certificados de creadores de software y nodos Web, agregar nuevos certificados o eliminar otros de la lista de permitidos.

¿Cómo obtener y utilizar certificados personales?

Los certificados personales comprueban su identidad en el Web. Por medio de una oferta especial de VeriSign, los usuarios de Internet Explorer 3.0 y 4.0 pueden obtener un «identificador digital de Clase 1» gratuitamente para su uso personal. Si desea obtener más información acerca de cómo obtener un certificado gratuitamente, visite el nodo:

http://www.microsoft.com/intdev/security/csa/capage-f.htm

Consulta de certificados de nodos

Los certificados de nodos comprueban que realmente está estableciendo conexiones con los nodos Web a los que piensa que se está conectando. La consulta de información casi nunca presenta riesgos de seguridad, pero el envío de información, como un número de tarjeta de crédito, casi siempre lo hace. Antes de enviar este tipo de información, los nodos Web seguros envían los certificados de seguridad a Internet Explorer 4.0. El certificado proporciona información acerca de la seguridad de ese nodo. Internet Explorer 4.0 comprueba la dirección de Internet almacenada en el certificado y la fecha de expiración del certificado.

Si desea consultar los certificados de nodos almacenados en Internet Explorer 4.0, haga clic en el menú Ver y, a continuación, en Opciones. Haga clic en la lengüeta Contenido y después en el botón Sitios. La próxima vez que se conecte a uno de los nodos listados podrá comprobar que se está conectando al nodo correcto.

Seguridad Java *(sandboxing)*

El soporte para el modelo de seguridad Java se incluyó en Internet Explorer 3.0 y ha sido mejorado para Internet Explorer 4.0. La ejecución de una miniaplicación Java en una zona limitada impide que pueda acceder a los recursos de la computadora o de la red, aunque también limita sus posibilidades. Authenticode proporciona una protección adicional para los usuarios, ya que pueden comprobar la integridad del creador y de los propios componentes software, como miniaplicaciones Java o controles ActiveX. Los usuarios de Internet Explorer 4.0 pueden revisar esta información y tomar decisiones conscientes acerca de si deben ejecutar ciertas miniaplicaciones Java por su propio interés.

Internet Explorer 4.0 proporciona un modelo de seguridad con funciones mejoradas que permite un mayor grado de control acerca del acceso de las miniaplicaciones a los recursos de la computadora, como discos duros, conexiones de red, etcétera. Presenta a los usuarios un cierto número de opciones de seguridad, como permitir a una miniaplicación Java el acceso a una determinada cantidad de espacio en disco de la computadora cliente.

Protección de la privacidad

Los apartados siguientes describen los tipos de protección de privacidad incorporados en Internet Explorer 4.0.

Servicios de canal seguro

El soporte para el Nivel de sockets seguros 2.0/3.0 (SSL) y la Tecnología de comunicaciones personales 1.0 (PCT) aseguran que las comunicaciones personales y privadas efectuadas por Internet o una intranet son realmente privadas. Los protocolos SSL y PCT crean un canal seguro en el que nadie puede actuar sobre la comunicación. Con la garantía de disponer de comunicaciones seguras, los usuarios pueden comprar bienes, reservar billetes de avión o realizar operaciones bancarias por Internet.

Seguridad del nivel de transporte

Microsoft va a añadir en breve soporte para la Seguridad del nivel de transporte (TLS), un nuevo protocolo de canales seguros que está desarrollando actualmente el Grupo de ingeniería de Internet (IETF). El TLS está construido sobre los protocolos actuales para crear un protocolo de canales seguros para Internet mejorado.

Intercambio de información personal

El Intercambio de información personal (PFX) es un conjunto de tecnologías de seguridad basadas en clave pública que forman parte del marco de seguridad de Internet de Microsoft. PFX admite estándares de Internet como X.509 y formatos de certificados PKCS#7. Microsoft ha enviado el PFX para que se estudie como un nuevo formato PKCS.

Privacidad de las cookies

Algunos nodos Web utilizan la tecnología de cookies para almacenar información en la computadora cliente. Estas cookies normalmente se utilizan para proporcionar al nodo Web datos de personalización. Con Internet Explorer 4.0 es posible elegir si se desea o no almacenar una cookie.

Soporte para cortafuegos SOCKS

Muchas empresas proporcionan a sus empleados acceso a Internet por medio de un cortafuegos que protege a la empresa de accesos no autorizados. SOCKS es un protocolo estándar para el paso por cortafuegos de forma segura y controlada. Internet Explorer 4.0 es compatible con los cortafuegos que utilizan el protocolo SOCKS. Este soporte lo ofrece Hummingbird Communications, un líder de cortafuegos del mercado.

Desafío/respuesta de Windows NT Server

Las empresas pueden aprovechar la autenticación Desafío/respuesta de Windows NT Server (NTLM) que puede estar utilizándose en sus redes Windows NT Server. Esto permite a los usuarios incrementar la protección de sus contraseñas y la seguridad en general, a la vez que se permite interactuar con los servidores Internet Information Server de que ya disponen.

CryptoAPI 2.0

CryptoAPI proporciona los servicios de seguridad de nivel inferior para crear canales seguros y firma de código. Por medio de CryptoAPI, los desarrolladores pueden integrar fácilmente en sus aplicaciones funciones de criptografía avanzada. Los módulos de Proveedores de servicios criptográficos se relacionan con CryptoAPI y realizan funciones como la generación e intercambio de claves, cifrado y descifrado de datos, ordenaciones, firma digital y comprobación de firmas. CryptoAPI se incluye como un componente del núcleo en las últimas versiones de Windows. Internet Explorer 4.0 proporciona este soporte automáticamente para las versiones anteriores de Windows.

Microsoft Wallet

Microsoft Wallet permite almacenar de forma segura la información importante y privada, como números de tarjetas de crédito, identificaciones personales electrónicas, tarjetas de cajero automático y dinero electrónico. Ninguna persona o aplicación puede consultar esta información sin tener el permiso de su dueño. Además, los usuarios deciden dónde desean almacenar esta información (en una computadora, tarjeta inteligente o disquete). Los usuarios sólo tienen que introducir su contraseña o información de cuenta una sola vez y no tienen que recordar muchas contraseñas diferentes. Los usuarios tienen un control absoluto sobre quién puede ver o utilizar esta información. Wallet permite transferir la información con total seguridad a cualquier computadora y utilizarla en cualquier aplicación que emplee la tecnología PFX. Diseñado para el futuro, Wallet admite otros métodos de pago (como el dinero de Internet), así como otras credenciales e información confidencial. Esta información puede fijarse en la lengüeta Contenido del cuadro de diálogo Opciones, mostrado en la Figura 4.26.

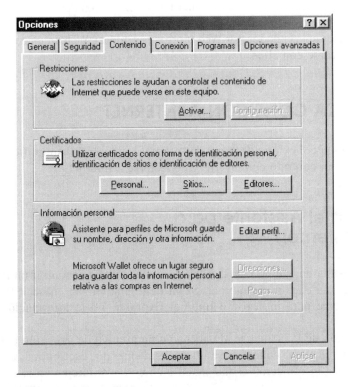

Figura 4.26
Las opciones de información personal se fijan en la lengüeta Contenido en el cuadro de diálogo Opciones.

Estándar PICS para la información de Internet

Los padres desean asegurarse de que sus hijos no puedan visitar nodos que contengan información poco adecuada para ellos. Las empresas tienen preocupaciones similares, y pueden necesitar bloquear el acceso a nodos que no tengan ningún valor para el trabajo de sus empleados. Microsoft ha estado trabajando estrechamente con el comité PICS para ayudar a definir un estándar para clasificar la información de Internet (consulte el apartado «Sistemas de restricciones», ya aparecido en este capítulo, si desea obtener más información acerca de los sistemas de restricciones y cómo fijarlos con Internet Explorer 4.0).

¿Ha olvidado su contraseña...

...y ya sólo dispone de dos minutos para comprobar los resultados de sus deportes favoritos en un nodo Web? Con Internet Explorer 4.0 no tiene que escribir su nombre de usuario y contraseña cada vez que desee acceder a un servicio Web suscrito. En vez de ello, Internet Explorer 4.0 funciona como su Wallet virtual, enviando su certificado personal a los servidores Web que deseen comprobar su identidad. También funciona en el otro sentido. En Internet Explorer 4.0 pueden almacenarse los certificados de algunos servidores Web. Esto significa que puede comprobar la identidad de cualquier vendedor por Web u otros servidores Web antes de comprar bienes o comunicarse con ellos.

ASISTENTE PARA LA CONEXIÓN A INTERNET

El Asistente para la conexión a Internet de Internet Explorer 4.0 simplifica el proceso de efectuar un contrato con un ISP y conectarse a Internet.

¿Cómo funciona el Asistente para la conexión a Internet?

Si Internet le resulta un campo nuevo, el asistente le ayuda a encontrar un ISP que pueda asignarle una cuenta en Internet. Si ya tiene una cuenta en un ISP, puede ejecutar el asistente para indicarle a Internet Explorer 4.0 la información de la cuenta.

La información de la cuenta se almacena en un archivo de conexión del disco duro, de manera que pueda conectarse a Internet sin tener que escribir más información. Cambiar esta información es tan sencillo como hacer clic en un icono.

Para establecer una conexión o cambiar la información de la cuenta, haga clic en el botón Inicio, señale Programas, Internet Explorer (o Internet Explorer Suite) y, a continuación, haga clic en el botón Asistente para la conexión a Internet.

5

Conferencias y compartición de aplicaciones por Internet con NetMeeting 2.0

MICROSOFT NETMEETING 2.0 ofrece una solución completa y potente para realizar conferencias por Internet en un paquete integrado. Muchos tipos de usuarios, en el hogar o en la escuela, en pequeños negocios o grandes empresas, pueden aprovechar las ventajas que supone acceder a Internet o a las intranets corporativas para comunicarse y colaborar más estrechamente en tiempo real. La Figura 5.1 de la página siguiente muestra la pantalla inicial de NetMeeting 2.0.

Las conferencias con vídeo, sonido y datos de NetMeeting 2.0 están basadas en estándares del mercado, de manera que es posible comunicarse con personas que utilizan productos compatibles de otras empresas que no son Microsoft. Así, podrá escoger entre una amplia variedad de fabricantes de hardware y software que han conseguido llevar a la práctica esta revolucionaria forma de comunicarse y trabajar en equipo.

NetMeeting 2.0 es totalmente compatible con las versiones anteriores de Net-Meeting; con Microsoft User Location Server (ULS), que permite buscar y conectarse con otras personas en Internet, y con las aplicaciones y soluciones creadas con el Kit de desarrollo software de Microsoft NetMeeting.

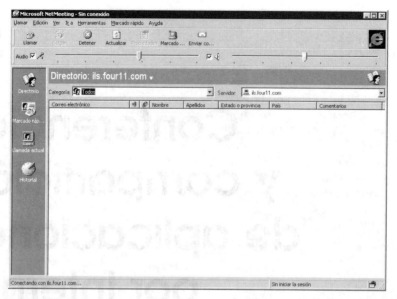

Figura 5.1
NetMeeting 2.0 preparado para utilizarse en una solución de negocio.

TIPOS DE CONFERENCIAS DE NETMEETING 2.0

Con NetMeeting 2.0 podrá realizar los siguientes tipos de conferencias:

- **Conferencia con sonido.** NetMeeting puede utilizarse como un «teléfono por Internet», lo que le permite hablar con otras personas por Internet o una intranet en tiempo real y disfrutar de una alta calidad de sonido. Todo que se necesita es una tarjeta de sonido, un micrófono y altavoces. Durante la conversación se pueden utilizar las conferencias de datos y vídeo de NetMeeting para mejorar la comunicación.

- **Conferencia con imagen.** Cuando se añade una tarjeta de captura de vídeo y una cámara al PC, puede mantenerse una conversación «cara a cara» con otra persona conectada a Internet o intranet con una alta calidad de imagen (para recibir imágenes no es necesario disponer de una cámara de vídeo en el PC). También pueden hacerse fotos de una persona u objeto con la cámara de vídeo y situarla en la pizarra para hablar sobre ella o retocarla.

- **Conferencia multipunto.** El completo conjunto de herramientas de Net-Meeting para realizar conferencias de datos permite colaborar e intercambiar información con dos o más personas en tiempo real. Es posible intercambiar información de una o varias aplicaciones de la computadora, gráficos o diagramas de una pizarra electrónica, enviar mensajes o tomar notas con el programa de conversación textual, y enviar archivos a otros miembros de la reunión con la función de transferencia de archivos binaria.

La funcionalidad de conferencia de NetMeeting 2.0 está basada en estándares de comunicaciones y conferencia internacionales, como el estándar H.323 de la Unión Internacional de Telecomunicaciones (ITU) para conferencias con sonido e imagen y el estándar ITU T.120 para la conferencia de datos multipunto. El estándar H.323 especifica la utilización del estándar T.120 para las conferencias de datos, lo que permite utilizar conjuntamente sonido, imágenes y datos. Se están desarrollando servicios de puerta de enlace H.323 para que los usuarios de NetMeeting puedan acceder a Internet y llamar a cualquier teléfono del mundo a través de la Red telefónica conmutada pública (RTC) (si desea obtener más información sobre los estándares H.323 y T.120, consulte el apartado «Estándares de comunicaciones y conferencias internacionales», situado hacia el final de este capítulo).

MEJORAS EN LA INTERFAZ DE USUARIO DE NETMEETING 2.0

NetMeeting 2.0 mejora la interfaz de usuario de las versiones anteriores. Las funciones son ahora más fáciles de localizar, ver y utilizar:

- 🌐 Las ventanas de llamada con lengüetas de la ventana principal de Net-Meeting facilitan la conexión con otros usuarios y la participación en la llamada en curso. Cuatro ventanas permiten elegir entre una amplia variedad de información: la lista de todos los usuarios actualmente conectados en el servidor y sus características de sonido e imagen, entradas de Marcado rápido y su estado, los usuarios que participan en la llamada en curso y un registro histórico de todas las llamadas recibidas.

- 🌐 Es posible filtrar las entradas de la lista para buscar y conectarse con otros usuarios. Por ejemplo, pueden filtrarse las entradas para identificar únicamente a aquellos participantes de una llamada o a aquellos que tienen imagen y sonido. Además, también puede seleccionarse una de las tres categorías de usuario, personal, empresa o sólo para adultos, como un filtro adicional para mostrar a aquellos que han seleccionado la misma categoría de usuario.

- 🌐 Para integrarse mejor en Microsoft Internet Explorer, NetMeeting ahora incluye un menú Ir a para acceder a la información de la lista de direcciones Web, así como Internet Mail y News. Si se introduce la dirección de correo electrónico del usuario, con su dirección IP, o el nombre de la máquina del usuario, es posible conectarse con otros usuarios desde una vista de la lista de direcciones Web.

- ⊕ Las lengüetas y asistentes especializados de NetMeeting facilitan la instalación y configuración del entorno de NetMeeting. Una nueva lengüeta Calling permite seleccionar la lista de direcciones y las opciones de Marcado rápido. Una opción de la puerta de enlace H.323 permite realizar conexiones con una persona por medio de un número de teléfono.

- ⊕ Una interfaz gráfica similar a la de Microsoft Internet Explorer 3.0, con una barra de herramientas común, simplifica el movimiento entre las aplicaciones que forman parte del conjunto de Internet Explorer. La barra de herramientas es sensible al contexto, por lo que muestra las opciones más adecuadas en cada momento según la ventana activa.

- ⊕ La computadora donde reside el sistema permite al originador de la llamada cortar la comunicación con uno o varios participantes, de manera que pueda eliminarse rápidamente a los participantes no deseados en una conversación de grupo.

- ⊕ La mensajería por correo electrónico permite enviar correo electrónico a aquellas personas que no pueden sumarse a la conferencia. NetMeeting utiliza MAPI para iniciar los clientes de correo, añade automáticamente la información del campo Asunto e incluye un acceso directo a Marcado rápido, de manera que esa persona pueda comunicarse posteriormente con facilidad.

NETMEETING 2.0 EN FUNCIONAMIENTO

Con NetMeeting 2.0, las empresas pueden incrementar su productividad y ahorrar tiempo y dinero. Las características de conferencia con sonido, imagen y datos de NetMeeting mejoran muchos de los procesos de negocio y solucionan problemas. A continuación se muestran algunas de las nuevas e innovadoras aplicaciones para las que se puede utilizar NetMeeting en Internet y en las intranets corporativas:

- ⊕ Reuniones virtuales.
- ⊕ Preparación de documentación en equipo.
- ⊕ Servicio de atención a clientes.
- ⊕ Teletrabajo.
- ⊕ Enseñanza a distancia.
- ⊕ Asistencia técnica.
- ⊕ Utilización en el hogar.

Los apartados siguientes describen estos escenarios.

Reuniones virtuales

Ahora es posible celebrar reuniones y comunicarse simultáneamente con grupos de personas de todo el mundo a través de conexiones de red estándar e Internet. NetMeeting permite conectarse con personas de otros lugares y compartir información como si todas ellas estuvieran en la misma sala. Con la característica de compartición de aplicaciones de NetMeeting, puede compartirse texto MS-DOS y virtualmente cualquier aplicación basada en Microsoft Windows, desde software de gráficos de presentaciones, tratamiento de textos u hojas de cálculo, a juegos y programas de dibujo, para mejorar la presentación de la reunión. Todos los participantes pueden ver la misma información en tiempo real. También puede mejorarse la experiencia con NetMeeting, si se utilizan las características de sonido e imagen, para ver a las demás personas y conversar con ellas.

Preparación de documentación en equipo

La preparación de documentación en equipo de NetMeeting permite trabajar a varias personas en documentos o información en tiempo real. Se pueden compartir las aplicaciones ejecutadas en una computadora con los demás participantes de la reunión. Todos ellos pueden observar la información que comparte la aplicación y tomar el control para editar o pegar información en tiempo real.

Servicio de atención a clientes

El servicio de atención a clientes permite comunicarse directamente con un representante del servicio de atención a clientes de un nodo Web y compartir información. Desde el Web, puede utilizarse NetMeeting para conectarse con el representante del servicio por medio de una llamada telefónica y utilizar a continuación las características de sonido y datos (e incluso vídeo) para solicitar información relativa a algún producto o servicio.

Teletrabajo

NetMeeting simplifica el teletrabajo para aquellos que necesitan o desean trabajar desde el hogar o desde algún otro lugar distante. Los usuarios de NetMeeting pueden expandir su alcance más allá de la compartición de archivos o correo electrónico y aprovechar las características de la conferencia de datos durante un viaje o en lugares distantes. De esta manera podrá estar en contacto con sus colaboradores mucho más eficazmente, trabajar con ellos en tiempo real o participar en una presentación mientras se encuentra en un lugar distante.

Enseñanza a distancia

NetMeeting permite a las empresas distribuir presentaciones educativas e información en tiempo real a muchas personas de distintos lugares a través de Internet o las intranets corporativas. NetMeeting puede utilizarse para compartir transparencias y otras aplicaciones, para formar a personas de distintos lugares. Las empresas pueden utilizar NetMeeting para realizar reuniones y presentaciones de productos por Internet, lo que abre nuevos caminos al marketing y a la captación de nuevos clientes.

Asistencia técnica

Con NetMeeting, las empresas de asistencia no solamente pueden ver el escenario o la situación de contexto en la que se produce un problema en la computadora de un usuario remoto, sino también corregirlo sin tener que desplazarse físicamente. Con la característica de compartición de aplicaciones de NetMeeting, es posible compartir las ventanas de una aplicación con un técnico de asistencia, quien puede guiarle a través del problema y, probablemente, resolverlo de forma remota. También es posible compartir remotamente el Panel de control de manera que el técnico de asistencia pueda comprobar la configuración del sistema.

Utilización en el hogar

En alguna ocasión, ¿ha deseado mostrar su nodo Web favorito a un amigo o compartir su película favorita con algún miembro de su familia? NetMeeting 2.0 le permite comunicarse con su familia y amigos a través de Internet. Con una tarjeta de sonido, altavoces y un micrófono puede hablar con cualquier persona del mundo mediante el teléfono Internet de NetMeeting. Si agrega una tarjeta de captura de vídeo compatible con Video for Windows y una cámara, podrá incluso ver a la persona con la que está hablando.

CONFERENCIA DE DATOS MULTIPUNTO

La conferencia de datos multipunto permite a dos o más personas trabajar juntas como un grupo en tiempo real a través de Internet o de una intranet corporativa. Los usuarios pueden compartir aplicaciones, intercambiar información entre las aplicaciones compartidas por medio de un portapapeles compartido, transferir archivos, colaborar en una pizarra compartida y comunicarse con un programa de conversación textual. La utilización del estándar T.120 para conferencia de datos permite interoperar con otros productos y servicios basados también en T.120. A continuación se describen las características de la conferencia de datos multipunto:

- **Compartición de aplicaciones.** Los participantes en la conferencia pueden compartir cualquier programa en ejecución de una computadora. Así, pueden consultar los mismos datos e información y observar las acciones de los demás según trabajan con el programa (por ejemplo, editar el contenido o desplazarse por la información). Los participantes pueden compartir las aplicaciones basadas en Windows de forma transparente, sin que sea necesario conocer ninguna de las características de la aplicación. La persona que comparte la aplicación puede seleccionar a los participantes de la conferencia y éstos pueden establecer turnos para editar o controlar la aplicación. Únicamente la persona que comparte el programa necesita tener instalada la aplicación en su computadora.

- **Portapapeles compartido.** Con las operaciones cortar, copiar y pegar, el portapapeles compartido permite intercambiar información con los demás participantes de la conferencia. Por ejemplo, es posible copiar información de un documento local y pegarla en una aplicación compartida con la que se está trabajando en grupo. Esta función permite intercambiar información de manera sencilla entre las aplicaciones locales y compartidas.

- **Transferencia de archivos.** Con la función de transferencia de archivos, es posible enviar uno o varios archivos en segundo plano a uno o varios de los participantes en la conferencia. Es posible enviar archivos a una persona en particular si se hace clic con el botón derecho del ratón sobre el nombre de dicha persona en la ventana Current Call, o si se arrastra y suelta el archivo en la ventana de Microsoft NetMeeting para que se envíe a todos los participantes de la reunión, quienes, individualmente, pueden aceptar o rechazar su recepción. De nuevo, esta transferencia de archivos se produce en segundo plano, mientras se comparte una aplicación, se utiliza la pizarra o se conversa textualmente. Esta función de transferencia de archivos es totalmente compatible con el estándar T.127.

- **Pizarra compartida.** El programa de pizarra compartida es una aplicación de dibujo de varias páginas y multiusuario que permite a los participantes de una conferencia esbozar diagramas, crear gráficos de empresa o mostrar información gráfica de cualquier otro tipo. La pizarra está orientada a objetos (en vez de orientada a pixeles), lo que permite mover y manipular su contenido haciendo clic y arrastrando con el ratón. Además, puede utilizarse el Puntero remoto (descrito más adelante en este capítulo) para señalar contenidos específicos o secciones de las páginas compartidas. Esta función amplía la característica de compartición de aplicaciones de NetMeeting, ya que permite la colaboración *ad hoc* en una superficie de dibujo común (consulte el apartado «Pizarra electrónica», si desea obtener más información sobre la funcionalidad de esta herramienta).

- **Conversación textual.** Para compartir ideas o temas con otros participantes de la conferencia, o tomar notas de la reunión, puede escribir mensajes de texto. Cuando no hay sonido disponible, los participantes de la reunión pueden utilizar la herramienta Conversación para comunicarse. Una nueva característica «susurro» permite mantener conversaciones independientes y privadas con otras personas durante la sesión de conversación de grupo. Para ello, basta con hacer clic sobre el nombre de la persona en la lista Send To y escribir el mensaje de texto privado que sólo verán el emisor y su destinatario.

Funcionalidad de la conferencia de datos: Compartición real de aplicaciones

Después de conectar entre sí dos o más máquinas, es posible realizar alguna de las acciones siguientes:

- **Compartir con los demás una aplicación en una conferencia.** Como ya se ha mencionado anteriormente, NetMeeting permite compartir virtualmente cualquier aplicación basada en Windows, de manera que todos los miembros de una conferencia puedan ver la misma información que se muestra en la pantalla de la computadora local. Esta funcionalidad mejora la capacidad de comunicación. Para configurar una aplicación compartida, basta con seguir los pasos que figuran a continuación: inicie una aplicación basada en Windows (como Microsoft Word, Microsoft Excel, Microsoft PowerPoint o Microsoft Internet Explorer) en una computadora; seleccione la opción Compartir programa del menú Herramientas (o haga clic en el icono NetMeeting del área de estado de la barra de tareas); a continuación seleccione la ventana de la aplicación. La ventana compartida se muestra automáticamente en las pantallas de los demás miembros de la conferencia. Intente desplazar, editar y manipular el contenido de la aplicación compartida; aunque los demás participantes pueden ver los cambios efectuados en la información de la ventana compartida, no pueden tomar control de ella hasta que se permita la colaboración.

- **Trabajo en equipo en tiempo real durante una conferencia.** Para permitir a los demás participantes controlar la aplicación compartida, basta con activar la característica de Colaborar. La colaboración se inicia cuando se selecciona la opción Colaborar del menú Herramientas (o se hace clic en el icono NetMeeting del área de estado de la barra de tareas). A partir de ese momento, los usuarios pueden controlar por turnos la ventana de la aplicación compartida.

- **Cortar, copiar y pegar desde una aplicación compartida a una local, y viceversa.** Con el Portapapeles compartido de NetMeeting, es posible cortar, copiar y pegar desde y hacia una aplicación local y desde y hacia una aplicación compartida. Para ello, por ejemplo, puede abrirse una hoja de trabajo en una copia local de Excel, seleccionar cierta información de ella, copiarla en el portapapeles local (mediante la opción Copiar del menú Edición), tomar el control de la aplicación compartida y seleccionar Pegar en el menú Edición de la aplicación. También es posible cortar y copiar desde la aplicación compartida a la aplicación local.

Compartir cualquier carpeta o ventana del sistema operativo. La capacidad de compartición de NetMeeting es muy flexible y permite compartir carpetas, así como aplicaciones, de forma que otras personas puedan ver la misma información en la pantalla. Por ejemplo, puede abrirse el Panel de control y compartirlo durante una conferencia, activar la colaboración y consultar y modificar la información de configuración del sistema. Esta característica es muy útil para ofrecer asistencia remota a los PC.

Retomar el control de la aplicación compartida. Si durante una conferencia desea terminar la colaboración y retomar el control de una aplicación que previamente ha compartido, pulse la tecla Esc. Esto le devolverá el control inmediatamente.

Pizarra electrónica

Como ya se ha indicado, la característica de pizarra electrónica de NetMeeting 2.0 es una manera cómoda de compartir información visual en una conferencia. La Figura 5.2 muestra el programa de pizarra electrónica que, en este caso, está siendo utilizada por dos personas.

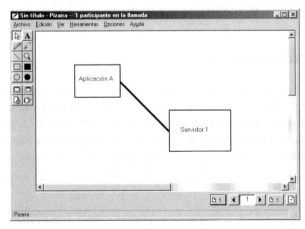

Figura 5.2
Pizarra electrónica con dos participantes.

En los siguientes apartados se describen algunas de las características de la pizarra electrónica.

Lanzamiento automático

La pizarra electrónica se abre automáticamente cuando cualquiera de los participantes de la conferencia la inicia. Cuando se inicia la pizarra electrónica en una computadora, se lanza automáticamente en las demás computadoras de la conferencia.

Colaboración en tiempo real por medio de gráficos

La pizarra electrónica permite trabajar en equipo y en tiempo real con otras personas por medio de información gráfica. A medida que un usuario utiliza las características de la pizarra electrónica para crear diagramas, los demás participantes pueden observar los componentes del diagrama en tiempo real. Los círculos, rectángulos, líneas y texto escrito aparecen en las pizarras de los demás participantes de la conferencia, quienes pueden estar a su vez escribiendo simultáneamente en sus pizarras.

Información del escritorio

Es posible capturar y pegar información de las ventanas y del escritorio en la pizarra. Utilice las herramientas Seleccionar área o Seleccionar ventana para seleccionar información de la pantalla y pegarla en la pizarra. Esta característica permite hacer anotaciones en la imagen de la ventana de la aplicación.

Funcionalidad arrastrar y soltar

La funcionalidad de arrastrar y soltar facilita la inclusión de información en la pizarra. Puesto que se puede arrastrar y soltar el contenido de la información de la pizarra almacenada en la pizarra activa, es posible utilizar información preparada previamente antes de una reunión. Además, en la pizarra se puede copiar, cortar y pegar información de cualquier aplicación basada en Windows.

Puntero remoto

El puntero remoto permite resaltar información en la pizarra electrónica. Puede utilizarse para señalar un elemento o área específico de la pizarra. Cada participante de la conferencia dispone de un puntero con un color distinto. Cuando se selecciona el puntero remoto y se mueve por la pantalla para resaltar distintas zonas de la pizarra, los demás participantes pueden verlo. La Figura 5.3 muestra el Puntero remoto en acción.

Múltiples páginas

NetMeeting permite utilizar varias páginas en la pizarra para facilitar la comunicación. Si se desactiva la opción Sincronizar del menú Herramientas de la ventana de la pizarra, se puede cambiar a otra de las páginas de la pizarra mientras los demás siguen viendo la página anterior.

Almacenamiento de la información

Después de la conferencia, es posible almacenar la información de la pizarra como referencia futura si se hace clic en la opción Guardar del menú Archivo. Durante la conferencia, puede cargarse la información almacenada en las páginas de la pizarra (lo que significa que se puede preparar el contenido de la pizarra antes de la conferencia) y arrastrarla y soltarla en la pizarra durante la reunión.

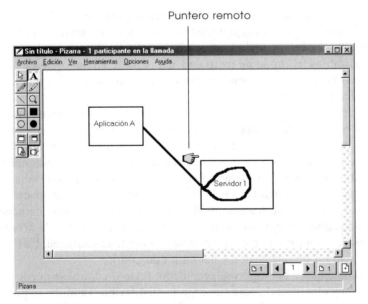

Figura 5.3
El Puntero remoto en una pizarra de NetMeeting.

MICROSOFT CHAT

Con Microsoft Chat (antiguamente llamado Comic Chat), pueden mantenerse conversaciones en tiempo real con amigos o socios de negocio a través de Internet o de intranets corporativas en modo texto o en modo cómic. La Figura 5.4 muestra la pantalla de Chat configurada para dos participantes.

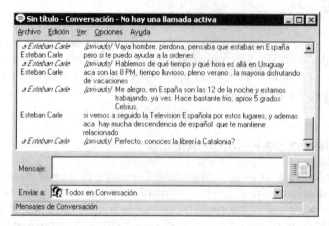

Figura 5.4
Sesión de Chat en curso.

El modo texto facilita la inclusión de muchas personas en la conversación. Cuando el ritmo de ésta comienza a animarse, el modo de texto es la forma más rápida y sencilla de ver y añadir comentarios. Además de proporcionar tipos de letra personalizables, el modo de texto de Chat permite enviar mensajes de varias formas: con un saludo único, como un mensaje privado (susurro) a una única persona o con efectos de sonido.

El modo cómic permite seleccionar un personaje de dibujo animado para que represente al participante en una conversación que se desarrolla como una tira de cómic. En el proceso, se pueden expresar muchas emociones utilizando métodos diversos, como enviar pensamientos, susurrar al destinatario seleccionado, gritar o enviar efectos de sonido, por nombrar sólo algunas de las opciones disponibles. A medida que los participantes de la conversación escriben texto en el modo cómic de Chat, éste se muestra encima de los personajes en forma de bocadillos. Puesto que Chat genera automáticamente cada una de las viñetas, la presentación de la conversación en forma de cómic es prácticamente instantánea. La Figura 5.5 muestra un ejemplo de una sesión Chat en modo cómic.

Independientemente del modo seleccionado, texto o cómic, se puede imprimir la conversación y almacenarla para su consulta en diferido. También se puede cambiar rápidamente entre el modo de texto y cómic con un único clic, incluso durante la conversación.

Figura 5.5
Personajes de Chat en modo cómic.

La utilización de Chat por motivos personales, como charlar con los amigos, mantener una reunión con familiares de distintas partes del mundo, o conocer gente nueva que comparte los mismos intereses y *hobbys*, resulta muy divertida. También es muy fácil su acceso y utilización. Los creadores de páginas Web pueden insertar el control Microsoft Chat en sus páginas para crear automáticamente un lugar donde la gente pueda reunirse y conversar (consulte el apartado «Control Chat» en esta misma página si desea obtener más información acerca de cómo insertar este control en páginas Web).

Chat es también una importante herramienta para las comunicaciones de negocios. La posibilidad de mantener conversaciones entre empleados facilita la discusión de ideas, resolución de problemas y desarrollo de soluciones en un entorno de grupo, sin tener que encontrarse en el mismo lugar. Las empresas pueden incluir un control Chat en su nodo de intranet para facilitar el contacto de sus empleados.

Como ya se ha mencionado en el apartado anterior, cuando se inicia Chat en una de las computadoras que participan en una conferencia, se lanza automáticamente en todas las demás computadoras de la conferencia. Chat permite enviar y recibir mensajes de los demás participantes durante el transcurso de la reunión. Puesto que las personas de la conferencia pueden escribir texto, Chat es una buena forma de hacer anotaciones, seguir acciones o comunicarse durante una conferencia de negocios. De nuevo, puede utilizarse el modo susurro para enviar mensajes privados a otro de los participantes de la reunión. Los mensajes susurro siempre aparecen resaltados en la interfaz del usuario destino como un mensaje susurro del remitente.

Control Chat

El nuevo control Chat es un control basado en ActiveX que permite mantener una conversación (comunicación con texto y datos) a dos o más usuarios conectados a un servidor de Chat. El control ActiveX proporciona una interfaz de usuario completamente personalizable, aunque también puede diseñarse una interfaz de usuario propia. El control Chat posee una interfaz de usuario opcional muy flexible que permite incorporar los botones Enviar, Susurro, el cuadro de lista Participante, el cuadro de texto Historial y Enviar.

Para insertar el control Chat en una página Web puede emplearse Microsoft Visual Basic y Scripting Edition (VBScript). También puede utilizarse el control Chat en cualquier aplicación contenedor ActiveX para crear un cliente de Chat. Ambas implementaciones permiten mantener conversaciones entre varios usuarios de computadoras cliente accediendo a un único servidor de conversación a través de Internet.

Si ya tiene instalado Internet Explorer, puede observar el control Chat en:

http://www.microsoft.com/ie/ie40/collab/chatsample.htm

Desde esta dirección puede conseguir el control Chat si no lo tiene todavía.

Si desea obtener más información acerca de cómo utilizar el control Microsoft Chat, puede conseguir el control SDK Microsoft Chat en:

http://www.microsoft.com/msdownload/ieadd.htm

VIDEOCONFERENCIA Y VIDEOTELÉFONO

Con NetMetting 2.0 es posible intercambiar imágenes en tiempo real con otro participante de la conferencia si se utiliza cualquier equipo compatible con Video for Windows. De esta manera, podrá compartir ideas e información «frente a frente» y utilizar la cámara para mostrar cosas instantáneamente, como hardware o dispositivos, poniéndolos delante del objetivo. Una vez que dos personas se han conectado con NetMeeting, pueden utilizar la funcionalidad de videoconferencia hablando por el micrófono y mirando a la cámara de vídeo.

El sistema de videoconferencia de NetMeeting 2.0 tiene las siguientes características:

- 🌐 **Capacidad para recibir imágenes sin hardware de vídeo.** No es necesario disponer de una tarjeta de captura de vídeo o una cámara para recibir imágenes de vídeo enviadas por otros usuarios.

- 🌐 **Vídeo de alta calidad, incluso con conexiones de bajo ancho de banda.** NetMeeting 2.0 produce imágenes de vídeo de alta calidad en tiempo real a través de conexiones Internet con un módem estándar de 28,8 Kbps, con IP sobre una conexión RDSI o en una red de área local (LAN).

- **Compatibilidad con el hardware de captura de vídeo existente.** NetMeeting 2.0 admite las tarjetas de captura de vídeo y cámaras compatibles con los controladores de Video for Windows, requisito que cumple la mayoría del hardware de vídeo actual.

- **Sonido e imagen conmutables.** Con NetMeeting 2.0 es posible cambiar la imagen y el sonido de una persona a otra. Esta característica permite comunicarse con los distintos participantes de una reunión. Cuando la llamada es multipunto, la imagen puede pasarse a cualquiera de los participantes de la reunión. Cuando están conectadas tres o más personas, seleccione la opción Cambiar sonido e imagen del menú Herramientas y seleccione el participante (o haga clic con el botón derecho en un participante de la conferencia al que desea conectarse por vídeo). NetMeeting cambia la conexión de vídeo a esa persona.

- **Tamaño de imagen configurable.** Se puede cambiar dinámicamente el tamaño de la imagen de vídeo que se le envía al otro usuario durante la sesión de videoconferencia. Después de establecerse la conexión Net-Meeting, haga clic con el botón derecho en una ventana de vídeo y seleccione la opción Propiedades (o seleccione Opciones del menú Herramientas). Desde la página de propiedades de vídeo, seleccione la opción Enviar tamaño de imagen. El tamaño de la ventana de vídeo local cambia, así como la imagen que ven los demás participantes. Además, puede elegir si desea transmitir vídeo inmediatamente después de iniciarse una llamada.

- **Cambio remoto del nivel de calidad.** Durante una sesión de videoconferencia, se puede establecer el compromiso entre mejorar un funcionamiento de vídeo y la calidad de la imagen de forma remota. Después de establecer la llamada de NetMeeting, haga clic en una ventana de vídeo y seleccione la opción Propiedades (o seleccione Propiedades del menú Herramientas). En la página de propiedades de vídeo, ajuste la barra deslizante Calidad de vídeo al valor deseado. Después de efectuar el cambio, la imagen de la ventana de vídeo remota se modifica convenientemente.

- **Acceso al portapapeles de Windows.** Copiar imágenes de vídeo a otra aplicación es muy sencillo. Capture las imágenes de vídeo y sitúelas en el portapapeles para pegarlas en otra aplicación Windows que esté utilizando o en la pizarra de NetMeeting. Haga clic con el botón derecho en la ventana de vídeo adecuada y seleccione Copiar del menú emergente. A continuación, pegue la imagen en la otra aplicación.

- **Ventana de vídeo separable.** NetMeeting es muy flexible a la hora de configurar las ventanas de vídeo abiertas durante una sesión. Se pueden mantener las ventanas como parte de la interfaz de usuario de la aplicación NetMeeting para reducir el número de ventanas del escritorio o arrastrar una o ambas ventanas de vídeo fuera de la ventana de NetMeeting para situarlas en el escritorio. Si se vuelven a arrastrar a la ventana de la aplicación NetMeeting, pueden volverse a incluir las ventanas de vídeo en la interfaz de usuario de NetMeeting. Además, puede detener o reiniciar el envío de imágenes de vídeo mediante un botón de la ventana de vídeo.

- **Soporte para servidores de conferencias ITU H.323 y puertas de enlace estándares.** NetMeeting 2.0 soporta el estándar H.323 para las conferencias de sonido y vídeo, que incluye los códec de vídeo H.263 y G.723.1 y el G.711 de sonido. El estándar H.323 permite a NetMeeting interoperar con otros clientes de videoteléfono compatibles, como el Intel Internet Video Phone. NetMeeting 2.0 también admite reuniones con sonido e imagen multiusuario a través del servicio de conferencias multipunto. Muchos de los fabricantes del sector están desarrollando servidores y puertas de enlace H.323, lo que permitirá a los usuarios de NetMeeting participar en reuniones con varias conexiones de sonido e imagen. El primero de estos productos se espera para la segunda mitad de 1997.

- **Soporte para la tecnología MMX de Intel.** Si dispone de una computadora MMX de Intel, los códec especializados de NetMeeting para MMX proporcionan un rendimiento mejorado en la compresión y descompresión de vídeo. En este caso, habrá una menor utilización de la CPU y una mejora de la calidad de imagen durante las llamadas.

- **Integración con las directivas del sistema.** Las funciones de vídeo de NetMeeting 2.0 se integran con las directivas del sistema de Microsoft Windows 95, Microsoft Windows 98 y Microsoft Windows NT 4.0. Esta integración permite a las empresas centralizar el control y administrar la configuración de vídeo de sus grupos de usuarios.

CONFERENCIA CON SONIDO Y VIDEOTELÉFONO

Como ya se ha mencionado al inicio de este capítulo, se pueden hacer llamadas de voz con NetMeeting 2.0 para hablar con otras personas que dispongan de NetMeeting u otros productos de teléfono por Internet compatibles. La conferencia con sonido en tiempo real punto a punto por Internet o intranets corporativas permite hacer llamadas telefónicas a socios y empresas de todo el mundo.

La conferencia con sonido de NetMeeting ofrece muchas características, entre las que se encuentran el sonido medio dúplex o dúplex completo para realizar conversaciones en directo, la configuración automática del nivel de sensibilidad del micrófono para asegurar que los participantes de la reunión se escuchan con claridad, y el silenciamiento del micrófono, que le permite controlar la señal de sonido enviada durante una llamada. Esta conferencia de sonido admite conexiones TCP/IP por red.

CONTROL INTELIGENTE DE CANALES DE SONIDO Y VÍDEO

NetMeeting hace un control inteligente de los canales de sonido e imagen, de manera que se equilibra automáticamente la carga de acuerdo con el ancho de banda, utilización de la CPU y de la memoria. Este control inteligente de canales asegura que el sonido, las imágenes y los datos se priorizan adecuadamente, de tal forma que NetMeeting puede mantener un sonido de alta calidad mientras que se transmiten datos e imágenes durante la llamada. Mediante las directivas del sistema, las empresas pueden configurar el servicio de control de canales para limitar el ancho de banda de sonido e imagen que utiliza cada cliente durante una reunión. Si desea obtener más información, consulte el apartado «Kit de recursos de Microsoft NetMeeting 2.0», al final de este capítulo.

CÓMO UTILIZAR NETMEETING PARA COMUNICARSE

Después de haber instalado y configurado NetMeeting, el paso siguiente es llamar a alguien. Llamar a personas con NetMeeting a través de Internet es tan fácil como marcar un número telefónico, o incluso más. Aunque la persona con la que desea contactar esté en otra ciudad, región o país, NetMeeting le ayudará a ponerse en contacto con ella.

Conexiones sencillas

NetMeeting permite conectarse con otros usuarios de forma flexible. Para conectar dos o más computadoras, debe seguirse uno de los métodos siguientes:

- Escribir una dirección IP (que podrá conocer si se ejecuta el programa WINIPCFG.EXE del sistema operativo Windows 98).

- Escribir el nombre de máquina NetBIOS de otra computadora (configurado en la lengüeta Identificación del icono Red del Panel de control de Windows 98).

- Escribir la dirección de correo de otro usuario cuando se utiliza junto al servidor de ubicación de usuarios de Microsoft (ILS).

- Seleccionar el usuario deseado de la lista de un ILS.

Los apartados siguientes describen algunas de las opciones de conexión adicionales de NetMeeting 2.0.

Marcado rápido

El marcado rápido facilita la conexión a los destinos más utilizados. Si establece una conexión con otro usuario por medio de un ILS, la información de contacto de dicha persona se almacena en una entrada de marcado rápido de NetMeeting. En la lengüeta Marcado rápido de NetMeeting se puede comprobar si una persona está conectada sin tener que buscar su presencia en el directorio.

Conferencia de datos multipunto

La conferencia de datos multipunto permite la conexión de varios usuarios. Net-Meeting permite conectarse con dos o más personas en una conferencia. Para establecer una conferencia multipunto, llame a más personas o haga que le llamen.

Filtrado del directorio

Los filtros de directorio permiten buscar personas para comunicarse rápidamente con ellas. Las entradas del directorio que aparecen en la lengüeta Directorio de la interfaz de usuario de NetMeeting pueden filtrarse. Por ejemplo, puede conocerse qué personas están conectadas a una llamada, quiénes no lo están, qué personas disponen de cámara de vídeo, o qué personas se encuentran en el mismo país. También puede filtrarse la información de la ventana del directorio si se hace clic en la cabecera de la columna deseada. Por ejemplo, para ver qué usuarios tienen sonido, se puede ordenar según la columna del sonido. Desde la ventana Directorio puede ajustarse también la posición de los campos de información si se hace clic sobre la columna apropiada y se arrastra hasta la posición deseada.

Invitaciones de NetMeeting

NetMeeting es capaz de invitar a otros usuarios a que le llamen. Si en algún momento no se consigue realizar satisfactoriamente una llamada, y se ha utilizado ILS para establecer la conexión, NetMeeting ofrece la posibilidad de enviar al usuario un mensaje por correo electrónico invitándole a llamarle. NetMeeting abre su cliente de correo electrónico preferido e incluye un acceso directo a Marcado rápido para ayudar al otro usuario a llamarle con NetMeeting.

Opción No molestar

La opción No molestar impide que otros usuarios le interrumpan durante una conferencia. La opción No molestar puede activarse desde una conferencia NetMeeting para impedir que otras personas puedan interrumpir su conferencia. Cuando otros usuarios intentan conectarse, reciben automáticamente una notificación que indica que no se aceptan llamadas y se les pregunta si desean enviar un mensaje. La opción No molestar se activa desde el menú Llamar de la barra de menú de NetMeeting.

Directorio basado en Web

Un directorio basado en Web proporciona una vista alternativa de las entradas de usuarios de NetMeeting. También pueden iniciarse llamadas NetMeeting seleccionando personas del directorio basado en Web. El ILS admite la visualización de un directorio basado en Web, lo que proporciona otra manera de personalizar el aspecto del Directorio de NetMeeting y facilita la inserción de llamadas NetMeeting desde un visualizador Web. En la aplicación NetMeeting, seleccione la opción Directorio Web del menú Llamar. Si hace clic en el elemento apropiado podrá conectarse con otro usuario.

Establecimiento de llamadas NetMeeting desde Exchange y Outlook

NetMeeting incluye una extensión de correo que funciona con los clientes de correo Microsoft Exchange y Microsoft Outlook. Se puede iniciar una llamada directamente desde los menús Exchange y Outlook basados en las entradas NetMeeting de la libreta de direcciones de correo. Desde el menú Herramientas del cliente de correo, haga clic en Abrir NetMeeting y seleccione una persona para ponerse en contacto con ella (ambas personas deben estar conectadas al mismo servidor de directorio). Esta característica permite enviar mensajes de correo a usuarios de NetMeeting o iniciar una llamada NetMeeting directamente desde la libreta de direcciones de correo.

Llamada desde Internet Explorer o el Explorador de Windows

Las llamadas NetMeeting pueden iniciarse desde Microsoft Internet Explorer o el Explorador de Windows. Para que alguien le llame, basta con que se haga clic en un enlace NetMeeting de su página Web. Con Internet Explorer, se puede efectuar la llamada al hacer clic sobre el enlace de la página Web, sin necesidad de tener arrancada la aplicación NetMeeting. Para crear un enlace en su página Web, escriba la sintaxis siguiente:

callto:<nombre_servidor>/<dirección_correo_electrónico>

Por ejemplo, si Carlos Rubio desea incluir un enlace en su página Web para que otras personas puedan llamarle, debe agregar el siguiente código HTML:

Llámame por NetMeeting a
callto:<uls.microsoft.com/crubio@undominio.com

También resulta muy sencillo llamar desde el Explorador de Windows si se conoce la dirección de correo electrónico del directorio NetMeeting. Para ello es preciso seguir los pasos que figuran a continuación:

1. Haga clic en el botón Inicio.
2. Haga clic en Ejecutar.
3. Si ambas personas están conectadas al mismo servidor, escriba:

    callto:<dirección_correo_electrónico>

    Por ejemplo, para llamar a una persona cuya dirección es *crubio@undominio.com*, escriba:

    callto:crubio@undominio.com

    Si la persona está conectada a otro servidor distinto al suyo, escriba:

    callto:<nombre_servidor>/<dirección_correo_electrónico>

    Por ejemplo, para llamar a una persona conectada a *uls.microsoft.com* con dirección de correo *crubio@undominio.com*, escriba:

    callto:uls.microsoft.com/crubio@undominio.com

    Haga clic en Aceptar.

Búsqueda de usuarios NetMeeting (servidor de ubicación de usuarios)

La clave para encontrar usuarios que utilizan NetMeeting en Internet es el Servidor de ubicación de usuarios (ILS), en algunas ocasiones denominado ULS. Con el ILS podrá encontrar fácilmente a otros usuarios de NetMeeting que tienen arrancada la aplicación y están esperando su llamada. Si hace clic en la lengüeta Directorio de NetMeeting observará los nombres de las personas que están utilizando NetMeeting en un determinado ILS. Para consultar las listas de otros ILS, seleccione el nombre de ILS de la lista desplegable o escriba el nombre del servidor deseado en el cuadro de texto de la lengüeta Directorio. También puede iniciarse una llamada con NetMeeting directamente desde el directorio Web que genera el ILS.

El directorio ILS representa a las personas que están ejecutando NetMeeting en un momento dado. Cuando un usuario inicia NetMeeting, su nombre aparece en el directorio ILS y queda preparado para recibir una llamada. Cuando el usuario sale de NetMeeting, se elimina su nombre del directorio ILS, que se actualiza dinámicamente. Tenga en cuenta que siempre tiene la opción de no aparecer en el directorio ILS (seguirá observando los nombres de los demás usuarios, aunque ellos no podrán verle). Para cambiar el estado de la información del directorio, seleccione la opción Herramientas del menú de NetMeeting, seleccione el elemento Opciones y haga clic en la lengüeta Información personal.

En Internet puede haber múltiples servidores, lo que permite que se establezcan ciertas comunidades de usuarios. Por ejemplo, los proveedores de servicios de Internet pueden establecer sus propios nodos ILS y mantener su propia comunidad de usuarios, facilitándoles la comunicación con NetMeeting. Además, pueden implementarse varios ILS en la intranet de una empresa para permitir la comunicación de las diferentes organizaciones, departamentos o filiales de una empresa en una red interna.

¿Cómo pueden encontrarle los usuarios?

Cuando se instala NetMeeting por primera vez, se solicita la identificación del nombre del servidor en el que se va a «residir». El nombre predeterminado de ILS que ofrece NetMeeting a todos los usuarios es *ils.microsoft.com*, que se encuentra en Internet. Puede cambiar el nombre del servidor para acelerar la búsqueda del directorio donde se encuentran aquellas personas con las que se comunica a menudo o para establecer su presencia en otra comunidad.

En la Tabla 5.1 se muestran algunos de los servidores disponibles en Internet para buscar usuarios de NetMeeting, en los cuales también podrá residir. Para ver o cambiar el nombre del ILS, seleccione Herramientas en el menú de NetMeeting, seleccione el elemento Opciones y haga clic en Información personal.

Tabla 5.1
Servicios de ubicación de Internet

Nombre ILS	Descripción
ils.microsoft.com	Servicio de ubicación de Microsoft
ils1.microsoft.com	Servicio de ubicación de Microsoft
ils2.microsoft.com	Servicio de ubicación de Microsoft
ils3.microsoft.com	Servicio de ubicación de Microsoft
ils4.microsoft.com	Servicio de ubicación de Microsoft
ils5.microsoft.com	Servicio de ubicación de Microsoft
ils.four11.com	Servicio de ubicación de Four11 Corporation
ils.family.four11.com	Servicio de ubicación de Four11 Corporation
hawaii.acunet.net	Servicio de ubicación del nodo Web POPULUS

Si establece su propio ILS en Internet, envíe un mensaje a *msils@microsoft.com* para que se le añada a la lista.

Cómo configurar su propio servicio ILS

Si es un administrador Web de Internet o un administrador de sistemas de una intranet, puede configurar su propio Servicio de ubicación de usuarios en Internet o en la intranet corporativa. Si desea obtener más información, conéctese a *http://www.backoffice.microsoft.com/*.

DIRECTIVAS DEL SISTEMA

Los administradores pueden implementar las directivas del sistema de NetMeeting para controlar los privilegios de los usuarios y de la computadora. Con las directivas del sistema, los administradores pueden predefinir la configuración y las restricciones, como por ejemplo impedir la utilización de las características de sonido, y proporcionar configuraciones estándares para su comunidad de usuarios. Las nuevas directivas del sistema incluyen la capacidad para limitar el ancho de banda de los canales de sonido e imagen. Si desea conocer más a fondo las directivas del sistema, consulte el «Kit de recursos de Microsoft NetMeeting 2.0», descrito en un apartado al final de este capítulo.

NETMEETING 2.0: UNA PLATAFORMA BASADA EN ESTÁNDARES

Los estándares son muy importantes en el enfoque de NetMeeting 2.0, consistente en crear y popularizar la utilización de comunicaciones y conferencias en tiempo real por Internet. Para alcanzar este objetivo, los productos de conferencias y comunicaciones necesitan ciertos estándares para que los usuarios puedan conectarse entre sí con facilidad y fiabilidad, al igual que lo hacen cuando utilizan el teléfono. Los clientes esperan y demandan un funcionamiento sin errores de todos los productos, es decir, que todas las comunicaciones se establezcan correctamente y que puedan comunicarse con otras personas, independientemente del sistema operativo o producto que utilicen. Los estándares permiten conseguir este objetivo.

Utilizando estándares, los productos de un fabricante pueden proporcionar un nivel garantizado de compatibilidad con los productos de otros fabricantes. De esta manera, los fabricantes pueden seguir haciendo productos opcionales compatibles que funcionen correctamente con los distintos productos de telefonía multimedia. Dependiendo de los estándares que cumplan, los usuarios podrán compartir las aplicaciones y la información, verse a través de vídeo, hablar entre sí o realizar todas estas funciones simultáneamente.

NetMeeting 2.0 amplía el liderazgo de NetMeeting en dos áreas: como producto basado en estándares que permite a los usuarios comunicarse y colaborar en tiempo real, y como plataforma sobre la que los desarrolladores pueden construir e integrar soluciones para realizar conferencias.

El conjunto de características de NetMeeting 2.0 está definido por una serie de objetivos principales:

🌐 **Integración continua de los estándares del sector.** Microsoft está comprometido firmemente en la construcción de productos y soluciones basados en los estándares del sector. Cumplir con los estándares es el único camino que asegura la compatibilidad entre productos y servicios de distintas empresas, independientemente de la plataforma para la que han sido diseñados. NetMeeting 1.0 fue el primer producto que introdujo la conferencia de datos multipunto basada en el estándar ITU T.120. Con este protocolo, NetMeeting puede interoperar con otros clientes y puertas de enlace de conferencias T.120. NetMeeting 2.0 amplía este liderazgo, ya que añade compatibilidad con el estándar H.323 de conferencias de sonido y vídeo. Con este estándar, NetMeeting 2.0 es el primer cliente que permite realizar comunicaciones y conferencias por Internet que incluye todas las características estándares de conferencia de sonido, vídeo y datos. Si desea obtener más información acerca del estándar H.323, consulte el apartado «Estándares internacionales de comunicaciones y conferencias». Además, NetMeeting 2.0 incluye soporte para el estándar Protocolo ligero de acceso a directorios (LDAP), que ayuda a los usuarios de NetMeeting a localizar personas por Internet.

🌐 **Comunicaciones y conferencias integradas en las páginas Web.** El SDK de NetMeeting ofrece a los profesionales de nodos Web la posibilidad de integrar funciones de conferencia, lo que permite a los usuarios de NetMeeting unirse a reuniones directamente desde las páginas Web. Las nuevas funciones de NetMeeting 2.0 permiten a los desarrolladores integrar más funciones de conferencia. Los lenguajes de script ActiveX, junto con los lenguajes de script compatibles con JavaScript y VBScript, también admiten estas funciones avanzadas.

🌐 **Plataforma mejorada para construir productos y servicios de comunicaciones y conferencias.** La versión actualizada del SDK de NetMeeting permite a los desarrolladores aprovechar las nuevas ventajas y funciones de NetMeeting 2.0. Los desarrolladores que utilicen el SDK pueden:

— Integrar funciones de conferencia de datos multipunto en tiempo real en las soluciones de conferencia existentes.

— Desarrollar soluciones de conferencia personalizadas para mejorar la oferta del servicio.

— Ampliar las características de NetMeeting en sus ofertas a los clientes.

— Proporcionar una integración más estrecha con las funciones de NetMeeting, así como realizar una integración transparente de las completas funciones de comunicación multimedia, como sonido, vídeo y datos, en productos y soluciones de otros fabricantes.

⊛ **Soluciones eficaces para las empresas.** Como resultado directo de las peticiones de los clientes, NetMeeting 2.0 incluye características que lo hacen más eficaz a la hora de satisfacer las necesidades de comunicación y conferencias de una empresa. En NetMeeting 2.0 se han incluido las siguientes funciones solicitadas por los clientes:

— Soporte para Microsoft Windows NT 4.0, así como para Windows 95 y Windows 98.

— Mejora de la facilidad de utilización y administración, con un mejor control mediante las directivas del sistema.

— Herramientas de instalación y configuración más avanzadas para ayudar a la implantación en las empresas.

— Soporte para las directivas del sistema de Windows 95 y Windows NT 4.0, de manera que las empresas puedan controlar y administrar centralizadamente las características disponibles para los usuarios en una red corporativa.

Estándares internacionales de comunicaciones y conferencias

Como ya se ha mencionado en este capítulo, los dos estándares principales que cumple NetMeeting 2.0 son los estándares T.120 y H.323 de la Unión internacional de telecomunicaciones (ITU).

El estándar T.120

Los protocolos ITU T.120 permiten a los desarrolladores crear productos y servicios compatibles para realizar conexiones y conferencias de datos multipunto en tiempo real. Las aplicaciones basadas en el estándar T.120 permiten la participación de múltiples usuarios en sesiones de conferencia sobre distintos tipos de redes y conexiones. Dependiendo del tipo de producto T.120, los usuarios pueden establecer conexiones, transmitir y recibir datos, y colaborar con las funciones de conferencia de datos compatibles, como la compartición de aplicaciones, la pizarra electrónica o la transferencia de archivos. Microsoft y más de 100 empresas punteras cumplen ya con el estándar T.120.

El estándar H.323

H.323 es un estándar ITU dirigido a terminales (PC), equipos y servicios para la comunicación multimedia por LAN (como Internet) que no garantiza la calidad del servicio. Los terminales y equipos H.323 pueden servir vídeo, sonido y datos en tiempo real, o cualquier combinación de estos elementos. Este estándar está basado en el Protocolo de transporte en tiempo real IETF (RTP) y en el Protocolo de control de transporte en tiempo real (RTCP), con protocolos adicionales para la señalización de las llamadas, compartición de datos y comunicaciones audiovisuales.

Los productos que utilizan H.323 para el sonido y el vídeo permiten a los usuarios interconectarse y comunicarse con otras personas de Internet, de la misma manera que pueden comunicarse telefónicamente con distintos modelos de teléfonos. H.323 define el formato y empaquetado de la información de sonido y vídeo para su transmisión por la red. Los códec estándares de sonido y vídeo codifican y descodifican la entrada/salida desde las fuentes de sonido y vídeo para realizar la comunicación entre nodos.

Además, la especificación H.323 identifica la utilización de servicios T.120 para la comunicación y conferencias de datos dentro de una sesión H.323. Este soporte para T.120 significa que el procesamiento de datos se produce junto con el sonido y vídeo H.323, y no por separado.

Más de 120 empresas punteras han anunciado su deseo de cumplir e implementar el estándar H.323 en sus productos y servicios. Este amplio apoyo hace que el estándar H.323 sea una buena solución para la conferencia de sonido y vídeo por Internet.

El estándar H.323 incluye las siguientes características principales:

- 🌐 **Soporte estándar para la conferencia con sonido (voz).** Proporciona mecanismos estándar para codificar y descodificar el sonido desde un micrófono y para realizar la comunicación entre nodos. Esto permite a los usuarios de diferentes plataformas de computadoras utilizar productos de distintos fabricantes para hablar entre sí por la red.

- 🌐 **Soporte estándar para la conferencia de vídeo.** Proporciona mecanismos estándar para codificar y descodificar imágenes de una fuente de vídeo y así realizar la comunicación entre nodos. Esto permite a los usuarios de diferentes plataformas de computadoras utilizar productos software de distintos fabricantes para verse a través de la red.

- 🌐 **Integración con la comunicación de datos T.120.** Los servicios descritos en la especificación T.120 manejan las porciones de datos de las sesiones H.323. El estándar ITU T.120 especifica cuál debe ser el método para gestionar las comunicaciones de datos multipunto y especifica los protocolos de nivel de aplicación para la compartición de datos.

Los estándares siguientes forman parte de la especificación H.323:

H.225.0

El estándar H.225.0 define un nivel con dos funciones: da formato a los canales de vídeo, sonido, datos y control para su salida a la red, y recibe los canales de vídeo, sonido, datos y control de la red. H.225.0 utiliza el formato de paquete de las especificaciones RTP y RTCP del Grupo de Ingeniería de Internet (IETF) para numerar secuencias y detectar errores de transmisión de sonido y vídeo. El soporte de RTP y RTCP permite al nodo receptor ordenar los paquetes recibidos de manera que el usuario pueda oír o ver correctamente la información transmitida.

H.245

El estándar H.245 proporciona el mecanismo de control de llamadas que permite la conexión a los terminales compatibles con H.323.

G.723.1

El estándar G.723.1 especifica el formato y el algoritmo del códec de sonido predeterminado necesario para enviar y recibir voz por conexiones de red de bajo ancho de banda.

G.711

El estándar G.711 especifica el formato y el algoritmo para un códec de sonido alternativo de mayor ancho de banda necesario para enviar y recibir voz por conexiones de red.

H.263

El estándar H.263 especifica el formato y el algoritmo para el códec de vídeo predeterminado necesario para enviar y recibir vídeo por conexiones de red de bajo ancho de banda.

H.261

El estándar H.261 especifica el formato y el algoritmo para un códec de vídeo alternativo de mayor ancho de banda necesario para enviar y recibir imágenes de vídeo por conexiones de red.

Establecimiento de los estándares del sector

Las siguientes organizaciones son las responsables de definir, aprobar y publicar los estándares del sector:

⊕ **Unión internacional de telecomunicaciones (ITU).** Los gobiernos y el sector privado coordinan las redes y servicios globales de telecomunicaciones por medio de la ITU, cuya sede se encuentra en Ginebra (Suiza). Esta organización internacional coordina, desarrolla, regula y estandariza las telecomunicaciones mundiales y organiza eventos regionales y mundiales. Si desea obtener más información acerca de la ITU, visite el nodo *http://www.itu.ch/.*

- 🌐 **Grupo de ingeniería de Internet (IETF).** La IETF es la rama de ingeniería y desarrollo de protocolos de Internet. Esta organización es una comunidad internacional, muy amplia y abierta, de diseñadores, operadores, fabricantes e investigadores de redes centrados en la evolución de la arquitectura de Internet, así como de su funcionamiento satisfactorio. Si desea obtener más información acerca de IETF, visite el nodo *http://www.ietf.org/.*

- 🌐 **Consorcio internacional de teleconferencias multimedia (IMTC).** El IMTC es una empresa sin ánimo de lucro, fundada para promover la creación y adopción de estándares internacionales de teleconferencia de documentos y vídeo multipunto. El IMTC, y sus miembros, promueven una iniciativa de tipo «primero los estándares» para garantizar la interoperabilidad en todos los aspectos de la teleconferencia multimedia. Si desea obtener más información acerca de IMTC, visite el nodo *http://www.imtc.org/.*

KIT DE RECURSOS DE MICROSOFT NETMEETING 2.0

El *Kit de recursos de Microsoft NetMeeting 2.0* es una referencia única para obtener información técnica. Escrito para los administradores de sistemas, empresas y proveedores de soluciones, este kit de recursos proporciona información útil para implantar, dar asistencia y comprender mejor NetMeeting 2.0. Incluye capítulos acerca de la arquitectura de NetMeeting, los estándares internaciones que cumple y la interoperación de NetMeeting con otros productos y servicios basados en estándares. Para obtener el *Kit de recursos de Microsoft NetMeeting 2.0*, visite el nodo:

http://www.microsoft.com/netmeeting/reskit/

6

Reproducción multimedia con NetShow 2.0

MICROSOFT NETSHOW 2.0 revitaliza Internet y las intranets, ya que permite ver y escuchar emisiones en directo o grabadas en el PC sin tener que esperar lentas cargas de archivos o sufrir cortes debidos al bajo rendimiento de la red. Además, la red queda protegida frente a la importante degradación de rendimiento asociada con las emisiones multimedia. El software multimedia en red NetShow 2.0, junto con Microsoft Windows NT Server y la ayuda de la integración con Internet Information Server (IIS), se combinan para poner en su escritorio interesantes experiencias multimedia. NetShow, con su tecnología puntera de multiemisión y canales de información bajo demanda, es un software cliente/servidor que también potencia a Microsoft Internet Explorer 4.0 para hacer emisiones.

NetShow se adapta a los distintos tipos de usuarios, desde simples exploradores de la red hasta profesionales de ella, pequeños negocios y organizaciones, personas que trabajan en empresas grandes, usuarios domésticos y Proveedores de servicios de Internet, para crear excitantes experiencias multimedia a las que puede acceder con Microsoft Internet Explorer, Netscape Navigator 3.0 y muchos otros visualizadores Web.

Nota. NetShow complementa a Microsoft NetMeeting (descrito en el capítulo anterior), y juntos forman el sistema de emisión/recepción esencial de Internet Explorer 4.0 para la comunicación multimedia. NetShow envía eficientemente la información de un origen a varios nodos de Internet o una intranet y NetMeeting permite establecer sesiones interactivas personales o de grupo.

CARACTERÍSTICAS Y VENTAJAS DE NETSHOW 2.0

NetShow 2.0, con su fuerte integración en Internet Explorer 4.0, Windows NT y Microsoft Internet Information Server y su construcción basada en estándares abiertos e internacionales, proporciona un conjunto de características y ventajas para los desarrolladores, profesionales Web, administradores de redes y otros usuarios.

NetShow 1.0 ofrecía servicios básicos de sonido y vídeo, permitía la emisión de información en directo y bajo demanda y proporcionaba las interfaces esenciales para que los fabricantes de los códec, de herramientas y los administradores Web pudieran construir software de valor añadido para NetShow 1.0. NetShow 2.0 amplía las características de NetShow 1.0 con un sistema abierto basado en estándares que puede utilizarse para producir emisiones de sonido y vídeo. En resumen, NetShow 2.0 integra funciones de emisión multimedia en el escritorio. De esta manera, se puede disfrutar de información interactiva con sonido, sonido ilustrado (imágenes sincronizadas con una pista de sonido) y vídeo bajo demanda, junto con emisiones múltiples IP con sonido y vídeo y transferencia de archivos en directo. NetShow 2.0 incluye los componentes cliente y servidor necesarios para agregar las funciones tradicionales de los sistemas de emisión (sonido y vídeo) a HTTP. También aprovecha varias de las tecnologías de Internet y la potencia de Windows NT Server para transformar las comunicaciones Web en un medio más rico y eficaz: un espectáculo por la red.

Características principales de NetShow 2.0

- 🌐 **Componente cliente diseñado para Internet Explorer 4.0.** El cliente NetShow es un control ActiveX incluido con Internet Explorer 4.0 que recibe informaciones multimedia y permite reproducirlas sin tener que esperar durante mucho tiempo a que se transfieran los archivos asociados. Puesto que NetShow es un control ActiveX, puede utilizarse para mejorar aplicaciones con sonido y vídeo con las mismas herramientas de desarrollo utilizadas para crear aplicaciones HTML. Los familiares clientes HTML facilitan el aprendizaje.

- 🌐 **Integración con Internet Information Server (IIS) 3.0.** NetShow se administra con Windows NT Server y las utilidades estándar de administración IIS. La integración con IIS 3.0 facilita la utilización de NetShow en la construcción de aplicaciones Web basadas en servidor y en la creación de informaciones ricas en contenido y dinámicas.

- 🌐 **Metáfora de emisión de TV para publicar y recibir información.** NetShow permite al emisor organizar la información en canales y programas, igual que en la televisión. En el lado cliente, la Guía de programas de Microsoft NetShow proporciona una intuitiva interfaz para que las personas que navegan por Web puedan encontrar los canales y programas emitidos desde un nodo específico, de la misma manera que lo hace una guía electrónica de programas.

🌐 **Sonido directo por difusión múltiple.** Al permitir a muchos usuarios sintonizar una única transmisión por difusión múltiple, los administradores de red pueden reducir drásticamente la carga de la red, que se generaría en caso contrario cuando varios usuarios estuvieran escuchando eventos en directo.

🌐 **Archivos por difusión múltiple.** La transferencia de archivos por difusión múltiple proporciona otro avance por el cual los administradores de red pueden reducir el consumo de ancho de banda cuando tienen que distribuirse grandes cantidades de datos simultáneamente a varios usuarios. Puede utilizarse la transferencia de archivos por difusión múltiple para cambiar dinámicamente los archivos de los nodos Web, de manera que presenten información variada.

🌐 **Herramientas integradas de fácil uso.** NetShow incorpora herramientas de iniciación muy sencillas que permiten a los creadores de información preparar muchos de los formatos populares para la emisión, como por ejemplo sonido ilustrado. Para generar sonido ilustrado pueden utilizarse archivos con formatos WAV, AVI, QuickTime, Microsoft PowerPoint, JPEG, GIF, PNG y URL. También pueden combinarse varias herramientas multimedia para preparar la información que va a emitirse.

🌐 **Sonido ilustrado sincronizado.** Al contrario que muchos otros productos de generación de sonido y vídeo, NetShow permite generar sofisticadas producciones en las que gráficos, transparencias, fotografías y URL pueden sincronizarse con el canal de sonido.

🌐 **Basado en estándares.** NetShow está basado en los estándares de Internet, entre los que se encuentran multidifusión IP y RTP (Protocolo de transporte fiable). Como consecuencia, los usuarios de NetShow pueden distribuir sonido por difusión múltiple a aplicaciones compatibles con MBONE y pueden escuchar difusiones MBONE (compatibles VAT en el cliente y servidor). NetShow también tiene una arquitectura cliente/servidor abierta y nuevos códec basados en estándares (MPEG 2 Layer-3 y MPEG 4) para realizar la emisión de sonido y vídeo con mayor calidad a través de todas las conexiones, desde las conexiones telefónicas hasta las de banda ancha.

🌐 **Independencia entre los códec y la red.** Los proveedores de información pueden seleccionar el mejor esquema de compresión (códec) para cada tipo de aplicación y tipo de información. NetShow incluye una amplia variedad de códec Windows ACM y VCM. También puede incluir sus propios esquemas de compresión, para que seleccione el mejor en cada caso, según el tipo de aplicación y ancho de banda de la red.

Algunas de estas características se describen con más detalle en este capítulo y en diversos contextos de utilización. Si desea consultar la lista de las nuevas características de NetShow que se incluirán en Windows 98, consulte el apartado «Nuevas características de NetShow 2.0», más adelante en este capítulo.

Ventajas principales de NetShow 2.0

🌐 **Inicio sencillo.** El software cliente se carga automáticamente desde una página Web sin que el usuario tenga que intervenir, por lo que la instalación es casi inmediata. Con el cliente se incluyen páginas Web de ejemplo que facilitan la toma de contacto inicial. El servidor de sonido por difusión múltiple (sólo sonido) permite evaluar las prestaciones de la difusión múltiple, sin poner en peligro el funcionamiento de la red. Además, se puede enviar sonido a todos los clientes utilizando el mismo ancho de banda utilizado normalmente para un único cliente.

🌐 **Fácil de usar.** La administración y utilización de NetShow es muy sencilla. Los servicios son fáciles de configurar, supervisar y administrar con las utilidades estándar de Windows NT Server. El servidor NetShow está fuertemente integrado con la tecnología del servidor HTTP de Microsoft incluida en Windows NT IIS 3.0. NetShow incorpora componentes de servidor para Windows NT Server, software cliente para Microsoft Windows 95, Windows 98 y Windows NT, junto con sencillas herramientas de generación de contenidos y utilidades de administración.

🌐 **Soporte para el mercado.** Las interfaces de programación de NetShow y los controles ActiveX proporcionan una plataforma para el desarrollo de aplicaciones, herramientas y contenidos. Las empresas más avanzadas de hardware y software ofrecen componentes de sistemas, herramientas y servicios construidos sobre la plataforma NetShow. Si desea obtener más información acerca de estas empresas y sus notas de prensa, visite el siguiente nodo Web:

http://www.microsoft.com/netshow/

🌐 **Gratis para un número de usuarios ilimitado.** Microsoft no limita el número de usuarios NetShow simultáneos en el servidor por medio de licencias.

🌐 **Escalabilidad.** NetShow responde eficientemente a las peticiones de servicio y mantiene un alto rendimiento incluso en escenarios fuertemente cargados. La multidifusión IP permite transmitir datos a un alto número de usuarios, escalable a medida que se incrementa el ancho de banda.

🌐 **Soporte para múltiples tasas binarias.** La información puede enviarse con cualquier tasa binaria de destino, como 14,4 Kbps, 28,8 Kbps, etc.

🌐 **Reducción y corrección de errores.** NetShow utiliza reducción y corrección de errores para asegurar una emisión de sonido, sonido ilustrado y vídeo de alta calidad.

🌐 **Reducción del tráfico de red.** NetShow utiliza multidifusión IP para distribuir información idéntica a muchos usuarios simultáneamente, al contrario que el TCP/IP normal, donde aunque es posible enviar la misma información a múltiples clientes, el emisor debe enviar una copia diferente a cada usuario. Microsoft, junto con sus socios de NetShow, permite desarrollar esta tecnología de forma segura y controlada.

🌐 **Recepción rápida de información multimedia.** Cuando se accede a información multimedia por red, normalmente es necesario esperar a que se transfiera totalmente un archivo antes de utilizar la información. Los canales de información permiten ver o escuchar la información según llega. NetShow es una plataforma abierta que permite disponer de canales de alto rendimiento bajo severas condiciones de red.

NUEVAS CARACTERÍSTICAS DE NETSHOW 2.0

Durante el proceso de desarrollo de las versiones beta y antes de la versión final, se irán incorporando las nuevas características de NetShow 2.0. Entre éstas se incluyen emisiones en directo y mejoras en las siguientes áreas: distribución de la infraestructura de emisiones, administración de las emisiones, calidad de la información e interacción con el usuario.

Emisiones en directo

NetShow 2.0 permite emitir en directo información con sonido, vídeo y sonido ilustrado, codificados en tiempo real. Esto supone una importante mejora con respecto a NetShow 1.0, que sólo permitía la emisión de sonido sobre redes con difusión múltiple, lo que limitaba la emisión de sucesos en directo. NetShow 2.0 también permite emitir información en directo, así como bajo demanda, por cualquier tipo de red, independientemente de las técnicas de transmisión y los transportes de red utilizados. Esto significa que los usuarios de NetShow pueden emitir informaciones en directo y bajo demanda mediante técnicas de emisión única o difusión múltiple, dependiendo de sus necesidades y la infraestructura de red disponible. Para facilitar aún más la emisión, NetShow puede cambiar de modo de emisión por difusión múltiple a emisión única para adaptarse a las redes que no permiten este tipo de difusión o a otras necesidades de la emisión.

Distribución de la infraestructura de emisión

La emisión de sonido y vídeo por Web en producción requiere un servidor que pueda acomodar hasta miles de canales para permitir una comunicación total de tipo uno a varios. NetShow 2.0 permite utilizar más de una única computadora. Mientras que NetShow 1.0 debía tener todos sus componentes instalados en un único Windows NT Server 4.0, ahora NetShow 2.0 divide el sistema en varios componentes que pueden instalarse en distintos servidores Windows NT Server 4.0. Esta característica mejora el número de canales que pueden emitirse y optimiza la infraestructura del servidor necesaria para distribuir la información a los clientes. Con el DNS de Windows NT Server es posible crear un grupo de servidores NetShow configurados para enviar información a un mayor número de clientes. Por ejemplo, cuando se emite un suceso en directo, la codificación en tiempo real debe realizarse en el lugar desde donde se emite, un servidor NetShow optimizado para la codificación, mientras que la información codificada se transmite simultáneamente a un grupo de servidores NetShow que pueden emitir el contenido a sus respectivos clientes.

Mejora de la administración de las emisiones

La administración de NetShow 2.0 se realiza por medio de una intuitiva interfaz basada en Web que permite la administración local y remota. Ahora, los administradores pueden controlar las instalaciones de los servidores y realizar cambios en su configuración sin tener que acceder físicamente a cada uno de ellos. Los administradores de red pueden fijar la tasa de transferencia máxima por archivo y por servidor para controlar la utilización del ancho de banda de la red y supervisar el estado de todos los servicios principales de los servidores NetShow. El rendimiento del servidor y los eventos producidos pueden supervisarse por medio de la integración con la administración de Windows NT Server. Además, NetShow 2.0 permite la configuración y planificación de canales de información para su posterior emisión y admite la generación de anuncios básicos para informar a los usuarios de las próximas sesiones (o de las sesiones en curso). Esta nueva funcionalidad permite organizar la información de sonido y vídeo en canales independientes, cada uno de ellos programado para emitirse en un momento determinado. Esto abre un amplio abanico de posibilidades para realizar emisiones Web similares a las que realizan actualmente las emisoras de radio y televisión.

Mejora de la calidad de la información

No sería posible enviar información multimedia por la red si en los últimos cinco años no se hubiera producido este espectacular progreso en algoritmos de compresión y su implementación. La compresión reduce el espacio de almacenamiento y el ancho de banda necesario para el sonido, imágenes y vídeo, a la vez que se mejora la calidad de su reproducción. NetShow 2.0 genera sonido con calidad de emisora de radio FM con importantes mejoras sobre NetShow 1.0 e incluye un códec de sonido del instituto Fraunhofer de circuitos integrados (*Institut Integrierte Schaltungen*) que ofrece sonido mono y estéreo a 28,8 Kbps, y una calidad parecida a la de un disco compacto cuando se transmite por RDSI, ADSL (línea de abonado digital asimétrica), cables de módem y redes de área local (LAN). Esto permite elegir entre múltiples opciones a medida que se incrementa el ancho de banda. Para vídeo, NetShow 2.0 proporciona la primera implementación del nuevo estándar de vídeo más avanzado, MPEG-4. Microsoft, trabajando estrechamente con el comité de estandarización de MPEG-4, ha implementado en NetShow 2.0 uno de los primeros códec basados en este estándar. A 28,8 Kbps, este códec produce calidad de vídeo comercial, que resulta más asombrosa todavía a medida que se incrementa el ancho de banda de la red. Con estos nuevos códec de sonido y vídeo, NetShow es la plataforma más completa para emitir información con alta calidad a través de una amplio abanico de redes.

Mejora de la interacción del usuario con las emisiones por Internet e intranets corporativas

NetShow permite que Internet Explorer reciba un nuevo e innovador tipo de información interactiva y pueda establecer comunicaciones de uno a varios. Puesto que el cliente de NetShow 2.0 forma parte integral de Internet Explorer 4.0, los usuarios pueden ver emisiones NetShow con facilidad. Esta funcionalidad proporciona soluciones completas de comunicación y trabajo en equipo por Internet e intranets corporativas a Internet Explorer.

LA TECNOLOGÍA DE NETSHOW

La información de NetShow se recibe por medio de controles ActiveX. Las presentaciones de NetShow se crean y emiten con HTML. Es posible mejorar la interactividad de las páginas Web si se utiliza Internet Explorer 4.0 y HTML dinámico. Con NetShow pueden combinarse vídeo, imágenes, TrueSpeech (un formato de sonido de alta calidad), intercambio de URL y cualquier documento de Microsoft Office (especialmente, transparencias Microsoft PowerPoint) para realizar presentaciones de entretenimiento, informativas y educativas.

En los siguientes apartados se describen algunas de las características técnicas más importantes de NetShow.

Canales de información

Los canales permiten ver y escuchar la información a medida que se recibe. Al contrario que otros productos de este tipo, NetShow permite a los desarrolladores de información generar producciones en las que sonido, gráficos, vídeo, URL y mandatos de scripts puedan sincronizarse con una base de tiempos. La mayoría de la información de sonido y vídeo almacenada actualmente en las intranets y nodos de Internet sólo puede utilizarse por transferencia. Esto significa que la información multimedia debe copiarse en el PC local del usuario antes de que pueda reproducirse. Los canales representan un importante avance con respecto al enfoque «transferencia y reproducción» para la distribución de archivos multimedia, ya que permite el envío de un flujo continuo de datos al cliente con un tiempo de espera mínimo antes de iniciarse la reproducción. Cuando llega la información, se almacena brevemente en un búfer, se reproduce y se elimina. En realidad, nunca llega a almacenarse en la computadora del usuario. NetShow utiliza canales para el sonido, vídeo y sonido ilustrado (que, como ya se ha indicado, combina sonido con secuencias de imágenes). De esta manera, los usuarios de NetShow disfrutan de la reproducción instantánea y no sufren, por tanto, la frustración de tener que esperar a que se transfiera toda la información para determinar si es realmente la que necesitan o la que les interesa.

Emisión única y difusión múltiple

La información de un canal de sonido o vídeo puede enviarse por una red mediante dos técnicas: emisión única y difusión múltiple. Cuando se hace con emisión única, los datos se envían independientemente a cada uno de los usuarios que los solicitan. La emisión por difusión múltiple envía una única copia de los datos a todos los usuarios que la solicitan. La difusión múltiple permite efectuar una distribución más controlada a los destinatarios que la difusión «de uno a todos» (en la que todo aquel conectado a una red es un destinatario), a la vez que se evita el incremento de tráfico que supone enviar el mismo mensaje a cada uno de los destinatarios de forma independiente. NetShow combina lo mejor de cada una de estas técnicas de emisión, lo que permite a los administradores de red seleccionar el tipo de emisión que mejor se adapta a sus aplicaciones y necesidades.

Fuerte integración con Windows NT Server e IIS

NetShow y sus servicios de emisión están estrechamente integrados con Microsoft NT Server, constituyendo una plataforma eficiente, fiable, escalable y segura para emitir sonido, sonido ilustrado y vídeo por Internet e intranets corporativas. NetShow utiliza todas las características de administración de Windows NT Server, como la consola de administración gráfica, supervisión de rendimiento, el directorio integrado, el modelo de seguridad y el Visor de sucesos, que registra la información de ejecución del programa. NetShow también admite en su totalidad la conectividad de Windows NT, como son los entornos de red IP, IPX, 14,4/28,8 POTS, RDSI, Ethernet y otros. Al compartir la misma interfaz de usuario, API, servicios y herramientas, se asegura que ni los usuarios ni los profesionales de las computadoras van a tener que aprender nuevas interfaces o herramientas. Una solución integrada con Windows NT Server ofrece una administración más sencilla, mejor conectividad y menores costes de mantenimiento, y puesto que NetShow y Microsoft Internet Information Server se han diseñado para trabajar juntos, se combinan para ofrecer un sistema completo, bien probado y de altas prestaciones para la emisión de información multimedia.

Fuerte integración con Internet Explorer

NetShow integra las funciones de emisión en Internet Explorer 4.0, para que pueda recibir un nuevo e innovador tipo de información interactiva. Como ya se ha indicado, el cliente NetShow 2.0 forma parte integral de Internet Explorer 4.0, lo que amplía su capacidad para realizar comunicaciones «de uno a varios».

NetShow permite sincronizar los canales de sonido y vídeo con otros elementos de las páginas Web, como los URL, para incrementar el impacto de la información. El cliente NetShow puede reenviar las direcciones URL recibidas a Internet Explorer 4.0, lo que permite mostrar una nueva página Web en la ventana del visualizador o en uno de los marcos de la página actual. También pueden crearse puntos sensibles en las imágenes y el vídeo. Aunque los enlaces y mapas de imagen son un concepto básico en las páginas Web, están limitados a texto o zonas de imágenes estáticas. NetShow mejora los enlaces de hipertexto y los mapas de imagen asociando las interacciones del usuario con zonas definidas de imágenes cambiantes e incluso de vídeo. Además, pueden combinarse scripts Microsoft Visual Basic y Java con la información de NetShow para mejorar la emisión con una multitud de funciones Visual Basic o Java. La recuperación de datos en directo facilita el desarrollo de programas especializados y mejora la experiencia del usuario al disponer de un nuevo tipo de información interactiva.

Sistema abierto basado en estándares

El sonido y el vídeo van a formar parte integrante de las aplicaciones de Internet. Por ello, se ha comenzado a desarrollar una creciente actividad para establecer estándares sobre la emisión de sonido y vídeo, como transportes y protocolos, para la emisión de informaciones interactivas a través de redes IP.

NetShow admite una amplia variedad de protocolos de transporte de red, como UDP/IP, TCP/IP, HTTP, RTP y difusión múltiple IP. Estos estándares facilitan la integración con las tecnologías de red de bajo nivel, lo que representa una mejora de rendimiento en la emisión de información multimedia. Además, los clientes situados detrás de cortafuegos (*firewalls*) pueden recibir la información de NetShow sin comprometer la seguridad de la red. El software cliente selecciona automáticamente las opciones adecuadas de instalación y establece el protocolo que debe utilizar el servidor, por lo que los administradores de sistemas ya no tienen que hacerlo manualmente.

Servidor robusto y eficaz para emisiones con mucha carga

NetShow Server 2.0 está diseñado para realizar emisiones con mucha carga. Desde sus orígenes, ha sido concebido como un servicio nativo de Windows NT para aprovechar su robusta arquitectura multiproceso. El servidor de NetShow también funciona con una encomiable eficiencia. Por ejemplo, la información que se envía al cliente como un flujo continuo de pequeñas porciones de datos, la lee el servidor en porciones grandes y contiguas que se almacenan en un búfer de memoria que ahorra recursos de procesador y disco.

Gran escalabilidad

Puesto que NetShow ha sido diseñado específicamente para Windows NT Server, está completamente optimizado para aprovechar su gran escalabilidad, de manera que pueda iniciarse una implantación a pequeña escala y actualizarla con facilidad a sistemas de mayor rendimiento. NetShow se adapta a los esquemas de crecimiento de una empresa y puede funcionar en sistemas multiprocesador de alto rendimiento con muchos gigabytes de memoria y terabytes de almacenamiento, a la vez que aprovecha la capacidad de Windows NT Server para ejecutarse en procesadores punteros como los Pentium y Pentium Pro de Intel y el Alpha de DEC.

Las pruebas internas realizadas en Microsoft han demostrado que un servidor NetShow puede manejar más de mil canales de datos a 28,8 Kbps en una máquina con un único procesador Pentium Pro y 64 Mb de RAM, sin producir impacto alguno en la calidad de la información y de los servicios ofrecidos a los clientes. Además, la escalabilidad de NetShow permite obtener un rendimiento asombroso con tasas binarias superiores. Por ejemplo, las pruebas internas demuestran que NetShow es capaz de manejar más de cien canales con información a 1,5 Mbps, lo que permite realizar instalaciones a gran escala con ADSL, cables de módem y LAN corporativa.

Soporte de múltiples anchos de banda de red

NetShow admite múltiples anchos de banda de red. A medida que se incrementa el ancho de banda, NetShow puede ofrecer la información a mayores tasas binarias, desde sonido optimizado y comprimido para conexiones telefónicas a 14,4 Kbps hasta las emisiones de vídeo a 6 Mbps. La información con sonido ilustrado también necesita que el envío de información esté optimizado y que se utilice eficientemente el ancho de banda de la red. El sonido ilustrado permite compartir ideas e información en redes de banda estrecha. El concepto de sonido ilustrado es muy parecido al de una presentación con transparencias, donde el sonido está sincronizado con algunas imágenes específicas (como transparencias de PowerPoint) para crear presentaciones multimedia interactivas, interesantes y eficaces. Cuando se trabaja con material de vídeo, puede utilizarse sonido ilustrado para seleccionar los cuadros principales que se desean mostrar y agregar una pista de sonido, de forma que se eviten los problemas de cuadros perdidos que suelen producirse con sistemas de exploración lenta o de velocidad de cuadro reducidos. A medida que se incrementa el ancho de banda, es posible incrementar la velocidad de cuadro, el tamaño de las imágenes y la calidad de cada una de ellas. Este compromiso entre el ancho de banda de red disponible y la calidad y el rendimiento determina cómo debe crearse la información con sonido ilustrado.

División para la distribución

NetShow 2.0 permite dividir el servidor en varios componentes que pueden instalarse en distintas plataformas Windows NT Server. Esta característica permite emitir un mayor número de canales y proporcionar servicios a un número de clientes inabarcable en caso contrario, y optimiza la infraestructura del servidor utilizado para distribuir el contenido a los clientes. Esta optimización permite instalar un grupo de servidores NetShow distribuidos geográficamente para enviar la información a los clientes, de manera que aunque sean menos potentes resultan más baratos que un menor número de plataformas más potentes pero mucho más costosas.

Administración basada en Web

La administración de NetShow se realiza por medio de una interfaz intuitiva basada en Web, que admite la administración local y remota. De esta manera, los administradores pueden realizar instalaciones de servidores y cambios en su configuración, sin tener que acceder físicamente a cada uno de ellos. Los administradores pueden fijar también la tasa máxima por archivo y servidor, para controlar la utilización del ancho de banda de red. La administración de NetShow funciona en los sistemas operativos Windows NT y Windows 95.

NetShow se ha diseñado para utilizar las características de administración de Windows NT Server 4.0, como el Visor de sucesos y el Monitor del sistema, donde puede consultarse el número de canales que salen del servidor, el porcentaje de CPU que requieren los servicios de NetShow en ejecución y otros datos relativos al rendimiento. Esta es otra de las ventajas de encontrarse integrado con herramientas que los usuarios ya conocen. Además, se incluyen herramientas específicas para administrar la información multimedia.

La información puede almacenarse en el disco duro, de manera que puedan crearse directorios virtuales cuando se publica en un servidor Web. Esto es de especial utilidad cuando se añade y elimina información con una frecuencia diaria o inferior. Como ya se ha indicado, es posible limitar la tasa binaria de un servidor o el ancho de banda disponible para la emisión de algunos tipos de archivos. Estas son funciones que realmente necesitan los administradores de red de una empresa antes de poner en marcha en sus intranets un servidor de este tipo.

Facilidades para la emisión y planificación de emisiones

NetShow 2.0 abre un nuevo conjunto de posibilidades para realizar emisiones basadas en Web similares a las que realizan actualmente las emisoras de TV. NetShow 2.0 permite configurar y planificar la información para su posterior emisión, y generar anuncios para los usuarios, de manera que éstos sepan cuáles van a ser las siguientes sesiones y las que están en curso. El mecanismo de planificación de información está basado en la metáfora de canales que los usuarios ya conocen. El sistema está diseñado de manera que los servidores pueden albergar varios canales. Por analogía, una empresa de distribución de televisión por cable gestiona múltiples canales, entre los cuales pueden encontrarse la CNN, NBC y otras, organizadas de forma numérica para facilitar la selección de los distintos canales de TV. En este ejemplo, la CNN podría ser el canal 3, NBC el canal 5, etc. Cada canal emite sus programas de acuerdo con un horario. Por ejemplo, a las 22:00 las noticias, a las 23:00 una película, etc. Esta organización permite a los usuarios encontrar sus programas favoritos fácilmente, ya que saben cuándo y dónde encontrarlos. Siguiendo este mismo paradigma, NetShow 2.0 permite organizar la información de sonido y vídeo en canales independientes, cada uno de los cuales tiene una programación horaria, además de los anuncios que indican las sesiones actuales y futuras.

Variedad de herramientas de compresión de sonido y vídeo

NetShow 2.0 proporciona una amplia gama de modelos de compresión de sonido y vídeo para satisfacer las necesidades de los distintos tipos de contenidos con diferentes anchos de banda y tasas binarias. La satisfacción del usuario con la experiencia por red depende en gran medida de la tecnología de compresión. NetShow incluye más de 10 códec de sonido y vídeo para satisfacer a la mayoría de los proveedores de información. Además, también puede utilizarse cualquier Módulo de compresión de sonido (ACM) o de vídeo (VCM), lo que proporciona una mayor flexibilidad para la compresión de la información. A continuación se muestra una lista no completa de los códec admitidos en NetShow 2.0.

Vídeo H.263

H.263 es un estándar de videotelefonía desarrollado por la Unión internacional de telecomunicaciones (ITU), diseñado para enviar vídeo a través de conexiones de red con vídeo de baja tasa binaria (28,8 Kbps).

Sonido G.723.1

G.723.1 es un estándar de sonido desarrollado por la ITU para telefonía a través de líneas telefónicas a 5,3 o 6,3 Kbps con tasa de muestreo de 8 KHz, que produce un resultado parecido al códec TrueSpeech ya incluido en NetShow 1.0. Sus características principales son una baja complejidad, baja latencia, bajo ancho de banda y soporte para estándares.

Sonido MPEG Layer-3 de Fraunhofer

El códec MPEG Layer-3, estándar de la ISO, desarrollado por el Instituto Fraunhofer de circuitos integrados (IIS), es de propósito general, de manera que es capaz de cubrir un amplio campo de aplicaciones. Este códec proporciona la mejor calidad de sonido de todos los incluidos en NetShow 2.0.

Vídeo MPEG-4

Este códec es una implementación limitada del estándar de vídeo MPEG-4, en desarrollo actualmente por el comité de estandarización MPEG. Este códec de vídeo proporciona calidad de vídeo comercial a 28,8 Kbps y una calidad sorprendente a medida que aumenta el ancho de banda de la red.

Cambio de protocolo inteligente

La amplia gama de protocolos de transporte de red que admite NetShow permite a los proveedores de información elegir el protocolo más eficaz dependiendo del escenario de la aplicación y la infraestructura de red disponible. NetShow envía la información mediante difusión múltiple, UDP/IP, TCP/IP, RTP y HTTP, lo que cubre la mayoría de los escenarios posibles. Además, NetShow está optimizado para reducir las pérdidas de información durante la emisión debidas a cambios u obstáculos en la infraestructura de red. Por ejemplo, NetShow aprovecha las ventajas de la difusión múltiple IP en las redes que admiten difusión múltiple, pero, en caso de que sea necesario, es capaz de pasar al modo UDP/IP de emisión única, al TCP/IP de emisión única y finalmente cambiar a protocolo HTTP si no puede enviarse UDP/IP de emisión única.

Esta potente característica permite a los proveedores de información utilizar NetShow para emitir información con técnicas de emisión única o múltiple sin tener que preocuparse de la naturaleza de la infraestructura de red disponible. NetShow automáticamente cambia de modo de difusión múltiple a emisión única y de UDP/IP a TCP/IP o HTTP para asegurar el envío de la información. Esta característica también permite enviar la información a través de cortafuegos, de manera que los usuarios de una empresa puedan acceder a las informaciones de NetShow tan fácilmente como los demás usuarios.

Soporte para cortafuegos

NetShow admite un gran número de productos cortafuegos, entre los que se encuentran los de Ascend Communications, Check Point Software Technologies, CYCON Technologies, LanOptics, Microsoft Proxy Server, Milkyway Networks, Technologic y Trusted Information Systems. El número de cortafuegos admitidos se incrementará periódicamente a medida que vayan apareciendo nuevos productos y empresas.

Clientes en distintas plataformas

La disponibilidad de clientes en distintas plataformas es uno de los requisitos principales que exigen los clientes de NetShow. NetShow 2.0 proporciona clientes para los sistemas operativos Windows 95 y Windows NT, y ha sido mejorado para facilitar la portabilidad entre plataformas. Después del lanzamiento inicial de NetShow 2.0, está previsto hacer clientes para Microsoft Windows 3.1, Macintosh y UNIX.

Amplias posibilidades de programación

El control ActiveX del cliente de NetShow proporciona un conjunto extraordinariamente rico de API de cliente, de manera que puedan crearse un amplio conjunto de aplicaciones para la emisión de información. Los administradores Web, integradores de sistemas y desarrolladores pueden utilizar la funcionalidad del control ActiveX, rápida y fácilmente, para crear soluciones de negocio personalizadas con una gran cantidad de herramientas de programación visual.

Contenidos impactantes

Las funciones de tiempo real de NetShow son fáciles de configurar y administrar, y permiten emitir sonido y vídeo en tiempo real. NetShow incluye una completa documentación que facilita la creación y emisión por Web de la mejor información posible.

Algunas de las firmas punteras en multimedia, como Macromedia, Vivo Software, VDOnet, Sonic Foundry, Xing Technology y Vxtreme están desarrollando o vendiendo productos de valor añadido con NetShow, lo que proporciona a los clientes una gran variedad de herramientas y codificadores para la creación de contenidos.

COMPONENTES DE LA ARQUITECTURA DE NETSHOW

NetShow es una plataforma completa y fuertemente integrada, formada por el cliente y el servidor de NetShow y las herramientas de producción y creación de la información.

El servidor NetShow

El servidor NetShow está formado por un conjunto de servicios para Windows NT Server 4.0 que permiten hacer emisiones únicas y difusiones múltiples de sonido, vídeo y archivos a las computadoras cliente. El servidor puede enviar información en directo y bajo demanda. Para emitir información en tiempo real, el servidor utiliza el Codificador de tiempo real de NetShow, que comprime sonido y/o vídeo en tiempo real y lo entrega al servidor NetShow para su envío por la red. Las emisiones de información bajo demanda requieren que ésta se encuentre previamente almacenada en un disco duro para que el servidor NetShow pueda enviarla por la red.

El servidor NetShow está fuertemente integrado con Windows NT Server, creando así una plataforma eficiente, fiable, escalable y segura para enviar sonido, sonido ilustrado y vídeo por Internet e intranets corporativas.

El cliente NetShow

El reproductor cliente permite a las personas que navegan por Internet reproducir sonido, sonido ilustrado y archivos de vídeo con movimiento completo. Basta con activar uno de los enlaces de una página para que el reproductor se inicie automáticamente y comience a reproducir el archivo indicado. En unos pocos segundos, se inicia la reproducción de la información sin esperar a recibirla en su totalidad. El reproductor tiene las mismas funciones que un videograbador doméstico, por lo que permite parar, detener y reiniciar la reproducción, para controlar el flujo de información según sus necesidades.

El cliente NetShow está basado en un control ActiveX, con una interfaz de programación muy fácil de usar que permite gestionar la reproducción de la información. La integración de NetShow OCX con Internet Explorer 4.0 hace que la reproducción de la información sea una experiencia mucho más excitante para el usuario.

Producción de la información con NetShow

Uno de los componentes principales de la arquitectura de NetShow es el Formato de canales activos (ASF), un formato de archivo estándar y abierto que prepara la información multimedia para su distribución por un canal. Aunque no es un sustituto de otros tipos de datos como WAV, AVI, QuickTime o MPEG, ASF añade corrección de errores y otras funciones necesarias para la distribución por canales. ASF también permite sincronizar los distintos tipos de datos con una base de tiempos común, de manera que, por ejemplo, puedan sincronizarse imágenes JPEG, mapas de bits o archivos WAV para crear sonido ilustrado.

ASF es un importante componente de la estrategia de creación de información con NetShow, puesto que, antes de enviarse por la red, el contenido debe convertirse a ASF. NetShow acepta información en tiempo real (en directo) y bajo demanda (en diferido).

🌐 **Producción para informaciones bajo demanda.** NetShow proporciona herramientas básicas de generación ASF para convertir archivos AVI y QuickTime en archivos ASF o WAV. También se incluye un editor llamado WinASF con una interfaz de usuario muy sencilla, que conecta archivos WAV con otros objetos. Actualmente se está realizando un esfuerzo para que otros fabricantes utilicen en sus productos las características ASF de forma nativa.

🌐 **Codificación de información en directo.** NetShow proporciona un juego de herramientas para codificar y producir informaciones multimedia en directo. Estas herramientas permiten codificar el sonido y el vídeo según se produce, y mezclarlos dinámicamente con otras fuentes como sonido, vídeo, texto, direcciones URL y mandatos script. Puesto que estas herramientas se utilizan para indicar cuándo y qué fuentes deben inyectarse en directo por un canal, se encargan de sincronizar, comprimir, incluir la información de corrección de errores y transmitir los datos por la red.

NETSHOW EN FUNCIONAMIENTO

La próxima generación de aplicaciones de Internet admitirá sonido y vídeo. NetShow proporciona una plataforma completa para integrar vídeo en aplicaciones tales como educación interactiva, presentaciones en el puesto de trabajo, asistencia a clientes, servicios de noticias por vídeo, promociones en Internet y soporte a ventas.

Aunque las posibilidades de NetShow son ilimitadas, hay dos áreas que destacan entre las demás:

🌐 Las empresas pueden utilizar NetShow para vender productos y comunicar ideas, mediante presentaciones y visitas organizadas con vídeo u otros elementos multimedia. NetShow puede mejorar la imagen de los productos de una empresa de cara a potenciales clientes.

🌐 NetShow es una gran herramienta para la educación y formación, lo que permite a las empresas crear cursos fácilmente accesibles con sonido, imágenes y vídeo.

Entretenimiento e información

Todo lo multimedia ha sido siempre utilizado para entretener, y por ello, NetShow ayuda a los desarrolladores y creadores de información a ofrecer este servicio en Internet. El entretenimiento basado en Web permite a los usuarios sintonizar emisoras de radio y de televisión. Puesto que el sonido y el vídeo incrementan el interés, muchas personas visitarán los nodos que más información de este tipo contengan. Las empresas que ya ofrecen entretenimiento por Web pueden utilizar NetShow para añadir a sus nodos contenidos visuales. Ya sólo la radio y televisión por Web que genera NetShow les ofrece tremendas oportunidades de negocio.

NetShow potencia los nodos Web con sonido y vídeo interactivo, desde eventos musicales y entretenimientos de este tipo, a noticias y otros tipos de emisiones por Internet y en redes corporativas.

Formación

Muchas empresas dedican unos sustanciosos recursos a la formación. La utilización de NetShow para ampliar el alcance de los profesores a través de las redes corporativas permite maximizar el valor de estas inversiones. NetShow facilita a los instructores la generación de contenidos y a los usuarios su recepción, independientemente del momento y ubicación en que se encuentren.

A las transparencias de un ponente, puede agregarse una explicación grabada para crear una emisión NetShow. Esta presentación también puede transferirse a CD-ROM si es necesario. Los materiales de formación pueden enviarse a todas las divisiones y filiales de una empresa, para que, por ejemplo, los empleados que se encuentran de viaje puedan consultar los materiales de formación a los que no habrían podido acceder en caso contrario, manteniendo todo el impacto de la presentación original.

Esta función permite también reducir los costes de los viajes y las horas perdidas inherentes a ellos, efectuados para recibir seminarios de formación.

Los fabricantes de computadoras pueden incluir NetShow con sus productos, de manera que ayuden a sus usuarios a utilizar el producto, lo que reduce los costes de asistencia. Pueden realizarse actualizaciones mediante emisiones NetShow por Internet u otras redes.

Publicidad y ventas

Los anuncios de productos y servicios efectuados con NetShow son mucho más atractivos que las páginas Web estáticas. Pueden utilizarse comentarios con sonido sobre las imágenes de un nodo Web para guiar a los usuarios por los distintos productos, procesos o el propio nodo. El sonido sincronizado y las imágenes del sonido ilustrado de NetShow proporcionan un rico entorno para la publicidad y permiten dar a conocer un producto o concepto de la mejor manera posible, como en un catálogo multimedia.

Las empresas que disponen de un nodo Web pueden promocionar y vender productos por Web con NetShow. El modelo de negocio para los proveedores de contenidos y servicios por Web está basado en el número de visitas que reciben sus páginas. NetShow puede incrementar el número de visitas, ya que facilita una completa información sin ocupar todo el ancho de banda y maximiza el rendimiento. Con toda esta funcionalidad, la recuperación de las inversiones en publicidad Web está garantizada.

Comunicaciones corporativas

Todos los empleados de una empresa, independientemente de su situación geográfica, pueden escuchar en directo los eventos más importantes que en ella se producen, como presentaciones internas o presentaciones para la prensa o analistas. Estas mismas presentaciones pueden capturarse para su posterior reproducción con la función bajo demanda de NetShow. Los empleados podrán ver las presentaciones siempre que les sea necesario. Estas presentaciones grabadas pueden convertirse en una biblioteca de información bajo demanda para futuras consultas y formación.

Las comunicaciones corporativas suelen requerir que todo un grupo asista a un evento específico desplazándose a algún lugar poco conveniente. NetShow puede reducir estas molestias si se envía la información por red al escritorio de cada empleado, o al PC portátil de aquellos que se encuentren viajando. Los responsables de producto pueden utilizar NetShow como un foro para realizar presentaciones regulares sobre el producto, al que los empleados pueden acceder desde cualquier punto.

7

Mensajería con Windows

LAS COMPUTADORAS PERSONALES ACTUALES se utilizan cada vez más para un número mayor de tareas que van más allá de la simple creación y edición de documentos. El correo electrónico se ha convertido en un vehículo de comunicación fundamental, no sólo en el interior de muchas empresas, sino también entre personas, familias y público en general. Además, la utilización de servicios de información interactivos se ha incrementado dramáticamente, debido en parte al correo electrónico. Testigo de ello es la impresionante tasa de crecimiento del 15 por ciento *mensual* registrada en Internet, y el rápido crecimiento de los servicios comerciales interactivos.

El creciente uso de servicios de mensajería y comunicación ha generado la aparición de un gran número de herramientas software. Uno de los problemas más importantes a los que se enfrentan los usuarios es la necesidad que tienen estas fuentes y servicios de información de su propio software e interfaz de usuario. Con frecuencia, los usuarios tienen software para clientes de correo electrónico, clientes para trabajo en grupo, clientes de servicios interactivos y, quizás, el software de fax electrónico que se incluye con el módem.

Microsoft Windows 98 soluciona este problema de complejidad creciente con un sistema integrado de comunicaciones para mensajería y trabajo en grupo que proporciona soluciones universales de correo electrónico, fax y compartición de información. Todos estos servicios se presentan en Windows 98 dentro de la misma interfaz de usuario, denominada Microsoft Outlook Express, que incluye las siguientes características:

- Soporte para aprovechar al máximo las aplicaciones con MAPI, desde las utilizadas para la productividad en el puesto de trabajo hasta las de gestión de documentos y workflow.

175

- Capacidad para mover mensajes y documentos entre el sistema de archivos y las carpetas de correo.

- Capacidad para enviar y recibir textos con formato en mensajes de correo electrónico sobre prácticamente cualquier sistema de correo electrónico, incluyendo las redes públicas como Internet.

- Correo electrónico completo e integrado para que los grupos de trabajo puedan recibir formación y trabajar con la Oficina de correos MS Mail (el sistema puede actualizarse fácilmente a Microsoft Mail Server o Microsoft Exchange Server para conectar varios grupos de trabajo o toda la empresa).

- Capacidad para enviar fax directamente desde el escritorio y recibir los fax entrantes directamente en la bandeja de entrada universal de Outlook Express.

Este capítulo presenta Outlook Express y otros componentes del subsistema de mensajería de Windows, como la Interfaz de programación de aplicaciones de mensajería (MAPI), la Oficina de correos MS Mail y el software Microsoft Fax.

EL SUBSISTEMA DE MENSAJERÍA DE WINDOWS

La mensajería de Windows está construida sobre la arquitectura abierta MAPI, por lo que puede funcionar con distintos sistemas de correo electrónico y servicios de información simultáneamente, y proporciona una bandeja de entrada universal para la comunicación de personas y grupos de trabajo. Windows 98 incluye un conjunto de componentes del sistema operativo que proporciona servicios de mensajería a cualquier aplicación que desee aprovecharlos.

Windows 98 incorpora un cierto número de componentes que en conjunto forman el subsistema de mensajería de Windows (el término *subsistema de mensajería de Windows* se utiliza algunas veces como un sinónimo de MAPI, porque Windows 98 contiene una implementación completa de la arquitectura MAPI «ampliada»). Entre estos componentes se incluyen los siguientes:

- **Microsoft Outlook Express.** Esta es la bandeja de entrada universal de Windows 98, utilizada para enviar, recibir y organizar correo electrónico, fax y otros tipos de información. Incluye un editor de texto con formato compatible OLE que se utiliza para escribir y leer los mensajes, así como para realizar potentes funciones de búsqueda. Con el uso de controladores MAPI, descritos más adelante, Outlook Express puede trabajar directamente con la mayoría de los sistemas de correo electrónico públicos y privados.

- **Libreta personal de direcciones.** La libreta personal de direcciones no sólo contiene direcciones de correo electrónico, sino también nombres, números de teléfono y fax, direcciones de correo y otros tipos de información personal. Con la interfaz abierta MAPI, la libreta personal de direcciones se encuentra accesible desde un gran número de aplicaciones, y gracias a los controladores MAPI, se convierte también en la interfaz de usuario para el correo electrónico corporativo y los directorios de servicios de información. La libreta personal de direcciones puede almacenar direcciones de múltiples sistemas de correo electrónico simultáneamente.

🌐 **Almacén de información personal.** Este archivo de «base de datos» local tan sofisticado permite a los usuarios almacenar mensajes de correo electrónico, fax, formularios, documentos y otros tipos de información en un lugar común. El almacén de información personal funciona como la bandeja de correo del usuario, e incluye buzones universales de entrada y salida, así como otras carpetas de correo y documentos de usuario. Admite nombres largos de archivos y ordenación según los distintos campos de los objetos almacenados.

🌐 **Interfaz de programación de aplicaciones de mensajería (MAPI).** El núcleo de los componentes del sistema MAPI conectan Outlook Express y otras aplicaciones de correo y grupos de trabajo con los distintos servicios de información. MAPI también define una Interfaz de proveedor de servicios (SPI) que permite escribir controladores MAPI para prácticamente cualquier servicio de mensajería o grupo de trabajo.

🌐 **Controladores Microsoft Mail.** Este conjunto de controladores MAPI permite utilizar Outlook Express como una Oficina de correo MS Mail, tanto en la «edición para trabajo en grupo», incluida en Windows 98, como en la edición servidor «completa», disponible como producto independiente.

🌐 **Controlador Microsoft Fax.** Este controlador MAPI permite a Outlook Express enviar y recibir fax electrónico de la misma manera que envía y recibe cualquier otro mensaje de correo electrónico. Los documentos pueden intercambiarse como los facsímiles «impresos» o en su formato original «editable» con la función de Transferencia binaria de Microsoft Fax.

🌐 **Controladores de correo Internet de Microsoft.** Este conjunto de controladores MAPI permite a Outlook Express enviar y recibir correo directamente desde Internet con los protocolos Protocolo de control de transporte/Protocolo Internet (TCP/IP) y Protocolo punto a punto (PPP), incluidos en Windows 98.

🌐 **Controladores MAPI de otros fabricantes.** Se encuentran disponibles otros controladores para sistemas de mensajería de un amplio número de fabricantes. Algunos de los fabricantes que trabajan en controladores MAPI integrables en Outlook Express son: America Online, Apple, AT&T, Banyan, CompuServe, DEC, Hewlett-Packard, Novell, Octel, RAM Mobile Data y Skytel.

Arquitectura abierta para una conectividad abierta

Outlook Express está diseñado para trabajar prácticamente con cualquier sistema de mensajería o trabajo en grupo, esté basado en LAN, en servidores o en un servicio interactivo. *Todas* las aplicaciones pueden acceder de forma transparente a cualquiera de estos sistemas de mensajería, no sólo Outlook Express. La clave de esta arquitectura abierta es MAPI, ilustrada en la Figura 7.1.

MAPI define tanto la Interfaz de programación de aplicaciones (API) como la Interfaz de proveedores de servicios (SPI). El API se utiliza en aplicaciones finales de usuario, entre las que se encuentra Outlook Express, mientras que la SPI se utiliza para escribir controladores (algunas veces denominados *proveedores*). Como se muestra en la Figura 7.1, MAPI define tres tipos diferentes de controladores:

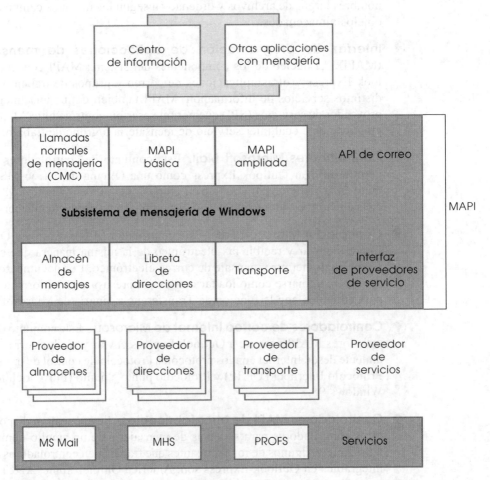

Figura 7.1
La arquitectura abierta de MAPI.

- Controladores almacén, que permiten a las aplicaciones MAPI leer y escribir en almacenes, buzones y bases de datos de mensajes locales, de grupos de trabajo o de servidores.

- Controladores de libretas de direcciones, que permiten el acceso a cualquier servicio de directorios, lista de correos o cualquier otra base de datos de nombres.

- Controladores de transporte, que proporcionan la capacidad de enviar y recibir correo electrónico mediante cualquier sistema de mensajería.

Como se muestra en la Figura 7.2, es posible instalar cualquier combinación de controladores, de manera que el cliente Outlook Express pueda utilizarse con varios sistemas de correo electrónico y grupos de trabajo simultáneamente.

OUTLOOK EXPRESS

El correo electrónico se ha convertido en la aplicación de Internet más popular en todo el mundo. Desgraciadamente, la mayor parte del correo electrónico está limitado a mensajes exclusivamente de texto, o quizá con algún archivo adjunto. Microsoft Internet Explorer 4.0 permite un nuevo tipo de mensajería basada en están-

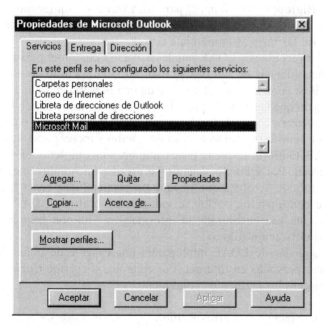

Figura 7.2
Configuración de Outlook Express para utilizar varios servicios simultáneamente.

dares, lo que abre el camino para conseguir un nuevo nivel de riqueza y detalle. Outlook Express proporciona un nuevo conjunto de servicios fuertemente integrados con Internet Explorer, lo que facilita la comunicación con todo el mundo.

Características principales de mensajería y ventajas de Outlook Express

Las nuevas características de Outlook Express ofrecen un gran número de significativas ventajas para los usuarios. Ahora, los usuarios pueden comunicarse más eficientemente, con más información y de forma segura; los desarrolladores, por su parte, pueden crear soluciones cliente o servidor con la tecnología Extensión multipropósito de correo de Internet (MIME).

Soporte LDAP

Puesto que Internet Explorer 4.0 admite los servicios de directorio del Protocolo ligero de acceso a directorios (LDAP), que proporciona acceso a las páginas blancas de Internet, la búsqueda de direcciones de correo electrónico con Outlook Express es muy sencilla. Es posible localizar a cualquiera que se encuentre registrado en los servidores corporativos LDAP, y puede utilizarse el soporte integrado de Four11, InfoSpace, Bigfoot o WhoWhere? para localizar a cualquier individuo en Internet. El soporte de vCard que incorpora Internet Explorer permite intercambiar información entre las tarjetas comerciales.

Con la libreta de direcciones y LDAP, puede buscarse a cualquier persona en los directorios de páginas blancas de Internet por su nombre, apellidos o nombre de correo electrónico. Basta con escribir el nombre de una persona en la línea Para de cualquier mensaje, para que Outlook Express busque automáticamente en los directorios de las páginas blancas y complete los datos necesarios para el correo electrónico.

Internet Explorer admite la comprobación de nombres incompletos con diversos servidores LDAP. Outlook Express busca nombres incompletos en todas las jerarquías que se creen. Por ejemplo, cuando se escribe un nombre incompleto, puede indicarse a Outlook Express que busque en primer lugar en la libreta de direcciones local, a continuación en los servidores corporativos LDAP y, finalmente, en Internet. Una vez encontrada la información, Outlook Express puede almacenarla para su utilización futura.

El motor de búsquedas de LDAP implementa una especie de lógica borrosa que le ayuda a buscar personas en Internet. Por ejemplo, si escribe *Carlos Rubio*, Outlook Express buscará las siguientes coincidencias:

- Coincidencia exacta con Carlos Rubio.

- Coincidencia exacta con el nombre Carlos y cualquier apellido que comience por Rubio.

- Cualquier nombre que comience por Carlos y coincidencia exacta en el apellido Rubio.

- Cualquier nombre que comience por Carlos y cualquier apellido que comience por Rubio.

- Una dirección de correo electrónico que comience por Carlos Rubio.

Independencia de los mensajes

Outlook Express asegura que los mensajes pueden leerse independientemente de su origen y permite la interacción entre los distintos protocolos. Outlook Express admite todos los protocolos de mensajería (POP3, IMAP, NNTP, SMTP, etc.), y permite mezclarlos y utilizarlos de acuerdo con sus necesidades. Por esta razón, es posible recibir un mensaje de noticias e insertarlo en las carpetas de correo. Incluso puede dejarse en un servidor IMAP, ignorando el hecho de que procede de un origen NNTP. Pueden crearse mensajes de correo electrónico con destino a usuarios y grupos de trabajo, internos o externos.

Soporte para HTML

Outlook Express ahora acepta HTML en su totalidad. Con el soporte para HTML MIME, Internet Explorer 4.0 proporciona una nueva forma de compartir información Web a través de correo electrónico. De esta manera, pueden enviarse páginas Web de Internet o una intranet a otro usuario, incluso estando ambos desconectados del Web, mediante los siguientes pasos:

1. Abra la página Web en Internet Explorer.
2. Haga clic en el botón Correo de la barra de tareas y seleccione el mandato Enviar página como se muestra en la siguiente figura. Outlook Express inserta la página completa en el mensaje de correo.

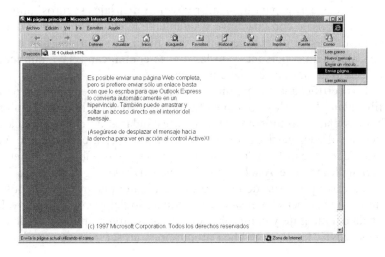

3. Escriba una dirección de correo electrónico, o haga clic en el icono situado junto a la línea Para. Si no puede encontrar la dirección que necesita, haga clic en el botón Buscar en el cuadro de diálogo Seleccionar nombres.

4. Cuando haya localizado a la persona indicada, haga clic en Aceptar y, a continuación, del botón Enviar para enviar el mensaje.

Puesto que no todo el mundo dispone de un cliente de mensajería con HTML MIME, Outlook Express asegura que el mensaje se envía independientemente de la tecnología del receptor. A continuación se presentan algunos ejemplos de cómo puede mostrarse un mensaje de correo electrónico en su destino:

- Si el destino no admite MIME, el mensaje muestra la información textual en primer lugar y, después de un separador, el código HTML sin procesar.

- Si el destino admite MIME, el mensaje muestra la información textual en primer lugar e incluye el HTML como un archivo adjunto, que el usuario puede consultar en su visualizador predeterminado.

- Si el destino admite HTML MIME, se muestra la página Web completa en formato nativo dentro del mensaje de correo.

Si se decide enviar un enlace a una página Web, en vez de la página completa, debe escribirse el enlace en el mensaje y Outlook Express lo convertirá automáticamente en un hipervínculo. También se puede arrastrar y soltar un acceso directo en el mensaje.

Soporte S/MIME y seguridad

Outlook Express permite enviar información de forma segura a través de Internet y recibirla desde un origen conocido y validado. Este nivel de seguridad está basado en el cifrado con claves públicas y los certificados. El cifrado con claves públicas necesita dos claves para transmitir y recibir mensajes seguros: uno de los usuarios cifra un mensaje con una clave y solamente la clave complementaria puede descifrarlo. Los usuarios que necesitan este nivel de seguridad dan a conocer una de estas claves a las personas con las que se comunican (clave pública) y mantienen en secreto la otra clave (clave privada).

Los certificados son un modo de recubrir las claves públicas para su posterior utilización. Todos los componentes de seguridad de Internet Explorer y Outlook Express están basados en algoritmos estándares de clave pública. Los usuarios pueden solicitar certificados a autoridades de certificación como VeriSign; estas autoridades aseguran a los usuarios que la clave pública realmente pertenece a quien indica la clave. Así, los usuarios pueden *firmar digitalmente* (cifrar) un mensaje con su clave primaria, de manera que cualquier persona que disponga de la clave pública pueda leer el mensaje. El destinatario del mensaje puede validar la procedencia del mensaje y comprobar que no ha sido manipulado desde el momento en que se envió. La clave pública proporciona un servicio de comprobación.

De la misma manera, los usuarios pueden hacer que sólo el destinatario pueda leer el mensaje si lo cifran con la clave pública del destinatario. Puesto que el mensaje sólo puede descifrarse con la clave privada, sólo el destinatario podrá leerlo.

Integración con Internet Explorer

Outlook Express está fuertemente integrado con Microsoft Internet Explorer, lo que significa que los servicios de Internet Explorer constituyen una parte más del sistema de mensajería. A continuación se presentan algunos ejemplos que muestran cómo esta integración mejora la mensajería:

- Las carpetas de correo electrónico y los servidores de noticias se encuentran situados en el mismo espacio de nombres, lo que le permite pasar del correo electrónico a las noticias con facilidad.

- La información de los servidores POP, IMAP y NNTP se mantiene dentro de la misma jerarquía de Outlook Express.

- Outlook Express comparte menú y barras de herramientas comunes con los demás componentes.

- Con un solo clic en el visualizador, es posible enviar por correo toda una página Web; en el mensaje se incluye la página completa, en vez de un simple enlace al nodo Web.

- Es posible arrastrar y soltar una página Web completa o un acceso directo a Internet en la bandeja de entrada para que Outlook Express la envíe por correo.

- Las barras de herramientas de las demás aplicaciones permiten acceder rápidamente a Outlook Express.

Otras características de la mensajería

- **Lectura y escritura de mensajes sin conexión.** Esta característica permite leer y escribir mensajes de correo electrónico o grupos de trabajo sin tener que preocuparse del tiempo de conexión.

- **Libretas de direcciones globales.** Es posible buscar nombres y direcciones desde una fuente local, de otras libretas de direcciones o del directorio de páginas blancas de Internet.

- **Buscar mensaje.** Esta característica de búsqueda permite buscar mensajes, tanto noticias como correo, rápidamente y con facilidad.

- **Conjunto abierto.** Internet Explorer 4.0 es abierto, por lo que puede utilizarse cualquier cliente de correo electrónico.

- **AutoAgregar.** Esta característica construye la libreta de direcciones sobre la marcha, de manera que todas las direcciones de correo electrónico importantes se almacenan automáticamente.

- **Carpeta de borradores.** Esta carpeta almacena los mensajes de correo electrónico guardados antes de ser enviados, lo que facilita el seguimiento de los mensajes en curso.

- **Buzones múltiples.** El soporte para múltiples buzones facilita la obtención de correo electrónico de distintos servidores. Outlook Express es capaz incluso de conectarse a distintos ISP sin la confirmación del usuario.

- **Mandatos Enviar y recibir independientes.** Los mandatos Enviar y recibir pueden ejecutarse de forma independiente, por lo que se puede aprovechar el tiempo de conexión más eficientemente. Por ejemplo, cuando se trabaja con un enlace lento, puede seleccionarse únicamente el envío de mensajes y desactivar la recepción de grandes mensajes con archivos adjuntos.

- **Asistente para la bandeja de entrada.** Las reglas del Asistente para la bandeja de entrada se han mejorado para que pueda reenviar, mover y copiar mensajes automáticamente. El Asistente para la bandeja de entrada facilita la distribución y filtrado de correo entre los miembros de una familia que tienen cuentas de correo independientes. Cuando se dispone de una conexión lenta, pueden transferirse mensajes pequeños hasta el PC local y dejar todo lo demás en el servidor. Con la característica Eliminar del servidor, pueden eliminarse mensajes antes incluso de recibirlos.

Mensajes de texto con formato

Para ciertas tareas como el envío de informes, el correo electrónico se utiliza de seis a ocho veces más frecuentemente que los procesadores de textos. Actualmente, se desea combinar la potencia e inmediatez del correo electrónico con la expresividad de un procesador de textos. Outlook Express incluye un completo editor de texto con formato totalmente compatible con OLE, lo que permite dar formato al texto y agregar objetos en los mensajes de correo electrónico. El mensaje de la Figura 7.3 de la página siguiente se ha realizado con Outlook Express.

Puesto que Outlook Express funciona como un cliente de correo electrónico universal, transmite correctamente el texto y su formato a través de cualquier sistema de correo, incluso de aquellos que inicialmente no han sido diseñados para ello, como los de Internet. La información de formato se empaqueta automáticamente como un archivo adjunto comprimido que se descomprime en el cliente Windows 98 del extremo receptor. Si se envía el mensaje a alguien que no posee Windows 98 o Windows 95, por ejemplo de Internet, se recibe el texto

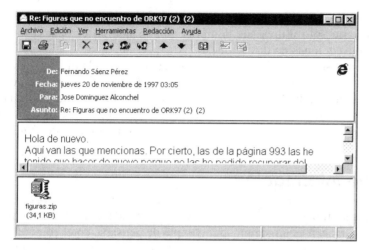

Figura 7.3
Mensaje de texto con formato con un objeto OLE incrustado.

«plano» equivalente del mensaje y los objetos incrustados como archivos binarios adjuntos.

Es posible guardar los mensajes recibidos en la bandeja de entrada para su futura consulta, si se arrastran a cualquiera de las otras carpetas (almacenes de mensajes) del buzón. También puede arrastrarse un mensaje a cualquier directorio de los discos duros locales o remotos. En este último caso, el mensaje se convierte en un archivo EML, aunque conserva todos sus campos específicos, como De y Para. En cualquier momento puede hacerse doble clic sobre un archivo EML para abrirlo y reenviar el archivo a otros usuarios de correo electrónico.

La libreta personal de direcciones

Los clientes de correo electrónico universal necesitan trabajar con una libreta de direcciones universal (una que pueda manejar direcciones de correo electrónico de diferentes tipos). Windows 98 incluye una Libreta personal de direcciones que está implementada como un servicio MAPI. Como consecuencia, además de la libreta de direcciones local que mantiene el usuario, Outlook Express tiene un acceso transparente a las libretas de direcciones y los servicios de directorio de cualquier otro sistema de correo electrónico que admita MAPI. Por ejemplo, la misma Libreta personal de direcciones puede mostrar la lista de direcciones completa de la empresa o un servicio de directorio X.500 corporativo.

Por cada nuevo conjunto de controladores MAPI instalados, la Libreta personal de direcciones agrega una nueva «plantilla» para ayudarle a escribir los distintos tipos de direcciones. Por ejemplo, las direcciones de correo electrónico de Internet se escriben con una determinada plantilla; una vez escritos los nombres de los destinatarios, el correo electrónico convierte los nombres en direcciones y se envía. El usuario sólo utiliza sus nombres, por lo que no es necesario recordar complejas convenciones de direcciones.

Como se muestra en la Figura 7.4, la Libreta personal de direcciones también permite a los usuarios mantener información privada sobre las personas, como sus números de teléfono, direcciones postales y ubicación de sus oficinas. Cualquiera de los números de teléfono incluidos en la libreta de direcciones pueden marcarse automáticamente con los servicios del API de telefonía (TAPI) de Windows 98.

Almacenes de información

Los mensajes se almacenan normalmente en el Almacén de información personal. Aunque este almacén es un simple archivo, puede pensarse en él como un conjunto de carpetas que contienen mensajes o documentos. Normalmente, habrá un único almacén de información con una bandeja de entrada, una bandeja de salida y otras carpetas de correo. Sin embargo, Outlook Express permite crear todos los «almacenes» que se deseen (por ejemplo, un almacén para el correo electrónico activo y otro para tener una copia de seguridad). El Almacén de información personal incorporado sólo almacena un tipo de información. Todos los sistemas de correo electrónico o grupo de trabajo pueden hacer públicos sus buzones o bases de datos en forma de almacenes de información con el controlador MAPI apropiado.

Los almacenes de información pueden ubicarse físicamente en archivos locales, o estar incluidos en una base de datos de un servidor de red. Por ejemplo, cuando el cliente Outlook Express se conecta a un servidor de Microsoft Exchange, además de las carpetas de correo estándar, pueden verse otros grupos de carpe-

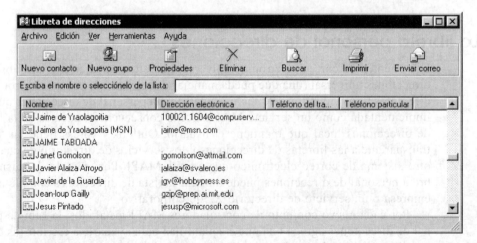

Figura 7.4
Libreta personal de direcciones de Outlook Express.

tas (almacenes de información) que representan bases de datos replicadas o aplicaciones para «trabajo en grupo» residentes en el servidor.

Además de almacenar los mensajes de correo, si se arrastran hasta estas carpetas, también es posible almacenar archivos o documentos (además, cualquier software con formularios compatibles con MAPI puede guardar sus datos y definiciones en un almacén de información). Puede ser más recomendable guardar estos elementos en un almacén de información, en vez de hacerlo en el sistema de archivos normal, por las siguientes razones:

- ⊛ **Propiedades MAPI.** MAPI asocia algunos campos adicionales, como De, Asunto, Recibido, Tamaño, Importancia y Confidencialidad, con elementos de los almacenes de información. Estas «propiedades» pueden utilizarse para buscar y realizar ordenaciones.

- ⊛ **Propiedades de documentos OLE.** Los documentos almacenados como documentos OLE tienen muchas propiedades incorporadas, como el Título, Autor, Palabras clave, Comentarios, Última fecha de edición y Número de páginas. Cuando se inserta un documento en un almacén de información, estas propiedades pueden ponerse a disposición de los usuarios a través de vistas personalizadas.

Correo remoto

Windows 98 incluye controladores MAPI para el sistema de correo electrónico Microsoft Mail. Así, el cliente Outlook Express puede enviar y recibir correo como miembro de la red de Microsoft Mail, tanto en el sistema de correo global de una empresa como en un sistema de correo local que utiliza una Oficina de correos de MS Mail de Windows 98. Los usuarios de Outlook Express pueden interoperar con los usuarios de Microsoft Mail de otras plataformas, aunque los mensajes de texto con formato se convierten en mensajes de texto plano cuando se envían a un cliente de Microsoft Mail ya existente.

Para cumplir el objetivo de Windows 98 de facilitar la operación móvil y remota, Outlook Express se ha diseñado para proporcionar todas las ventajas del correo electrónico sin que sea necesario ningún software de cliente adicional ni ninguna puerta de enlace o gateway especial a la que haya que conectarse. Los usuarios móviles o remotos pueden enviar y recibir correo electrónico con facilidad gracias a las siguientes características:

- ⊛ **Previsualización remota.** Con los controladores integrados en Microsoft Mail, es posible conectarse a la red y visualizar las cabeceras de los mensajes nuevos, es decir, puede conocerse quién ha enviado el mensaje, cuál es el asunto, qué tamaño tiene el mensaje y el tiempo estimado que tardará el mensaje en transferirse.

⊕ **Transferencia selectiva.** Después de obtener las cabeceras, el usuario marca los mensajes que desea recibir y los mensajes que desea borrar sin leer. Los mensajes seleccionados pueden transferirse inmediatamente después de recibir las cabeceras, o efectuando una llamada posterior para transferirlos.

⊕ **Acceso remoto a la red.** En vez de utilizar una puerta de enlace o gateway especializada para correo electrónico, Outlook Express se basa en el Acceso telefónico a redes (RNA) estándar integrado en Windows 98. Se puede llamar a una computadora con Windows 98, Windows 95, Windows NT Server o un servidor de acceso remoto de otro fabricante como Shiva LanRover. Así, el correo electrónico remoto se hace independiente del protocolo, puesto que RNA admite protocolos de red estándar, como TCP/IP, IPX y NetBEUI.

⊕ **Utilización sin conexión a la red.** Los usuarios de Outlook Express pueden crear mensajes sin estar conectados a la red y ponerlos en la bandeja de salida hasta la próxima conexión con el servicio de correo adecuado. Por ejemplo, se puede recibir el correo en un aeropuerto, leer los mensajes y escribir las respuestas en el avión, conectarse desde un hotel y enviar las respuestas automáticamente.

⊕ **Conexiones planificadas.** Para obtener el correo de forma remota, puede realizarse una conexión a la red cuando se desee, o bien planificar el establecimiento de conexiones en momentos específicos o de forma regular. También puede ser necesario planificar las conexiones si la computadora siempre es remota.

⊕ **API de telefonía (TAPI).** Outlook Express utiliza las funciones del API de telefonía (TAPI) de Windows 98 para conectarse y obtener el correo de forma remota, lo que permite compartir eficazmente los recursos de módem entre las distintas aplicaciones. Por ejemplo, si se configura el módem para recibir fax entrante mientras se efectúa una llamada para obtener el correo electrónico, TAPI controla la administración del recurso entre las aplicaciones implicadas. Outlook Express también utiliza la característica Marcador de teléfono TAPI para facilitar la conexión desde múltiples lugares, prefijos de marcación de hoteles y llamadas mediante tarjeta telefónica.

Inicio de Outlook Express

Para iniciar Outlook Express y leer el nuevo correo electrónico recibido, siga los pasos que figuran a continuación:

1. Haga clic en el botón Inicio.
2. Seleccione Programas para abrir el menú de programas.
3. Seleccione Outlook Express Mail como se muestra a continuación:

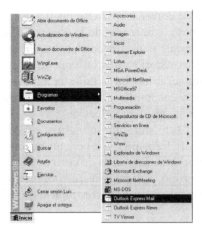

Independientemente de la aplicación que se encuentre activa en Windows 98, la llegada de correo electrónico se indica con una notificación que aparece en la parte derecha de la barra de tareas, como se muestra seguidamente:

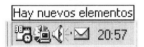

Estos avisos también permiten saber si el sistema está enviando o recibiendo correo.

LA OFICINA DE CORREOS DE MICROSOFT MAIL

Windows 98 incluye la edición para trabajo en grupo de la Oficina de correos de Microsoft Mail, con todo lo necesario para configurar y administrar un sistema de correo electrónico completo para un grupo de trabajo. Normalmente, el miembro del grupo de trabajo designado como administrador crea una Oficina de correos con el icono Oficina Correos MS Mail del Panel de control de Windows 98. La oficina de correos es simplemente un directorio compartido en la computadora del administrador donde se almacena el correo electrónico. Un asistente guía al administrador por el proceso de creación de la Oficina de correos, que también se utiliza para agregar nuevos usuarios, eliminar usuarios y administrar las carpetas compartidas. Una vez que el administrador haya compartido el directorio de la Oficina de correos, los usuarios pueden comenzar a utilizar Outlook Express, introducir el nombre del directorio compartido y conectarse a la Oficina de correos para enviar o recibir correo.

La Oficina de correos de MS Mail incluida en Windows 98 es una versión para trabajo en grupo, lo que significa que está limitada al intercambio de correo con los usuarios de una única Oficina de correos. Una Oficina de correos admite varias docenas de usuarios, dependiendo de la potencia de la computadora que la contiene. Sin embargo, un grupo muy grande podría necesitar dividirse en varios grupos de trabajo, cada uno de los cuales accedería a una Oficina de correos independiente. En este caso, se necesitaría un servidor. La versión completa de la Oficina de correos de Microsoft Mail permite encaminar el correo por distintas Oficinas de correos, así como por otros sistemas de correo electrónico.

La Oficina de correos de Microsoft Mail que se incluye en Windows 98 puede actualizarse fácilmente a Microsoft Exchange Server, un sistema de mensajería cliente/servidor que no sólo proporciona servicios de correo electrónico, sino también planificación personal o de grupo, aplicaciones de compartición de información («groupware») y herramientas de diseño de formularios y aplicaciones.

MICROSOFT FAX

Windows 98, junto con Outlook Express, proporciona a los usuarios de PC la posibilidad de enviar y recibir fax directamente en sus puestos de trabajo. Esta característica, llamada Microsoft Fax, establece un estándar en fax de escritorio que permite disponer de un sistema de mensajería fácil de utilizar perfectamente integrado en Windows.

Microsoft Fax posee las siguientes características principales:

- Los documentos se imprimen con alta calidad cuando se envían por fax desde aplicaciones basadas en Windows, con un controlador de impresora de tipo fax.

- La función de Transferencia de archivos binaria de Microsoft At Work (BTF) permite enviar documentos originales, como mensajes de correo electrónico, a través de fax a los usuarios de Windows 98, Microsoft Windows para Trabajo en Grupo 3.11 y cualquier otra plataforma que admita Microsoft At Work.

- Utiliza cifrado y firma digital, lo que permite enviar documentos confidenciales de forma segura.

- Admite comunicaciones de alta velocidad con los módem fax de Clase 1 y los millones de máquinas de fax de Grupo 3 de todo el mundo. Microsoft Fax admite el modo de corrección de errores (ECM) y velocidades de transmisión de hasta 14,4 Kbps.

- Los usuarios en red de Windows 98 ahora pueden enviar y recibir fax a través del servicio de fax por red de una de las estaciones de trabajo con Windows 98 ubicadas en la red.

- El visualizador de fax permite a los usuarios examinar múltiples páginas de fax mediante la opción Páginas en miniatura y en pantalla completa.

- El editor de portadas de fax permite a los usuarios crear con facilidad nuevas portadas de fax con gráficos y texto, o personalizar una de las portadas de fax predefinidas incluidas en Microsoft Fax.

⊕ Fácil conexión a los servicios de información FaxBack con una característica «sondeo-recepción», que permite a los usuarios transferir fax directamente a sus escritorios.

Microsoft Fax se encuentra integrado en Windows 98 como un proveedor de servicios de transporte MAPI y utiliza la bandeja de entrada universal, la creación de mensajes de texto con formato y las funciones de visualización de Outlook Express para facilitar la utilización de la administración de los mensajes de fax y su coherencia. El proveedor de fax coexiste con los demás servicios de información o de mensajería instalados y utiliza la Libreta personal de direcciones y la bandeja de entrada de Outlook Express.

Pueden aprovecharse las innovaciones de Microsoft Fax para intercambiar documentos editables de forma segura y enviarse fax desde cualquier aplicación Windows con correo, como Microsoft Word o Microsoft Excel, mediante el mandato Archivo/Enviar a. Además, el controlador de impresora de tipo fax permite «imprimir» documentos en los módem fax locales, mediante el mandato Archivo/Imprimir o arrastrando los documentos a un icono de Fax del escritorio de Windows 98.

Microsoft Fax aprovecha la potencia del sistema operativo Windows 98 por medio del API Win32. Como aplicación de 32 bits, Microsoft Fax se integra con las demás aplicaciones de Windows 98 con soporte para MAPI, TAPI y OLE. Además de la fuerte integración con Windows 98, Microsoft Fax incorpora las tecnologías de Microsoft At Work para admitir BTF, seguridad y generación de documentos de alta calidad. Estas tecnologías ponen esta potente mensajería de escritorio por fax al alcance de los usuarios de Windows 98.

Cuando se envía fax a otros usuarios de Windows 98 (o Windows 95 y otros dispositivos de Microsoft Fax), puede utilizarse la función BTF de Microsoft At Work para enviar el documento original a través de la conexión de fax. Por ejemplo, puede adjuntarse un documento Microsoft Word a un mensaje de correo electrónico y enviarlo a un número de teléfono de fax de un cliente. Si el cliente recibe el fax con Microsoft Fax, el documento Word se recibe junto con el mensaje de correo entrante. Si hace clic en el icono de Word, el cliente puede abrir el documento original. Sin embargo, si el cliente recibe el fax por medio de una máquina de fax de Grupo 3 tradicional, Microsoft Fax muestra el documento Word como una imagen de fax propia del Grupo 3. Cuando se transmite el fax, se utiliza la velocidad de transmisión más alta posible y la mayor compresión de imagen que admita la máquina de fax del cliente.

Funcionamiento de Microsoft Fax

Microsoft Fax ha sido diseñado para permitir el intercambio de documentos y archivos binarios a los usuarios de Windows 98 con facilidad y un mínimo de configuración. Puesto que las funciones de Fax se ofrecen como un servicio del núcleo del sistema, siempre están disponibles para todas las aplicaciones de Windows 98 o a través de Outlook Express. El fax puede transmitirse con el cliente de correo electrónico de Outlook Express o imprimiendo documentos por una impresora de tipo fax. El fax recibido se recoge siempre con Outlook Express.

Los destinatarios de fax pueden identificarse si se selecciona una dirección de fax de una libreta de direcciones (por ejemplo, la Libreta personal de direcciones) o se escribe directamente una dirección, como [*fax: 555-1212*]). La arquitectura del proveedor de servicios MAPI permite mezclar distintos tipos de destinatarios en el mismo mensaje. Por ejemplo, puede enviarse un mensaje simultáneamente a Microsoft Mail, CompuServe, Internet y usuarios de fax siempre que Outlook Express contenga los perfiles necesarios para esos destinos.

Cuando se desea enviar por fax un documento original o editable desde Windows 98, lo más sencillo es adjuntarlo en un mensaje de correo electrónico de Outlook Express. El mandato Enviar del menú Archivos incluido en todas las aplicaciones con MAPI (por ejemplo, Microsoft Word o Microsoft Excel) muestra el cuadro de diálogo Enviar de Outlook Express, donde los usuarios de fax pueden seleccionar la dirección del destinatario. El documento adjunto al fax se muestra como un icono en el cuerpo del mensaje.

Microsoft Fax proporciona características muy potentes y una gran facilidad de uso. El elemento del menú Fax incluido dentro de Accesorios (mostrado en la Figura 7.5) proporciona un acceso con un único clic a la mayoría de las funciones del fax. Si se selecciona Redactar un fax nuevo, se inicia un asistente que guía al usuario por el proceso de elegir una dirección, seleccionar una portada y adjuntar documentos al fax. El Editor de portadas proporciona una forma rápida de crear portadas de fax personalizadas. El elemento Solicitar fax le permite utilizar toda la potencia de los servicios de información FaxBack.

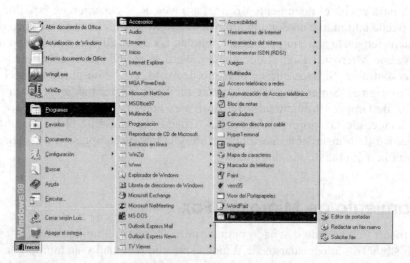

Figura 7.5
El elemento de fax del menú Accesorios permite a los usuarios enviar y recibir mensajes de fax.

Microsoft Fax también proporciona una interfaz de «impresión en fax». De esta manera, pueden enviarse por fax documentos de aplicaciones Windows imprimiéndolos con el controlador de impresora de Microsoft Fax. Microsoft Fax activa el asistente Redactar un fax nuevo, mostrado en la Figura 7.6, que le guiará en la selección de la dirección destino y la transmisión del fax.

Funciones de mensajería de texto con formato

Microsoft Fax admite el texto con formato de Outlook Express y las funciones avanzadas BTF y presentación de imágenes de Microsoft At Work. Las funciones de Microsoft At Work se utilizan cuando un usuario de Microsoft Fax se conecta a otro usuario de Microsoft Fax o a cualquier máquina de fax con Microsoft At Work. Microsoft Fax dialoga con el dispositivo de recepción para tener información acerca de sus funciones, para saber si se trata de un dispositivo con Microsoft At Work o de una máquina fax de Grupo 3. A partir de este momento, puede iniciarse la transmisión de acuerdo con uno de los siguientes escenarios:

- Si el dispositivo receptor de fax admite Microsoft Fax, los documentos adjuntos al mensaje de correo electrónico se envían en formato nativo. En este caso, el fax funciona exactamente igual que el correo electrónico entre el origen y el destino. Esta función de fax admite la bandeja de entrada universal de Outlook Express, la versión completa de Outlook Express y Microsoft Exchange.

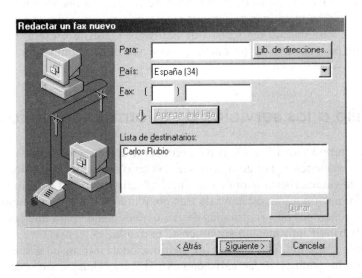

Figura 7.6
El Asistente Redactar un fax nuevo.

- Si el dispositivo receptor de fax es una máquina tradicional de Grupo 3, Microsoft Fax convierte el documento en el fax más compacto que admita la máquina, es decir, formato MH, MR o MMR, y transmite la imagen con la velocidad más alta que admita la conexión (hasta 14,4 Kbps).

- Si el dispositivo receptor de fax es Windows 98 o Windows 95, y la computadora origen envía un documento impreso, el archivo se transmite entre ambas computadoras con el formato de imagen especial de Microsoft At Work. El intercambio de documentos impresos entre dispositivos Microsoft At Work es siempre más rápido que con las máquinas de fax de Grupo 3, puesto que el formato de imagen de Microsoft At Work admite tasas de compresión más altas que el MMR de Grupo 3.

Características del Fax para grupos de trabajo

Los usuarios de Windows 98 en redes de área local pueden utilizar el servicio de fax por red de Microsoft Fax.

Si se instala un módem fax en una estación de trabajo Windows 98, todos los usuarios de Windows 98 que se encuentren en la misma red física podrán enviar y recibir fax a través del módem compartido. La estación de trabajo Windows 98 a la que se encuentra conectado el módem se llama «servidor de fax de la red». Los fax entrantes se almacenan en el servidor de fax de la red. Los administradores pueden utilizar Microsoft Exchange para encaminar el fax manualmente desde el servidor de fax a los destinatarios finales por medio del correo electrónico.

De forma similar, los usuarios de Windows se conectan a los servidores de fax Microsoft At Work y máquinas de fax por medio de una conexión de red. Microsoft y una gran variedad de fabricantes de hardware y software están trabajando conjuntamente para desarrollar productos y servicios de fax compatibles con Microsoft Fax de Windows 98.

Acceso sencillo a los servicios de información de fax

Microsoft Fax proporciona funciones para recuperar documentos, software, archivos binarios e imágenes de fax de sistemas de fax bajo demanda y máquinas de fax que admiten la característica «sondeo-recepción» del Grupo 3. La facilidad para transferir información a una estación de trabajo Windows 98 por fax mejora ampliamente las funciones de los sistemas de fax bajo demanda para que las empresas puedan distribuir información sin un coste excesivo.

Por ejemplo, entre los distintos tipos de distribución de información se encuentra la distribución automática de actualizaciones software. Una estación de trabajo Windows 98 con Microsoft Fax puede establecer una conexión con un servidor de fax bajo demanda y solicitar el nombre de un archivo binario mediante la función de «sondeo-recepción». El servidor responde a la solicitud transfiriendo el archivo binario a la estación de trabajo Windows 98. Este intercambio se realiza mediante una llamada de fax al sistema de fax bajo demanda. La Figura 7.7 muestra el asistente Solicitar fax de Microsoft Fax.

Editor de portadas de fax

El Editor de portadas de fax permite crear portadas de fax personalizadas o modificar una de las páginas predefinidas incluidas con Windows 98. El Editor de portadas de fax es una aplicación OLE que facilita la creación de llamativas portadas de fax.

Fax seguro con cifrado y firma digital

Microsoft Fax protege los documentos valiosos y confidenciales por medio de las funciones de cifrado y firma digital. El emisor de un documento o de un fax tradicional puede cifrar el fax con una simple contraseña o con un sofisticado sistema de seguridad RSA de clave pública/privada (véase la Figura 7.8). El software de fax incluye la posibilidad de intercambiar claves públicas con otros usuarios y almacenar y mantener en la Libreta personal de direcciones las claves públicas que se reciban de otros usuarios.

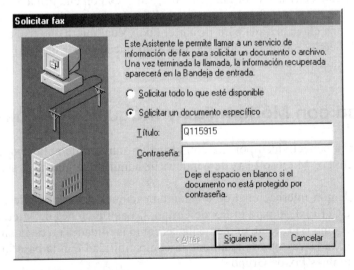

Figura 7.7
Recuperación de un documento de un servicio de información de fax que admite sondeo recepción.

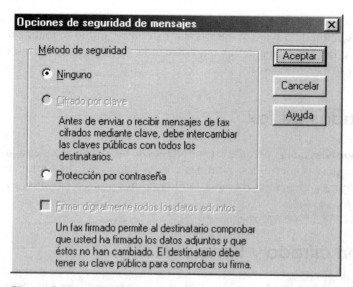

Figura 7.8
El cuadro de diálogo Opciones de seguridad de mensajes admite cifrado
y firma digital.

Cuando se transmite fax cifrado, el contenido no puede leerse, a menos que el
destinatario conozca la contraseña utilizada para cifrar el archivo o la clave pública del emisor, dependiendo del sistema de seguridad utilizado.

Los documentos enviados por fax pueden «firmarse» con una firma digital para
asegurar que los datos del fax no se han modificado durante la transmisión. El
emisor utiliza una clave privada para firmar el fax, y cualquiera que tenga la clave
pública puede leerlo, sabiendo, además, que sólo puede haber enviado el fax el
dueño de esa clave privada.

Compatibilidad con Módem Fax y máquinas de Fax

Para asegurar la conectividad por fax con el mayor número de aplicaciones, máquinas y módem fax, Microsoft Fax de Windows 98 admite los siguientes estándares:

- ITU (Unión internacional de telecomunicaciones, anteriormente denominada CCITT) T.30 para el fax de Grupo 3. Las funciones de Microsoft At
Work, como BTF, están implementadas como facilidades no estándar (NSF)
de T.30, a la vez que se mantiene la compatibilidad con la base instalada
de máquinas fax de Grupo 3.

- ITU V.17, V.19 y V.27ter para las comunicaciones fax de alta velocidad
(hasta 14,4 Kbps).

- Módem fax de Clase 1 y Clase 2. Para las funciones BTF y Seguridad de Microsoft At Work es necesario disponer de un módem Clase 1. La impresión de fax en dispositivos de fax de Grupo 3 tradicionales se encuentra también disponible para módem fax de Clase 1 y Clase 2.

- Compresión MH, MR y MMR para las comunicaciones fax de Grupo 3. Microsoft Fax también admite el Modo de corrección de errores (ECM) para la transmisión fiable de fax por líneas telefónicas «ruidosas».

Coexistencia con aplicaciones de telecomunicaciones basadas en Windows

La capacidad de Outlook Express para admitir varios proveedores de servicios MAPI simultáneos en Windows 98 significa que los usuarios pueden establecer conexiones con Internet, CompuServe y Microsoft Fax simultáneamente. Las aplicaciones de comunicaciones bien construidas que admiten el API de telefonía de Windows (TAPI) pueden coexistir y compartir el módem local de una computadora Windows 98.

La utilización de TAPI en Microsoft Fax consigue que el programa de Fax pueda estar escuchando la línea telefónica en modo de respuesta automática mientras otras aplicaciones de telecomunicaciones y proveedores de Outlook Express envían información por la línea telefónica. TAPI proporciona arbitraje de llamadas para asegurar que los recursos físicos del módem se asignan a las aplicaciones de telefonía adecuadas cuando lo necesitan.

Microsoft Fax también utiliza los conceptos de TAPI, como las ubicaciones y el cuadro de diálogo de Marcado, para asegurar que las llamadas de fax se efectúan correctamente, independientemente de si el usuario se encuentra conectado a la red, si está en su domicilio o de viaje.

Integración de fax y aplicaciones

Microsoft Fax de Windows 98 es una potente y ampliable plataforma de integración para aplicaciones con fax. La extensibilidad, por medio de MAPI, de Fax y Outlook Express, facilita a los desarrolladores de software independientes crear nuevas aplicaciones con fax y servicios de fax avanzados.

Puesto que Microsoft Fax se ha implementado en Windows 98 como un proveedor de servicios de transporte MAPI, puede enviarse información por fax a otros usuarios desde cualquier aplicación con MAPI, por medio de la opción Enviar a del menú Archivo. Además, se han añadido características de Fax, como el sondeo-recepción, para asegurar que Fax sea un excelente cliente para servicios de fax avanzados.

8

Creación y publicación de páginas Web

FORMANDO PARTE DE MICROSOFT WINDOWS 98 y Microsoft Internet Explorer 4.0, se incluyen varias herramientas para la creación y publicación de páginas Web, entre las que se encuentran las siguientes:

- 🌐 Microsoft FrontPad para crear páginas Web.

- 🌐 El Asistente para la página principal personal que fija la página principal que muestra Internet Explorer 4.0 después de iniciarse.

- 🌐 El Servidor personal Web para crear un servidor Web en su propio PC.

- 🌐 El Asistente de publicación Web para distribuir las páginas Web a cualquier nodo Web.

Este capítulo describe cada una de estas herramientas de creación y publicación de páginas Web, junto con algunas otras, que facilitan la vida de los desarrolladores Web.

CREACIÓN DE PÁGINAS WEB CON FRONTPAD

Aunque HTML ha facilitado a muchos usuarios la creación de páginas Web, la programación con HTML no es precisamente un método intuitivo para crear páginas Web. Con FrontPad, uno de los componentes principales de Internet Explorer 4.0, incluso los usuarios principiantes pueden crear páginas Web. FrontPad es un editor HTML WYSIWYG con una interfaz gráfica de usuario basada en el editor Microsoft FrontPage 97.

FrontPad le guía paso a paso por la creación de páginas Web y es una excelente herramienta para editar documentos HTML ya existentes. Después de instalar Front-Pad, puede editarse la página que se está visualizando si se hace clic en el botón Edición de la barra de tareas de Internet Explorer 4.0. A continuación, puede utilizar el Asistente de publicación Web para enviar la página modificada al servidor. La Figura 8.1 muestra la ventana de FrontPad.

Características principales de FrontPad

FrontPad incluye todas las características del editor de FrontPage 97, excepto las siguientes: edición de marcos, mapas de imágenes y herramientas de depuración; soporte de Páginas de servidor activas; previsualización; la mayoría de los componentes WebBot de FrontPage, y la capacidad de ejecutar scripts de Microsoft Visual Basic y Scripting Edition (VBScript). Algunas de las características principales incluidas en FrontPad son: los componentes Include, Search y Timestamp; funciones de edición de tablas, formularios, módulos agregados, miniaplicaciones Java y JavaScript, y algunas de las plantillas de páginas y asistentes de FrontPage. A continuación se explican algunas de las características de FrontPad:

⊕ **Asistente para la página principal personal.** Este asistente le guía paso a paso en la creación de una página principal personal (si desea obtener más detalles acerca de este asistente, consulte el apartado «Personalización de la página principal con el Asistente para la página principal personal», más adelante en este capítulo).

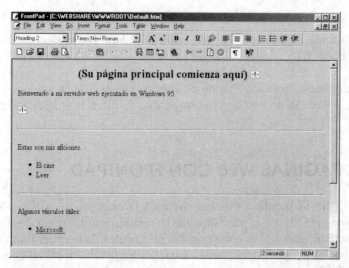

Figura 8.1
En la ventana de FrontPad es posible editar páginas Web.

⊕ **Creación y edición de tablas.** Es posible insertar tablas en una página Web y editar tanto la tabla completa como cada una de las celdas.

⊕ **Formularios.** En la página Web pueden agregarse formularios para recoger su contenido, una vez que los usuarios los hayan rellenado. Los formularios pueden incluir cuadros de texto, casillas de verificación, menús desplegables, imágenes, etc. (para utilizar los formularios es necesario estar conectado a un servidor que ejecute las extensiones de servidor de FrontPage).

⊕ **Plantillas de páginas y asistentes.** Si está conectado a un servidor que ejecuta las extensiones de servidor de FrontPage, también puede utilizar los asistentes de formularios y plantillas, que le permitirán crear los siguientes elementos:

— Un formulario, seleccionando los tipos de información que se desean recoger.

— Una página para indicar al usuario que se ha recibido la información.

— Una encuesta para recoger información de los lectores y almacenarla en el Web.

⊕ **Soporte para miniaplicaciones Java, JavaScript, módulos opcionales y ActiveX.** FrontPad admite las últimas tecnologías de Internet para hacer más interesantes sus páginas Web. Como puede comprobar, la inserción de un control ActiveX con FrontPad es tan fácil como seleccionar una opción de menú:

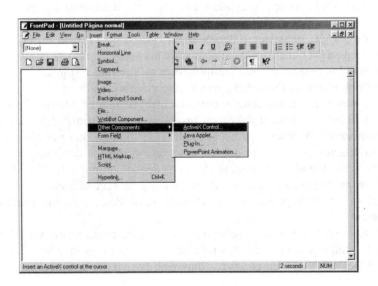

Ventajas de la creación de páginas Web

La posibilidad de poder escribir sus propias páginas Web tiene las dos ventajas siguientes:

- 🌐 **Desarrollo rápido de páginas Web.** Con FrontPad no necesita aprender HTML, ya que la aplicación tiene una interfaz gráfica de usuario. FrontPad permite insertar miniaplicaciones Java, controles ActiveX o scripts incluso a los usuarios principiantes que no saben cómo programar. Para aquellos que prefieran editar el código HTML directamente, FrontPad ofrece un nuevo modo de edición HTML basado en colores.

- 🌐 **Integración completa.** Como ya se ha mencionado, una vez instalado FrontPad, el botón Edición de la barra de tareas de Internet Explorer 4.0 permite editar la página que se está visualizando. FrontPad también se ha integrado con el asistente Ver como página Web de Internet Explorer e incluye mandatos específicos que permiten personalizar las carpetas con Vista Web.

Cómo funciona la creación de páginas Web

Basta con hacer clic en el botón Edición de la barra de tareas de Internet Explorer 4.0 para abrir FrontPad y editar la página que se está visualizando, con todas la tablas, controles e imágenes en el interior del editor. FrontPad facilita la transferencia de páginas desde el Web a local, puesto que permite guardar una página Web completa (imágenes incluidas) en un único paso.

FrontPad también le ayuda a personalizar el entorno con la característica Ver como página Web. Cuando los usuarios o administradores personalizan una carpeta con HTML, el asistente Personalizar esta carpeta utiliza FrontPad. Si desea que una página Web incluya los atributos de la carpeta, como su contenido y nombre, e incluso los enlaces a otros componentes de Internet Explorer 4.0 como Microsoft Outlook Express, FrontPad permite hacerlo con facilidad.

La mayoría de los componentes WebBot se añaden a las páginas con el mandato WebBot Component del menú Insert del editor FrontPad. Cuando se inserta un componente WebBot, aparecen cuadros de diálogo que permiten configurarlo; a continuación, se muestra una representación gráfica del componente en la posición seleccionada de la página. Algunos de los componentes WebBot están diseñados específicamente para los formularios y se accede a ellos desde el cuadro de diálogo Form Properties, en vez de hacerse desde el mandato Insert WebBot Component.

Cuando se edita una página que contiene un componente WebBot, están disponibles todas sus propiedades interactivas o de programación. Los componentes WebBot se almacenan en las páginas Web por medio de un comentario HTML que tiene un formato especial, aunque el usuario que edita con FrontPad no suele ver esta representación.

PERSONALIZACIÓN DE LA PÁGINA DE INICIO

Cuando se inicia el visualizador de Internet Explorer 4.0 por primera vez, se muestra la página Internet Start. Esta página siempre incluye artículos y características que le ayudan a aprovechar Internet al máximo. Esta página puede personalizarse para que se mantenga actualizada con la información y los temas que más le interesan, sean eventos de actualidad, los últimos productos de entretenimiento, deportes o tecnología, o la información económica y cotizaciones de bolsa del último minuto. Estas son sólo unas pocas de las áreas que puede seleccionar para recibir información, con la utilidad de personalización de inicio de Internet. La Figura 8.2 muestra la primera pantalla de la utilidad de personalización (o Asistente para la página principal personal).

También puede añadir titulares de los proveedores de noticias más importantes, como Wired, MSNBC y Forbes. Además, puede buscar los Web de Internet desde la página de inicio y encontrarlo todo, desde números gratuitos 900 a direcciones de correo electrónico para espectáculos deportivos y conciertos.

Con su sección Exploring, Internet Start también incluye enlaces regularmente actualizados de todos los nodos del mundo que se encuentren clasificados como los mejores del Web en deportes, viajes y entretenimiento, así como en temas informáticos y tecnología en general.

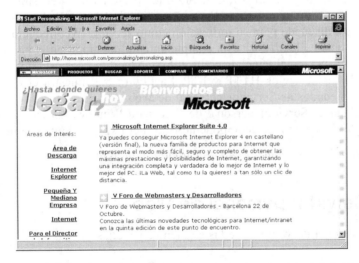

Figura 8.2
La primera pantalla del Asistente para la página principal personal.

Cómo funciona el Asistente para la página principal personal

La página principal predeterminada es Internet Start, cuya dirección es:

http://home.microsoft.com

Para personalizar la página Internet Start, inicie Internet Explorer 4.0. Cuando se muestre la página Internet Start de *home.microsoft.com*, haga clic en el botón Personalizing de la barra de herramientas situada en la parte superior de la página. Siga las instrucciones que aparecen en la pantalla para seleccionar el tipo de información que desee ver cada vez que inicia Internet Explorer 4.0.

PUBLICACIÓN CON EL SERVIDOR PERSONAL DE WEB

Aunque hay millones de personas moviéndose por Internet buscando información y entretenimiento, muchas otras personas han decidido que, además de recibirla, desean poner la información a disposición de todo el mundo. El Servidor personal de Web de Microsoft ofrece un medio por el cual los usuarios y las empresas pueden publicar páginas Web en sus propios servidores. La simplicidad del Servidor personal de Web se adecua perfectamente a usuarios domésticos, escuelas y grupos de trabajo corporativos.

El Servidor personal de Web para Windows 98 convierte cualquier computadora con Windows 98 en un servidor Web, lo que permite publicar páginas Web personales o de negocio con facilidad, tanto en Internet como en una intranet corporativa. Fácil de instalar y administrar, el Servidor personal de Web simplifica la compartición de información para todos los usuarios de Internet o de una intranet corporativa. Está diseñado para su utilización como servidor Web reducido y para uso de igual a igual. El software está completamente integrado en la barra de tareas de Windows 98 y en el Panel de control, lo que facilita a los usuarios el inicio y detención de los servicios HTTP y FTP. La Figura 8.3 muestra el cuadro de diálogo de Propiedades de Servidor personal de Web.

Puede instalar el Servidor personal de Web para Windows 95 en un PC con Windows 98 desde la página de componentes Internet Explorer Suite Components:

http://www.microsoft.com/ie/ie40/download/addon.htm

Ventajas del Servidor personal de Web

El Servidor personal de Web ofrece las siguientes ventajas:

- **Integración.** El Servidor personal de Web convierte cualquier computadora personal con Windows 98 en un servidor Web de bajo volumen, lo

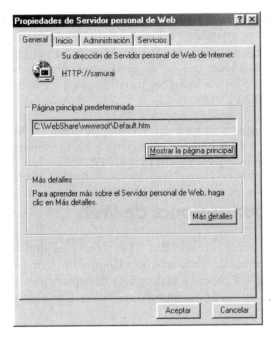

Figura 8.3
Cuadro de diálogo Propiedades del Servidor personal de Web.

que facilita la compartición de archivos HTML y FTP a través de Internet e intranets, así como compartir e imprimir archivos de documentos por la red. El software se encuentra completamente integrado en la barra de tareas de Windows 98 y el Panel de control, lo que permite a los usuarios iniciar y detener los servicios HTTP y FTP, administrar el servidor o cambiar las opciones generales en cualquier momento. Microsoft ha diseñado también el Servidor personal de Web para complementar a sus productos de servidor Web más grandes y totalmente compatibles, como Microsoft Windows NT Internet Information Server (IIS). El Servidor personal de Web es asimismo totalmente complementario a los Servicios Web punto a punto incluidos en la versión 4.0 de Microsoft Windows NT Workstation.

- **Fácil de instalar, utilizar y administrar.** El Servidor personal de Web se instala fácilmente en minutos e incluye una utilidad de administración intuitiva basada en HTML que también admite administración remota. Tiene niveles de seguridad de usuario y local, lo que asegura una protección flexible y eficaz de la información confidencial de la empresa. Los usuarios pueden configurar el Servidor personal de Web para que acepte la transmisión de contraseñas mediante el método de codificación de contraseñas Desafío/respuesta de Windows NT.

🌐 **Tecnología basada en estándares.** El Servidor personal de Web acepta en su totalidad todos los estándares actuales, como la Interfaz de pasarela común (CGI), e incluye la extensión API de Internet Server (ISAPI) del API Win32, que es cinco veces más rápida que las aplicaciones basadas en CGI. Esta tecnología permite a todos los usuarios aprovechar las ventajas de los scripts CGI e ISAPI.

🌐 **Mejora de las comunicaciones.** El Servidor personal de Web admite la publicación punto a punto gracias al soporte para la compartición de archivos por medio de los protocolos HTTP y FTP.

Cómo funciona el Servidor personal de Web

Para compartir una carpeta a través de HTTP o FTP, abra el cuadro de diálogo Propiedades de la carpeta y haga clic en la lengüeta Compartir. Active la opción Compartido como. La Figura 8.4 muestra la lengüeta Compartir del cuadro de diálogo Propiedades, en el que puede encontrarse el botón Uso compartido de Web.

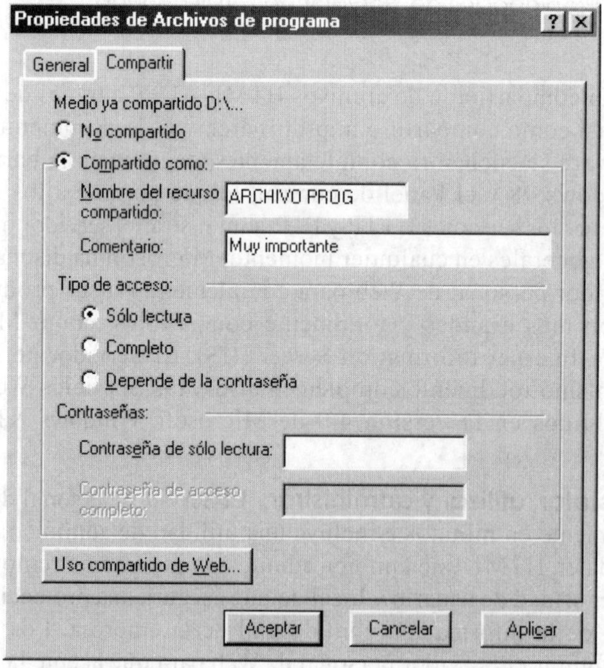

Figura 8.4
La lengüeta Compartir del cuadro de diálogo Propiedades.

Haga clic en el botón Uso compartido de Web (este botón sólo aparece si se ha instalado el Servidor personal de Web). En la Figura 8.5 puede observarse el cuadro de diálogo en el que puede seleccionarse el tipo de compartición de carpetas deseado.

Los grupos de trabajo pueden compartir información entre sí o exponer sus proyectos a un público más amplio, asegurándose de que los demás conocen los progresos de su trabajo. El Servidor personal de Web no necesita tantos recursos de sistema como un servidor Web completo como IIS.

El Servidor personal de Web admite múltiples proveedores de servicios WebPost, como CompuServe, SPRYNET y America Online (AOL). La DLL proveedora de servicios WebPost predeterminada permite publicar en los servidores de Internet más populares, como NCSA, HTTPD, Apache y IIS de Windows NT. El Asistente de publicación Web se conecta al proveedor de servicios de Internet (ISP), determina el protocolo necesario para copiar los archivos y los transfiere al directorio adecuado de la computadora del ISP.

El Servidor personal de Web es ideal para desarrollar, probar y mantener aplicaciones Web. Admite muchas API de programación de usuario final, como CGI e ISAPI. También admite todas las extensiones ISAPI y scripts CGI, y está optimizado para su utilización en estaciones de trabajo interactivas. Este soporte permite a los desarrolladores de nodos Web mantener sus páginas de prueba con motores complicados, como formularios y aplicaciones, localmente en su propio PC y cargarlas en el servidor Web cuando su código se encuentra completamente depurado.

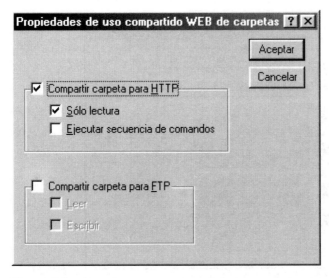

Figura 8.5
Cuadro de diálogo Propiedades de uso compartido WEB de carpetas para compartir con HTTP y FTP.

PUBLICACIÓN CON EL ASISTENTE DE PUBLICACIÓN WEB

El Asistente de publicación Web de Internet Explorer 4.0 facilita más que nunca la publicación de páginas Web en un servidor. El Asistente de publicación Web ofrece la oportunidad de publicar páginas Web en un servidor propio o de otros y automatiza el proceso de copiar archivos de la computadora al servidor Web. Basta con seguir las instrucciones paso a paso, y el asistente hace el resto.

Para iniciar la publicación en Internet con el Asistente de publicación Web, debe realizar los siguientes pasos:

- 🌐 Cree una página Web con su herramienta de creación de páginas Web favorita.

- 🌐 Contrate una cuenta con un ISP.

- 🌐 Utilice el Asistente de publicación Web para copiar las páginas Web en Internet.

La Figura 8.6 muestra una de las pantallas del Asistente de publicación Web.

Características principales del Asistente de publicación Web

El Asistente de publicación Web puede enviar información automáticamente a múltiples servidores Web y admite protocolos estándar, como FTP, UNC, HTTP

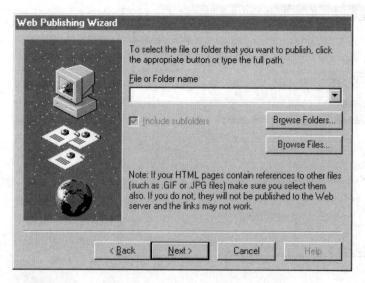

Figura 8.6
El Asistente de publicación Web.

Post; servicios independientes, como CompuServe, AOL, America Online Prime-host y SPRYNET Primehost, y productos independientes del sistema, como CRS y el FrontPage Extended Web.

El Asistente de publicación Web puede enviar información a los ISP locales, IIS, servidores de intranet de la red de área local y FrontPage. Admite los siguientes idiomas: alemán, español, francés, inglés, italiano y japonés.

Los ISP que tienen su propio esquema de protocolos para cargar los archivos en sus servidores Web pueden escribir una DLL de proveedor WebPost personalizada y distribuirla desde el nodo Web de Microsoft:

http://www.microsoft.com/windows/software/webpost

Si desea obtener más detalles acerca de este procedimiento, envíe correo electrónico a *WebPost@lists.msn.com*, indicando su interés de escribir una DLL proveedora. En el SDK de ActiveX se incluye el código de un proveedor WebPost sencillo.

OTRAS HERRAMIENTAS PARA AUTORES Y DESARROLLADORES

Además de ser el mejor visualizador del mercado, Internet Explorer 4.0 proporciona tecnologías innovadoras que puede utilizar para incrementar la interactividad e interés de sus clientes (sin reducir el rendimiento del servidor). Internet Explorer 4.0 incluye las siguientes tecnologías para ayudarle a crear páginas Web y aplicaciones excitantes e interactivas:

- **Scripts ActiveX.** Permite que los controles ActiveX puedan «hablar» entre sí y con las miniaplicaciones Java.

- **Tecnología ActiveX.** Proporciona un medio para crear componentes software basados en Web innovadores, con el conocimiento y el código original de que ya dispone.

- **HTML dinámico.** Contiene más opciones de diseño y control, además de la capacidad para utilizar una nueva dimensión de interactividad, sin reducir las prestaciones del servidor (si desea obtener más información acerca de cómo utilizar el HTML dinámico, consulte el Capítulo 4, «Introducción a Internet Explorer 4.0»).

- **Java con AFC.** Proporciona un potente juego de bloques de construcción para desarrollar miniaplicaciones Java y otras aplicaciones de Internet. Las Application Foundation Classes (AFC) proporcionan un rico conjunto de gráficos, así como una interfaz de usuario y funciones multimedia, para los creadores que utilizan Java en sus páginas Web.

Los apartados siguientes le ayudarán a sacar el máximo provecho a las innovaciones incluidas en Internet Explorer 4.0.

Site Builder Network: un recurso necesario para mejorar su nodo Web

Es difícil que pueda encontrar una mejor fuente de información sobre las tecnologías de Internet que Site Builder Network[1], que puede encontrarse en la siguiente dirección:

http://www.microsoft.com/sitebuilder/

Site Builder Network ofrece documentación sobre los temas más comunes y las nuevas tecnologías, como el Modelo de objetos del HTML dinámico y los controles Multimedia, además de información estratégica que complementa al Kit de desarrollo software para Clientes de Internet (descrito en el apartado siguiente). Site Builder Workshop también proporciona un conjunto de ejemplos, con su código, para ayudarle a crear nodos Web impactantes con las herramientas y tecnologías de Internet Explorer 4.0.

Kit de desarrollo software de Clientes de Internet

El Kit de desarrollo software de Clientes de Internet (SDK) sirve como base para el aprendizaje de las tecnologías de Internet Explorer 4.0 y la Plataforma activa. Este completo recurso ofrece todas las herramientas e información necesarias para sacar el máximo partido de las innovaciones de la plataforma en la creación de nodos Web impactantes.

No es necesario ser un experto programador para desarrollar interesantes contenidos Web. El SDK de Clientes de Internet está dirigido a creadores de páginas Web de distintos niveles de experiencia y proporciona documentación, ejemplos, herramientas y componentes reutilizables orientados a tarea para crear contenidos activos. El SDK también incluye recursos para crear los componentes personalizados normales, y aplicaciones para su ejecución en Internet e intranets. A continuación se encuentran resaltados los puntos más importantes del SDK de Clientes de Internet:

⊕ **Creación para el escritorio y el Web.** Proporciona todo lo necesario para crear páginas HTML que aprovechan las últimas funciones de Internet Explorer 4.0, desde las hojas de propiedades en cascada a los scripts de controles ActiveX y miniaplicaciones Java.

---

[1] Este nodo Web se encuentra en castellano en el URL: *http://www.microsoft.com/spain/sitebuilder.html (N. del T.).*

⊕ **Desarrollo de componentes.** Proporciona todos los detalles necesarios para crear controles ActiveX y miniaplicaciones Java.

⊕ **Desarrollo de aplicaciones para Internet.** Describe las características y tecnologías que utiliza Internet Explorer 4.0 y explica cómo utilizarlas en sus propias aplicaciones.

⊕ **Biblioteca de componentes.** Proporciona componentes transferibles y la documentación necesaria para utilizarlos.

EXTENSIÓN
DEL ALCANCE
DE WINDOWS 98

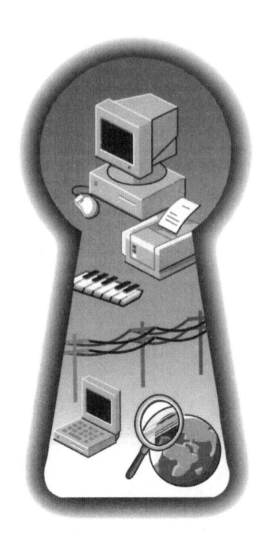

9

Las redes
en Windows 98

ACTUALMENTE, se exige cada vez más una mejor integración de la red, mejores características de administración del sistema e incrementos en el rendimiento y la fiabilidad como funciones de misión crítica que deben desempeñar las redes de PC. Debido a estas exigencias, las empresas tienen que hacer frente a mayores costes de operación de las redes de PC y tienen que invertir en herramientas y personal para superar el desafío diario que representa la administración de red.

Microsoft Windows 98 ha sido construido teniendo en cuenta las necesidades de los administradores de redes corporativas, con una arquitectura bien integrada, de alto rendimiento y con 32 bits. Windows 98 también se ha diseñado teniendo presente al usuario, de forma que el acceso y el control de la red sea coherente y resulte fácil la visualización e impresión por red. Además, Windows 98 está diseñado para satisfacer las necesidades de acceso remoto a la red de los usuarios móviles desde PC portátiles (consulte el Capítulo 12, «Servicios para computadoras móviles», si desea obtener más información acerca de la utilización de los servicios para computadoras móviles).

Dada la gran cantidad de inversiones que han realizado los clientes en los productos Microsoft Windows y en infraestructuras de red, uno de los objetivos principales de la red de Windows 98 es la compatibilidad. La compatibilidad implica asegurar un soporte continuo para los componentes en modo real y conseguir que los nuevos componentes en modo protegido de 32 bits de Windows 98 sean compatibles con las aplicaciones y controladores de dispositivos de 16 bits existentes para MS-DOS y las aplicaciones y las DLL de 16 bits de Windows.

Este capítulo presenta la arquitectura de red en modo protegido de 32 bits incorporada en Windows 98 y explica cómo proporciona un soporte de red bien integrado, fácil de administrar, con un rendimiento mejorado, seguridad de red de nivel de usuario y acceso telefónico a la red.

CARACTERÍSTICAS DE RED DE WINDOWS 98

Las características principales de Windows 98 son las siguientes:

- Una arquitectura de red de 32 bits robusta, abierta, con grandes prestaciones, con software cliente de 32 bits, software de compartición de archivos e impresoras de 32 bits, protocolos de red de 32 bits y controladores de tarjetas adaptadoras de red de 32 bits.

- Soporte para múltiples redirectores, múltiples protocolos y múltiples controladores de tarjetas adaptadoras de red simultáneamente, para facilitar la integración del escritorio en un entorno de red heterogéneo.

- Soporte de conectividad con estándares del mercado y soluciones de gestión de sistemas, como TCP/IP, IPX, SNMP y DMI.

- Una fuerte integración con Novell NetWare, que ofrece un alto rendimiento, software cliente compatible con NetWare de 32 bits en modo protegido para conectarse a servidores NetWare 3.*x* y 4.*x*, y compartición de igual a igual para entornos NetWare.

- Una fuerte integración con Microsoft Windows NT Server para disfrutar de potentes soluciones cliente/servidor.

- Soporte incorporado para la gestión de sistemas, con funciones que permiten administrar, supervisar y consultar remotamente la configuración de los PC a través de la red.

- Soporte para el acceso telefónico a redes, lo que permite acceder a los servidores de redes Microsoft, Novell NetWare y UNIX de forma remota, y soporte de protocolos remotos como PPP, PPTP y SLIP.

- Fácil conexión y configuración de impresoras ubicadas en entornos de red para imprimir a través de la red.

INTEROPERABILIDAD CON WINDOWS 98

La red de Microsoft permite conectarse a otros PC con Windows 98, Windows 95, Microsoft Windows NT, Windows NT Server, LAN Manager y cualquier otro servidor compatible con Microsoft. Windows 98 incluye soporte para el acceso de los clientes y servicios de igual a igual en redes Microsoft. Además, otros fabricantes independientes también ofrecen sus propios servidores de red y servicios. Por ejemplo, Artisoft, Banyan, Digital Equipment Corporation (DEC), Novell y SunSelect proporcionan soporte para Windows 98 en sus respectivos servidores de red.

Este apartado resume las características principales y los conceptos de Windows 98 que hacen que la red sea fácil de instalar y utilizar.

Integración con Novell NetWare

Windows 98 incorpora soporte para dos redes: Microsoft y Novell NetWare. La instalación de ambos tipos de redes es tan sencilla como ejecutar el programa de instalación de Windows 98 o hacer clic en el icono Red del Panel de control. Tanto el cliente para redes Microsoft como el cliente para redes NetWare están implementados como componentes en modo protegido de 32 bits de alto rendimiento y alta fiabilidad.

Sistema operativo con «clientes bien conectados»

Las redes actuales son heterogéneas y cada vez se interconectan más entre sí. Las empresas enlazan sus PC con Windows a múltiples servidores de red PC, computadoras centrales, minicomputadoras y máquinas UNIX, y utilizan una gran variedad de servicios como Internet. El sistema operativo del puesto de trabajo debe superar este reto y proporcionar soporte para las necesidades de conexión, a veces tan diversas, que necesitan los usuarios de la red. Windows 98 funciona con múltiples redes.

Puesto que el soporte integrado para red es un objetivo de diseño de Windows 98, resulta mucho más fácil instalar y administrar una red, o incluso múltiples redes simultáneamente desde este sistema operativo. Con su Interfaz de proveedores de red, Windows 98 admite hasta diez clientes de red en modo protegido de 32 bits. Esta interfaz define un conjunto de API que utiliza Windows 98 para acceder a la red y llevar a cabo tareas como el inicio de sesiones en el servidor, consulta de servidores, conexión a servidores, impresión, etc.

La instalación de los proveedores de servicios es muy sencilla: se realiza desde el icono Red del Panel de control o desde el cuadro de diálogo que aparece cuando se instala Windows 98 por primera vez. Un puesto de trabajo con Windows 98 puede ejecutar clientes para NetWare, Windows NT Server, Banyan, DEC Pathworks y Sun NFS simultáneamente.

Los usuarios de PC en entornos de red que incluyen computadoras Apple Macintosh pueden utilizar Windows 98 para intercambiar documentos y compartir información con los usuarios de Macintosh, si se utilizan los servicios de archivos para Macintosh de Windows NT Server o Novell NetWare para conectarse al servidor de archivos común (Windows 98 admite nombres de archivos largos, lo que simplifica la integración de ambos sistemas).

Información de Internet con un solo clic

Con Windows 98 puede accederse a Internet con facilidad, tanto si es preciso conectarse primero con un proveedor comercial a Internet como si se accede a través de la red corporativa con TCP/IP. Windows 98 proporciona todo lo necesario para obtener información de Internet. El soporte incluido para TCP/IP; los protocolos de acceso telefónico, como el Protocolo punto a punto (PPP), el Protocolo túnel punto a punto (PPTP) y el Protocolo de Internet por línea serie (SLIP), y los servicios Windows Socket, permiten conectarse a Internet y a las autopistas de la información con un simple clic (si desea obtener más información acerca de cómo conectarse a Internet y a las intranets, consulte el Capítulo 4, «Introducción a Internet Explorer 4.0»).

- TCP/IP, el protocolo utilizado en Internet, se implementa en Windows 98 como una pila TCP/IP de 32 bits basada en Windows, rápida y robusta.

- El protocolo de acceso telefónico proporciona la flexibilidad necesaria, de manera que los usuarios pueden seleccionar el proveedor de acceso a Internet al que desean conectarse. La conexión puede realizarse a través de un módem asíncrono estándar o con una conexión RDSI.

- Los servicios Windows Socket permiten utilizar cualquier aplicación de entre el enorme número de ellas disponibles en Internet creadas por otros fabricantes y de libre distribución, como Mosaic, winWAIS y WinGopher, para conectarse fácilmente a Internet y acceder a miles de servidores de información de todo el mundo.

Además, Windows 98 incluye Telnet y FTP para ayudar a los usuarios a aprovechar mejor Internet. Con el controlador de correo integrado en Microsoft Outlook Express, Windows 98 también admite el envío y recepción de mensajes de correo electrónico por Internet (si desea obtener más información acerca del correo de Internet en Windows 98, consulte el Capítulo 7, «Mensajería con Windows»).

Señalar y hacer clic para acceder a la red

Para un usuario, la ejecución simultánea de más de un cliente de red puede resultar confusa (la ejecución simultánea de varios clientes de red es prácticamente imposible de controlar). Cada servidor tiene sus propias utilidades de cliente y ciertos mandatos que, normalmente, resultan difíciles de recordar y utilizar. Cuando el PC está conectado simultáneamente a varias redes, el usuario se enfrenta como mínimo al doble de mandatos y utilidades que debe recordar, e incluso puede necesitar varias contraseñas para acceder a los recursos de la red.

El Entorno de red, ya presentado en Windows 95, facilita a los usuarios la realización de las operaciones de red más habituales en diversos servidores. En primer lugar, el administrador de red puede establecer una contraseña para controlar el acceso de los usuarios con Windows 98 al PC y a los recursos de la red. Entre estos servicios pueden encontrarse, por ejemplo, el correo electrónico, las aplicaciones de planificación de grupos, el soporte para el acceso telefónico y el acceso a bases de datos. Además, algunas de las operaciones de red más frecuentes, como la consulta de servidores o la administración de conexiones e impresión, se realizan todas de forma idéntica con la interfaz gráfica de usuario de Windows 98, independientemente del tipo de servidor al que está conectado Windows 98. Como consecuencia, los usuarios pueden buscar, conectarse e iniciar trabajos de impresión en servidores de impresión NetWare tan fácilmente como lo hacen en una impresora conectada a Windows NT Server. Todas las operaciones de red habituales pueden realizarse visualmente, utilizando el ratón para desplazarse por los recursos de la red, las conexiones, etc. Los usuarios no necesitan memorizar ningún nuevo mandato de red, aunque pueden seguir ejecutando los mandatos pertinentes de los clientes para redes Microsoft y Novell NetWare. Este tipo de compatibilidad es necesaria para el correcto funcionamiento de los archivos de procesamiento por lotes existentes.

El Entorno de red también ayuda a administrar la complejidad de la red, ya que ésta se representa desde el punto de vista del usuario, o lo que es lo mismo, el Entorno de red muestra sólo la información que el usuario necesita ver. Cuando se abre por primera vez el Entorno de red, la ventana sólo contiene los servidores a los que ya se encuentra conectada la computadora o los servidores a los que se suele conectar con más frecuencia, a menos que el usuario haya personalizado explícitamente la vista de la red, arrastrando y soltando el servidor en el Entorno de red. Esta vista de la red sensible al contexto reduce el número de recursos de red que se muestran inicialmente, de forma que se queda en un número aceptable. Los dominios Windows NT y NetWare 3.*x* y 4.*x* se presentan en el contexto de red de «servidor de inicio de sesión», junto con los demás servidores a los que se encuentra conectada la computadora.

Si desea obtener una explicación más detallada del Entorno de red y la interfaz de usuario, consulte el Capítulo 3, «El nuevo aspecto de Windows 98».

Soporte para redes móviles

Existen dos características de Windows 98 que facilitan la conexión a redes a los usuarios de PC móviles: Plug and Play y el Acceso telefónico a redes.

Plug and Play

La funcionalidad Plug and Play de Windows 98 resuelve algunos de los problemas que experimentan los usuarios de PC móviles. Estos usuarios ya no tienen que definir múltiples configuraciones, como la configuración del escritorio y la portátil. Windows 98 es capaz de reconocer la adición o eliminación de periféricos, como cuando se elimina una tarjeta de red o se agrega un módem para el acceso telefónico. Puesto que Windows 98 admite acoplamiento en caliente y en espera, los usuarios no tienen que reinicializar sus sistemas cada vez que efectúan algún cambio en la configuración. Además, Windows 98 incorpora servicios de tarjetas y sockets que permiten la retirada e inserción de tarjetas PCMCIA en caliente, incluyendo tarjetas de red.

El soporte de red Plug and Play de Windows 98 también alcanza el nivel de aplicación. Las aplicaciones preparadas para red saben si la red está o no disponible. Cuando se elimina el adaptador de red, la aplicación se pone automáticamente en modo «sin conexión», de forma que permite al usuario seguir trabajando, o se cierra controladamente.

Acceso telefónico a redes

Otro de los retos a los que se enfrentan los usuarios móviles es mantener el acceso a los datos de la red corporativa mientras trabajan en un lugar remoto. El cliente de Acceso telefónico de Windows 98 proporciona soporte modular para múltiples proveedores de acceso telefónico, entre los que se encuentran los servidores RAS de Windows NT y NetWare. También acepta varios protocolos, como NetBEUI, IPX/SPX y TCP/IP a través de PPP, PPT y SLIP. Otros fabricantes independientes también ofrecen soporte para acceso telefónico con la arquitectura modular del cliente de Acceso telefónico de Windows 98.

Si desea obtener más información acerca de estos temas, consulte el Capítulo 12, «Servicios para computadoras móviles», y el Capítulo 17, «Plug and Play».

El cliente de Windows 98: diseñado para su administración

Muchas empresas tienen redes que crecen rápidamente y, en algunos casos, se han extendido por todo el mundo. El mantenimiento de estas redes, junto con el siempre creciente número de sistemas conectados a ellas para que funcionen con el máximo rendimiento, es un desafío tanto para los usuarios como para los administradores de la red. Las empresas empiezan a utilizar herramientas de red y de administración de red para ayudar a sus empleados a superar este reto.

Windows 98 incorpora controles de gestión de redes y sistemas para que las aplicaciones presentes y futuras puedan supervisar, consultar y configurar los PC con Windows 98 de forma remota. Con estas herramientas, los administradores de red pueden hacer inventarios del hardware y software que se encuentra en sus redes de forma rápida. Desde un PC con Windows 98, los administradores de red pueden diagnosticar y reconfigurar sistemas Windows 98 de forma remota, así como supervisar el sistema y el rendimiento de la red. Los componentes siguientes hacen que Windows 98 sea fácil de administrar:

🌐 **Agente SNMP.** Windows 98 incorpora un agente que implementa el Protocolo de gestión de red simple (SNMP). Este agente cumple la especificación SNMP del Grupo de ingeniería de Internet (IETF), de manera que es capaz de responder a las consultas y enviar notificaciones de los eventos que se producen en el PC a una consola SNMP. La consola SNMP permite a los administradores de red supervisar y administrar remotamente los PC con Windows 98. Los eventos pueden gestionarse desde una consola de gestión SNMP centralizada.

🌐 **MIB y MIB-II de SNMP.** La MIB de SNMP (Base de información de gestión) describe cuál es la información del sistema que se encuentra accesible desde la consola SNMP. Windows 98 incluye la MIB-II, que describe el protocolo TCP/IP de Microsoft y permite comunicar información de la pila del protocolo a la consola de gestión. Por ejemplo, la consola de gestión SNMP puede solicitar a la MIB-II la dirección IP, el nombre del usuario de esta dirección IP e información de encaminamiento IP.

🌐 **Agente DMI.** Las aplicaciones que utilizan la Interfaz de Administración del escritorio (DMI) proporcionan funciones de administración del escritorio. Microsoft, como miembro fundador del Grupo de administración de escritorio (DMTF), sigue de cerca la evolución de la especificación DMI. Windows 98 ofrece un agente DMI, con soporte incluido en el Registro.

🌐 **Infraestructura de administración de Windows.** La infraestructura de administración de Windows recoge una gran cantidad de información acerca de la configuración de los dispositivos y del sistema en su conjunto. Esta información se almacena en el Registro y se encuentra disponible por medio de API ampliadas. Este software es la base del soporte DMI de Microsoft y proporcionará información del sistema y de los dispositivos a los Servicios de administración OLE (OLE MS) y SNMP. Cuando se instala este paquete, se crea una nueva clave en el Registro (HKEY_LOCAL_MACHINE\DesktopManagement). Esta clave contiene múltiples subclaves y valores. También se instala el código de instrumentación (encargado de recoger la información). Sin embargo, no hay forma alguna de activar la instrumentación, puesto que este paquete sólo contiene la infraestructura. Si está interesado en probar este código de instrumentación o desarrollar su propia instrumentación, envíe correo electrónico a *WMI_INFO@microsoft.com* y solicite el SDK WMI.

🌐 **Administración del sistema basada en el Registro.** En el centro del funcionamiento de Windows 98 se encuentra el Registro, muy parecido al diseño del Registro de Windows 95 y al Registro de Windows NT. El Registro contiene la información que describe la configuración hardware del PC, las preferencias del usuario y la información específica de las aplicaciones. El Registro es una base de datos que contiene claves y valores. Las *claves dinámicas*, que son una categoría especial de claves, se ubican en memoria y contienen datos que cambian con mucha frecuencia, procedentes de los componentes del sistema, controladores de dispositivos o aplicaciones. Por ejemplo, el controlador de tarjetas adaptadoras de red puede utilizarlas para registrar el número de paquetes enviados por segundo.

El Registro está formado por dos componentes: SYSTEM.DAT, que describe la configuración del PC y la información específica de las aplicaciones relacionada con la computadora, y USER.DAT, que define las preferencias de los usuarios y la información específica de las aplicaciones relacionadas con los usuarios. Cada uno de estos componentes es un archivo que reside en el PC o en un servidor de red. El Registro puede consultarse remotamente con una interfaz basada en RPC. Para acceder al Registro, local o remotamente, puede utilizarse también el API de Registro de Win32.

Herramientas de administración de Windows 98

Varias herramientas de Windows 98 facilitan la administración y la gestión del sistema y la red:

- **Editor del Registro.** Permite la edición local o remota del Registro de Windows 98.

- **Editor de directivas del sistema.** Los administradores de la red pueden utilizarlo para fijar «directivas» de usuario o grupo que prevalecen frente a las entradas del Registro. Este editor crea el componente POLICY.POL del Registro y contiene un superconjunto de los parámetros del Registro.

- **Monitor del sistema.** Permite la consulta local o remota del rendimiento de los distintos componentes de E/S de sistemas locales o remotos. Por ejemplo, los administradores de red pueden utilizar esta herramienta para supervisar el sistema de archivos, los componentes de la red o los datos de la tarjeta de red. La información se actualiza dinámicamente con las claves dinámicas del Registro.

- **Monitor de red.** Permite la consulta y administración local o remota de las conexiones de red de los servicios de igual a igual de Windows 98.

Fácil de instalar y configurar

Algunos administradores de red suelen instalar Windows en el servidor de red para su posterior instalación en los PC de los usuarios, o para que éstos ejecuten Windows desde el servidor. En el primer caso es preciso decidir un cierto número de variables: hacer que el proceso parezca transparente para los usuarios, actualizar Windows mediante una instalación «empaquetada» o «sin intervención»; utilizar parámetros específicos para los distintos tipos de usuarios y actualizar estas configuraciones cuando aparezcan actualizaciones de Windows, aplicaciones Windows o controladores de dispositivos. Si los administradores de red desean que se ejecute Windows 98 desde el servidor, tienen que tener en cuenta variables como la disposición de los archivos de intercambio, archivos INI y aplicaciones locales, realizar las configuraciones de nivel de usuario, preparar múltiples configuraciones hardware y gestionar los usuarios móviles de la red.

La utilidad de instalación y el Registro de Windows 98 tienen en cuenta estos problemas. El programa Instalar facilita la instalación de Windows 98 en un servidor de red para su posterior instalación en los PC de los usuarios y para ejecutar Windows 98 desde el servidor. Este programa contiene facilidades para ejecutar scripts, lo que posibilita la realización de instalaciones de Windows 98 «sin intervención» desde un servidor de red.

La ejecución de Windows 98 desde un servidor resulta muy sencilla gracias al Registro. El Registro es una base de datos centralizada que contiene todo el hardware, software e información de usuario, fácil de mantener desde el servidor de forma remota. La separación de la configuración del hardware y los perfiles del usuario en el Registro hace que si un usuario cambia de posición en la red, sus preferencias le acompañan de un PC a otro, independientemente de la configuración hardware con la que esté trabajando.

ARQUITECTURA DE RED DE WINDOWS 98

La arquitectura de red de Windows 98 proporciona integración y soporte de alto nivel. Los puntos clave del diseño de la arquitectura de red de Windows 98 son los siguientes:

- **Controladores de dispositivos virtuales de 32 bits rápidos (VxD).** Los componentes de red de Windows 98 se han construido como VxD de 32 bits, que no ocupan memoria convencional y se cargan dinámicamente cuando los necesita el sistema. Además, puesto que el sistema operativo y los VxD se ejecutan en modo protegido y no se producen cambios entre el modo real y el modo protegido, el rendimiento de la E/S de red es muy alto.

- **Fiabilidad.** Puesto que los componentes de red de Windows 98 funcionan en modo protegido y están diseñados de acuerdo con un conjunto de interfaces bien definidas, son muy fiables. Con los componentes de red en modo protegido no se producen conflictos de memoria o intentos de utilizar las mismas interrupciones físicas de forma exclusiva, que normalmente producen caídas o errores del sistema, ya que Windows 98 arbitra la asignación de recursos hardware.

⊕ **Diseño modular y abierto.** La arquitectura de red de Windows 98 es altamente modular e incluye una Interfaz de proveedor de red, una interfaz de Sistema de archivos instalable (IFS) y la versión 4.1 de la Especificación de interfaces para controladores de red (NDIS) mejoradas para su funcionamiento con Plug and Play.

Windows 98 incluye soporte para NDIS 4.1. La principal diferencia entre NDIS 4.0 y NDIS 4.1 es el soporte nativo para tarjetas de red ATM (modo de transferencia asíncrona). Las interfaces NIC estándar no se han modificado. Las especificaciones de las tres interfaces se encuentran a disposición de los fabricantes de redes.

⊕ **Soporte para múltiples redes.** Windows 98 está diseñado para aceptar múltiples proveedores de red, múltiples redirectores de red escritos para la interfaz IFS y múltiples controladores NDIS, en el número que sea necesario. Como consecuencia, los clientes para redes Microsoft y NetWare pueden ejecutarse simultáneamente. Windows 98 admite simultáneamente la utilización de múltiples clientes en modo protegido de 32 bits y un cliente de red en modo real.

⊕ **Soporte para múltiples protocolos.** Uno de los componentes NDIS de Windows 98, el administrador de protocolos, admite la carga de múltiples protocolos de transporte. El Administrador de protocolos permite a Microsoft, y a otros fabricantes independientes, escribir distintas pilas de protocolos que puedan coexistir en Windows 98. Windows 98 incluye soporte para IPX/SPX, TCP/IP y NetBEUI.

⊕ **Plug and Play.** Todos los componentes de red de Windows 98 están diseñados para su funcionamiento dinámico con Plug and Play. Por ejemplo, cuando se inserta una tarjeta de red PCMCIA, se carga automáticamente el controlador de la tarjeta de red NDIS 4.1 y la red queda disponible. Cuando se elimina la tarjeta de red PCMCIA o el cable de red, Windows 98 lo notifica a todas las aplicaciones que utilizan la red y sigue funcionando.

La Figura 9.1 de la página siguiente muestra la disposición general de la arquitectura de red construida en Windows 98. Los siguientes apartados de este capítulo describen los aspectos más importantes de esta arquitectura, como la Interfaz de proveedores de red, IFS y NDIS 4.1.

INTERFAZ CON LOS PROVEEDORES DE RED: CONEXIÓN SIMULTÁNEA A VARIOS SERVIDORES DE RED

Windows 98 tiene una Interfaz de proveedores de red (NPI) abierta y modular que admite la instalación simultánea de múltiples redes en Windows 98. La NPI permi-

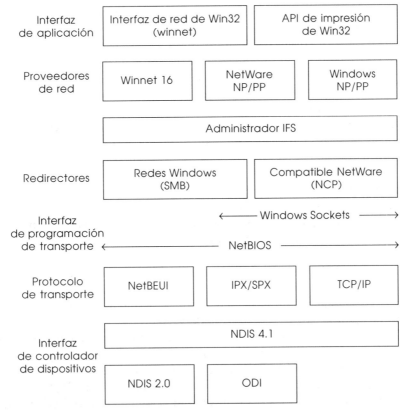

Figura 9.1
La arquitectura de red en niveles de Windows 98.

te a Microsoft o a cualquier otro fabricante de productos de red la integración de distintos servicios de red en Windows 98. La NPI tiene las siguientes ventajas:

- La interfaz abierta permite a los fabricantes de red crear servidores de red fuertemente integrados con Windows.

- El acceso y administración de todas las redes se realiza de forma idéntica por medio de la interfaz de usuario del Entorno de red de Windows 98.

La NPI abstrae los servicios de red para los componentes de la interfaz de usuario de Windows 98, y para distintos componentes de red y administración del escritorio de Windows 98. La NPI tiene dos partes: el API de los proveedores de red y los proveedores de red. El API de proveedores de red es un conjunto de API simples y bien definidas que se utilizan para solicitar servicios de red en Windows 98, como consultas sobre servidores, conexión y desconexión de servidores y envío de trabajos a colas de impresión. Estas solicitudes se envían a los proveedores de red. El nivel proveedor de red se encuentra debajo del API y proporciona los servicios de red que solicitan los componentes de Windows 98. Conceptualmente, este modelo es muy parecido en su diseño al de las distintas interfaces de controladores de dispositivos de Windows 98 (un conjunto bien definido de interfaces que utiliza el sistema operativo para solicitar servicios) y a los propios servicios, que se ejecutan en un controlador de dispositivo escrito frecuentemente por un fabricante independiente.

La abstracción más clara de los distintos servicios de red que proporciona la NPI es el inicio de sesión del sistema Windows 98. Cada proveedor de red puede proporcionar su propio cuadro de diálogo de inicio de sesión para satisfacer las necesidades del modelo de seguridad del servidor de la red. Por ejemplo, el cuadro de diálogo de inicio de sesión mostrado en la Figura 9.2 permite conectarse a un dominio de Windows NT Server.

El cuadro de diálogo para iniciar una sesión en un servidor Novell NetWare 3.*x*, mostrado en la Figura 9.3, ofrece información adicional para permitir a los usuarios iniciarse como el usuario INVITADO. Este cuadro de diálogo se invoca cuando el usuario inicia por primera vez una sesión en un servidor NetWare.

Cuando se valida la información escrita en el cuadro de diálogo de inicio de sesión con el servidor indicado, la contraseña se devuelve a Windows 98, para que la utilice como una «contraseña de control» y desbloquee cualquier sistema o recursos de red asociados. De esta manera, Windows 98 puede acomodar las distintas formas de acceso a los servicios que requieren los proveedores de servicios de red, a la vez que se ofrece al usuario una interfaz coherente.

Otro ejemplo de soporte del proveedor de red visible para los usuarios se produce cuando se especifica el nombre de un servidor. Por ejemplo, las redes compatibles con Microsoft utilizan el Convenio de nombres universal (UNC), que tiene el siguiente formato:

```
\\nombre-servidor\nombre-compartido
```

Los servidores NetWare se identifican de la siguiente manera:

```
nombre-servidor/nombre-volumen:nombre-directorio
```

Cada uno de los proveedores de redes analiza la sintaxis de los nombres de los servidores, por lo que los usuarios acostumbrados a utilizar la sintaxis de servido-

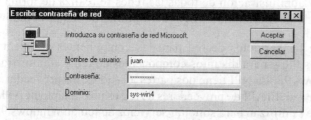

Figura 9.2
Cuadro de diálogo de inicio de sesión para un dominio de Windows NT Server.

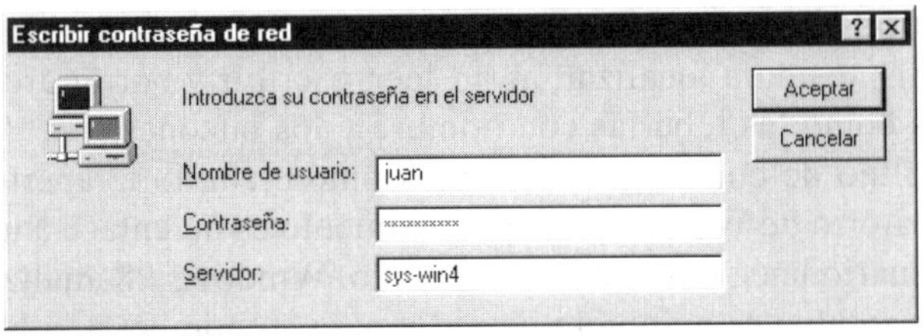

Figura 9.3
Cuadro de diálogo de inicio de sesión para Novell NetWare 3.*x* o 4.*x*.

res NetWare pueden seguir utilizándola en cualquier lugar en que Windows 98 necesite estos nombres para acceder a los recursos de un servidor NetWare.

SISTEMAS DE ARCHIVOS INSTALABLES: UTILIZACIÓN SIMULTÁNEA DE VARIOS REDIRECTORES DE RED

La interfaz de Sistemas de archivos instalables (IFS), incorporada con Windows 98, es un conjunto de API bien definidas que se utilizan para implementar todos los sistemas de archivos del sistema operativo, incluyendo la VFAT (FAT de 32 bits), FAT32 y sistemas de archivos CD-ROM. La implementación IFS de Windows 98 es funcionalmente similar a las implementaciones IFS de Windows NT. La IFS se utiliza en la red para implementar los redirectores de red. Las interfaces IFS se encuentran documentadas para que los fabricantes de servidores de red puedan implementar sus propios redirectores en Windows 98.

El IFS ofrece las siguientes ventajas para los redirectores de red de Windows 98:

- **Soporte para redirectores múltiples.** La interfaz IFS se ha diseñado para aceptar múltiples redirectores.

- **Mejor fiabilidad.** El modelo IFS arbitra las peticiones de recursos y elimina el origen de muchos de los conflictos de los redirectores en modo real.

- **Rendimiento mejorado.** Los redirectores de red aprovechan la caché unificada del IFS, lo que permite ofrecer caché a los redirectores de red del cliente.

El IFS está formado por un conjunto de API de sistema de archivos y controladores de sistemas de archivos cargables (FSD). En un mismo sistema pueden residir múltiples FSD simultáneamente. Los FSD proporcionan toda la lógica necesaria para que el sistema de archivos pueda mostrar una vista coherente de los dispositivos y sea capaz de arbitrar el acceso, actualización y control de los dispositivos de distintos tipos de medios físicos. Para los redirectores de red, los FSD proporcionan mecanismos para localizar, abrir, leer, escribir y borrar archivos, así como servicios tales como las tuberías con nombre y los buzones.

Para mostrar el flujo de control, se mostrará como ejemplo la apertura de un archivo desde el escritorio de Windows 98 que realmente es un enlace a un archivo de un servidor. El usuario hace doble clic en el icono. Windows 98 analiza el enlace, determina que el archivo es un objeto de red y pasa su nombre a la NPI, quien restablece la comunicación por la red con el servidor en el que se encuentra el archivo, en caso de que sea necesario. La NPI llama a continuación al redirector de red para abrir el archivo en el servidor de archivos. El redirector de red convierte la petición de archivo en una petición específica para ese servidor de archivos de red, transmite la petición al servidor a través de su enlace con el nivel NDIS y devuelve a la NPI y al nivel superior un manejador del archivo abierto.

Los redirectores de Microsoft para los clientes de redes Microsoft y NetWare están implementados como FSD de IFS.

NDIS 4.1: SOPORTE MULTIPROTOCOLO

La versión 4.1 de la Especificación de interfaces para controladores de red (NDIS) es un superconjunto de toda la funcionalidad NDIS existente para Windows NT y Windows 95. NDIS 4.1 tiene funciones para Windows 98 en las siguientes áreas:

- **Mejoras de Plug and Play en el Administrador de protocolos y en el nivel de Control de acceso al medio.** Estas mejoras permiten a los controladores de red cargarse y descargarse dinámicamente.

- **Tarjetas de red ATM.** Windows 98 incluye soporte para este tipo de tarjetas en NDIS 4.1.

- **Modelo de minicontroladores NDIS.** Los minicontroladores de Windows 98 son compatibles binariamente con la implementación utilizada en Windows NT. El modelo de minicontroladores reduce dramáticamente la cantidad de código que deben escribir los fabricantes de tarjetas adaptadoras de red.

Conceptualmente, el modelo de minicontroladores es similar a los modelos de controladores desarrollados para las impresoras, controladores de discos y adaptadores de pantalla. Esencialmente, el minicontrolador divide el nivel de Control de acceso al medio (MAC) de NDIS en dos mitades. Una de ellas implementa exclusivamente el código específico de la tarjeta adaptadora de red, con los detalles de implementación propios, como las comunicaciones con la tarjeta, la activación y desactivación del aislamiento eléctrico para Plug and Play (si se implementa), la detección del medio y la activación de cualquier otra característica propia de la tarjeta. La otra mitad del nivel MAC se encuentra ligada al recubrimiento NDIS y contiene el código común a todos los controladores NDIS.

Las pilas NDIS están formadas por tres componentes: el protocolo, el MAC o minipuerto y el recubrimiento del minipuerto. NDIS contiene el Administrador de protocolo, que carga y descarga el protocolo. Este administrador puede gestionar varios protocolos simultáneamente. Justo debajo del protocolo se encuentra el MAC o minicontrolador, en caso de que se utilice. En sistemas que disponen de varias tarjetas adaptadoras de red, pueden cargarse múltiples MAC o minicontroladores. Finalmente, el nivel de recubrimiento del minipuerto, situado debajo del minipuerto, realiza una conversión a las API del Nivel de abstracción hardware de Windows NT (HAL) para la E/S. Este nivel de recubrimiento de minipuerto es muy delgado porque Windows 98 siempre puede asegurar que se está ejecutando en una arquitectura Intel.

INTEGRACIÓN CON NOVELL NETWARE

Windows 98 proporciona un cliente completo para redes NetWare. Este cliente puede instalarse como el soporte de red predeterminado de Windows 98 o puede coexistir con el cliente para redes Microsoft, como se muestra en la Figura 9.4. El cliente para redes NetWare de Windows 98 funciona con servidores NetWare 3.*x* y 4.*x*.

Cliente para redes NetWare de Microsoft

El Cliente para redes NetWare de Microsoft Windows 98 funciona con los servidores NetWare 3.*x* y 4.*x*. Los sistemas con Windows 98 pueden utilizar todos los

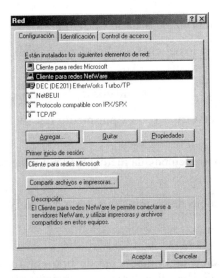

Figura 9.4
Herramienta de red del Panel de control que muestra los clientes
de redes NetWare y Microsoft instalados simultáneamente.

servicios de los servidores NetWare, como consultar servidores NetWare, conectarse a ellos y enviar trabajos de impresión con la interfaz de usuario de Windows 98 o con las utilidades de línea de mandatos de NetWare. El Cliente para redes NetWare de Microsoft Windows 98 incluso es capaz de ejecutar scripts de inicio de sesión NetWare siempre que no contengan TSR. Además, Windows 98 sigue soportando los componentes en modo real de Novell NetWare, por lo que se puede utilizar la interfaz NETX de NetWare 3.*x* y VLM de NetWare 4.*x*.

Cliente para redes NetWare de 32 bits

El Cliente para redes NetWare de Microsoft tiene las siguientes características principales:

- Alto rendimiento.

- Es robusto y fiable.

- No necesita memoria convencional.

- Característica de reconexión automática.

- Soporta el protocolo de ráfagas de paquetes.

- Dispone de caché en el lado cliente.

- Funciona con Plug and Play.

- Integración completa con la interfaz de usuario de Windows 98.

- Interoperabilidad completa con los clientes y servidores Novell NetWare 3.*x* y 4.*x*.

- Puede ejecutar las utilidades de línea de mandatos de NetWare.

- Inicio de sesión gráfico en NetWare 3.*x* y 4.*x* por medio del soporte NetWare.

- Seguridad de nivel de usuario implementada mediante el envío de parámetros al soporte de NetWare.

- Procesador de mandatos de inicio de sesión compatible con NetWare.

- Soporte para Señalar e imprimir.

El cliente se ha implementado como un componente de tipo controlador de dispositivos virtual de 32 bits. Diseñado para ejecutarse en modo protegido y funcionar en un entorno multitarea, el cliente es mucho más robusto que los componentes de red en modo real, y no necesita memoria convencional.

El Cliente para redes NetWare de Microsoft tiene un rendimiento muy bueno. En transferencias de bloques grandes por la red, es hasta un 200 por ciento más rápido que Windows 98 con la interfaz VLM. En la mayoría de las operaciones de red, que son una mezcla de lecturas y escrituras, el Cliente de Microsoft para redes NetWare es entre un 50 y un 200 por ciento más rápido, dependiendo del tipo de E/S de la red.

El Cliente para redes NetWare de Microsoft funciona con Plug and Play. Las computadoras portátiles que admiten estas funciones pueden acoplarse y desacoplarse en caliente, y el soporte de red se carga y descarga sin que se caiga el sistema (el acoplamiento y desacoplamiento en caliente es equivalente a conectar y desconectar el cable de red en un PC con Windows 98. En Windows 98, el sistema continúa funcionando). Las tarjetas de red PCMCIA también funcionan de esta manera.

El inicio de sesión de Windows 98 está enlazado a un directorio de NetWare, que es la base de datos de seguridad del servidor NetWare. Este enlace registra a los usuarios tanto en el sistema Windows 98 como en el servidor NetWare seleccionado, por medio de una única interfaz de usuario.

Como se muestra en la Figura 9.5, los usuarios pueden especificar si el Cliente de Microsoft para redes NetWare debe procesar los scripts de inicio de sesión NetWare. Si se asignan unidades de disco en un script de inicio de sesión, esta configuración de inicio también actuará sobre Windows 98, sin tener que efectuar ningún cambio. El procesador de inicio de sesión de Windows 98 también puede analizar sentencias de scripts de inicio de sesión de NetWare. Puesto que este procesador funciona en modo protegido, no puede cargar TSR. Los scripts de inicio de sesión que cargan TSR deben modificarse para eliminar este tipo de mandatos, que deben cargarse con el controlador de 16 bits antes de entrar en modo protegido (en algu-

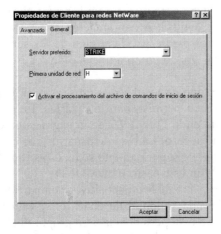

Figura 9.5
Hoja de propiedades del Cliente para redes NetWare de Microsoft, con un servidor y scripts de inicio de sesión.

nos casos, estos TSR tienen equivalentes en modo protegido ya incorporados en Windows 98, por lo que pueden no ser necesarios).

Servicios de compartición de archivos e impresoras para redes NetWare

Windows 98 proporciona servicios de igual a igual compatibles con NetWare para compartir archivos e impresoras. Estos servicios incorporan seguridad de nivel de usuario mediante el envío de parámetros al servidor Novell NetWare, que consulta la base de datos ya existente. Windows 98 no introduce ningún esquema nuevo de seguridad; en vez de ello, utiliza la seguridad de usuario de NetWare.

Durante la instalación de Windows 98, y después con el icono Red del Panel de control, los usuarios pueden instalar los servicios de igual a igual para Net-Ware o Microsoft. Los servicios de igual a igual de Windows 98 funcionan apropiadamente con los servidores Novell NetWare y añaden nuevos servicios de compartición.

Los servicios de igual a igual compatibles con NetWare permiten compartir archivos e impresoras locales en el sistema Windows 98. Para ello es preciso que exista un servidor Novell NetWare en la red. Sin este servidor, la compartición de archivos e impresoras no puede activarse, puesto que el modelo de seguridad de envío de parámetros lo necesita. Con este modelo, la seguridad de usuario se implementa con el directorio de NetWare, realizando la validación de usuarios en el servidor NetWare (al contrario que la compartición de archivos e impresoras de las redes Microsoft, en las redes NetWare no hay seguridad de compartición).

Antes de activar la compartición, debe especificarse un servidor NetWare con la herramienta Seguridad del Panel de control. A continuación es preciso utilizar la herramienta Red del Panel de control para especificar cuál de los servidores o controladores de dominio es el PC designado como autoridad de seguridad. Esto se ilustra en la Figura 9.6.

En la hoja de propiedades de cada uno de los discos duros, es posible agregar usuarios a la lista de usuarios que tienen permiso para utilizarlos. En este caso, aparece el cuadro de diálogo mostrado en la Figura 9.7 de la página siguiente, en donde se especifican los privilegios de acceso. La lista de usuarios que comparten el disco duro se obtiene de la autoridad de seguridad que se ha especificado en la herramienta Red del Panel de control (en este caso, REDMOND).

Cuando el usuario trata de acceder a uno de los dispositivos compartidos desde el sistema Windows 98, el PC recibe una solicitud de conexión y valida con el servidor NetWare el nombre del usuario o su pertenencia a un grupo. Si el nombre de usuario o grupo es válido, los servicios de igual a igual de Windows 98 comprueban si el nombre o grupo tiene los privilegios de acceso adecuados para el recurso compartido y aceptan o rechazan la petición de conexión.

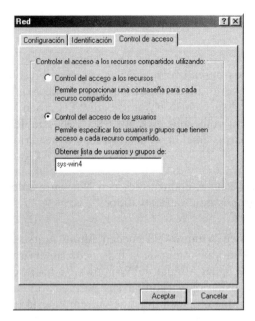

Figura 9.6
Seguridad de nivel de usuario (envío de parámetros) desde
un dominio Windows NT llamado SYS-WIN4.

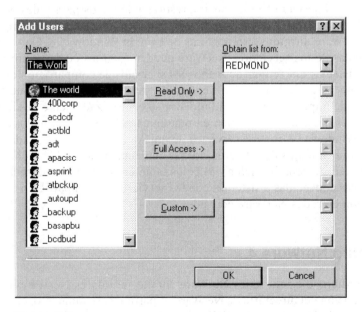

Figura 9.7
Privilegios de acceso para usuarios en la seguridad de nivel de usuario.

El proceso de activación de la compartición resalta dos puntos fundamentales:

⊛ Toda la gestión de usuarios se realiza en el espacio de nombres del servidor NetWare. Windows 98 no añade un nuevo espacio de nombres que deba ser administrado, y el servidor NetWare se administra con las herramientas que ya se utilizan, como por ejemplo SYSCON, empleada para efectuar la gestión de usuarios en el nivel de seguridad de usuario en Windows 98.

⊛ En los servicios de igual a igual compatibles con NetWare, sólo pueden compartirse cuentas y grupos de usuarios válidos.

Los servicios de igual a igual de Windows 98 pueden administrarse de forma remota con el Monitor de red. El administrador de la red puede supervisar las conexiones de cualquier servicio de igual a igual de Windows 98 hacia cualquier recurso de la red, desconectar a usuarios y cambiar sus permisos de acceso de forma remota. De forma predeterminada, la administración remota está limitada a las cuentas de usuario que tienen privilegios de administrador.

Servidor de impresión para redes NetWare de Microsoft

En Windows 98, el servicio Compartir impresoras y archivos para redes NetWare incorpora la función PSERVER de Win32, que puede retirar trabajos de impresión de las colas NetWare dirigidos a impresoras de PC con Windows 98. Como consecuencia, las colas de los servidores NetWare pueden estar asociadas a impresoras conectadas a sistemas que tengan activados los servicios de compartición de archivos e impresión para NetWare. Una ventaja de esta función es que puesto que todas las colas de impresión pueden administrarse centralizadamente desde el servidor NetWare, los usuarios imprimen en una única cola. Si la red incluye varios sistemas con Windows 98 con los servicios de igual a igual activados, cada uno de ellos puede retirar trabajos de esta cola, lo que aumenta la capacidad global de las impresoras de red. Alternativamente, las colas también pueden asignarse a impresoras específicas conectadas a sistemas con los servicios de compartición de archivos e impresión de redes NetWare activados.

Soporte para NetWare 4.x

El Cliente de Microsoft para redes NetWare admite servidores NetWare 4.x si se ejecuta la emulación del directorio de NetWare. A partir de ese momento, el servidor NetWare 4.x puede localizarse en el Entorno de red como cualquier otro servidor NetWare.

Cliente para los Servicios de directorio de NetWare

Los Servicios de directorio de NetWare (NDS) ofrecen las siguientes ventajas:

- Facilitan la localización de recursos NDS.
- Facilitan la impresión en colas de impresión NDS.
- Permiten procesar scripts de inicio de sesión NetWare, páginas de propiedades y contraseñas NDS.

El servicio de Microsoft para NDS proporciona la funcionalidad que necesitan los usuarios de Novell NetWare para conectarse a servidores NDS y ejecutar muchas e importantes utilidades. El Servicio para NDS proporciona las siguientes características de red que permiten trabajar con computadoras de redes NetWare 4.*x*:

- Inicio de sesión integrado con los servidores NetWare 4.*x*.
- Autenticación NDS, incluyendo la autenticación a múltiples árboles NDS.
- Soporte completo para el procesamiento de scripts de inicio de sesión NetWare, páginas de propiedades y contraseñas NDS.
- Permite utilizar el Entorno de red para examinar el árbol de directorios y los recursos NDS.
- Capacidad para imprimir en colas de impresión NDS.
- Soporte completo para programas con NDS de 16 bits escritos para MS-DOS o Windows con llamadas documentadas en el Kit de desarrollo de software del cliente NetWare.

Una vez instalado este servicio, puede activarse con el icono Red del Panel de control. Para ello, haga clic en el botón Agregar de la lengüeta Configuración, seleccione la opción Servicio de la lista presentada en el cuadro de diálogo Seleccionar tipo de componente de red, vuelva a hacer clic en Agregar y seleccione Microsoft y Servicio para Servicios de directorio NetWare. Este servicio es un complemento al software cliente para redes NetWare de Windows 95, e incluye la actualización para compartir impresoras y archivos en redes NetWare, que se encontraba inicialmente en el Service Pack OSR-1 de Windows 95.

Más interoperabilidad NetWare

Windows 98 ofrece las siguientes características de interoperabilidad adicionales:

- Soporte completo para las utilidades de línea de mandatos Novell NetWare 3.*x* (cliente y servidor).

- Soporte para el arranque de estaciones de trabajo sin disquete desde servidores NetWare.

- Capacidad de arrancar con disco.

- Conectividad de acceso telefónico a los servidores Novell NetWare Connect.

INTEGRACIÓN CON LA RED DE MICROSOFT

Windows 98 incorpora un cliente de red que permite conectarse a las redes de Microsoft, como Windows 95, Windows NT Server y LAN Manager, e interoperar con IBM LAN Server, DEC Pathworks, AT&T StarLAN y LAN Manager for UNIX, así como con otras redes compatibles con SMB (Bloques de mensajes de servidor).

Cliente para redes Microsoft de 32 bits

Las características principales del cliente para redes Microsoft son:

- Robustez.
- No ocupa memoria convencional.
- Característica de reconexión automática.
- Caché en el lado del cliente.
- Funcionamiento con Plug and Play.
- Integración completa con la interfaz de usuario de Windows 98.
- Independencia de protocolo.
- Señalar e imprimir para la configuración de impresoras con un único clic.

El Cliente para redes Microsoft está implementado como una colección de componentes de 32 bits que funcionan en modo protegido. Los controladores del proveedor de red, el redirector y NDIS 4.1 están implementados como VxD, y puesto que sus componentes se ejecutan en modo protegido y no tienen que efectuarse cambios a modo real, se consigue un gran rendimiento. El Proveedor de red implementa una caché en el lado del cliente para conseguir un aumento de rendimiento significativo. Los componentes del cliente están diseñados para funcionar en un entorno multitarea y se ejecutan en el contexto del Nivel 0 del kernel. Como consecuencia, no se ven afectados por aplicaciones Windows errantes, y al ejecutarse en modo protegido, no ocupan memoria convencional.

El cliente admite la mayoría de las características principales de Windows 98, como los nombres de archivos largos, enlaces, reconexión automática con los servidores, Señalar e imprimir y Plug and Play, y está fuertemente integrado en Windows 98 por medio de la NPI. El cliente es independiente del protocolo y puede utilizar IPX/SPX (el protocolo instalado de forma predeterminada), TCP/IP o NetBEUI.

El cliente proporciona una total interoperabilidad con Windows 95, Windows NT Server, LAN Manager y LAN Manager para UNIX. También proporciona compatibilidad para AT&T StarLAN, IBM LAN Server, 3Com 3+Open y 3+Share, y DEC Pathworks.

Por motivos de compatibilidad, y para permitir el arranque desde disquete, se incluye también un cliente de redes Microsoft en modo real. El sistema operativo puede «descargar» de memoria los componentes en modo real de Microsoft una vez cargado el software de red de modo protegido.

Servicios de igual a igual de 32 bits de la red Microsoft

Windows 98 incluye servicios de igual a igual para las redes Microsoft. El servidor de igual a igual de Windows 98 admite el modelo de seguridad de nivel de usuario cuando se utiliza junto con un servidor Windows NT Server, de forma que los servicios ofrecidos se enlazan directamente a las cuentas de usuarios de un dominio. Como consecuencia, los administradores de red pueden centralizar el control de acceso a los servicios de igual a igual en el controlador del dominio. Este controlador de dominio debe ser una máquina con Windows NT Server o LAN Manager.

La seguridad de nivel de usuario comienza cuando se comparte un dispositivo en Windows 98. La lista de usuarios, que aparece en el cuadro de diálogo de compartición, la proporciona el controlador de dominio, lo que significa que los usuarios del dominio pueden compartir el recurso. Una vez que se comparte el recurso, se necesitan los datos del inicio de sesión para conocer los derechos de acceso. Cuando un usuario solicita acceso a un recurso compartido de Windows 98, los servicios de igual a igual de Windows 98 comprueban el nombre de usuario en la lista de usuarios del controlador del dominio. Si el nombre es válido, los servicios de igual a igual comprueban si el usuario tiene privilegios de acceso para dicho recurso. En caso afirmativo, se establece la conexión.

Windows 98 también incluye servicios de igual a igual con seguridad de nivel de compartición. Este nivel de seguridad asocia una contraseña a cada uno de los directorios de disco o impresoras compartidos. La seguridad de nivel de compartición puede implementarse en redes que sólo tengan computadoras PC con Windows 98, o en redes que contengan otros servidores compatibles con las redes de Microsoft.

Los servicios de igual a igual de Windows 98 pueden administrarse de forma remota con el Monitor de red. El administrador de la red puede supervisar las conexiones de cualquier servicio de igual a igual de Windows 98 hacia cualquier recurso de la red, desconectar a usuarios y cambiar sus permisos de acceso de forma remota. De forma predeterminada, la administración remota está limitada a las cuentas de usuario que tienen privilegios de administrador.

Controladores de dispositivos y utilidades IrDA

Windows 98 admite dispositivos Infrarrojos rápidos (FIR) e Infrarrojos serie (SIR), que consiguen realizar transferencias de archivos en redes LAN infrarrojas con facilidad. Windows 98 incluye el icono Infrarrojos para hacer que la transferencia de archivos por infrarrojos sea tan simple como hacer clic y enviar.

Transferencia infrarroja de Microsoft

Para utilizar la Transferencia infrarroja de Microsoft, haga clic con el botón derecho del ratón en el archivo que desee transferir y seleccione la opción Enviar a Infrarred Recipient.

Soporte nativo para ATM

Windows 98 incluye soporte nativo para tarjetas de red ATM con los controladores minipuerto ATM NDIS 4.1.

REDES COMPATIBLES

Windows 98 incluye soporte para las redes Microsoft y Novell NetWare. Además, el programa de instalación de Windows 98 puede instalar y configurar correctamente Windows 98 para una gran variedad de redes en modo real, incluyendo, pero sin limitarse, a las siguientes:

- Banyan VINES.
- Cliente NFS de FTP Software, Inc.
- DEC Pathworks.
- Novell NetWare (NETX para NetWare 3.*x* y VLM para NetWare 4.*x*).
- SunSoft PC-NFS.

PROTOCOLOS ADMITIDOS

Los protocolos de los componentes de red de Windows 98 se han implementado como componentes en modo protegido de 32 bits. Windows 98 admite múltiples protocolos simultáneamente. Las pilas de los protocolos pueden compartirse entre todas las redes instaladas. Por ejemplo, una sola pila de protocolo TCP/IP puede servir simultáneamente todas las necesidades del Cliente para redes Microsoft y el Cliente para redes NetWare de Microsoft.

Los tres protocolos incluidos en Windows 98 (IPX/SPX, TCP/IP y NetBEUI) funcionan con Plug and Play. Como consecuencia, Windows 98 sigue funcionando aunque la red no esté disponible (sea porque se ha desacoplado una computadora portátil o se ha retirado una tarjeta de red PCMCIA). Cuando la red deja de estar disponible, las pilas de protocolos se descargan por sí mismas después de notificarlo a todas las aplicaciones asociadas. Plug and Play también permite cargar protocolos de forma dinámica. Por ejemplo, si una computadora portátil se desacopla y se conecta a una red infrarroja, se descarga el protocolo TCP/IP y se carga el protocolo infrarrojo adecuado.

El protocolo compatible con IPX/SPX

La pila IPX/SPX es el protocolo predeterminado de Windows 98 y es compatible con la implementación IPX/SPX de Novell NetWare. Esta pila de protocolo puede utilizarse para establecer comunicaciones con servidores NetWare o Windows NT Server. Este protocolo permite realizar encaminamiento y se ejecuta perfectamente en la mayoría de las infraestructuras diseñadas para el encaminamiento IPX/SPX (como puentes, encaminadores, etc.). El protocolo IPX/SPX de Windows 98 admite las «ráfagas de paquetes», que ofrecen un rendimiento de red mejorado.

La implementación IPX/SPX de Microsoft admite la programación con Windows Sockets. Por ello, todas las aplicaciones WinSock pueden ejecutarse con IPX/SPX para Windows 98. Esto sólo es válido para las aplicaciones WinSock Win32.

La implementación de IPX/SPX de Windows 98 también admite la interfaz de programación NetBIOS. Los controladores Winsock 2.0 ya se encuentran integrados en la instalación de Windows 98.

El protocolo TCP/IP

El protocolo TCP/IP está ampliamente reconocido como un estándar de conectividad en Internet y, además, es un estándar del mercado para muchas redes corporativas. El protocolo TCP/IP está implementado en Windows 98 como un VxD de 32 bits en su totalidad que tiene un alto rendimiento y no consume memoria convencional. Incluye muchas de las utilidades de línea de mandatos más utilizadas, como Telnet, ftp, arp, ping, route, netstat, nbstat, ipconfig, tftp, rexec, rcp, rsh y traceroute.

El protocolo TCP/IP de Windows 98 incluye la interfaz de programación Windows Sockets y una DLL WinSock (también se incluye una DLL WinSock de 16 bits por motivos de compatibilidad con las aplicaciones WinSock existentes y una

DLL WinSock de 32 bits para las aplicaciones WinSock basadas en Win32). Los controladores WinSock 2.0 ya se encuentran integrados en la instalación de Windows 98.

Con el soporte para TCP/IP también se incluye la interfaz de programación de NetBIOS.

Soporte para DHCP

Junto con otros líderes del mercado, Microsoft ha creado un mecanismo compatible con *bootp* para la asignación automática de direcciones IP, que facilita la administración del protocolo TCP/IP. El Protocolo de configuración de host dinámico (DHCP) se ejecuta en un servidor DHCP de Windows NT y permite a los administradores de red establecer un rango de direcciones IP centralizadamente por cada subred, de donde se obtendrá una dirección IP para todos aquellos clientes TCP/IP de Windows 98 que soliciten una. También permite a los administradores de red centralizar el tiempo de «expiración», es decir, durante cuánto tiempo es válida la dirección IP. Al contrario que *bootp*, la asignación de direcciones es dinámica y no está preconfigurada. De esta manera, es posible cambiar de subred y tener siempre una máscara de red IP válida. Windows 98 incluye la utilidad *ipconfig* que permite a un usuario o administrador examinar rápidamente la dirección IP asignada, su tiempo de validez y otros datos útiles relativos a la asignación DHCP, como se muestra a continuación:

```
Configuración IP de Windows versión 0.1
   Nombre de host . . . . . . . :
   Servidores DNS . . . . . . . :
   Tipo de nodo . . . . . . . . : Mezclado
   Id. de ámbito NetBIOS . . . . :
   Enrutamiento IP activado . . .: No
   Proxy de WINS Proxy activado : No
   Resolución NetBIOS usa DNS   : No

Ethernet adaptador 00-AA-00-18-B0-C4:
   DHCP activado . . . . . . . .: Sí
   Dirección IP . . . . . . . . : 11.105.43.177
   Máscara de subred . . . . . .: 255.255.0.0
   Pta. enlace o gateway predet.: 11.105.0.1
   Servidor DHCP . . . . . . . .: 11.105.43.157
   Servidor principal WINS . . .: 11.101.13.53
   Servidor secundario WINS . . : 11.101.12.198
   Permiso obtenido . . . . . . : Domingo, 25 de Junio de 1996 23:43:01
   Permiso caduca . . . . . . . : Miércoles, 28 de Junio de 1996 23:43:01
```

El soporte para DHCP puede agregarse durante la instalación o mediante el icono Red del Panel de control. Si se desactiva el soporte para DHCP, es necesario introducir una dirección IP en la hoja Propiedades de TCP/IP, como se muestra en la Figura 9.8.

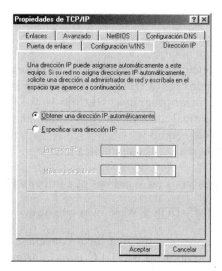

Figura 9.8
Hoja Propiedades de TCP/IP, con la configuración DHCP.

Soporte para WINS

La pila del protocolo TCP/IP de Windows 98 permite a los usuarios instalar el Servicio de nombres de Internet para Windows de Windows NT (WINS) o el Servicio de nombres de dominio DCE de OSF. Estos servicios de nombres proporcionan resolución de nombres asociando el nombre de cada nodo con la dirección IP que tienen actualmente asignada, lo que permite direccionar correctamente todas las peticiones de recursos de cualquier nodo de la red. El tráfico necesario para localizar al nodo en la red se minimiza. Windows 98 admite un único servidor DNS y hasta dos servidores WINS.

El protocolo NetBEUI

Windows 98 incluye una pila de protocolo NetBEUI compatible con las redes que utilizan NetBEUI. Esta pila puede utilizarse para establecer comunicaciones con Windows para Trabajo en Grupo, Windows NT Server, LAN Manager y otras redes. También contiene una interfaz de programación NetBIOS.

Control del enlace de datos de 32 bits

La pila del protocolo de Control del enlace de datos (DLC) de 32 bits de Microsoft es una versión actualizada de la pila de protocolo DLC, incluida en los discos originales de Windows 95, con una implementación en modo protegido del protocolo DLC. Este control de enlace puede utilizarse para proporcionar una mejor conectividad, mejorar el rendimiento en sistemas Windows 98 y acceder a múltiples computadoras centrales con una única tarjeta de red.

El protocolo DLC se usa principalmente para acceder a computadoras centrales y AS/400 de IBM. El software del protocolo DLC de 32 bits de Windows 98 permite a los administradores de red utilizar programas DLC de 16 y 32 bits.

Los programas de emulación de terminal utilizan este protocolo para comunicarse directamente con las computadoras centrales.

El software del protocolo de 32 bits realiza las siguientes tareas:

- Admite programas de 32 bits basados en Windows que utilizan CCB2.

- Admite programas de 16 bits (MS-DOS y Windows) que utilizan CCB1.

- Proporciona conectividad a impresoras de área local conectadas directamente a la red. Por ejemplo, puede utilizarse DLC para imprimir en impresoras (como la LaserJet 4Si de Hewlett-Packard) que utilizan el adaptador de red JetDirect de Hewlett-Packard para conectarse directamente a la red.

- Cumple la Especificación de interfaces de controladores de red (NDIS) versión 3.1 y es compatible con las tarjetas adaptadoras de red Token-Ring, FDDI y Ethernet.

Protocolo túnel punto a punto

El Protocolo túnel punto a punto (PPTP) es una tecnología de red que sirve para crear redes privadas virtuales multiprotocolo, lo que permite a usuarios remotos acceder a redes corporativas con total seguridad a través de redes públicas como Internet. PPTP permite realizar conexiones privadas de bajo coste particularmente útiles para personas que trabajan desde su domicilio o viajan y deben acceder a las redes corporativas de su empresa de forma remota para leer el correo electrónico o realizar otras actividades. En vez de marcar un número de larga distancia para acceder remotamente a la red corporativa, con PPTP el usuario marca un número de teléfono local (a un Proveedor de servicios de Internet) y establece una conexión segura con su red corporativa a través de Internet.

PPTP es un protocolo túnel definido en el Foro PPTP que permite encapsular paquetes del Protocolo punto a punto (PPP) dentro de paquetes IP, que pueden enviarse por cualquier red IP, incluyendo la propia Internet.

En redes, el término *túnel* describe la encapsulación de un protocolo dentro de otro. Esto suele suceder cuando se interconectan dos redes a través de una red intermedia que tiene un protocolo incompatible con ambas o está bajo el control administrativo de otra entidad.

PPTP y el Acceso telefónico de Windows

PPTP se utiliza para mejorar los servicios de red que proporciona el Servidor de acceso remoto (RAS) de Windows y el Acceso telefónico de Windows 98.

Con el Acceso telefónico a redes de Windows, las computadoras pueden conectarse y abandonar una red por medio de una conexión telefónica. Mientras se encuentra conectado a la red, el cliente Windows se comporta exactamente igual que si estuviera conectado localmente a la red. Excepto en las diferencias de velocidad que se aprecian con enlaces lentos, las aplicaciones de red no pueden distinguir si se está utilizando una conexión telefónica.

El Acceso telefónico de Windows utiliza la familia de protocolos PPP, estándar de Internet, para proporcionar una conexión de red segura, optimizada y multiprotocolo sobre líneas de teléfono.

PPTP amplía el servicio del Acceso telefónico de Windows, ya que agrega la posibilidad de tratar la red Internet como una conexión de red de acceso telefónico punto a punto. Todos los datos enviados a través de esta conexión pueden cifrarse y comprimirse, y pueden ejecutarse simultáneamente múltiples protocolos de nivel de red, como TCP/IP, NetBEUI, IPX, etc. La seguridad de nivel de dominio de Windows NT se conserva incluso después de pasar por Internet. PPTP puede utilizarse para conectar una intranet que de otra manera quedaría aislada de Internet y que incluso podría tener conflictos de direcciones con Internet.

PPTP surge como un nuevo tipo de módem que puede seleccionarse al establecer una conexión en la carpeta de Acceso telefónico a redes. El tipo de módem PPTP no aparece en ninguna otra parte del sistema.

Cuando se inicia una conexión PPTP, es preciso utilizar el nombre DNS de la computadora destino o su dirección IP en formato x.x.x.x como número de teléfono. El *Código de área* no se utiliza en las conexiones PPTP.

Windows 98 admite dos conexiones salientes de Acceso telefónico a redes simultáneas. La razón de ello es poder establecer una conexión PPTP de Acceso telefónico sobre una conexión de Acceso telefónico por módem con Internet.

Para utilizar PPTP no es necesario disponer previamente de una conexión de Acceso telefónico con Internet. Lo único necesario para establecer una conexión PPTP es ser capaz de alcanzar al servidor PPTP sobre cualquier red IP.

Detalles técnicos de PPTP

PPTP es un protocolo túnel definido en el Foro PPTP que permite encapsular paquetes PPP dentro de paquetes del Protocolo Internet (IP) y enviarlos por cualquier red IP, como la propia Internet. PPTP permite establecer y liberar conexiones virtuales LAN y encapsular sobre IP tramas de protocolos de niveles superiores con la Encapsulación de encaminamiento genérico (GREv2). GREv2 no está orientada a conexión y se transporta directamente con IP. PPTP incluye un control de congestiones con un mecanismo de ventana deslizante y utiliza Internet como un Tipo de dispositivo PPP para conectar redes.

Puesto que el servidor RAS de Windows NT proporciona los protocolos y las directivas necesarias para conectar dos redes entre sí de forma dinámica, es posible proporcionar esta funcionalidad por Internet si se utiliza PPTP para establecer una conexión PPP entre las computadoras que actúan como puerta de enlace o gateway en cada una de estas redes. Con una simple computadora es posible conectar una red privada con Internet a través de PPTP, ejemplo sencillo de conexión de dos redes por medio de puertas de enlace PPTP.

Para intercambiar paquetes IP entre dos computadoras que actúan como puertas de enlace, ambas computadoras deben tener previamente conectividad con Internet. Si se configuran las puertas de enlace como puertas de enlace convencionales de Internet y se permite a ambas redes conectarse a Internet, es posible unir ambas redes. Esta configuración requiere que las direcciones IP de ambas redes sean coherentes con las asignaciones de direcciones de Internet, y que la información de encaminamiento de todas las computadoras se propague directamente por Internet. Estos requisitos son muy difíciles de conseguir en la práctica. Además, existen fuertes implicaciones de seguridad cuando se realizan conexiones directas a Internet que impiden que esto pueda llevarse a cabo en muchas redes.

Cuando se utiliza PPTP para unir dos redes, las respectivas puertas de enlace tienen una visibilidad limitada de Internet, y las redes situadas detrás de ellas no tienen ninguna. Esto se consigue haciendo que sólo los paquetes IP que contienen paquetes PPTP puedan llegar a las tarjetas adaptadoras de red del lado Internet de las puertas de enlace. De esta manera, se establece una conexión RAS entre las dos puertas de enlace, que utilizan los nuevos adaptadores creados en cada lado de la conexión RAS para unir las redes (véase la Figura 9.9).

Cuando se establece una conexión PPTP entre estas dos redes, se consiguen las siguientes ventajas sobre la conexión directa con Internet:

- 🌐 Los espacios de direcciones IP de las redes privadas no tienen porqué encajar en el espacio de direcciones de Internet.

- 🌐 Todos los protocolos que admite RAS se admiten también en la conexión con PPTP. Así, pueden conectarse redes privadas que utilicen combinaciones de TCP/IP, IPX y NBF.

- 🌐 Se implementan protocolos y directivas de seguridad RAS para impedir las conexiones no autorizadas.

- 🌐 Pueden cifrarse todos los paquetes de red que se envían por Internet.

Soporte PPTP para Windows 98

Windows 98 es un cliente PPTP. Se admite una única instancia de conexión PPTP sobre una conexión Internet LAN o WAN.

Windows 98, al contrario que Windows NT, no admite la unión de redes con encaminamiento a través de Windows 98. Windows 98 trata de hacer públicas des-

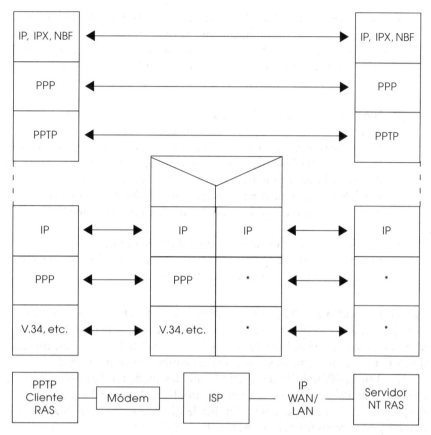

Figura 9.9
Cliente RAS PPTP de Windows 98/Internet/Pila de protocolo Servidor RAS NT.

de Windows 98 todas las redes conectadas. Como se describe a continuación, esto no es posible en todos los casos.

Detalles de los protocolos de red

Cuando se establece una conexión de red, los protocolos de red del cliente se dan cuenta de que hay un nuevo adaptador de acceso telefónico disponible. PPTP utiliza TCP/IP para enviar los paquetes por la red, por lo que al menos debe estar enlazado y ejecutándose TCP/IP en un adaptador del cliente. Cuando el cliente se conecta a un servidor PPTP de una LAN, este adaptador puede ser una NIC (tarjeta adaptadora de red). Cuando el cliente utiliza un servidor RAS o ISP para conectarse a un servidor PPTP a través de una intranet privada o la Internet pública, el adaptador TCP/IP también puede ser un adaptador de acceso telefónico. Se supone que el cliente PPTP se está conectando a un servidor RAS/PPTP de NT.

🌐 **NBF.** NBF (trama NetBEUI) funciona del modo esperado. El cliente PPTP es capaz de ver simultáneamente la red original y la nueva red. El cliente es visible en las computadoras de ambas LAN, aunque las redes no se unen a través del cliente. La puerta de enlace NetBIOS de Windows NT Server permite al cliente ver computadoras de la nueva red.

🌐 **NWLink.** Con IPX sólo puede verse una red destino. Esta configuración no se ha cambiado con respecto al funcionamiento que tiene en Windows 95. Actualmente, cuando se selecciona IPX en una entrada de número de teléfono y una NIC tiene el protocolo IPX enlazado, aparece un cuadro de diálogo (durante la marcación) que indica que los servidores NetWare de la LAN no serán visibles. Los usuarios también pueden observar este mismo cuadro de diálogo cuando establecen una conexión PPTP.

🌐 **TCP/IP.** Se van a examinar varios tipos de configuraciones TCP/IP. Como punto de partida, el primer caso es un caso sencillo de conexión sin PPTP entre dos redes IP con encaminamiento.

Punto de partida: dos redes IP con encaminamiento. En esta configuración, mostrada en la Figura 9.10, los paquetes IP que genera el *Cliente* con destino a las máquinas de la subred local 1.1.1, en el nivel MAC llevan directamente la dirección de la máquina destino y se transmiten por la interfaz *A*.

En el nivel IP, los paquetes del cliente destinados a *Remota 1* llevan la dirección de *Remota 1* y *Puerta de enlace* en el nivel MAC. Esta *Puerta de enlace*, después de recibir los paquetes, cambia la dirección del nivel MAC por la de *Remota 1* y los transmite por la interfaz *B*.

La configuración de estación de trabajo más habitual es una simple variación de ésta, en la que los paquetes de la subred local se envían directamente al destino y todos los demás paquetes se envían a la puerta de enlace predeterminada. DHCP

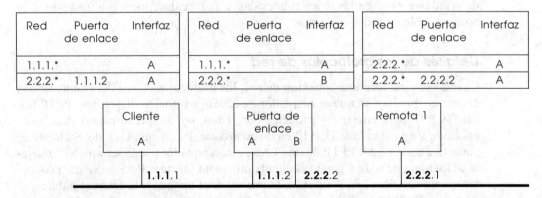

Figura 9.10
Unión de dos redes IP sin PPTP.

asigna durante el arranque las direcciones IP de los clientes y de la puerta de enlace predeterminada.

Todas las máquinas deben tener una única puerta de enlace predeterminada. Esta configuración es la ideal para máquinas con un único adaptador de red, aunque no funciona en máquinas que tienen múltiples adaptadores. En el ejemplo siguiente, *Cliente* y *Remota 1* tienen que cambiar la entrada de encaminamiento hacia la otra LAN por una ruta predeterminada, pero *Puerta de enlace* necesita rutas explícitas hacia cada LAN para funcionar correctamente.

PPTP necesita que todas las máquinas tengan múltiples adaptadores y destaca las limitaciones de los esquemas de encaminamiento basados en la puerta de enlace predeterminada.

Utilización de PPTP para unir dos redes de forma segura. En el siguiente escenario, mostrado en la Figura 9.11, *Puerta de enlace* se ha convertido en un servidor PPTP y se ha activado el filtro PPTP en la interfaz *A*. El filtro PPTP hace que *Puerta de enlace* quede invisible para el *Cliente* si no ha establecido previamente una conexión PPTP. La pila TCP/IP del *Cliente* tiene una ruta a *Puerta de enlace* y la utiliza para establecer y mantener la conexión PPTP. Puesto que sólo se aceptan los paquetes PPTP que entran en *Puerta de enlace* por la interfaz *A*, ninguna aplicación puede ver a *Puerta de enlace* en la dirección 1.1.1.2.

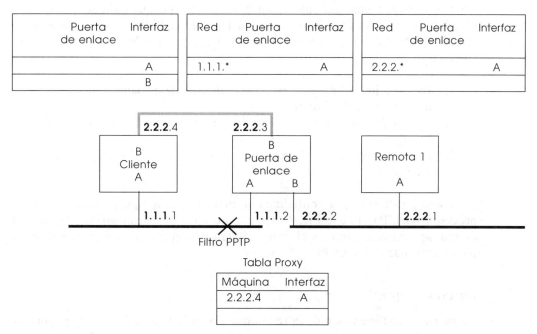

Figura 9.11
Unión de dos redes con PPTP.

Una vez establecido el túnel PPTP, *Cliente* tiene un segundo adaptador activo, con una nueva dirección IP que le asigna el servidor PPTP *Puerta de enlace*. Puesto que el servidor RAS de NT acepta clientes PPTP con ARP-proxy (Protocolo de resolución de direcciones) en sus redes locales, *Cliente* se conecta al lado LAN de *Puerta de enlace*.

Remota 1 envía paquetes a *Cliente* utilizando la dirección de *Puerta de enlace* en el nivel MAC, quien debe a su vez reenviarlos por el adaptador PPTP a *Cliente*. *Remota 1* no conoce el papel que juega *Puerta de enlace* en este proceso, ya que *Puerta de enlace* está suplantando a todos los clientes PPTP en el nivel MAC.

Los aspectos asociados con esta configuración son idénticos a los de la configuración con un servidor RAS de NT convencional. No es casualidad: un servidor PPTP es un servidor RAS que utiliza una red IP como medio de distribución.

En la red 1.1.1 el *Cliente* tiene la dirección 1.1.1.1. En la red 2.2.2, la dirección IP del cliente es 2.2.2.4. Los servidores de nombres de cada red deben configurarse correctamente.

Para que las demás máquinas de la red 1.1.1 puedan ver a las máquinas de la red 2.2.2, deben configurarse individualmente con una entrada de encaminamiento que indique que *Cliente* es la puerta de enlace con la red 2.2.2.

Todas las máquinas de la red 2.2.2 pueden ver automáticamente a *Cliente,* pero a ninguna otra máquina de la red 1.1.1. Para que puedan verlas, cada una de ellas debe configurarse con una entrada en la tabla de rutas que indique que *Cliente* (2.2.2.4) es la puerta de enlace con la red 1.1.1. El camino que sigue un paquete cuando se envía desde una máquina de la red 2.2.2 a otra de la red 1.1.1 sería el siguiente:

1. La dirección del paquete en el nivel IP es la de la máquina destino y en el nivel MAC la de *Cliente*.
2. *Puerta de enlace* toma el paquete y lo reenvía a *Cliente* por la conexión PPTP.
3. *Cliente* comprueba la dirección destino IP en la red 1.1.1 y lo envía por la interfaz *A*.

Como puede verse, la configuración manual de este tipo de redes no es un proceso trivial. Puesto que PPTP hace que los clientes tengan varios adaptadores de red, se complica aún más el proceso. Para ayudar a automatizar este proceso puede utilizarse RIP u OSPF.

Un caso normal

La siguiente configuración de la red, mostrada en la Figura 9.12 de la página siguiente, representa a la mayoría de las redes del mundo real. Probablemente el administrador de red ha configurado el *Encaminador 1*, y probablemente, la *Puer-*

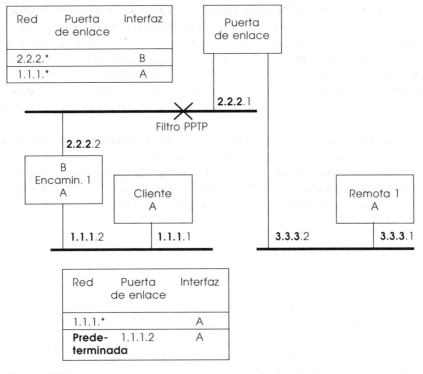

Figura 9.12
Unión de dos redes con PPTP. Descripción del problema
(antes de introducir el túnel).

ta de enlace para que tengan información explícita de las rutas. Los clientes utilizan las entradas de encaminamiento creadas localmente (y automáticamente) derivadas de cada dirección IP y máscara de red de su NIC. Estas entradas permiten que el cliente alcance las máquinas de su propia red. Además, la puerta de enlace predeterminada reenvía los demás paquetes a un encaminador, quien oculta las directivas de encaminamiento más complejas.

Aunque los encaminadores se intercambien información de encaminamiento dinámica RIP u OSPF, en muchos casos se utiliza el esquema de la puerta de enlace predeterminada para los clientes. DHCP puede asignar fácilmente las direcciones IP, las máscaras de subred y las puertas de enlace predeterminadas.

En la Figura 9.12, *Cliente* puede ver todas las máquinas de su subred local, 1.1.1, con la entrada 1.1.1 de la tabla de rutas. Además, puede ver a todas las máquinas de la red 2.2.2, incluyendo *Puerta de enlace* a través de la puerta de enlace predeterminada. Es preciso tener en cuenta que el filtro PPTP de la interfaz *A* de la *Puerta de enlace* limita el tráfico de *Puerta de enlace* a conexiones PPTP exclusivamente.

El problema de las múltiples puertas de enlace predeterminadas. Una vez que *Cliente* ha establecido el túnel PPTP con *Puerta de enlace*, como se muestra en la Figura 9.13, queda conectado a la red 3.3.3 a través de la nueva interfaz *B*. Al establecer esta conexión, RAS/PPTP normalmente cambia la puerta de enlace predeterminada de *Cliente* a *Puerta de enlace*. En este ejemplo, para ver las máquinas de la red 3.3.3 no es necesario efectuar cambios, aunque esto sería necesario si el otro lado de *Puerta de enlace* estuviera conectado a una red más compleja.

Cuando se cambia la puerta de enlace predeterminada, se produce un efecto no deseado: las máquinas que antes eran visibles de la red 2.2.2, incluyendo a la *Puerta de enlace*, quedan ocultas. En general, después de establecer una conexión PPTP con una máquina que utiliza el esquema de puerta de enlace predeterminada, sólo son visibles las máquinas de las subredes locales (del mismo segmento LAN).

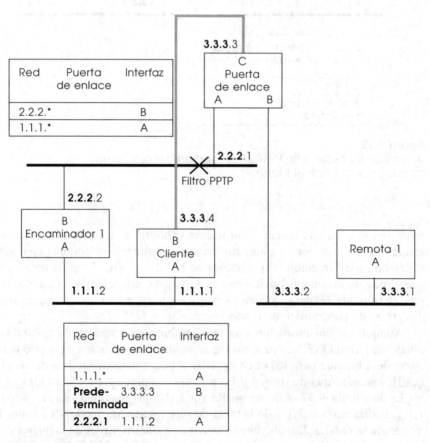

Figura 9.13
Unión de dos redes con PPTP. Descripción del problema (después de introducir el túnel).

Para impedir este problema de ruptura de la propia conexión PPTP, Windows NT crea una entrada en la tabla de rutas hacia la puerta de enlace PPTP a través de la puerta de enlace predeterminada anterior, *Encaminador 1*. Esto soluciona el problema de las puertas de enlace predeterminadas múltiples para la conexión PPTP, aunque algunas máquinas de la red origen permanecen ocultas.

Este problema sólo se produce cuando los clientes utilizan puertas de enlace predeterminadas para alcanzar a algunas redes. Las entradas explícitas de máquinas o redes de la tabla de rutas siguen siendo válidas cuando se establece la conexión PPTP. Esto significa que los clientes que reciban las actualizaciones de encaminamiento RIP u OSPF no tendrán problemas.

Este problema también afecta a otro tipo de configuración PPTP muy habitual. Si un cliente no conectado a la LAN se conecta telefónicamente a un ISP para acceder a Internet y, a continuación, establece una conexión túnel PPTP con una red corporativa, el cliente perderá la conectividad con el resto de Internet mientras la conexión PPTP esté activa.

INTERFACES DE COMUNICACIONES ENTRE PROCESOS POR RED

Windows 98 incluye soporte para varias interfaces de programación distribuida, entre los que se encuentran los siguientes:

- 🌐 Tuberías con nombre en el lado cliente.
- 🌐 Buzones.
- 🌐 Llamada a procedimientos remotos (RPC), que cumplen con el DCE de OSF.
- 🌐 DDE de red.
- 🌐 Interfaz Windows Sockets.

WINDOWS SCRIPTING HOST

Windows 98 admite la ejecución directa de scripts desde la interfaz de usuario o desde la línea de mandatos (un script es simplemente una serie de mandatos que se ejecutan automáticamente). Esto se efectúa con Windows Scripting Host, que permite a los administradores y usuarios automatizar la ejecución de acciones de interfaz de usuario repetitivas, como la creación de accesos directos, conexiones a servidores de red y desconexión desde un servidor de red. Windows Scripting Host es extremadamente flexible, ya que admite scripts Microsoft Visual Basic y scripts Java, y tiene una arquitectura independiente del lenguaje, lo que permite a las empresas de software construir motores de scripts ActiveX para lenguajes como Perl, TCL, REXX y Python.

Windows Scripting Host puede ejecutarse desde cualquier máquina con Windows (WSCRIPT.EXE) o desde la interfaz de mandatos (CSCRIPT.EXE). Cuando se hace doble clic en un archivo VBScript o JavaScript de Windows, se ejecuta Windows Scripting Host. Para ejecutar un script en modo de línea de mandatos, haga clic en la opción Ejecutar del menú del botón de Inicio, escriba *CSCRIPT nombre_archivo* en el cuadro de diálogo Ejecutar y haga clic en Aceptar.

NOMBRES DE ARCHIVOS LARGOS

Al igual que en Windows 95, los clientes de red de Windows 98 admiten la utilización de nombres de archivos largos. Si el sistema Windows 98 se conecta a un servidor de red que admite nombres de archivos largos, los nombres que maneja el servidor son idénticos a los que utiliza Windows 98 (en algunos servidores, la longitud de los nombres y la lista de caracteres restringidos pueden ser distintos a los de Windows 98). Es posible utilizar nombres de archivos largos tanto en Windows NT Server como en los servidores NetWare, siempre que éstos estén correctamente configurados.

IMPRESIÓN POR RED

Windows 98 incluye un cierto número de mejoras diseñadas para facilitar la impresión por la red, entre las que se encuentran las siguientes:

- **Señalar e imprimir.** El controlador de impresora se instala automáticamente cuando se establece una conexión con una impresora de un servidor Novell NetWare, Windows NT Server o Windows 98. Como consecuencia, los controladores de impresión de Windows 98 pueden estar ubicados en un servidor Windows NT Server o Novell NetWare e instalarse automáticamente en los clientes Windows 98.

- **Servidor de impresión para redes NetWare de Microsoft.** Para asegurar la compatibilidad con la funcionalidad PSERVER de NetWare, los servicios de igual a igual de Windows 98 pueden retirar trabajos de las colas de impresión de los servidores Novell NetWare.

- **Impresión diferida.** Cuando se desconecta de la red un PC con Windows 98, los trabajos de impresión se marcan para su ejecución en diferido hasta que se vuelva a conectar a la red. Los trabajos de impresión pendientes se inician en cuanto se vuelve a conectar el PC.

- **Administración de impresión remota.** Los trabajos de impresión pueden mantenerse, cancelarse y reinicializarse de forma remota. Además, en sistemas con puertos ECP, puede obtenerse información acerca del estado de los trabajos de impresión (como el estado de la bandeja de alimentación de papel, atascos de papel o cualquier otro error).

MODELO DE OBJETOS COMPONENTES DISTRIBUIDOS

El modelo COM distribuido (DCOM) amplía la infraestructura del Modelo de objetos componentes (COM) que utiliza ActiveX, de forma transparente y natural, permitiendo una comunicación fiable, segura y eficaz entre los controles ActiveX, scripts y miniaplicaciones Java ubicados en las distintas máquinas de una LAN, WAN o Internet. Con DCOM, la aplicación puede distribuirse en distintos lugares de manera que se satisfagan las necesidades del cliente o de la aplicación.

Puesto que DCOM es una evolución de COM, pueden aprovecharse todas las inversiones realizadas en aplicaciones ActiveX, componentes, herramientas y conocimientos para pasar al mundo de la informática distribuida basada en estándares. De esta manera, DCOM controla los detalles de bajo nivel de los protocolos de red de forma que el usuario sólo tenga que centrarse en los problemas reales de su negocio: proporcionar soluciones ActiveX a sus clientes de forma rápida.

SEGURIDAD EN LA RED

Windows 98 tiene un inicio de sesión completo. Lo primero que se encuentran los usuarios después de iniciar Windows 98 es un cuadro de diálogo de inicio de sesión, que varía según el tipo de red. Por ejemplo, el cuadro de inicio de sesión de Windows NT Server solicita el nombre de usuario, una contraseña y el nombre del dominio. El cuadro de diálogo de inicio de sesión para Novell NetWare 4.*x* solicita el nombre de usuario, la contraseña y un nombre de servidor. Una vez validado el nombre del usuario y su contraseña en el servidor de seguridad de la red, se abre la interfaz de usuario de Windows 98.

Los administradores de red pueden configurar el sistema Windows 98 para permitir el acceso a la interfaz de usuario sin conexiones de red en caso de que la validación no sea satisfactoria (esta configuración es la predeterminada). Una solución alternativa a este problema puede consistir en que los administradores de red creen cuentas de invitados con un acceso limitado a la red.

El inicio de sesión de Windows 98 no se ha concebido para actuar como un sistema de seguridad del PC. Puesto que los PC siguen siendo vulnerables al arranque con disquete, todos los datos que se encuentran en el disco duro están potencialmente disponibles. El sistema de archivos de Windows 98 es el sistema de archivos FAT de MS-DOS, que no tiene cifrado ni otros mecanismos de seguridad.

Los recursos de red pueden protegerse en Windows 98 con los mismos mecanismos de seguridad que utilizan los servidores de red en las redes corporativas. El nombre de usuario y la contraseña de Windows 98 pueden configurarse para que sean los mismos que los que utiliza el servidor de red. De esta manera, el administrador de red puede controlar el acceso a la red, proporcionar seguridad de nivel de usuario para acceder a los recursos compartidos y controlar los distintos agentes de Windows 98, así como otorgar los privilegios de administración en Windows 98. De esta manera, Windows 98 aprovecha las inversiones realizadas en servidores de archivos, herramientas de administración, utilidades e infraestructura. Los administradores de red pueden administrar las cuentas de usuario centralizadamente desde el servidor, como lo han hecho siempre. Para ello, también pueden seguir utilizando sus herramientas favoritas.

Control de contraseñas: Inicio de sesión unificado

El control de contraseñas de Windows 98 proporciona un inicio de sesión unificado para todos los componentes del sistema que requieran servicios de autentificación de contraseñas, y para las aplicaciones que utilizan los servicios de Control de contraseñas. Por ejemplo, las hojas de cálculo o bases de datos protegidas utilizan los servicios del Control de contraseñas.

El Control de contraseñas asocia el nombre del usuario y la contraseña escritos en el inicio de sesión de Windows 98 con otros programas y componentes del sistema que utilizan las labores de autentificación. Si se necesita una mayor seguridad, los administradores de red pueden utilizar otras contraseñas para acceder a los datos confidenciales de la empresa u otros servicios de red confidenciales.

La Figura 9.14 muestra la hoja de propiedades Propiedades de Contraseñas, accesible desde el Panel de control.

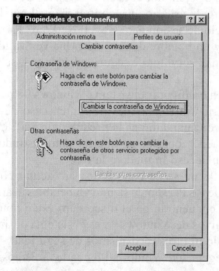

Figura 9.14
Hoja de propiedades de la seguridad del sistema, con los parámetros del control de contraseñas.

El control de contraseñas proporciona un mecanismo para administrar individualmente cada uno de los componentes que requieren utilizar la caché unificada de contraseñas. Windows 98 puede configurarse para que utilice los datos del inicio de la sesión de Windows 98 para realizar la autentificación de cada servicio o aplicación, de manera que se permite el acceso a todos los recursos de Windows 98 y de la red con el control de contraseñas de Windows 98. Un ejemplo de utilización del servicio de control de contraseñas en Windows 98 es el inicio de una sesión con la red y con el cliente de Microsoft Outlook Express, el cliente de correo incorporado en Windows 98, simultáneamente. Así, cuando los usuarios inician una sesión en sus PC, la contraseña que escriben para entrar en Windows 98 también les permite el acceso al correo. Este inicio de sesión unificado es una solución al problema de la proliferación de contraseñas.

Seguridad de nivel de usuario

Windows 98 utiliza el proceso de inicio de sesión para proporcionar seguridad de nivel de usuario a una gran variedad de servicios que van más allá del acceso a los recursos de red, como los que se indican a continuación:

- Compartición de archivos e impresoras.
- Control de la puerta de enlace o gateway de acceso telefónico a redes.
- Agente de copia de seguridad.
- Administración de la red y del sistema.

Seguridad por envío de parámetros

La seguridad por envío de parámetros de Windows 98 es un mecanismo que permite disponer de seguridad de nivel de usuario. Esto significa que Windows 98 envía directamente las peticiones de autentificación a los servidores Windows NT Server o NetWare. Windows 98 no implementa ningún mecanismo propio de seguridad de nivel de usuario, sino que utiliza los servicios de alguno de los servidores de la red.

Compartición de archivos e impresoras

Para compartir archivos e impresoras en Windows 98 con los servicios de igual a igual, el proceso de seguridad por envío de parámetros tiene dos fases. En primer lugar, debe activarse en el Panel de control la seguridad de nivel de usuario. En segundo lugar, debe compartirse el dispositivo y deben especificarse los privilegios de los usuarios. Si se hace clic con el botón derecho en el icono de la unidad C de MiPC y se selecciona la opción Propiedades del menú emergente, se abre una hoja de propiedades que muestra qué se está compartiendo, qué usuarios tienen acceso, y permite, además, compartir nuevos dispositivos y añadir nuevos usuarios a cada uno de los recursos compartidos. En esta hoja de propiedades se muestran los nombres de usuario que proporciona el dominio Windows NT, el directorio de NetWare o NDS.

Administración remota

La función de administración remota de Windows 98 especifica qué usuarios y qué grupos tienen autoridad para administrar los distintos componentes del sistema Windows 98, entre los que se encuentran:

- Control de la puerta de enlace al acceso telefónico a redes.

- Agente de copia de seguridad.

- Acceso remoto al Registro.

- Acceso remoto al Monitor de red.

- Supervisión remota del rendimiento del sistema.

La Administración remota se controla por medio de la herramienta de Contraseñas del Panel de control. La Figura 9.15 muestra la Administración remota activada. En este caso, la Administración remota está limitada al grupo de admi-

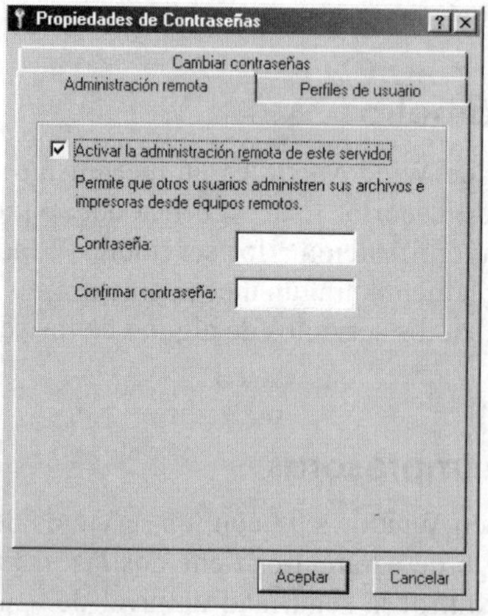

Figura 9.15
Hoja de propiedades de seguridad, con los parámetros de la Administración remota.

nistradores de red Admin Dominio (cualquier usuario que forma parte de este grupo puede administrar este sistema Windows 98). También pueden designarse a usuarios individuales como administradores remotos. Por ejemplo, los usuarios más avanzados pueden tener acceso a sus sistemas como administrador remoto.

SERVIDOR DE ACCESO REMOTO

Windows 98 incluye todos los componentes necesarios para hacer que el escritorio funcione como un servidor de acceso telefónico. Esta función permite a los clientes de acceso telefónico conectarse remotamente a una máquina Windows 98 para acceder a sus recursos locales o a una red IPX/SPX o NetBEUI. Mediante esta conexión remota, los usuarios acceden a la información con facilidad y administran sus máquinas independientemente de su ubicación.

Windows 98 soporta una puerta de enlace o gateway de acceso telefónico que admite una única conexión, para que un PC con Windows 98 con los servicios de igual a igual pueda actuar como una puerta de enlace a la red (por el contrario, Windows NT Server acepta múltiples usuarios de llamada telefónica simultáneamente). El Servidor de acceso remoto se configura con la hoja de propiedades mostrada en la Figura 9.16.

Al igual que el cliente de acceso telefónico a redes, el Servidor de acceso remoto acepta los siguientes protocolos:

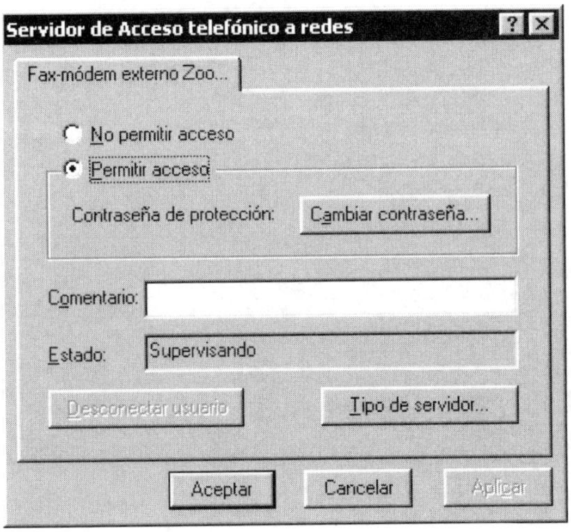

Figura 9.16
Hoja de propiedades del Servidor de acceso telefónico a redes,
con el acceso telefónico a redes activado para los PC con Windows 98.

- TCP/IP a través de PPP y PPTP.

- IPX/SPX a través de PPP y PPTP.

- NetBEUI.

El Servidor de acceso remoto utiliza la seguridad por envío de parámetros, por lo que la autentificación de usuarios se realiza con la seguridad de nivel de usuario, para controlar el acceso a los servicios de acceso telefónico. Una vez establecida la conexión con el Servidor de acceso remoto, los clientes de acceso telefónico pueden acceder a cualquier recurso de red siempre que tengan los privilegios adecuados, como los servidores de red y servicios de igual a igual.

Si desea obtener más información acerca del Acceso telefónico a redes, consulte el Capítulo 12, «Servicios para computadoras móviles».

10

Impresión

PARA SATISFACER LAS PETICIONES de clientes y fabricantes independientes de hardware y software, Microsoft Windows 95 introdujo muchos cambios en los procesos de impresión. Estas mejoras estaban centradas principalmente en las siguientes tres áreas:

- ⊕ **Mejor rendimiento.** Windows 95 tiene una nueva arquitectura de impresión de 32 bits que permite el intercambio de tareas prioritario y un rendimiento global mejorado.

- ⊕ **Más fácil de usar.** Las mejoras en la interfaz de usuario de Windows 95 facilitan la impresión y la instalación de nuevas impresoras con Plug and Play.

- ⊕ **Mejor integración de la impresión por red.** Windows 95 amplía la arquitectura de impresión local para entornos de red e incluye mejoras de instalación para impresoras compartidas en red.

Este capítulo describe la arquitectura de impresión de Microsoft Windows 98, que es, sustancialmente, la misma que la de Windows 95. Las principales mejoras de impresión de Windows 95, también presentes en Windows 98, son las siguientes:

- ⊕ Un subsistema de impresión de 32 bits modelado según el subsistema de impresión de Windows NT, que proporciona una impresión silenciosa en segundo plano.

- ⊕ Un mejor rendimiento de impresión mediante la utilización de colas con metaarchivos (EMF), que reduce el tiempo necesario para devolver el control a la aplicación.

- Soporte para más de 500 modelos de impresoras diferentes con el desarrollo de nuevos minicontroladores de impresora (Windows 98 admite unos 1.300 modelos de impresoras).

- Soporte para impresoras PostScript de nivel II.

- Utilización de las mismas colas de impresión para aplicaciones MS-DOS y aplicaciones Windows, con resolución de conflictos cuando las aplicaciones DOS y Windows tratan de imprimir a la vez.

- Ajuste de colores de imagen, lo que proporciona un mejor WYSIWYG entre el color de las imágenes en la pantalla y el color que se genera en el dispositivo de salida.

- Impresión en diferido para los usuarios de computadoras portátiles, lo que les permite lanzar el mandato de impresión aunque no estén conectados a una impresora, de manera que los trabajos de impresión se inician automáticamente cuando la computadora se acopla a una estación de acoplamiento (*docking station*).

- Instalación y configuración simplificada de controladores de impresora, y una utilización más sencilla con una interfaz de usuario consolidada.

- Soporte para impresoras y puertos bidireccionales, lo que supone un mejor rendimiento de E/S de los puertos paralelo rápidos (puertos de capacidades mejoradas, o ECP) y permite recibir códigos de error.

- Integración del soporte de impresión por red y automatización de la instalación de controladores de impresoras desde servidores Windows 95, Windows NT y Novell NetWare.

- Soporte Plug and Play para impresoras, lo que facilita la instalación y la configuración.

EL SUBSISTEMA DE IMPRESIÓN DE 32 BITS

Windows 98 tiene un subsistema de impresión de 32 bits que incluye una arquitectura de colas de impresión multitarea con prioridades, que proporciona una mejora en el rendimiento de la impresión, una impresión silenciosa en segundo plano y un rápido retorno a la aplicación después de haber iniciado el trabajo de impresión. La arquitectura de este subsistema de impresión es compatible con el subsistema de impresión de Windows NT.

Gestor de colas de impresión de 32 bits con prioridad

El gestor de colas de impresión de Windows 98 está implementado como un conjunto de controladores virtuales de dispositivo de 32 bits. La funcionalidad del gestor está englobada en una única arquitectura, que ofrece las siguientes ventajas:

⊕ **Impresión silenciosa en segundo plano.** El gestor de colas de impresión de Windows 98 únicamente envía los datos a la impresora cuando está preparada para recibirlos. Esta estrategia ayuda a reducir las interacciones con las aplicaciones.

⊕ **Rápido retorno a la aplicación.** Gracias al nuevo subsistema de impresión de 32 bits, cuando se trabaja con aplicaciones basadas en Windows, Windows 98 inserta en la cola trabajos EMF en vez de los datos reales de impresión, lo que representa un menor tiempo de retorno a la aplicación. Una vez insertados en la cola, el controlador de impresora interpreta el EMF en segundo plano y envía la salida a la impresora. Si desea obtener más detalles, consulte el apartado siguiente, «Colas de metaarchivos mejorados».

⊕ **Potencia y flexibilidad.** Esta arquitectura permite a los usuarios seleccionar los atributos de cada impresora, en vez de tener atributos globales de impresión. Por ejemplo, cada impresora puede tener un separador de páginas diferente y la opción de imprimir directamente desde una cola.

Colas de metaarchivos mejorados

Las colas de metaarchivos mejorados producen un tiempo de retorno a la aplicación más rápido, devolviendo el control al usuario más rápidamente una vez iniciado un trabajo de impresión desde una aplicación Windows.

Windows 98 inserta en las colas los mandatos de alto nivel que genera el API de impresión GDI, denominados EMF en su conjunto, en vez de los datos reales de impresión que genera el controlador de la impresora. Por ejemplo, si un documento contiene un rectángulo negro, el EMF inserta un mandato para dibujar un rectángulo con las dimensiones adecuadas que debe rellenarse de negro. Después de crear el EMF, se devuelve el control al usuario y el gestor de colas de impresión del subsistema de impresión de 32 bits interpreta el EMF en segundo plano y el resultado se envía al controlador de impresora. Este proceso, mostrado en la Figura 10.1, devuelve el control al usuario más rápidamente, ya que no tiene que esperar a que las llamadas de impresión se interpreten directamente en el controlador de impresora.

SOPORTE PARA APLICACIONES BASADAS EN MS-DOS

Microsoft Windows 98 admite la impresión desde las aplicaciones basadas en MS-DOS que se ejecuten en el entorno de Windows, haciendo que inserten sus trabajos de impresión en el gestor de colas del subsistema de impresión de 32 bits. Windows 98 permite a las aplicaciones MS-DOS insertar trabajos directamente en el gestor de colas de 32 bits. Esta función se encuentra integrada en un controlador virtual del gestor de colas, que recoge la salida destinada al puerto de impresora y la envía al gestor de colas, en vez de enviar los datos directamente a la impreso-

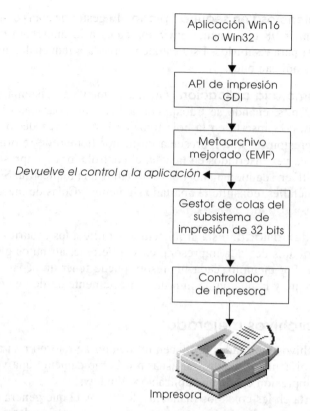

Figura 10.1
La función del gestor de colas en la impresión de Windows 98.

ra. El gestor de colas se instala y configura automáticamente, y su trabajo es transparente para los usuarios. Funciona con todas las aplicaciones basadas en MS-DOS y produce un mejor tiempo de retorno a la aplicación. Aunque las aplicaciones basadas en MS-DOS no pueden aprovechar las colas con EMF (provisto únicamente para las aplicaciones Windows), el mecanismo del gestor de colas de impresión asegura que los usuarios no van a tener problemas de retención en el dispositivo y van a disfrutar de una impresión silenciosa en segundo plano con un rendimiento mejorado.

SOPORTE PARA IMPRESIÓN DIFERIDA

Teniendo en cuenta a los usuarios de computadoras portátiles, el subsistema de impresión de Windows 98 permite la impresión diferida. Esta función hace que los usuarios puedan lanzar trabajos de impresión aunque no estén conectados a una impresora, que se almacenan en sus computadoras. Los trabajos pendientes de impresión se mantienen en la cola hasta que la computadora se conecta a una impresora. Con esta característica, los usuarios móviles pueden crear trabajos de impresión desde aplicaciones Windows o MS-DOS mientras se encuentran en movimiento e imprimirlos en una impresora cuando vuelven a la oficina. Esta característica es muy útil cuando los usuarios de la oficina pierden temporalmente la conexión con la impresora por problemas de red o de la propia impresora.

SOPORTE PARA AJUSTE DE COLOR

Con la tecnología propiedad de Kodak, Windows 98 proporciona soporte para ajuste de color (ICM), lo que permite a las aplicaciones ofrecer un gran parecido entre el color de las imágenes mostrado en pantalla y el color de las imágenes generadas en el dispositivo de salida. Se incluye soporte ICM para dispositivos de pantalla, escáner e impresoras.

ICM proporciona una producción de color coherente (predecible) desde la primera visualización en el monitor hasta la salida final. Con la funcionalidad ICM, la información de color puede transportarse entre las distintas aplicaciones que manipulan la información; entre los usuarios, con una utilización coherente de los colores, y entre plataformas, lo que permite pasar libremente la información por los distintos sistemas en los que se encuentra implementado ICM.

El soporte ICM de Windows 98 proporciona las siguientes ventajas a los desarrolladores de aplicaciones, que a su vez también benefician a los usuarios finales:

- 🌐 Permite que las aplicaciones tengan en cuenta el color de una manera sencilla.

- 🌐 Permite disponer de color.

- 🌐 Proporciona una salida de color coherente entre los distintos dispositivos.

Windows 98 incluye soporte ICM como parte del sistema operativo, lo que permite a los desarrolladores de aplicaciones integrar la funcionalidad ICM en sus propias aplicaciones y aprovechar los servicios de este sistema.

Para admitir un ajuste de colores independiente de los dispositivos, los colores que utilizan las aplicaciones están ligados a los estándares de colorimetría internacionales (basados en CIE), en vez de adaptarse a dispositivos hardware específicos. El sistema operativo realiza las transformaciones de colores necesarias para convertir las representaciones de colores independientes de dispositivo en los colores que admite el dispositivo físico.

El punto principal en la utilización de ICM es el empleo de un perfil que representa las propiedades de color de un monitor, impresora o escáner. El formato de perfil que utiliza el ICM de Windows 98 es el de InterColor 3.0, un consorcio del sector formado por distintos fabricantes de hardware, como Kodak, Microsoft, Apple Computer, Sun Microsystems y Silicon Graphics, entre otros, y organismos de internacionalización de estándares. InterColor 3.0 lleva a cabo un proceso de estandarización de colores coherente entre plataformas que produce estándares para definir las propiedades ICM de los dispositivos de salida y de visualización.

La primera implementación Microsoft del soporte de ajuste de color se presentó en Windows 95 con el nombre de ICM 1.0. Esta versión de ICM fue diseñada para satisfacer las necesidades de aplicaciones que sólo funcionan con conjuntos de colores diferentes a RGB (como CMYK) y necesitan gestión de colores para trabajar de forma transparente al usuario. ICM 1.0 requiere instalar perfiles ICC (Consorcio de color internacional) en todos los dispositivos de color del sistema y requiere que la aplicación que desea controlar con precisión los colores utilice el API de ICM 1.0.

Después de varias reuniones con distintos fabricantes de empresas líderes en el ámbito del color, Microsoft ha diseñado ICM 2.0. La nueva API es un superconjunto del API de ICM 1.0 y agrega nuevas funciones:

- Compatible con ICM 1.0.
- Compatible con ICC.
- Escalable: un API simple para aplicaciones como Microsoft Office y un control completo para aplicaciones como Adobe PhotoShop.
- La misma API para los sistemas operativos Windows 95 y Windows NT.
- Admite administración de perfiles desde la interfaz de usuario y desde el API.
- Admite cabeceras de mapas de bit v5.
- Admite el espacio de colores estándar: sRGB.
- Admite más espacios de colores: RGB, CMYK, LAB y otros.
- Admite más formatos de mapas de bit.
- Mejora de la gestión de paletas de colores.
- Participación de los controladores de dispositivos en los sistemas operativos Windows 98 y Windows NT.
- Admite múltiples módulos de gestión de color (CMM).
- CMM predeterminado más rápido, que admite todos los perfiles compatibles con ICC.
- Instalación de perfiles más sencilla.

INSTALACIÓN Y CONFIGURACIÓN DE UNA IMPRESORA

Windows 98 consolida las funciones de la impresora y de la impresión en una única carpeta Impresoras, mostrada en la Figura 10.2. La carpeta Impresoras pro-

Figura 10.2
La carpeta Impresoras con la nueva vista Ver como página Web.

porciona una forma fácil de agregar nuevas impresoras, configurar las impresoras existentes y administrar los trabajos de impresión.

Instalación de una impresora

Windows 98 facilita la instalación de nuevas impresoras mediante los siguientes mecanismos de instalación:

- **Detección de impresoras Plug and Play.** Windows 98 detecta automáticamente las impresoras Plug and Play durante la instalación o durante el proceso de inicio. Si no se encuentran en el directorio de Windows, el código de detección Plug and Play solicita al usuario los archivos de los controladores apropiados.

- **Asistente Agregar impresora.** Windows 98 incluye un asistente que guía a los usuarios a través del proceso de instalación de la impresora. La instalación siempre es sencilla, esté la impresora conectada al PC local o a otro PC de la red. La Figura 10.3 muestra el primer panel del asistente Agregar impresora.

- **Impresión Señalar e imprimir.** La característica Señalar e imprimir permite a los usuarios conectarse y utilizar rápidamente una impresora compartida de otro PC con Windows 98, Windows NT o Novell NetWare. Cuando los usuarios se conectan a una impresora compartida, Windows 98 copia e instala automáticamente el controlador correcto para dicha impresora desde el PC remoto (Windows 98, Windows NT o Novell NetWare). Los usuarios sólo tienen que imprimir. La función Señalar e imprimir se describe con más detalle en el Capítulo 9, «Las redes en Windows 98».

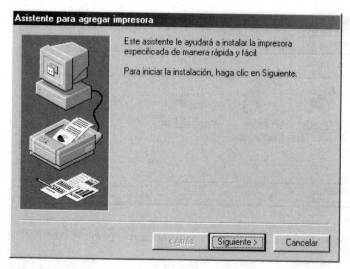

Figura 10.3
El asistente Agregar impresora guía a los usuarios por el proceso
de instalación de una impresora.

Configurar una impresora

Toda la configuración de la impresora se encuentra reunida en una única hoja de
propiedades a la que puede accederse desde la opción Configuración del menú de
Inicio. La hoja de propiedades, mostrada en la Figura 10.4 de la página siguiente,
contiene todos los parámetros de la impresora, como el puerto de impresión (o la
conexión de red) a la que está conectada la impresora, las opciones de papel, los
tipos de letra incorporados y las opciones de dispositivo específicas de cada modelo de impresora.

Para simplificar aún más la configuración de la impresora, Windows 98 admite
comunicaciones bidireccionales entre las impresoras y los puertos de impresión.
Con esta funcionalidad, Windows 98 puede solicitar directamente a la impresora
las características y las opciones de configuración, de manera que pueda configurar el controlador de impresora automáticamente para que coincida con la configuración de la impresora, incluyendo la cantidad de memoria, las opciones de papel
y los tipos de letra instalados en ella.

ADMINISTRACIÓN DE LOS TRABAJOS DE IMPRESIÓN

Las funciones de administración de trabajos de impresión en Windows 98 son las
siguientes:

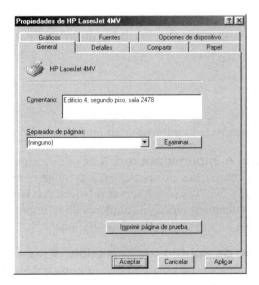

Figura 10.4
Hoja de propiedades de la impresora Hewlett-Packard LaserJet 4MV.

🌐 **Integración directa con la interfaz de usuario de Windows 98.** La carpeta Impresoras sirve como punto central para interactuar y configurar los dispositivos de impresión. Al abrir la ventana de una impresora y seleccionar la vista Detalles, como se muestra en la Figura 10.5, aparece información detallada sobre el contenido del trabajo o trabajos activos que están esperando en la cola, su nombre, estado y propietario del trabajo; cuándo se ha insertado el trabajo en la cola; el tamaño del documento y la prioridad asignada al trabajo de impresión.

🌐 **Administración local y remota de los trabajos de impresión.** Los usuarios pueden detener o cancelar la ejecución de los trabajos de impresión de una cola de impresión remota de un PC con Windows 98. Los usuarios con acceso de administrador, en un PC con Windows 98 que comparte

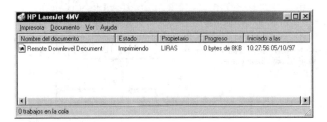

Figura 10.5
Vista Detalles del estado de una cola de impresión remota.

una impresora, pueden administrar de forma remota la cola de impresión con la misma interfaz de usuario y funcionalidad disponible para las impresoras locales.

IMPRESIÓN POR RED

Windows 98 tiene también mejoras para la impresión en un entorno de red:

- **Funcionalidad Señalar e imprimir por red.** Los usuarios pueden imprimir en una impresora compartida por red conectada a una computadora con Windows 98, Windows NT Advanced Server o Novell NetWare, e instalar y configurar automáticamente los controladores de la impresora desde la computadora remota en el PC con Windows 98 local.

- **Administración remota de trabajos de impresión.** Windows 98 permite realizar una administración remota completa de los trabajos de impresión de las impresoras compartidas en computadoras con Windows 98. Con los privilegios de acceso adecuados, pueden realizarse remotamente operaciones como detener, cancelar y reanudar un trabajo de impresión.

Puede encontrar más información acerca de la impresión por red de Windows 98 en el Capítulo 9, «Las redes en Windows 98».

SOPORTE PLUG AND PLAY

Cuando se utilizan comunicaciones bidireccionales, Windows 98 puede detectar las impresoras Plug and Play conectadas al PC (véase la Figura 10.6) si recibe un valor de identificador de dispositivo, como se describe en las especificaciones USB,

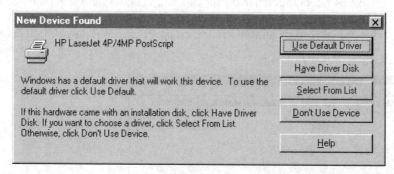

Figura 10.6
El nuevo cuadro de diálogo New Device Found, que muestra la detección de una impresora Plug and Play.

IEEE 1284 o IEEE 1394. Las comunicaciones bidireccionales por el puerto paralelo también permiten a Windows 98 obtener información acerca de otros atributos físicos del dispositivo.

Windows 98 detecta una impresora Plug and Play de una de las dos maneras siguientes: durante el inicio de Windows 98, o cada vez que un usuario solicita explícitamente la detección de una impresora. Cuando se inicia Windows 98, las impresoras Plug and Play conectadas a un puerto de comunicación paralelo bidireccional intentan identificarse a sí mismas enviando su código de detección. Si la impresora conectada no está configurada en Windows 98, se pregunta al usuario si debe instalarse. Si el usuario hace clic en Sí y el controlador de impresora ya se encuentra en el sistema, Windows 98 instala y configura automáticamente el controlador de la impresora. Si el controlador de impresora no se encuentra todavía en el sistema, Windows 98 solicita al usuario el disco de Configuración e instalación de Windows 98. Si el sistema no reconoce la impresora, Windows 98 solicita al usuario que inserte el disco del fabricante que contiene el controlador de impresora.

11

Comunicaciones

MICROSOFT WINDOWS 98 dispone de un subsistema de comunicaciones de 32 bits que proporciona una alta capacidad de procesamiento, fiabilidad e independencia del dispositivo en las operaciones de comunicaciones. Este subsistema proporciona una arquitectura de comunicaciones subyacente potente, robusta y flexible, sobre la que Windows 98 proporciona los servicios de comunicaciones que soportan el acceso telefónico a redes, los servicios de Microsoft Fax, el acceso a los servicios de información en línea, la integración telefonía-informática, conferencias y acceso remoto al correo.

VENTAJAS PARA EL USUARIO DE WINDOWS 98

Gracias a la arquitectura del núcleo y de las comunicaciones, los usuarios de Windows 98 obtienen las siguientes ventajas:

- Comunicaciones de alta velocidad robustas y fiables.

- Multitarea de las aplicaciones de comunicaciones.

- Fácil instalación y configuración de módem centralizada.

- Amplio soporte a dispositivos.

- Soporte para compartir dispositivos de comunicaciones, como módems, entre diferentes aplicaciones de comunicaciones.

- Independencia de la red telefónica.

ARQUITECTURA DE COMUNICACIONES

Cuando se desarrolló Microsoft Windows 3.0, lo normal era tener un módem de 2.400 baudios y los módems de 9.600 baudios comenzaban a estar asequibles. Windows 3.0 podía tratar sin mucha dificultad los datos que recibía a esas velocidades relativamente bajas. Sin embargo, cuando se hicieron más populares los mecanismos para transmitir información a velocidades más altas (por ejemplo, utilizando velocidades en baudios más altas o compresión de datos), la arquitectura de comunicaciones de Windows tuvo que ser revisada detenidamente.

Cuando salió al mercado Windows 3.1, los módems de 9.600 baudios eran muy populares, pero debido a las barreras de Windows 3.1, la efectividad total de las comunicaciones de alta velocidad fiables estaba limitada, y la eficiencia de la multitarea se veía afectada cuando se ejecutaban las aplicaciones de comunicaciones. Estas barreras de comunicaciones incluían alta sobrecarga y latencia de interrupciones que afectaban a la comunicación de alta velocidad y una arquitectura de controladores monolítica que hizo que algunos fabricantes reemplazaran los controladores de comunicaciones proporcionados con Windows 3.1 para permitir que sus dispositivos funcionaran de una forma eficiente en el sistema.

Windows 98 soporta aplicaciones de comunicaciones y comunicaciones de alta velocidad y proporciona una arquitectura modular que permite a los fabricantes de dispositivos conectar fácilmente con los nuevos controladores de dispositivos de comunicaciones. Esta sección describe la arquitectura de comunicaciones utilizada en Windows 98.

Objetivos de las comunicaciones de Windows 98

Los objetivos del soporte de comunicaciones en Windows 98 son proporcionar un mejor rendimiento y mejorar la facilidad de uso gracias a las comunicaciones Plug and Play. La arquitectura de comunicaciones de Windows 98 proporciona las siguientes mejoras en el rendimiento:

- 🌐 **Comunicaciones de alta velocidad fiables.** Windows 98 consigue comunicaciones de alta velocidad fiables ajustándose a la velocidad con que llegan los datos desde el puerto de comunicaciones, no incurriendo así en la pérdida de caracteres debido a la latencia de interrupciones. Además, la utilización de una arquitectura de red y un sistema de archivos en modo protegido de 32 bits tiene menos impacto sobre el sistema de comunicaciones, debido a que las transiciones de modo requeridas y la latencia de interrupciones se han reducido.

- 🌐 **Alto rendimiento en transmisión de datos.** El subsistema de comunicaciones de 32 bits utiliza la arquitectura multitarea por división en el tiempo de Windows 98 para mejorar la respuesta y conseguir un alto rendimiento en la transmisión de datos. La transferencia de datos en aplicaciones de comunicaciones de 32 bits no se ve afectada por otras tareas que se estén ejecutando en el sistema.

- ☻ **Soporte para protocolos de tiempo real.** La arquitectura de comunicaciones proporciona el soporte para protocolos de tiempo real y tiene en cuenta el control de los dispositivos serie en tiempo real.

- ☻ **Independencia de la red telefónica subyacente.** Windows 98 permite a los desarrolladores de aplicaciones construir aplicaciones de telefonía que se puedan ejecutar en un amplio número de redes telefónicas, incluyendo analógicas, PBX digitales propietarias, RDSI y celulares.

La iniciativa Plug and Play proporciona mejoras fáciles de utilizar por todo Windows 98, y el soporte de comunicaciones no es la excepción. El soporte Plug and Play para comunicaciones tiene las siguientes ventajas:

- ☻ **Amplio soporte a dispositivos.** Windows 98 presenta una arquitectura de controladores de comunicaciones que facilita que terceros puedan ampliar el soporte de comunicaciones proporcionado en el sistema operativo sin reducir su funcionalidad o su estabilidad. Además, esta arquitectura de comunicaciones presenta un API que soporta dispositivos de comunicaciones más robustos que los dispositivos RS-232 básicos, como por ejemplo RDSI.

- ☻ **Dispositivos de comunicaciones fáciles de instalar y de utilizar.** Windows 98 presenta una instalación y configuración de módem centralizada para simplificarle a los usuarios su instalación y para simplificarle a los desarrolladores de aplicaciones el esfuerzo en el desarrollo de las comunicaciones. Windows 98 utiliza un sencillo controlador de módem universal (Unimodem) para proporcionar un mecanismo consistente para las comunicaciones con los dispositivos de módem. También proporciona el soporte para la detección de módems Plug and Play y el soporte para hardware existente al incluir mecanismos para la detección de módems existentes.

- ☻ **Dispositivos compartidos entre aplicaciones de comunicaciones.** Windows 98 proporciona un mecanismo consistente e independiente del dispositivo para controlar los dispositivos de comunicaciones en operaciones tales como marcación en llamadas salientes y respuesta en llamadas entrantes a través del API de telefonía (TAPI, Telephony API). El arbitraje para la compartición de los puertos y dispositivos de comunicaciones también se realiza a través del TAPI. Por ejemplo, mientras el acceso telefónico a redes de Windows 98 está esperando una llamada entrante, una aplicación de comunicaciones de fax que utilice TAPI puede enviar un fax sin tener que terminar primero la aplicación de comunicaciones que se está ejecutando.

El resto de esta sección analiza los componentes que forman el soporte de comunicaciones para el subsistema de comunicaciones de 32 bits de Windows 98.

Arquitectura del núcleo

Cuando los datos entran en el sistema desde un puerto de comunicaciones serie, una interrupción le indica al sistema que se ha recibido un dato. Mientras que la E/S del disco y la E/S de red trabajan con bloques de información, la E/S mediante comunicaciones serie genera una interrupción en el sistema por *cada* carácter recibido. La carga sobre el controlador de comunicaciones para no retrasarse es alta. Para soportar el procesamiento de información a altas velocidades desde un dispositivo de comunicaciones, el sistema debe ser capaz de responder rápidamente a los datos de entrada. Para mejorar el rendimiento y la velocidad a la que el sistema puede aceptar datos de entrada de forma fiable, el código que puede ser utilizado sólo por un proceso en un instante dado (secciones críticas) se mantiene pequeño; la latencia de interrupciones en el núcleo del sistema también se mantiene pequeña. Además, la utilización de componentes en modo protegido de 32 bits para la implementación del sistema de archivos y del subsistema de red mejora la respuesta del sistema. Windows 98 tiene limitada la velocidad de transmisión sólo por las características hardware del PC, como son la velocidad del procesador y el tipo de puertos de comunicaciones.

Arquitectura del controlador

El subsistema de comunicaciones de Windows 98 tiene una arquitectura modular en modo protegido de 32 bits con nuevos controladores de comunicaciones. Un nivel llamado VCOMM proporciona los servicios en modo protegido que les permite a las aplicaciones basadas en Windows y a los controladores de dispositivos utilizar los puertos y los módems. Para conservar los recursos del sistema, los controladores de los dispositivos de comunicaciones se cargan en memoria sólo cuando son utilizados por las aplicaciones. VCOMM utiliza los servicios Plug and Play de Windows 98 para facilitar la configuración e instalación de los dispositivos de comunicaciones.

Windows 98 proporciona una arquitectura de comunicaciones flexible, separando las operaciones de comunicaciones en tres áreas principales: API de comunicaciones Win32 y TAPI, el controlador de módem universal y los controladores de los puertos de comunicaciones. La Figura 11.1 muestra la relación que existe entre el controlador de comunicaciones VCOMM y los controladores de los puertos para comunicarse con los dispositivos hardware. También se puede ver la arquitectura de comunicaciones para una aplicación Win16, donde se observa cómo se mantiene la compatibilidad con aplicaciones basadas en Windows 3.*x*.

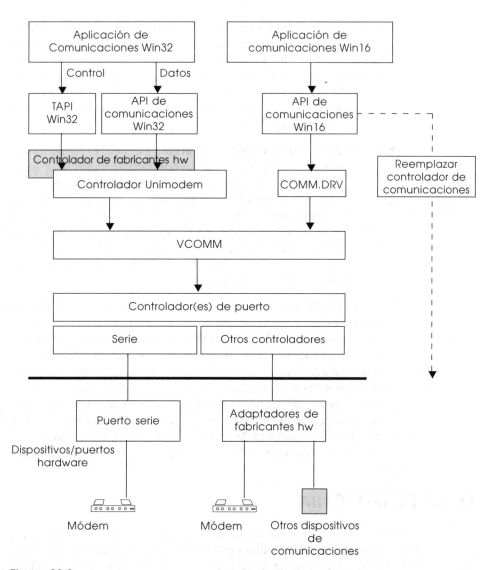

Figura 11.1.
Arquitectura de comunicaciones de Windows 98.

He aquí las tres áreas principales que constituyen esta arquitectura:

🌐 **API de comunicaciones Win32 y TAPI.** El API de comunicaciones Win32 de Windows 98 proporciona una interfaz para la utilización de los módems y de los dispositivos de comunicaciones de forma independiente del dispositivo. Las aplicaciones llaman al API de comunicaciones Win32 para configurar los módems y realizar la E/S de datos a través de ellos. A través de TAPI, las aplicaciones pueden controlar los módems u otros dispositivos de telefonía para realizar operaciones como la marcación, respuesta o finalización de una conexión de una forma estándar. Las aplicaciones de comunicaciones que utilizan TAPI no necesitan ya proporcionar su propia lista de módems soportados, ya que la interacción con un módem está centralizada en Windows 98. La funcionalidad de comunicaciones proporcionada con Windows 98 utiliza estos servicios.

- ⊛ **Controlador de módem universal.** El controlador de módem universal, Unimodem, es un nivel que proporciona servicios para voz y módems de fax y datos. Los usuarios no tienen que aprender (y los desarrolladores de aplicaciones no tienen que mantener) los difíciles comandos AT de los módems para marcar, contestar y configurar los módems. Unimodem gestiona estas tareas automáticamente utilizando minicontroladores escritos por los fabricantes de módems. Los desarrolladores de aplicaciones pueden utilizar TAPI para realizar las operaciones de control de módem de forma independiente del módem.

- ⊛ **Controladores de los puertos.** Los controladores de puertos son los responsables de comunicarse con los puertos de E/S, que son accedidos a través del controlador VCOMM y proporcionan una solución en capas a las comunicaciones entre dispositivos. Por ejemplo, Windows 98 proporciona un controlador de puertos para comunicarse con los puertos de comunicaciones serie y paralelo, y los terceros fabricantes de hardware pueden proporcionar controladores de puertos para comunicarse con sus propios adaptadores hardware, tales como adaptadores de comunicaciones multipuerto. Con el modelo de controlador de puerto de Windows 98, los terceros no tienen que reemplazar el subsistema de comunicaciones.

EL API DE TELEFONÍA

El API de telefonía de Windows (TAPI, Telephony API) es parte de la Arquitectura de servicios abiertos de Windows (WOSA, Windows Open Services Architecture). WOSA abarca una serie de API que permiten ofrecer a los desarrolladores de aplicaciones un conjunto abierto de interfaces a las que pueden acceder y utilizar las aplicaciones. WOSA también incluye una serie de servicios para acceso a datos, mensajes, licencias software, conectividad y servicios financieros.

Igual que ocurre con otros servicios de WOSA, el API de Telefonía de Windows consta de dos interfaces: la interfaz de programación de aplicaciones (API, Applications Programming Interface) que los desarrolladores invocan y la interfaz proveedora de servicios (SPI, Service Provider Interface) que se utiliza para establecer la conexión a la red telefónica específica. Este modelo es similar a ese mediante el cual los fabricantes de impresoras proporcionan controladores de impresora para las aplicaciones de Windows. La Figura 11.2 muestra la relación entre el

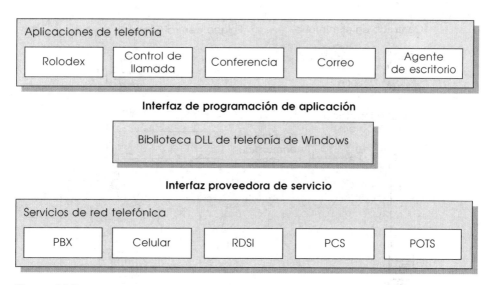

Figura 11.2
La integración de aplicaciones y redes telefónicas por medio del API
de Telefonía de Windows y el SPI de Telefonía de Windows.

«front-end» del API de Telefonía de Windows y el «back-end» del SPI de Telefonía de Windows.

El API de Telefonía de Windows proporciona una manera estándar para que las aplicaciones de comunicaciones controlen las funciones de telefonía para llamadas de voz, datos y fax. TAPI controla todas las señales entre el PC y la red telefónica, incluidas las funciones básicas de establecimiento, respuesta y finalización de una llamada. También incluye funciones suplementarias, como llamada en espera, transferencia y conferencia, encontradas en PBX, RDSI y otros sistemas telefónicos. Además, TAPI proporciona el acceso a características que son específicas de ciertos proveedores de servicios, con extensiones integradas para alojar futuras características telefónicas y redes según vayan estando disponibles.

Como muestra la Figura 11.3, TAPI soporta cuatro modelos para integrar PC Windows 98 con redes telefónicas. Las aplicaciones que utilizan TAPI pueden trabajar con cualquiera de estos cuatro modelos, tanto si implican una conexión física entre el PC y un teléfono de mesa, como en los modelos centrado en el teléfono o centrado en PC, o una conexión lógica, como ocurre en los otros modelos cliente/servidor.

Gracias a la utilización de los servicios TAPI, las aplicaciones que soportan servicios de comunicaciones pueden interactuar con las redes de telecomunicaciones de forma independiente del dispositivo. TAPI también proporciona un mecanismo de acceso común para solicitar la utilización de los puertos y dispositivos de comunicaciones, proporcionando de este modo un medio para que múltiples aplicaciones de comunicaciones compartan un único módem —datos, fax y voz— en la computadora.

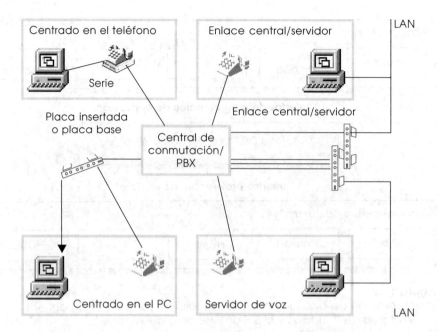

Figura 11.3
Cuatro modelos para integrar PC Windows 98 con teléfonos.

Windows 98 incluye el soporte TAPI en el propio sistema operativo, permitiendo que los desarrolladores de aplicaciones utilicen esta funcionalidad en sus aplicaciones Windows 98. Por otro lado, todos los componentes de comunicaciones incluidos en Windows 98 son clientes TAPI.

Compartición de dispositivos de comunicaciones

Por medio de la interfaz TAPI, las aplicaciones de comunicaciones pueden pedir el acceso a un módem o dispositivo telefónico, permitiendo al subsistema de comunicaciones de Windows 98 mediar en la disputa de los dispositivos y permitir así que las aplicaciones utilicen los dispositivos de comunicaciones de una manera compartida.

Las aplicaciones basadas en Win32 pueden utilizar la funcionalidad de TAPI para permitir que algunas aplicaciones realicen llamadas salientes mientras otras están esperando llamadas de entrada. Por ejemplo, mientras un servicio de acceso telefónico a redes que está configurado para responder de forma automática está esperando una llamada entrante, una aplicación de comunicaciones basada en Win32 puede utilizar los servicios TAPI para solicitar la utilización del módem para realizar una llamada saliente. En cada instante de tiempo sólo se puede realizar una llamada, pero los usuarios no tendrán que finalizar otras aplicaciones que estén utilizando un puerto de comunicaciones para ejecutar una aplicación distinta. Los servicios TAPI median en las peticiones que se realizan para compartir los dispositivos y puertos de comunicaciones.

INSTALACIÓN Y CONFIGURACIÓN DE MÓDEM CENTRALIZADA

Windows 98 proporciona una configuración centralizada de los dispositivos de comunicaciones a través de una herramienta del Panel de control. Las aplicaciones basadas en Win32 que utilizan los servicios TAPI implementados en Windows 98 pueden utilizar completamente la configuración de los usuarios de su hardware de comunicaciones, facilitando la configuración posterior de las aplicaciones de comunicaciones.

Windows 98 introduce los siguientes beneficios en la configuración de un módem:

- Fácil configuración de módem de nuevas aplicaciones de comunicaciones que el sistema completo puede utilizar.

- Estado y configuración centralizados del puerto de comunicaciones.

- Soporte de TAPI y API de comunicaciones Win32.

- Soporte para más de 100 módems.

Configuración de módem en Windows 98

Al igual que ocurre con el soporte de las impresoras, el soporte de los módems en Windows 98 está centralizado. Cuando un usuario entra por primera vez en Windows 98 después de la instalación, el sistema le pregunta si detecta o identifica el dispositivo de módem que tiene conectado a/o instalado en su computadora. Cuando se selecciona y configura un módem, cualquier aplicación de comunicaciones que soporte los servicios TAPI puede interactuar con el módem de una manera independiente del dispositivo. Los usuarios no necesitan conocer o entender las secuencias de los comandos AT para configurar sus aplicaciones de comunicaciones.

La configuración de un módem en Windows 98 supone realizar tres pasos sencillos: identificar el nuevo dispositivo de módem, configurar el dispositivo de módem y configurar los servicios telefónicos.

Identificación del dispositivo de módem nuevo

Si un módem no está seleccionado cuando Windows 98 comienza por primera vez después de la instalación, se puede utilizar el asistente Módems para identificar un módem nuevo. El asistente de módem se puede arrancar de tres formas distintas: utilizando Agregar nuevo hardware en el asistente de configuración, utilizando la herramienta Módems del Panel de control o utilizando la herramienta Agregar nuevo hardware del Panel de control.

En el asistente Módem puede hacer que el asistente detecte el módem conectado al PC o seleccionar un módem de una lista de fabricantes y modelos de módem conocidos. La opción de detección utiliza Plug and Play para configurar correctamente el dispositivo correcto. Si el asistente no puede detectar el dispositivo, siempre puede seleccionar manualmente el módem correcto.

Configuración del dispositivo de módem

Después de seleccionar el módem correcto, se pueden cambiar los parámetros de configuración —como el volumen del altavoz del módem, el tiempo que debe esperar hasta que la computadora remota contesta la llamada y la velocidad de transmisión máxima— en un cuadro de diálogo como el que muestra la Figura 11.4 (la velocidad máxima de transmisión está limitada por la velocidad de la CPU del PC y por la velocidad soportada por el puerto de comunicaciones).

Configuración de los servicios telefónicos

Además de configurar el dispositivo de módem, se pueden configurar los servicios telefónicos para identificar los distintos parámetros de marcado asociados a las diferentes ubicaciones en las que se puede utilizar un PC. Para cada ubicación se almacena la información que debe ser utilizada por las aplicaciones que utilizan TAPI, incluyendo la información necesaria para realizar llamadas locales y de lar-

Figura 11.4
Un cuadro de diálogo de módem.

ga distancia, el código de área de la ubicación (para determinar si la llamada es dentro o fuera del código de área) e información de tarjeta de llamada. En las computadoras de sobremesa, normalmente se utiliza la ubicación por defecto (se puede cambiar el nombre por defecto por *Oficina*). En un portátil, el usuario puede añadir distintas ubicaciones donde definir aquellas en las que se suele utilizar normalmente la computadora. Por ejemplo, el usuario podría utilizar la computadora en la oficina, en la carretera y en otra ciudad. La Figura 11.5 muestra dos configuraciones de ubicación que se pueden seleccionar dependiendo de la ubicación en la que se utilice la computadora.

SOPORTE PARA DISPOSITIVOS/HARDWARE

Windows 98 proporciona soporte para hardware y dispositivos de comunicaciones en diversas áreas, algunas de las cuales se tratan a continuación.

Soporte para la UART FIFO 16550A

Windows 98 proporciona robustez y rendimiento con altas velocidades de transmisión, tanto en aplicaciones basadas en MS-DOS como en las basadas en Windows, utilizando los puertos serie lógicos que tienen una UART compatible con la 16550A. La UART 16550A contiene un búfer FIFO de 16 bytes para evitar el desbordamiento de caracteres debido a la latencia de interrupciones y permite reducir la elevada sobrecarga total debida a las interrupciones.

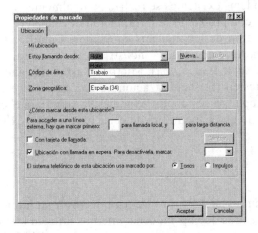

Figura 11.5
Propiedades de marcado para configurar la información
de ubicación de las llamadas.

Soporte para más puertos

El API de comunicaciones en Windows 98 soporta el mismo número de puertos lógicos que en MS-DOS: 128 puertos serie y 128 puertos paralelo. Obviamente, el número de puertos que se utilizan depende del número de puertos físicos disponibles en el sistema.

Soporte para puertos paralelo para módems

Windows 98 soporta puertos ECP (*Enhanced Capabilities Ports*) cuyas capacidades han sido mejoradas para facilitar comunicaciones a mayor velocidad que las que es posible conseguir en los dispositivos serie. Este soporte se consigue utilizando los puertos paralelo para módems (*Parallel Port Modems*).

Soporte Plug and Play

El soporte Plug and Play para los dispositivos de comunicaciones en Windows 98 facilita la detección de los dispositivos de módem conectados y la asignación de los recursos del sistema (por ejemplo, IRQ y direcciones E/S para los puertos de comunicaciones), lo que simplifica su configuración e instalación. Además de la detección Plug and Play, Windows 98 permite la detección de forma manual de los dispositivos de comunicaciones que no sean Plug and Play, como algunos módems. Debido a que no existe ningún estándar que automáticamente permita obtener la información del dispositivo utilizando los comandos AT que actualmente existen, la detección de los módems existentes se realiza manualmente preguntando el dispositivo del módem y comprobando la información devuelta en una base de datos que contiene información de los módems conocidos. Como parte de la propuesta estándar IS-131 de la Asociación de la Industria de Telecomunicaciones (TIA, *Telecommunications Industry Association*), Microsoft está trabajando junto con otros destacados fabricantes en la estandarización de un conjunto de comandos de módem. Cuando esta propuesta se adopte, Windows 98 soportará el conjunto de comandos estandarizado, lo que le permitirá detectar los módems existentes.

Módems

Los modems externos necesitan un nuevo firmware para devolver su información de identidad Plug and Play, mientras que los módems internos utilizan la especificación Plug and Play ISA. Los dispositivos de comunicaciones PCMCIA están soportados como parte de los servicios Plug and Play de la especificación PCMCIA. Algunos fabricantes de módems mejorarán sus productos de comunicaciones revisando sus líneas de módem actuales, mientras que otros producirán una nueva línea de módems Plug and Play.

La detección de dispositivos serie Plug and Play, como los módems, se realiza durante el proceso de arranque de Windows 98 o cuando se conecta al sistema un nuevo dispositivo de módem. Igual que con otros dispositivos Plug and Play, se le notifica al usuario que se ha detectado un nuevo dispositivo y se le pide que confirme la instalación y configuración del dispositivo.

El soporte para los módems existentes se da utilizando información específica del dispositivo para proporcionar un mecanismo de detección manual o presentando una lista de módems soportados, de la que el usuario puede elegir el apropiado. Una vez que el módem ha sido identificado por el sistema, puede ser utilizado por cualquiera de las aplicaciones de comunicaciones TAPI permitidas, incluyendo el acceso telefónico a redes, Microsoft Fax y la aplicación de comunicaciones HyperTerminal.

HYPERTERMINAL

Windows 98 incluye una aplicación de comunicaciones de 32 bits llamada Hyper-Terminal que tiene todas las cualidades de una buena aplicación de comunicaciones Windows 98. HyperTerminal ofrece las capacidades de comunicaciones básicas bien integradas con la interfaz de usuario de Windows 98.

Las aplicaciones de comunicaciones buenas utilizan los servicios y capacidades de Windows 98 para ofrecer un producto robusto y potente de las siguientes maneras:

- 🌐 Son aplicaciones basadas en Win32 que utilizan el API de comunicaciones Win32.

- 🌐 Su arquitectura interna utiliza múltiples subprocesos de ejecución para proporcionar una buena respuesta al usuario y unas comunicaciones de alta velocidad libres de errores. La utilización de múltiples subprocesos permite una multitarea por división en el tiempo completa de las tareas de comunicaciones y realiza de forma simultánea la interacción con el usuario, la transferencia de datos remotos y la visualización del estado de las comunicaciones.

- 🌐 Se aprovechan de los servicios TAPI para realizar conexiones remotas y controlar el dispositivo del módem.

MARCADOR DE TELÉFONO

En Windows 98, la aplicación Marcador de teléfono proporciona el soporte básico para realizar llamadas telefónicas. Como muestra la Figura 11.6, incluye un tecla-

Figura 11.6.
Aplicación Marcador de teléfono.

do telefónico y unas teclas de marcado rápido. También incluye un registro de llamadas.

El nuevo hardware de comunicaciones soporta comunicaciones de voz, así como de datos y fax. La siguiente generación de módems soporta el estándar AT+V (TIA IS-101), que añade el soporte de voz al conjunto estándar de comandos AT, convirtiendo eficazmente el módem en un teléfono diseñado para ser un periférico del PC. Otros dispositivos, como los construidos sobre procesadores de señal digital (DSP, *Digital Signal Processors*), también incluyen el soporte de telefonía vocal.

Las aplicaciones de comunicaciones de Windows 98 incorporan el control del teléfono desde el PC, permitiendo contestadores automáticos «inteligentes» programables, filtrado y enrutamiento de llamadas dinámico, marcación desde cualquier aplicación o directorio del PC, configuración de conferencias utilizando arrastrar y colocar (*drag-and-drop*) y otros tipos de integración entre la computadora y el teléfono.

12

Servicios para computadoras móviles

DEBIDO A QUE CADA VEZ más gente de negocios ha incrementado su movilidad, bien sea porque teletrabaja o porque necesita viajar o desplazarse para realizar su trabajo, los portátiles se han convertido en herramientas cada vez más necesarias. Actualmente, los PC portátiles suponen una parte importante de todas las computadoras nuevas que se venden. Microsoft sabe que el soporte para computadoras móviles no se puede implementar como una ocurrencia tardía ni como un conjunto de utilidades, sino que debe estar integrado en el sistema operativo, optimizando el núcleo de red, el soporte de dispositivos y la arquitectura de comunicaciones para el entorno móvil. Microsoft ha diseñado Microsoft Windows 98 teniendo en mente las computadoras móviles. El objetivo del soporte para computadoras móviles de Windows 98 es ayudar a los usuarios de PC portátiles a ser más productivos y reducir los costes de soporte asociados a la utilización de PC portátiles.

TRES OBSERVACIONES PARA LOS USUARIOS DE COMPUTADORAS PORTÁTILES

Microsoft ha realizado tres observaciones para los usuarios de computadoras portátiles que proporcionan una idea clara de los problemas que surgen al diseñar un sistema operativo efectivo para que se ejecute en un PC portátil:

   ◉ **La informática móvil abarca a todo aquel que aleja las capacidades informáticas del PC de escritorio tradicional.** La visión de Windows 98 para la informática móvil incluye a todos los que utilizan un PC portátil basado en el procesador Intel (incluyendo notebook y subnotebook, pero no asistentes personales digitales [*PDA, Personal Digital Assistants*]), desde los usuarios que van de reunión en reunión en un edificio de oficinas, a aquellos que trabajan en su casa y en la oficina, viajantes de comercio, o guerreros de las carreteras que no tienen oficina y van de cliente en cliente.

- ⊕ **Las tareas que los usuarios quieren realizar fuera de sus despachos son básicamente las mismas que las que realizan en ellos.** Mientras están en la oficina, los usuarios escriben borradores de documentos, revisan hojas de cálculo de presupuestos, consultan bases de datos, leen los mensajes del correo electrónico, examinan presentaciones de la red, envían faxes y miran sus agendas. Lejos de su oficina y del PC de su escritorio, un usuario desea seguir realizando las mismas tareas.

- ⊕ **El entorno de la computadora móvil es fundamentalmente diferente del entorno de escritorio.** Cuando un usuario sale de su oficina, su entorno informático cambia dramáticamente. Su entorno hardware es dinámico, ya que conecta y desconecta diferentes componentes para tratar las tareas que tiene. Los usuarios de los PC portátiles podrían estar operando en un entorno con energía restringida con monitores la mitad de grandes que los del PC de su escritorio. Ellos no pueden acceder fácilmente a archivos de un servidor o recibir correo electrónico. Como consecuencia de todo esto, los usuarios pueden pensar que el entorno de los portátiles es limitado.

Estas observaciones están confirmadas por amplias investigaciones, que incluyen encuestas a los usuarios de PC portátiles, discusiones con implementadores corporativos de tecnología para computadoras portátiles y reuniones periódicas con usuarios móviles. El resto de este capítulo explica el soporte de Windows 98 para los usuarios móviles.

TRES RETOS PARA LOS USUARIOS

Para los usuarios de PC portátiles, las computadoras móviles presentan tres retos importantes: obtener el máximo partido del hardware de los PC portátiles; estar en comunicación o conectado a los recursos de información que ellos necesitan, y mantener los datos organizados mientras están fuera de la oficina. Windows 98 proporciona servicios de sistema y funcionalidad de usuario que abordan estos retos y enriquecen considerablemente la experiencia de trabajar con portátiles.

- ⊕ **Obtener el máximo partido del hardware de los PC portátiles.** Los rápidos avances que se han producido en la tecnología hardware de los PC portátiles y las innovaciones de OEM han reducido las diferencias de funcionalidad y rendimiento existentes entre los PC portátiles y los de sobremesa, y muchos usuarios están comenzando a pensar en los PC portátiles para reemplazar o complementar a sus PC de sobremesa. Los usuarios esperan que el hardware de sus PC portátiles funcione correctamente y no tengan problemas con la instalación o tener que elaborar distintas configuraciones para diferentes entornos de trabajo. Además, los usuarios no quieren tener que comprar un PC portátil nuevo cada vez que aparece una mejora en el mercado. Dado el coste que tienen los PC portátiles, los usuarios esperan conservar su inversión y alargar el tiempo de vida de sus portátiles.

⊕ **Seguir conectados.** En sus despachos, los usuarios tienen acceso a un amplio conjunto de capacidades de comunicaciones que les mantienen conectados a datos y a otras personas, que pueden estar tanto dentro como fuera de sus empresas. Los usuarios tienen acceso a una red de área local (LAN) y a todos sus servicios, como correo electrónico, compartición de archivos e impresoras. Un teléfono, un fax y un módem están a mano. Lejos de sus despachos, los usuarios se convierten en islas de la comunicación. Están desconectados de su red y de todos sus servicios. Los teléfonos, faxes y módems no siempre están disponibles. La movilidad conlleva un esfuerzo constante para estar en contacto con la información y los contactos necesarios para realizar el trabajo. Lo ideal para la mayoría de los usuarios móviles es poder ser tan productivos cuando están desplazados como cuando están en sus despachos. Para conseguir este objetivo, los usuarios deben tener fácil acceso a herramientas de comunicaciones potentes, independientemente de su localización. Los usuarios deben ser capaces de acceder a los canales de comunicación que hay entre su portátil y sus PC de escritorio, y entre éstos, el resto del grupo de trabajo y la amplia comunidad de usuarios de computadoras y fax.

⊕ **Continuar organizados**. Los usuarios móviles pueden gastar bastante tiempo asegurándose de que los archivos están actualizados entre el PC portátil y un PC de escritorio o un servidor de archivos, sin corrupción o pérdida de datos. También necesitan ser capaces de administrar los trabajos de impresión creados fuera de la oficina y transferir fácilmente datos entre el PC portátil y el del escritorio. En pocas palabras, la naturaleza del entorno de trabajo móvil introduce grandes y significativos retos de organización, muchos de los cuales se pueden abordar a través del software.

Obtener el máximo partido del hardware de los PC portátiles

Windows 98 está diseñado para permitir que los usuarios obtengan el máximo partido del hardware de sus portátiles. Windows 98 incluye soporte ideado para las innovaciones, como las PC Card, estaciones acoplables y replicadores de puerto y administración de energía avanzada. Un componente clave del soporte que Windows 98 ofrece para el hardware de los PC portátiles es una arquitectura que permite a los programas del sistema y a las aplicaciones estar en «modo autónomo (móvil)». Con Windows 98, el software del sistema y las aplicaciones pueden tener un papel activo para conservar la energía de la batería y administrar los cambios de configuración, mejorando considerablemente la experiencia de los usuarios. Por primera vez, los usuarios de las computadoras portátiles pueden aprovecharse de todas las características de sus máquinas en un entorno robusto, estable y con fácil soporte.

Tarjetas PCMCIA

La tarjetas PCMCIA (PC Card) han sido una de las innovaciones más interesantes en el mercado de los portátiles. Mediante la arquitectura Plug and Play, Windows 98 proporciona a los usuarios de PC Card una inserción y extracción de tarjetas dinámica, potente, compatible y de fácil instalación. Los controladores de PC Card de Windows 98 son robustos, de 32 bits, controladores de dispositivo virtuales de carga dinámica sin impacto en la memoria convencional. Windows 98 dispone de una versión integrada de servicios de tarjeta y conector (*socket*).

Con Plug and Play, la instalación de un dispositivo PCMCIA es tan sencillo como insertar la tarjeta. Por ejemplo, cuando se inserta una tarjeta de red, el portátil la detecta, carga los controladores de red y establece una conexión con la red. Entonces se actualiza la interfaz de usuario para reflejar que la red está activa. Cuando se extrae la tarjeta, Windows 98 cierra la conexión con la red y elimina los controladores de red.

Windows 98 amplía el soporte PC Card a cientos de dispositivos de los principales fabricantes, incluyendo módems, adaptadores de red, dispositivos de almacenamiento, adaptadores de sonido, interfaces SCSI y muchos más. El soporte PC Card de Windows 98 es compatible con la mayor parte de los dispositivos PCMCIA que actualmente están en el mercado. Sin embargo, Windows 98 requiere un controlador en modo protegido de 32 bits para cualquier tarjeta que desee utilizar la arquitectura Plug and Play. Windows 98 puede utilizar las soluciones de controladores PCMCIA en modo real existentes, pero a costa del rendimiento, de la carga dinámica del controlador y de la detección automática de la inserción y extracción de la tarjeta. Los controladores PCMCIA en modo real y el soporte PCMCIA en modo protegido no pueden coexistir en el mismo sistema.

Cuando se actualiza un sistema Windows 95, como medida de seguridad, Windows 98 mantiene cualquier software de soporte PCMCIA existente (el programa de instalación de Windows 98 no se arriesga a desactivar el acceso a los dispositivos). Windows 98 proporciona un asistente PC Card para administrar la transición de los servicios de Conector y Tarjeta del modo real al modo protegido de Windows 98.

Mejoras PCMCIA

Las mejoras PCMCIA de Windows 98 aumentan la duración de la batería de los PC portátiles y permite una mayor funcionalidad desde un número limitado de ranuras (*slots*) PCMCIA.

PC Card32 (CardBus)

Windows 98 incluye soporte para PC Card32 (CardBus). CardBus proporciona un rendimiento de 32 bits a las pequeñas PC Card. También permite que los notebook implementen aplicaciones con un ancho de banda alto, como captura de vídeo y trabajo en red a 100 Mbs.

PC Card que funcionan a 3,3 voltios

Windows 98 también admite tarjetas de 3,3 V/5 V. Esto permite a los fabricantes de hardware reducir el consumo de energía de sus dispositivos de 5 voltios a 3,3 voltios.

PC Card multifunción

El soporte de PC Card multifunción permite dos o más funciones (como LAN y módem o SCSI y sonido) en la misma tarjeta física. Las tarjetas multifunción permiten disminuir el coste por función de las PC Card y permiten mejorar la utilización que se hace del reducido número de ranuras que hay en la mayoría de los PC, permitiendo más funciones por PC. Aunque el soporte de tarjetas multifunción ya estaba disponible en Windows 95, estos dispositivos no se podían configurar y activar independientemente. Windows 98 trata cada función de una PC Card multifunción independientemente.

Administración de energía avanzada 1.2

Los usuarios de PC portátiles dicen unánimemente que «la vida limitada de sus baterías» es la amargura de su existencia. Aunque cualquier innovación en la vida de las baterías depende en gran medida de los físicos y de los ingenieros de hardware, Windows 98 proporciona una administración de energía avanzada APM 1.2 (*Advanced Power Management*). Desde el punto de vista de los usuarios, APM 1.2 aporta cinco beneficios importantes:

- Los mensajes APM Plug and Play permiten que las aplicaciones software reaccionen ante cambios en el estado de la energía y en la duración de la batería. Por ejemplo, las aplicaciones pueden indicarle a los usuarios que guarden su trabajo y eviten perder datos cuando el nivel de energía de la batería se acaba; los programas que hacen accesos a disco en segundo plano pueden desactivar estas características cuando están ejecutándose con la energía de la batería.

- Windows 98 incluye un medidor de batería que realiza medidas con precisión y muestra el tiempo de batería que resta. APM 1.2 puede mostrar información de energía para dos baterías simultáneamente.

- Los usuarios pueden poner sus sistemas en modo Suspender directamente en el menú Inicio, en lugar de tener que ir al control hardware. Los usuarios también tienen la opción de apagar directamente el PC cuando finalizan Windows en lugar de tener que finalizar Windows y luego utilizar el interruptor para apagar el PC. El control de energía administrado por software permite que Windows desactive y reinicie dispositivos periféricos para evitar la pérdida de datos y ahorrar energía.

- Por comodidad, muchos usuarios de portátiles dejan sus PC Card de módem en su portátil. Esto puede reducir la duración de la batería, debido a que el módem también está recibiendo energía incluso aunque no se esté utilizando. Windows 98 apaga la PC Card de módem cuando no se está utilizando. Esta característica prolonga considerablemente la duración de la batería, no sólo cuando la computadora está funcionando, sino también cuando está en modo desactivado.

- En modo desactivado, Windows 98 permite que el módem se active cuando hay una llamada para que el usuario pueda recibir un fax sin tener que activar el funcionamiento completo de la computadora.

Desde el punto de vista del desarrollador de software, Windows 98 simplifica considerablemente el proceso de hacer una aplicación que detecte el tipo de energía con el que está funcionando el PC. El API para administrar la energía permite a cualquier desarrollador (incluyendo los desarrolladores que programan con Microsoft Visual Basic o con Microsoft Visual Basic for Applications) hacer aplicaciones sensibles al estado de energía de la máquina. Por ejemplo, una aplicación que trabaja con datos corporativos ejecutándose en un portátil puede guardar automáticamente los datos y salir cuando la energía de la computadora alcanza niveles críticos, evitando así la pérdida involuntaria de datos. Las aplicaciones comerciales, como los procesadores de texto, pueden tomar decisiones «inteligentes», como desactivar la acción de guardar automáticamente (que requiere acceder al disco, consumiendo energía) cuando detecta que el portátil está usando la batería.

Windows 98 necesita una implementación con calidad de la APM BIOS para proporcionar el soporte para la administración de energía. Windows 98 es compatible con portátiles que siguen los estándares de BIOS APM 1.0, 1.1 y 1.2. Si la BIOS de una máquina concreta es incompatible con las especificaciones APM o están implementadas pobremente, Windows 98 podría proporcionar una información limitada sobre el nivel de energía o podría necesitar desactivar la administración de energía. La mayoría de los portátiles nuevos tienen implementaciones de APM BIOS de alta calidad, y Windows 98 puede detectar muchas de las máquinas antiguas que requieren un tratamiento especial.

Soporte para acoplamiento en caliente y replicador de puerto

Las estaciones acopladas y los replicadores de puerto proveen a los usuarios de la movilidad de los portátiles y de las capacidades de almacenamiento, ampliación y visualización de un PC de escritorio. Muchas empresas están introduciendo combinaciones de portátiles y PC acoplados para sustituir los PC de escritorio.

Microsoft ha firmado acuerdos con los principales fabricantes de portátiles, como Toshiba y Compaq, y fabricantes de BIOS, como Phoenix Technologies, para conseguir la integración entre el hardware y el software. En el lado del hardware, los proveedores de PC han conseguido operaciones de acoplar y desacoplar sin desconectar la computadora. En el lado del software, Windows 98 identifica los próximos cambios de configuración y anticipa los cambios resultantes del hardware, administra cualquier conflicto (como archivos abiertos en una red o disco duro externo) y activa y desactiva los controladores hardware apropiados según cada configuración.

En lugar de reiniciar la computadora y perder el tiempo con archivos de configuración, los usuarios pueden simplemente pulsar en el botón de Inicio y seleccionar Eject (o, dependiendo del hardware, Suspend). Windows 98 comprueba cualquier problema potencial y prepara la computadora para desacoplar, sin que los usuarios tengan que finalizar Windows. Después de desacoplar, Windows 98 automáticamente se reconfigura para trabajar con ese hardware diferente —por ejemplo, un cambio en la resolución para que coincida con la resolución de la pantalla integrada— y continúa ejecutándose.

Windows 98 depende de la BIOS de la máquina para poder realizar operaciones de acoplamiento en caliente y replicador de puerto. En concreto, la BIOS debe informar de manera fiable y consistente a Windows 98 cuando se produce un cambio de estado, debe permitir que Windows 98 controle cualquier acoplamiento de hardware y debe realizar rápidamente cualquier tarea asociada a los cambios de configuración (como entrar y salir del modo desactivado o reiniciar los dispositivos conectados). El rendimiento del soporte de configuración de Windows 98 en estas nuevas máquinas depende directamente de la calidad de la BIOS.

Mensajes de cambio de configuración

Plug and Play proporciona un conjunto de mensajes Windows que se utilizan junto con el soporte de cambios de configuración de Windows 98 para permitir que las aplicaciones y los controladores de dispositivos reaccionen de manera inteligente ante los cambio de hardware. Estos mensajes se pueden clasificar en los siguientes tipos.

Cambio de configuración y acoplamiento

- Listo para cambiar la configuración (por ejemplo, cuando el usuario está listo para desacoplar).

- Configuración cambiada (por ejemplo, cuando el usuario acaba de desacoplar).

- Dispositivo listo para ser extraído.

- Dispositivo listo para ser añadido.

Administración de energía

🌐 Sistema listo para ser desactivado.

🌐 Sistema desactivado.

🌐 Sistema activado.

🌐 Cambio en el estado de la energía.

Soporte de PC Card

🌐 Dispositivo insertado.

🌐 Dispositivo extraído.

Estos mensajes permiten que las aplicaciones y los servicios del sistema den soporte a los usuarios de los PC portátiles. Windows 98 saca el máximo provecho de estos mensajes. Por ejemplo, a continuación se muestran algunas utilidades que puede tener el mensaje «Configuración cambiada» para las aplicaciones que trabajan en el entorno Windows 98:

🌐 El Maletín lo utiliza para comenzar la actualización.

🌐 El administrador de la cola de impresión lo utiliza para imprimir todos los trabajos de impresión pendientes.

🌐 El correo lo utiliza para intentar restablecer una conexión de red.

Las aplicaciones diseñadas para Windows 95 o Windows 98 también pueden sacar provecho de estos mensajes. Con las aplicaciones antiguas, no es posible ningún comportamiento especial; los mensajes de Windows necesarios, API y otras ayudas para la programación se introdujeron en Windows 95 y han continuado en Windows 98.

Integración con el Registro

El Registro proporciona un almacenamiento de datos centralizado y dinámico para guardar toda la configuración de Windows. El Registro define una serie de «configuraciones actuales» para permitir a los desarrolladores de software servir mejor las necesidades de los usuarios móviles. La información se almacena organizada por configuraciones. Por ejemplo, en el Panel de control, la herramienta Pantalla almacena información para cada configuración sobre los cambios de resolución, y el administrador de Impresoras almacena la información de la impresora por defecto para cada configuración. Las aplicaciones pueden acceder y almacenar información de cada una de las diferentes configuraciones hardware utilizadas por los usuarios móviles. El Registro permite que las aplicaciones se adapten elegantemente a cada uno de los distintos entornos hardware encontrados en un PC portátil.

Las configuraciones se crean cuando Windows 98 consulta la BIOS con un identificador de hardware (que cambia cuando la máquina es acoplada o se conecta a un replicador de puerto), le pregunta el nombre de la configuración al usuario y entonces almacena la información hardware y software asociada a esa configuración. El usuario también puede crear múltiples configuraciones manualmente mediante el administrador de perfiles de hardware (en el Panel de control seleccione Sistema y después haga clic sobre la lengüeta Perfiles de hardware). Esta funcionalidad permite que los usuarios creen diferentes configuraciones para la misma configuración hardware y elijan entre una de ellas al arrancar el sistema.

Soporte integrado para el estándar de la Asociación de datos por infrarrojos

Un requisito clave para el éxito de los infrarrojos es la compatibilidad. Windows 98 incluye el soporte para el estándar de la Asociación de datos por infrarrojos (IrDA, *Infrared Data Association*) para la conexión sin claves entre un PC y otros dispositivos y redes. El soporte IrDA permite que los usuarios de Windows 98 se conecten fácilmente a dispositivos periféricos u otros PC con Windows 98 sin utilizar cables. Por ejemplo, el usuario de un portátil equipado con infrarrojos puede simplemente llevar una impresora con infrarrojos e imprimir. Dos usuarios de PC portátiles pueden intercambiar rápidamente un archivo o cualquier otro tipo de datos sin conectar físicamente sus computadoras.

Este tipo de controlador le proporciona a los portátiles y a las computadoras de escritorio equipadas con infrarrojos la capacidad de trabajar en red, transferir archivos e imprimir sin cables con otros dispositivos con infrarrojos compatibles con el estándar IrDA. La conexión IrDA está diseñada para sacar provecho de las características de los portátiles que trabajan con Windows 98.

El controlador IrDA de Windows 98 (IrDA 2.0) incluye una nueva característica, llamada Modo de punto de acceso IrLan (*IrLan Access Point Mode*), que le permite a una computadora equipada con el adaptador IrDA conectarse a una red de área local a través de un dispositivo de punto de acceso que actúa como un adaptador de red para esa computadora. La arquitectura del controlador de infrarrojos también incluye la opción para emular los tradicionales puertos serie y paralelo, que proporciona compatibilidad con el software existente.

Utilidades y controladores de dispositivos IrDA

Windows 98 soporta dispositivos Infrarrojos rápidos (FIR, *Fast Infrared*) e Infrarrojos serie (SIR, *Serial Infrared*), que proporcionan una transferencia de archivos sencilla en conexiones por infrarrojos y red de área local. Windows 98 también incluye la aplicación Microsoft Infrared Transfer, que hace que la transferencia de archivo por infrarrojos sea tan sencilla como pulsar y enviar. Para utilizar la aplicación Microsoft Infrared Transfer, simplemente haga clic con el botón derecho sobre el archivo que desea transferir y seleccione la bandeja de infrarrojos (*Infrared Recipient*) en el submenú de envío (*Send To*).

Soporte para el Paquete acelerador RDSI 1.1

RDSI es un servicio de la compañía telefónica que puede proporcionar un acceso a Internet y a otras redes con velocidad superior a 128 Kbps. Para conocer más acerca de RDSI y determinar si el servicio RDSI está disponible en su área, visite la página Web Get ISDN en

http://www.microsoft.com/windows/getisdn

El Paquete acelerador RDSI añade multienlace, que permite aglutinar dos canales B juntos para un rendimiento de 128 Kbps. El Paquete acelerador RDSI es necesario para configurar el sistema si va a utilizar una tarjeta interna como adaptador RDSI. Para los adaptadores externos no es necesario ningún software adicional.

Para utilizar el Paquete acelerador RDSI 1.1 es necesario el controlador compatible RDSI 1.1 proporcionado por el fabricante del adaptador RDSI. Los controladores de los adaptadores RDSI 1.1 certificados para Windows 98 están disponibles en la Lista de Compatibilidad Hardware (*Hardware Compatibility List*). El Paquete acelerador RDSI 1.1 no funciona correctamente con los controladores de la versión 1.0. Para comprobar si su controlador está disponible, visite la página Web Paquete acelerador RDSI en

http://www.microsoft.com/windows/common/aa2720.htm

Si el controlador para su adaptador RDSI no se encuentra en la lista, contacte con el fabricante de su adaptador RDSI o vuelva a comprobar la lista posteriormente. Nuevos controladores RDSI se añaden a esta lista cuando pasan las pruebas de certificación en los Laboratorios de calidad hardware de Windows (WHQL, *Windows Hardware Quality Labs*).

Compresión de disco DriveSpace

La mayoría de los portátiles antiguos tienen pequeñas unidades de disco. Aunque estas máquinas aún podrían funcionar para procesar texto, comprobar el correo electrónico y realizar otras tareas que no requieran demasiado tiempo de CPU, la falta de espacio en disco es su principal limitación. La compresión de disco es un gran ejemplo de cómo Windows 98 ayuda a los usuarios a obtener el máximo partido de *cualquier* portátil. DriveSpace incrementa la capacidad de disco a niveles utilizables y además proporciona beneficios de rendimiento auxiliares.

Toda la compresión de disco de Windows 98 se gestiona con código en modo protegido de 32 bits integrado en el sistema de archivos. Además de las ventajas de rendimiento inherentes, la integración con el código del controlador del dispositivo subyacente hace que todas las operaciones de compresión sean transparentes para el usuario.

En Windows 98 se incluye la versión 3 de DriveSpace que gestiona unidades de 2 GB. DriveSpace ha sido modificado para que reconozca unidades FAT32. Sin embargo, DriveSpace no soporta —ni lo hará— compresión de unidades FAT32.

DriveSpace actualizado es compatible con Microsoft Plus! Cuando instale Plus! en Windows 98 no tendrá que instalar ningún archivo DriveSpace 3. Sin embargo, cuando instale Plus! dispondrá de las características avanzadas de DriveSpace 3, incluyendo el Agente de compresión.

Importante. Si ha comprimido su disco con Microsoft Plus! y después ha instalado Windows 98 y necesita reinstalar Plus!, *no* utilice la opción para reinstalar todo (*Re-Install All*) en la instalación de Plus! Si necesita reinstalar Plus! y su disco está comprimido, debe borrar el archivo Setup.STF (que debería estar en la carpeta \Archivos de programa\Plus!\Setup) y después instalar Plus!

Visualizadores de documentos

Como todos los usuarios de PC, los usuarios de los portátiles a menudo intercambian documentos con clientes o con otros usuarios de diferentes entornos de trabajo. Sin embargo, debido al limitado espacio en disco o a la falta de un acceso a red, los usuarios móviles no siempre disponen de las aplicaciones que necesitan para visualizar los archivos que reciben.

Una tecnología para visualizar archivos, reemplazable y ampliable, ha sido integrada en Windows 98. Simplemente hay que seleccionar un archivo y visualizarlo (*Quick View*). Windows 98 directamente soporta más de 30 tipos de archivos de las aplicaciones más utilizadas y facilita interfaces que permiten a las aplicaciones añadir el soporte para formatos adicionales (e incluso para añadir sus propios visualizadores). Por ejemplo, Systems Compatibility Corporation ofrece un programa de visualización mejorado, además de una biblioteca de controladores de visualización para otras aplicaciones.

Seguir conectados

Windows 98 proporciona unas capacidades de comunicaciones potentes y fáciles de usar por el usuario y un conjunto de servicios para las aplicaciones abierto y ampliable que permite a los usuarios de los portátiles seguir conectados a los recursos de información básicos. El Acceso telefónico a redes está integrado en la arquitectura de red y la interfaz de usuario de Windows 98; el acceso a una red a través de un módem es tan útil y fiable como utilizar un adaptador de red. Del mismo modo, el cliente de correo electrónico Microsoft Outlook Express y el sistema Microsoft Fax están optimizados para permitir que los usuarios de los portátiles envíen y reciban fácilmente sus mensajes de correo electrónico y sus faxes mientras están desplazados. El objetivo del soporte para comunicaciones móviles de Windows 98 es ofrecer un nivel de acceso a la información tan bueno cuando se está desplazado como el proporcionado cuando se está en la oficina, sin ningún requisito adicional de formación o soporte por parte del usuario.

Acceso telefónico a redes de Windows 98

En la oficina, más del 50 por ciento de los usuarios de PC se han acostumbrado a disponer de todas las capacidades informáticas del trabajo en grupo (imprimir a través de una impresora de la red, enviar y recibir mensajes de correo electrónico y acceder a archivos compartidos). Sin embargo, cuando los usuarios salen de la oficina no tienen acceso a todos los recursos compartidos de su entorno de trabajo en grupo. Las características del Acceso telefónico a redes de Windows 98 automatizan las conexiones a boletines electrónicos (BBS, *Bulletin Board Services*) y otros servicios en línea y proporcionan conexiones más rápidas a redes remotas (incluyendo las conexiones a Internet), dando a los usuarios todas las capacidades del trabajo en grupo mientras están desplazados. El Acceso telefónico a redes está bien integrado en la arquitectura de red y en el escritorio de Windows 98. Si está ejecutando una aplicación cliente/servidor, accediendo a una base de datos de clientes, transfiriendo o visualizando los mensajes de correo electrónico o accediendo a archivos compartidos, el acceso a la red mientras está desplazado parece y funciona exactamente como el acceso a red en la oficina (excepto en la velocidad, por supuesto).

El Acceso telefónico a redes de Windows 98 proporciona el soporte para un cliente a través de una conexión PPTP (*Point-to-Point Tunneling Protocol*, Protocolo túnel punto a punto), soporte para adaptadores RDSI internos y archivos de comandos (*scripts*) para automatizar los inicios de las conexiones. Todo lo incluido en la versión OSR2 de Windows 95 y en el Paquete acelerador RDSI 1.1 ha sido incluido en Windows 98.

Windows 98 trata la combinación del módem y el software Acceso telefónico a redes como un adaptador de red más, facilitando así el acceso a los recursos de red cuando está desplazado (véase la Figura 12.1). Windows 98 soporta el concepto de múltiples protocolos, clientes y adaptadores de red funcionando al mismo tiempo. Si un protocolo cliente o adaptador no puede satisfacer una petición de red, Windows 98 prueba con cada componente por turnos. Si ningún adaptador de red físico puede resolver una petición de red (como ocurre cuando un usuario está desplazado), Windows 98 cambia al Acceso telefónico a redes e intenta resolver la petición de red creando una conexión a través del Acceso telefónico a redes. Windows 98 crea una conexión a través del Acceso telefónico a redes siempre que el usuario considere que es necesaria una (haciendo referencia a un recurso que no esté disponible a través de la red local). Estas conexiones automáticas son consideradas conexiones *implícitas*.

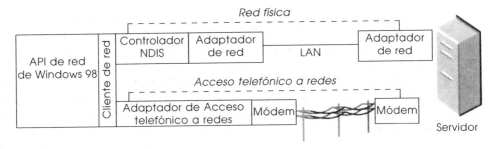

Figura 12.1
Soporte del Acceso telefónico a redes de Windows 98.

Establecer una conexión remota funciona de la misma forma que establecer una conexión en la oficina, gracias al soporte de Windows 98 para conexiones implícitas. Simplemente haciendo doble clic en el objeto de red deseado y Windows 98 realiza todos los pasos necesarios para establecer una conexión con ese objeto. De la misma forma que si se hace doble clic sobre Correo o cualquier otra aplicación cliente/servidor, una conexión remota se establece automáticamente.

El componente software del cliente del Acceso telefónico a redes, como el resto del trabajo en red de Windows 98, proporciona una arquitectura abierta y conexiones a un amplio conjunto de redes, incluyendo Microsoft Windows NT, NetWare e Internet. El soporte está integrado para los protocolos de red TCP/IP, IPX y NetBEUI (véase Figura 12.2).

El API de Acceso remoto, un componente del API Win32, permite a los proveedores de servicios iniciar y continuar una conexión remota, además de obtener información sobre el tipo y estado de la conexión. Estas API permiten que las aplicaciones modifiquen su comportamiento dependiendo de la velocidad de transmisión y otras características de la conexión a la red.

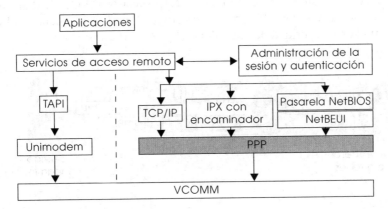

Figura 12.2
Configuración por defecto de la arquitectura de acceso remoto de Windows 98.

Los fabricantes pueden añadir fácilmente nuevos protocolos de red. Utilizando los estándares PPP (*Point-to-Point Protocol,* Protocolo punto a punto) y PPTP, cualquiera de estos protocolos subyacentes puede ser utilizado en una conexión de Acceso telefónico a redes (véase la Figura 12.3).

Además de PPP y PPTP, Windows 98 también puede comunicar con servidores Netware utilizando el protocolo NRN y con servidores NT utilizando el protocolo RAS. Al igual que ocurre con PPP y PPTP, los terceros pueden añadir nuevos protocolos. Por ejemplo, Microsoft proporciona una implementación de SLIP (*Serial Line Internet Protocol*, Protocolo Internet de línea serie) como parte del Kit de recursos de Windows 98.

Debido a que el acceso remoto es parte de la dinámica arquitectura de red en modo protegido de 32 bits de Windows 98, no es necesario reconfigurar ni volver a iniciar la computadora para continuar trabajando después de establecer o finalizar una conexión.

Se puede utilizar un PC de escritorio con Windows 98 equipado con el componente Servidor de acceso telefónico como punto de acceso a una pequeña red de área local o simplemente al propio PC de escritorio. Cuando se utiliza como servidor —es decir, como computadora a la que se accede telefónicamente— un PC con Windows 98 proporciona un servidor de puerto fácil de utilizar con capacidad de enrutamiento multiprotocolo para IPX y NetBIOS con seguridad a nivel de usuario transferida (véase la Figura 12.4). Windows NT Server complementa la funcionalidad de acceso remoto a redes de Windows 98, proporcionando una solución de red que puede trabajar con 256 sesiones de acceso telefónico simultáneamente.

El esquema de seguridad de Windows 98 emplea el mecanismo de autenticación de Windows NT o NetWare y una base de datos de usuarios para validar el usuario. La seguridad a nivel compartida también está disponible. Utilizando las capacidades de administración del escritorio de Windows 98, un administrador puede desactivar el acceso telefónico para que los usuarios no puedan entrar en un PC de escritorio concreto o acceder remotamente a la red completa. Si el usuario marca al servidor de un sistema, como Windows NT, Shiva NetModem o LanRover, o NetWare Connect, Windows 98 ofrece conectividad total, dependiendo del esquema de permisos y seguridad del servidor.

Cliente de Acceso telefónico a redes de Windows 98

Protocolo Punto a Punto

Servidor o encaminador

Figura 12.3
Soporte de Windows 98 para las conexiones PPP permitiendo conexión multiprotocolo.

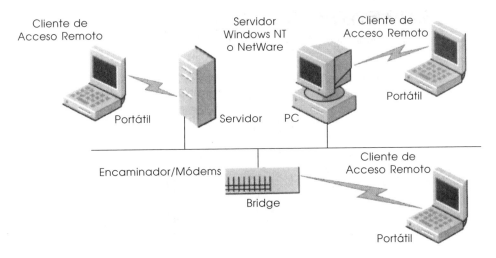

Figura 12.4
Opciones de conexión remota con Windows 98.

Soporte de archivos de comandos para el acceso telefónico

Muchos proveedores de servicios Internet y servicios en línea requieren que introduzca información manualmente para establecer la conexión, como el nombre de usuario y la contraseña. Con el soporte de archivos de comandos para acceso telefónico integrado en Windows 98, se puede escribir un archivo de comandos para automatizar este proceso.

Un archivo de comandos (*script*) es un archivo de texto que contiene una serie de comandos, parámetros y expresiones solicitadas por los proveedores de servicios de Internet y servicios en línea para establecer la conexión y utilizar el servicio. Para crear un archivo de comandos se puede utilizar un editor de texto, como Microsoft Notepad.

Como flexibilidad adicional, las propiedades de automatización del acceso telefónico están incluidas como formularios para cada conexión individual de Acceso telefónico a redes (véase la Figura 12.5).

Mejoras en la interfaz de usuario del Acceso telefónico a redes

Las mejoras en la interfaz de usuario también fueron hechas a la opción Configuración disponible desde el menú Conexiones (véase la Figura 12.6), que ahora dispone de estas mejoras:

- Establecer la opción «Mostrar un diálogo de confirmación después de haber realizado la conexión».

- Si la opción «Solicitar información antes de marcar» no está verificada (marcada), el Acceso telefónico a redes no se detendrá para solicitar una

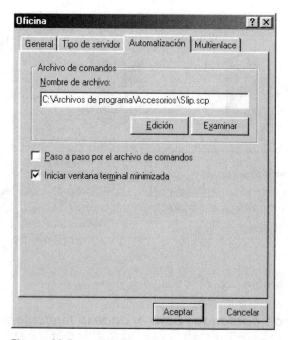

Figura 12.5
Lengüeta de archivo de comandos del formulario de una conexión
de Acceso telefónico a redes.

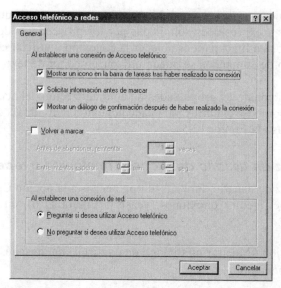

Figura 12.6
Configuración del Acceso telefónico a redes.

contraseña o la ubicación de marcación. Si se utiliza el sistema desde una ubicación fija, como el PC de casa, esto ahorra un paso en la marcación.

Establecer que vuelva a marcar de forma automática tras un breve retardo. Esta capacidad es particularmente útil para conexiones a grandes bancos de módems ocupados, donde la mejor forma de conectarse es volver a marcar de forma inmediata.

Soporte para añadir canales multienlace

Como se ha mencionado anteriormente, Windows 98 soporta conexiones PPP Multienlace. Ahora se puede combinar el ancho de banda de dos o más comunicaciones físicas para aumentar el ancho de banda del acceso remoto y la velocidad de transmisión utilizando el Acceso telefónico a redes multienlace. Basado en el estándar RFC 1717 de IETF, el multienlace RAS permite combinar fácilmente grupos de módems analógicos y RDSI, e incluso mezclar comunicaciones analógicas y digitales en el cliente y en el servidor. Cuando se utiliza con dos o más módems o canales RDSI B, multienlace PPP soporta transferencia de datos simultánea entre múltiples conexiones. Esto incrementará su velocidad de acceso a Internet o a su red corporativa y reducirá la cantidad de tiempo que tiene que estar conectado de forma remota, reduciendo el coste de los accesos remotos y doblando, triplicando o incluso cuadruplicando la velocidad efectiva de transferencia de datos.

Por ejemplo, Windows 98 con cuatro módems de 33,6 Kbps puede conectarse a un servidor de Windows NT con múltiples módems y mantener una transferencia a una velocidad sostenida de 134.400 bps. Este ejemplo se puede ampliar a cualquier número de módems o líneas RDSI para conseguir un ancho de banda mayor. Las velocidades de los módems y de las líneas RDSI pueden variar, pero el multienlace coordina la transferencia a través de los distintos enlaces para conseguir un rendimiento igual a la velocidad combinada de los dispositivos.

Subsistema de acceso remoto

El subsistema de acceso remoto es un componente clave en la arquitectura de Windows 98. Este subsistema es independiente de la red e independiente del dispositivo para permitir una conectividad universal. Por ejemplo, Windows 98 soporta tarjetas RDSI, módems PBX y otros muchos dispositivos. Esta capacidad se lleva a cabo a través de los proveedores del servicio componentes software que administran las conexiones físicas y el tráfico de la red en un medio remoto.

El subsistema de acceso remoto incluye un proveedor de autenticación modular que puede ser complementado o sustituido para proporcionar servicios de seguridad propios. Por ejemplo, si una compañía quiere proporcionar servicios propios, puede reemplazar la biblioteca DLL de autenticación de Windows 98 por la suya para sacar provecho de las características de seguridad específicas de la compañía.

Arquitectura de red dinámica

Para adaptarse a los cambios en la configuración y velocidad de conexión, la arquitectura de red de Windows 98 es completamente dinámica, independientemente de si los usuarios están utilizando componentes compatibles con NetWare o componentes de red de Microsoft. Todos los redirectores, transportes y controladores subyacentes son dispositivos virtuales en modo protegido, robustos, de 32 bits, que se pueden cargar dinámicamente y que soportan Plug and Play. Esta arquitectura permite que Windows 98 cargue y descargue componentes de la pila de red como respuesta a eventos hardware. Por ejemplo, cuando el usuario acopla un PC portátil o inserta una PC Card de red, los componentes de red correspondientes son cargados y las conexiones se establecen sin que tenga que intervenir el usuario. Incluso la asignación de una dirección TCP/IP es ahora dinámica, utilizando los servidores DHCP (*Dinamic Host configuration Protocol,* Protocolo de configuración dinámica de host) para asignar las direcciones cuando son solicitadas.

Al igual que con otros componentes de Windows 98, la naturaleza dinámica de la arquitectura de red depende de la disponibilidad de controladores en modo protegido de 32 bits y la robustez de otros componentes de red. Los componentes de red por defecto de Windows 98 (clientes de NetWare y Windows NT Server, protocolos TCP/IP, IPX y NetBEUI) están todos implementados como código en modo protegido de 32 bits. Cualquiera de estos componentes se puede cargar o descargar sobre la marcha. Si una arquitectura de red particular depende de controladores en modo real y que no se pueden cargar dinámicamente, la naturaleza dinámica de la arquitectura de red obviamente estará comprometida.

API de telefonía

Para comunicarse en un entorno móvil, los usuarios y las aplicaciones deben marcar a teléfonos o módems. Windows 98 proporciona el API de telefonía (TAPI, *Telephony API*) para trabajar con los dispositivos telefónicos.

TAPI proporciona Propiedades de marcado para guiar a los usuarios en el proceso de definición de un número telefónico correcto, dando la ubicación y teléfono de su sistema. Las Propiedades de marcado les da a los usuarios la oportunidad de definir números telefónicos de manera independiente de la ubicación. Los usuarios introducen un código de área y un número telefónico y Propiedades de marcado le aplica al número los parámetros específicos de la ubicación, como el prefijo para obtener línea exterior. Cuando los usuarios marcan el mismo número desde una ubicación distinta, sólo tienen que cambiar su ubicación, y Propiedades de marcado automáticamente ajusta los prefijos, códigos de área y demás parámetros (véase la Figura 12.7).

TAPI proporciona servicios que permiten a las aplicaciones compartir una línea telefónica para que así más de una aplicación pueda esperar una llamada entrante mientras otra realiza una llamada saliente. Gracias a que TAPI es ampliable, terceros desarrolladores pueden escribir a los proveedores de servicios TAPI para

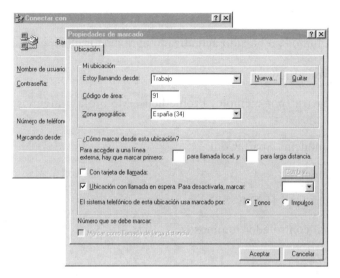

Figura 12.7
TAPI, que proporciona servicios de administración de la línea telefónica
para Acceso telefónico a redes.

que amplíen el soporte a nuevos dispositivos. Más adelante se analizará con detalle un proveedor de servicios TAPI como es Unimodem.

TAPI 2.1

Windows 98 contiene TAPI 2.1, que está basado en el soporte TAPI 2.0 de Windows NT 4.0.

Unimodem

Windows 98 proporciona un mecanismo ampliable, centralizado y sencillo para la instalación y configuración de módems (este mecanismo es similar a la infraestructura de Windows 98 para las impresoras). Windows 98 automáticamente detecta el módem y proporciona una configuración por defecto para él. Una vez que el módem está instalado, está disponible para todas las aplicaciones, las cuales no necesitan almacenar ya comandos de módem ni datos sobre las características de diferentes módems. Windows 98 dispone de soporte para más de 1.300 módems a nivel mundial. Añadir nuevos módems es tan sencillo como proporcionar el archivo de datos de instalación (INF) adecuado.

Como parte del proceso de certificación del logotipo «Designed for Windows 98» (Diseñado para Windows 98), un laboratorio de pruebas independiente examinará los archivos INF de cada módem nuevo y lo certificará como compatible con Windows 98.

Unimodem/V

En Windows 98, Unimodem ha sido actualizado para añadir el soporte siguiente:

- Módems VoiceView.

- Módems Sierra (por ejemplo, Prometheus, Motorola y algunos sistemas PC).

- Grupo de módems SpartaCom.

- Soporte Denmark.

- Soporte para Intel H.324.

- Módems sin controlador luminoso.

Correo remoto

Históricamente, cuando los usuarios salían de la oficina dejaban atrás robustas capacidades de correo electrónico. Windows 98 proporciona la siguiente generación de correo remoto, de modo que uno simplemente conectando una línea telefónica al módem puede utilizar el correo electrónico. La conexión remota se establece automáticamente utilizando los servicios de acceso remoto.

Windows 98 ha optimizado el correo (*Mail*) para gestionar de forma elegante las conexiones de red remotas y los enlaces de red lentos. El rendimiento ha sido mejorado, y utilizando la funcionalidad de correo remoto (*Remote Mail*), los usuarios pueden visualizar las cabeceras de los mensajes y transferir sólo los mensajes concretos que ellos deseen leer. Este enfoque móvil del correo electrónico mejora considerablemente la productividad de los usuarios móviles.

API de mensajería

Más que cualquier otro tipo de usuarios, los usuarios móviles necesitan acceder a varios proveedores de mensajes y la capacidad de moverse indistintamente entre estos proveedores. Mientras que los usuarios de PC de escritorio reciben la mayor parte de su correo electrónico a través de un sistema de correo electrónico corporativo o de red, los usuarios móviles a menudo se conectan a distintos proveedores de mensajes, por ejemplo, tanto a CompuServe como a la red de su empresa.

El API de mensajería (MAPI, *Messaging API*) de Windows 98 hace que las capacidades de comunicación de los usuarios móviles sean potentes. MAPI es una infraestructura de mensajes ampliable y abierta que asegura la completa independencia de las aplicaciones Windows y clientes software de los sistemas de mensajes subyacentes, mientras que permite a los vendedores suministrar una amplia serie de proveedores (véase la Figura 12.8). Para el usuario, todos los proveedores de mensajes parecen más o menos iguales. MAPI proporciona el soporte para cam-

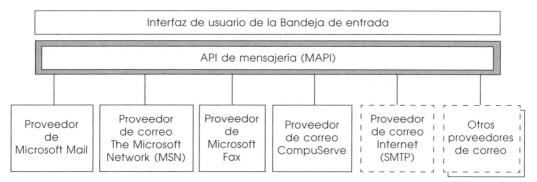

Figura 12.8
MAPI proporciona soporte unificado para la utilización de múltiples proveedores de correo.

biar dinámicamente de proveedores y asociar preferencias y proveedores múltiples a un «perfil».

La integración de la Bandeja de entrada (*Inbox*) y la funcionalidad de correo remoto depende de la disponibilidad de proveedores de servicios MAPI. Sin el controlador MAPI adecuado, la Bandeja de entrada no sabe cómo acceder a un proveedor de correo particular. La profundidad y robustez de la funcionalidad proporcionada por la Bandeja de entrada depende en gran parte de la calidad del controlador MAPI. Algunos controladores podrían proporcionar un rendimiento excelente y una amplia variedad de opciones (incluyendo correo remoto), mientras que el rendimiento y el conjunto de características proporcionados por otros controladores podría ser más limitado.

Microsoft incluye controladores MAPI con funcionalidad completa con Windows 98 para Microsoft Mail, The Microsoft Network y Microsoft Fax. En la versión en CD de Windows 98 se incluye un controlador MAPI con funcionalidad completa para CompuServe Mail, y con Microsoft Plus! se incluye un controlador de correo Internet (SMTP). Otros proveedores de mensajes están trabajando en controladores para sus respectivos servicios.

Microsoft Fax

El fax es una de las herramientas más habituales que utilizan los usuarios móviles para enviar mensajes y documentos. Los servicios de fax están integrados en el cliente de correo electrónico proporcionado con Windows 98. Los usuarios de Windows 98 pueden enviar y recibir mensajes de fax de la misma forma que envían y reciben cualquier otro mensaje electrónico. Los documentos de fax nuevos se reciben directamente a través del módem/fax en la Bandeja de entrada, donde se pueden visualizar de forma interactiva utilizando herramientas estándares. La fuerte integración entre enviar los mensajes de fax y los mensajes electrónicos mejora considerablemente la experiencia del usuario con soluciones de fax independientes.

Si los usuarios quieren enviar faxes cuando no están conectados a una línea telefónica o a una red, pueden almacenarlos en su bandeja de salida. Cuando un módem/fax está disponible, los mensajes encolados se transmiten automáticamente.

Microsoft Fax utiliza la arquitectura ampliable y abierta de MAPI, insertándola como un proveedor de transporte y después utilizando la interfaz de usuario proporcionada por el cliente de Windows 98. Los usuarios son más productivos, ya que no necesitan aprender cómo funciona un paquete software de fax independiente.

Para más información sobre Microsoft Fax, véase el Capítulo 7, «Mensajería con Windows».

Continuar organizados

El entorno de trabajo móvil presenta para los usuarios importantes retos en la gestión de los datos. Debido a que con muchos portátiles se trabaja normalmente en dos estados distintos —conectados a la red y sin conexión—, los usuarios de los portátiles necesitan enfrentarse con la posibilidad de que ellos y sus datos estarán separados. La mayoría de los usuarios de portátiles tratan este problema haciendo copias de los documentos importantes en su portátil. Esta forma de trabajar introduce el problema de la sincronización de archivos. ¿Qué le ocurre al usuario del portátil si la copia original del documento cambia? ¿Qué ocurre si el usuario edita la copia del documento del portátil? Windows 98 intenta resolver estas cuestiones por medio de la metáfora del Maletín.

Windows 98 también resuelve el problema de tener conectado un portátil a un PC de escritorio o a una red para transferir archivos. La Conexión directa por cable permite utilizar un cable paralelo estándar, un cable serie o un enlace por infrarrojos para realizar una conexión sencilla PC-PC o a través de una red.

El soporte para impresión diferida gestiona el problema de crear trabajos de impresión cuando los usuarios están viajando. En lugar de obligar a los usuarios a enfrentarse a los mensajes de error cuando las impresoras no están disponibles, o registrar manualmente qué documentos tiene que imprimir, Windows 98 es inteligente a la hora de gestionar los procesos de impresión en diferentes entornos.

El Maletín

El Maletín de Windows 98 reduce los problemas de mantener la información de un portátil actualizada manteniendo la pista de las relaciones que existen entre las diferentes versiones de un archivo en distintos equipos. Los usuarios de portátiles que también tienen PC de escritorio (o los que se conectan a una red) necesitan mantener actualizados en lo posible los archivos que están utilizando. Los usuarios a menudo gastan bastante tiempo comparando las fechas de los archivos y copiando los archivos manualmente de una máquina a otra —un proceso tedioso, poco intuitivo y propenso a errores—. Esta interfaz de usuario emplea una metáfora sencilla con la que los usuarios ya pueden estar más cómodos: un maletín físico (véase la Figura 12.9).

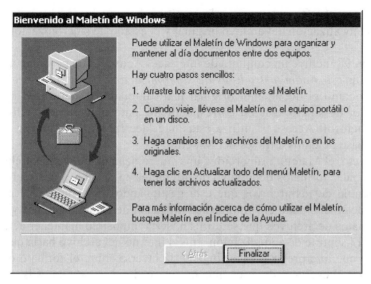

Figura 12.9.
La pantalla inicial de Maletín describe el proceso del maletín.

Se pueden especificar los archivos y directorios que se desean mantener actualizados arrastrando y soltando estos objetos en el Maletín. Cuando vuelva a conectar su portátil a una red o al PC de escritorio, el Maletín actualiza los archivos del servidor con los archivos modificados recientemente en el portátil, y viceversa (véase la Figura 12.10).

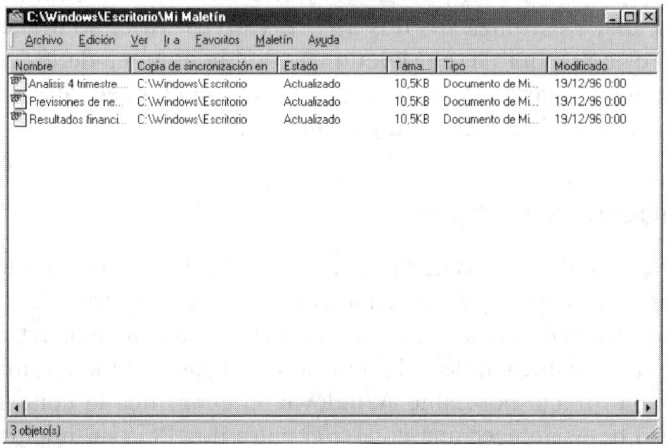

Figura 12.10.
Ejemplo del contenido del Maletín, donde aparece el estado de los documentos.

En la Figura 12.10, observe la información adicional mantenida por el Maletín, como la localización del archivo original y el estado de sincronización de cada documento.

Windows 98 incluye un conjunto de interfaces ActiveX que permiten a las aplicaciones definir *los administradores de sincronización*. Cuando tanto el archivo del Maletín como el documento original han cambiado, Windows 98 ejecuta el administrador de sincronización correspondiente para unir ambos archivos. Por ejemplo, Microsoft Access 97 utiliza estas interfaces para proporcionar un duplicado de la base de datos a través del Maletín.

Por defecto, el Maletín proporciona una sincronización a nivel de archivos. No trata de entender formatos de archivo de diferentes aplicaciones ni hacer cambios en el contenido de los archivos que está gestionando. Esto fue una decisión de diseño intencionada; dado el ritmo de actualización de las aplicaciones y la cantidad de formatos de archivos que se utilizan, sería imposible mantener actualizado el Maletín. El soporte de actualización a nivel interno del archivo haría que Microsoft tuviese que interpretar o hacer ingeniería inversa sobre el formato de los archivos de las aplicaciones de otros muchos proveedores —esta no es la mejor forma de utilizar los recursos de desarrollo.

Si el Maletín determina que la copia del Maletín o la copia original del archivo han sido modificadas, sugerirá realizar una operación de copia para poner la última versión del archivo en los dos lugares (localización original y Maletín). El Maletín, por sí solo, no es capaz de tratar la situación en la que tanto la copia del Maletín como la copia original del archivo han sido modificadas, ya que para resolver esta situación sería necesario conocer el formato interno del archivo. En situaciones como ésta, el Maletín tiene dos opciones. Primero comprueba el Registro para ver si hay disponible un administrador de sincronización para el archivo en cuestión. En el caso de un archivo MDB de Microsoft Access, por ejemplo, la respuesta es «sí», y el Maletín pasa el control a un módulo suministrado por Microsoft Access, que sincroniza los dos archivos MDB. Si el administrador de sincronización no está disponible, el Maletín no cambia ninguna de las copias del archivo, sino que en su lugar se lo notifica al usuario (quien puede decidir mantener ambos archivos, seleccionar uno u otro o no hacer nada).

Conexión directa por cable

Aproximadamente el 70 por ciento de los usuarios de PC portátiles también utiliza un PC de escritorio. Como resultado, constantemente se necesita transferir archivos y otros datos entre las dos máquinas. Una manera sencilla de efectuar estas transferencias es a través de un cable paralelo directo, serie o una conexión por infrarrojos.

Con la Conexión directa por cable, Windows 98 simplifica la conexión entre dos PC. El proceso de establecer una conexión entre dos PC está integrado en el escritorio y proporciona completa participación para el cliente en una variedad de redes. Los servicios proporcionados por una conexión directa por cable son los mismos que los proporcionados por una conexión de acceso telefónico, sólo que más rápidos. La aplicación Conexión directa por cable proporciona una conexión a un PC servidor (host), de la misma manera que el Acceso telefónico a redes proporciona una conexión a un servidor a través de la red telefónica. El cliente puede utilizar directorios y archivos compartidos en el servidor, o si está adecuadamente configurado, el servidor puede ser utilizado como servidor de paso para proporcionar un acceso completo a la red al PC del cliente. Conexión directa por cable proporciona una solución sencilla y barata cuando se trabaja con portátiles con los que los accesos a la red son poco frecuentes y de baja intensidad.

El soporte para Conexión directa por cable en Windows 98 presenta oportunidades de mercado para los fabricantes de periféricos. Utilizando los puertos ECP (Enhanced Capabilities Port), puertos paralelos mejorados que tienen las computadoras más nuevas, con un cable especial «activo» pueden proporcionar una velocidad de transmisión superior a 1 Mbps en una conexión paralela. Parallel Technologies, por ejemplo, suministra una línea de cables DirectParallel diseñados para optimizar el rendimiento de los enlaces a través de conexiones directas por cable.

Impresión diferida

Los usuarios generan trabajos de impresión con independencia de donde están. Windows 98 soporta los trabajos de impresión diferida, permitiendo a los usuarios generar trabajos de impresión incluso cuando no tienen una impresora disponible. Los trabajos de impresión son enviados a disco por el sistema hasta que haya una impresora disponible, momento en el cual Windows 98 detecta la conexión y automáticamente imprime los trabajos como un proceso de segundo plano.

Windows 98 cambia al modo de impresión diferida cuando una impresora instalada no está disponible (ya sea por un cambio de configuración, un fallo en la red o un problema hardware de la impresora). Cuando se encuentra en modo de impresión diferida, Windows 98 periódicamente verifica (en segundo plano) la conexión con la impresora para ver si ha sido restablecida. Si la impresora vuelve a estar activa, Windows 98 desactiva el modo de impresión diferida y comienza a imprimir todos los documentos que tiene encolados. Cuando va a desactivar el modo de impresión diferida, Windows 98 le pregunta al usuario si comienza la impresión —esto permite continuar en modo de impresión diferida si se desea.

Para mejorar el soporte para los usuarios móviles, Windows 98 almacena las impresoras por defecto por configuraciones. Si un usuario tiene una impresora diferente en casa que en la oficina, Windows 98 cambia la impresora por defecto cuando detecta el cambio de localización de la computadora —por ejemplo, de estado acoplado a estado desacoplado.

13

Servicios multimedia

MICROSOFT WINDOWS 98 proporciona una plataforma de alto rendimiento para aplicaciones multimedia en PC. Aquí están algunas de las interesantes contribuciones que hace Windows 98 al mundo de la multimedia informática:

- ⊕ Windows 98 es una nueva versión multimedia completa que permite convertir cualquier PC en una máquina multimedia fácil de utilizar. Gracias a que todo el soporte de sonido y vídeo digital y MIDI (Interfaz digital de instrumentos musicales, *Musical Instrument Digital Interface*) está integrado en Windows 98, los usuarios y desarrolladores han sido liberados del reto de la instalación de los dispositivos y controladores, y los creadores pueden reducir sus costes de soporte. La arquitectura Plug and Play simplifica la instalación y operación de dispositivos multimedia compatibles. Además, Windows 98 es compatible con los programas y herramientas multimedia creados en anteriores versiones de Windows.

- ⊕ Windows 98 está diseñado para ayudar a los desarrolladores de software de entretenimiento a crear más fácil y rápidamente juegos divertidos, vanguardistas, rápidos y con bastantes gráficos. Windows 98 soporta los principales avances tecnológicos en gráficos 2-D, imágenes 3-D y sonido digital, que son cruciales para los desarrolladores de juegos.

Para los desarrolladores, Windows 98 ofrece una potente plataforma para la creación de aplicaciones multimedia profesionales:

- ⊕ La arquitectura de 32 bits de Windows 98 exprime el rendimiento multimedia de los PC, por lo que los desarrolladores pueden capturar sonido y vídeo digital de gran tamaño. La arquitectura multitarea de Windows 98 crea un entorno de trabajo conveniente para los creadores de multimedia.

🌐 La arquitectura de los subsistemas de vídeo digital, sonido digital, MIDI y gestión de archivos de Windows 98 permite a los autores y creadores de herramientas crear sonido, vídeo y efectos de animación con calidad profesional. Windows 98 es una plataforma atractiva para el desarrollo profesional de efectos e imágenes multimedia más allá del mundo del PC —por ejemplo, anuncios de TV.

FACILIDADES PARA CREAR MULTIMEDIA

Microsoft se ha comprometido a hacer que Windows sea la fuerza líder en las tecnologías y sistemas multimedia del PC. Este compromiso tiene muchas partes, la más importante de ellas está en continuar la inversión en investigación y desarrollo en temas relacionados con la multimedia. En este capítulo se describen algunos de los resultados de la investigación y desarrollo de los últimos años. Las tecnologías multimedia están evolucionando rápidamente, y Microsoft continúa a la cabeza, proporcionando mejoras en las herramientas y en la arquitectura para permitir a los desarrolladores y a los consumidores obtener las ventajas de las innovaciones.

Windows 98 incluye soporte integrado para las tecnologías multimedia básicas. Ya no es necesario que los usuarios, vendedores y proveedores añadan o distribuyan componentes software, tales como sistemas de archivos CD-ROM, soporte para vídeo digital o compresión de sonido. La reproducción de vídeo digital (múltiples códec) y sonido (MIDI y WAVE comprimido), CD-ROM y soporte para joystick están integrados directamente en el sistema Windows 98. Todos estos subsistemas han sido desarrollados en código de 32 bits de alto rendimiento para asegurar una reproducción suave y tiempos de respuesta rápidos.

La tecnología multimedia de Windows 98 es completamente compatible con los productos multimedia de 16 bits. Las pruebas han mostrado que las mejoras obtenidas al trabajar con 32 bits en la velocidad de acceso a archivos y gestión de canales se aprecia incluso en las aplicaciones multimedia de 16 bits. Sin embargo, las mayores mejoras se obtienen con los títulos diseñados en 32 bits para Windows 98.

Soporte Plug and Play

Debido a que las aplicaciones, títulos, herramientas y juegos multimedia son cada vez más abundantes, los consumidores han comenzado a comprar componentes multimedia, como unidades CD-ROM y tarjetas de sonido. Estos dispositivos han dejado de ser tan caros y son fáciles de instalar y utilizar.

El soporte Plug and Play de Windows 98 permite añadir un nuevo dispositivo multimedia a un PC sencillo. Basta con instalar una tarjeta de sonido Plug and

Play para que ésta funcione. Windows 98 también hace que la tarea de instalar dispositivos multimedia *antiguos* sea menos desalentadora, ya que incluye herramientas que permiten identificar y resolver conflictos entre dispositivos heredados que no son Plug and Play y los que sí lo son. Para hacer que este proceso sea lo menos doloroso posible, Windows 98 incluye de forma integrada controladores para las tarjetas de sonido más populares.

Plug and Play rescribe las reglas de la multimedia en los PC. A continuación se muestran tres efectos de Plug and Play que gustarán a los usuarios de multimedia:

- Establece la base para que los PC multimedia crezcan gracias a los kit de actualización Plug and Play. El usuario no tendrá que comprar más CPU potentes sólo para trabajar con multimedia. Gracias a que Windows 98 incluye una arquitectura básica para la gestión de sonido, MIDI y vídeo digital, todos los PC con Windows 98 pueden ser transformados fácilmente en un PC multimedia por el simple hecho de que el usuario conecte una tarjeta de sonido y/o una unidad de CD-ROM.

- Disminuye sustancialmente el coste de instalar y mantener dispositivos multimedia, haciendo que la adopción de su utilización en las empresas sea mucho más factible.

- Gracias a la continua mejora de los requisitos multimedia, como la velocidad de CD-ROM, Plug and Play permite a los usuarios actualizar sus componentes multimedia convenientemente, sin tener que sustituir el PC completo. El soporte Plug and Play es vital para el éxito de los nuevos dispositivos multimedia, como las tarjetas MPEG (*Moving Pictures Experts Group*).

AutoPlay

En cierto modo, los títulos y juegos que se ejecutan desde un CD-ROM parecen diferentes de otras aplicaciones. En primer lugar, la manera de comenzar los programas en CD-ROM es diferente de la manera en la que lo hacen las aplicaciones que se ejecutan desde un disco duro. Tiene que abrir un cajón, extraer el disco correcto y situarlo en la unidad CD-ROM antes de que se pueda ejecutar el programa, suponiendo que pueda encontrar el icono que creó cuando instaló el programa. En segundo lugar, a diferencia de las aplicaciones que se ejecutan desde el disco duro, es posible que utilice los productos del CD-ROM de forma menos frecuente.

Cuando inserta un disco en la unidad CD-ROM, desea instalar el programa o, si ya lo ha instalado, ejecutarlo. En Windows 98, una característica llamada AutoPlay permite que los desarrolladores de software hagan los productos más fáciles de instalar y ejecutar. Cuando el usuario pone un disco en una unidad CD-ROM, Windows 98 automáticamente lo analiza y busca un archivo llamado AUTORUN.INF. Si existe este archivo, Windows 98 lo abre y sigue las instrucciones. Esta característica hace que las instrucciones de instalación para un título o juego multimedia en Windows 98 sean completamente simples, reduciéndose a algo como esto:

1. Para ejecutar este programa, inserte el disco en la unidad CD-ROM.

2. ¡Que tenga un buen día!

Soporte integrado para vídeo digital

Durante algunos años, Microsoft ha estado desarrollando una arquitectura de alto rendimiento para vídeo digital: Microsoft Video for Windows. En el pasado, Video for Windows se distribuía de forma independiente (como kit de desarrollo software). Desde la versión Windows 95, Video for Windows ha estado integrado en todas las copias de Microsoft Windows, incluido Windows NT. La capacidad extendida de reproducir vídeo digital tiene las siguientes implicaciones:

- Los usuarios y los fabricantes de software independientes pueden utilizar el formato de archivo AVI para distribuir archivos de vídeo digital con la misma confianza que tienen cuando distribuyen archivos de otros formatos soportados por Windows, como TXT, WRI, BMP, PCX y WAV.

- Las limitaciones para acceder a títulos y herramientas multimedia se reducen, ya que desaparecen los problemas de licencia e instalación de Video for Windows.

Soporte integrado para sonido y MIDI

MIDI es el equivalente informático de la partitura. Utilizando una partitura, un compositor puede describir cómo tocar la *Sonata Claro de Luna* de Beethoven en unas cuantas páginas; pero para tocar la pieza, una persona que sabe leer música debe tener un piano. La calidad del sonido de la música obtenida a partir de una partitura depende de la calidad del instrumento —por ejemplo, cuando se toca en un piano de cola, la sonata sonará mejor que cuando se toca en un piano viejo.

Del mismo modo, un archivo MIDI puede contener las instrucciones electrónicas para interpretar la *Sonata Claro de Luna* en sólo unos pocos kilobytes, pero para tocar la pieza es necesario un dispositivo, como una tarjeta de sonido, que sepa cómo «leer» las instrucciones MIDI y pueda producir un sonido como el del piano. Y de la misma forma que el sonido de los pianos reales varía algo, también ocurre igual con el sonido de piano producido por las tarjetas de sonido.

A alto nivel, los músicos utilizan MIDI como herramienta de desarrollo. Hoy en día, prácticamente todos los equipos de música avanzados soportan MIDI, y MIDI ofrece una manera útil de controlar con precisión el equipo. A bajo nivel,

MIDI se está convirtiendo en una herramienta cada vez más popular entre los desarrolladores de productos multimedia, ya que ofrece una manera de añadir música a los títulos y juegos con una pequeña inversión en espacio en disco y en la velocidad de transmisión de los datos. Actualmente, la mayoría de las tarjetas de sonido que están en el mercado tienen soporte MIDI integrado en la placa. Windows 98 incluye soporte integrado para sonido de ondas (WAV) y MIDI.

Reproductor de CD

Para complacer a mucha gente a quienes les gusta reproducir sus CD de sonido en sus unidades de CD-ROM mientras trabajan, Windows 98 incluye un Reproductor de CD. Como muestra la Figura 13.1, los controles de este reproductor son similares a los de los reproductores de CD normales. El Reproductor de CD de Windows 98 soporta la mayoría de las características encontradas en los reproductores de CD sofisticados, como reproducción aleatoria, orden de reproducción programable y la capacidad de guardar programas para que los usuarios no tengan que volver a crear su lista de reproducción cada vez que ponen un CD.

Soporte integrado para unidades CD-ROM rápidas

El desarrollo de unidades CD-ROM más rápidas (velocidad superior a 12x) ha sido un factor determinante en el crecimiento de la multimedia informática, ya que la rápida lectura de los datos del CD-ROM permite reproducir con mayor calidad el sonido y vídeo de los CD-ROM.

Para obtener el mejor rendimiento posible de estos nuevos dispositivos, Windows 98 incluye un sistema de archivos CD-ROM de 32 bits (CDFS, CD-ROM

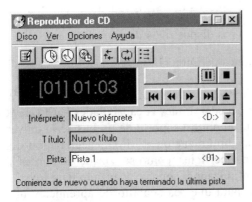

Figura 13.1
El Reproductor de CD, que tocará ininterrumpidamente en segundo plano.

file system) para leer de las unidades CD-ROM tan rápido y eficientemente como sea posible. En Windows 98 también está incluido el sistema de Windows 3.1 de lectura de archivos desde unidades CD-ROM [MSCDEX.DLL] para proporcionar la compatibilidad de los productos que lo utilizan. CDFS es un componente importante en el rendimiento de la multimedia en Windows 98.

Windows 98 amplía también su soporte de CD-ROM a unidades que leen discos con formato XA, como CD de vídeo y PhotoCD de Kodak.

UNA PLATAFORMA IDEAL PARA EL ENTRETENIMIENTO DOMÉSTICO

Con Windows 98, los PC son máquinas multimedia mejores, por lo que los desarrolladores de software pueden producir títulos y juegos más rápidos y atractivos.

Soporte para el desarrollo con gráficos 3-D

Windows 98 incluye Microsoft DirectX 5, un nuevo conjunto de API para desarrollar gráficos. Estas API se utilizan habitualmente en el desarrollo de juegos, aunque DirectX también es una herramienta valiosa en el desarrollo de aplicaciones gráficas para publicar información en Internet y comunicaciones en tiempo real.

DirectX 5 está formado por los siguientes componentes:

- DirectDraw (gráficos 2-D).

- Direct3D (gráficos 3-D).

- DirectSound (reproducción y mezcla de sonido).

- DirectPlay (conexión para juegos de varios jugadores en Internet).

- DirectInput (joystick y otros dispositivos de entrada).

- DrawPrimitive (extensiones de Direct3D).

DirectX 5 introduce una serie de nuevas características en el entorno Windows. Las API de DirectX 5 permiten acceder a nuevas capacidades hardware, entre las que cabe destacar el soporte multimonitor, soporte de un bus serie universal para juegos y dispositivos de sonido, optimizaciones MMX, aceleración del sonido 3-D, características para dibujar superficies, como suavizado de bordes y filtrado de textura, soporte de textura optimizada y soporte avanzado para joystick.

DirectX 5 ha sido diseñado para que sea sencillo de aprender y utilizar por parte de los desarrolladores. El rendimiento y calidad de las API de DirectX 5 mejora considerablemente el de versiones anteriores de las API gráficas.

Soporte integrado para CD Plus

Además de hacer que los usuarios puedan reproducir fácilmente sus CD de música favoritos, Windows 98 incluye el nuevo formato de Sony Corporation y Philips International CD Plus, también llamado CD de música mejorado (*Enhanced Music CD*), que permite integrar sonido y datos en el mismo CD. Microsoft está trabajando con la industria de la música para definir una especificación para estos CD de música.

Gracias a que la información de sonido y datos se pueden combinar en el mismo CD, el formato CD Plus abre paso a una amplia gama de títulos de CD de los cuales se puede disfrutar como CD de música, y cuando se insertan en un PC con Windows 98 pueden proporcionar también información digital en forma de vídeos musicales, letras de canciones, biografías y otros textos. Los discos CD Plus pueden incluso permitir intercambios interactivos con los músicos.

CD Plus utiliza la tecnología de unidad multisesión para resolver el problema de la «pista uno» que ha impedido utilizar convenientemente los CD-ROM en los reproductores de CD de sonido. Hasta que esta tecnología ha estado disponible, los CD-ROM con programas utilizaban la primera pista del disco compacto para datos, pudiendo producir un daño potencial en el altavoz cuando se introducían en los reproductores de CD de sonido. Sony y Philips International implementan la tecnología multisesión bajo la marca CD Plus. Otras compañías de la industria musical pueden utilizar CD Plus o crear sus propias implementaciones multisesión. En Windows 98 se puede utilizar cualquier implementación compatible con la tecnología CD Plus.

El formato CD Plus se aprovecha de una serie de características incluidas en Windows 98 para ayudar a hacer que la multimedia sea más atractiva, incluida la característica AutoPlay y los subsistemas multimedia de 32 bits de Windows 98, que permiten reproducciones de alta fidelidad.

SOPORTE PARA MULTIMEDIA

Multimedia incluye mucho más que juegos y entretenimiento. La mayor parte de los avances tecnológicos de Windows 98 fueron introducidos en primer lugar en los juegos, pero después se han implementado en otros tipos de aplicaciones. La tecnología multimedia de Windows 98 abre nuevas posibilidades en aplicaciones de educación, formación, consulta y negocios.

DirectShow

DirectShow (antiguamente conocido como ActiveMovie) es una nueva arquitectura de canales para Windows que permite la reproducción de vídeo de alta calidad y proporciona un conjunto de interfaces ampliables sobre las cuales se pueden construir herramientas y aplicaciones multimedia. DirectShow permite reproducir los tipos de medios más populares, como MPEG y sonido WAV, AVI y vídeo Apple QuickTime.

Debido a que DirectShow utiliza y está integrado con la tecnología Microsoft DirectX, automáticamente se aprovecha de cualquier aceleración en el hardware de sonido y vídeo para obtener el mayor rendimiento posible para la configuración de una máquina dada. Por ejemplo, DirectShow utiliza DirectDraw y las características presentes en muchas tarjetas gráficas normales para mejorar la calidad de reproducción de películas de vídeo AVI y QuickTime. Además, DirectShow es capaz de decodificar el formato MPEG y reproducirlo con alta calidad.

Con DirectShow, las empresas pueden poner en marcha mecanismos de formación basados en vídeos y otras interesantes soluciones a través de sus redes corporativas o en nodos de Internet.

La especificación de compresión/descompresión (códec) MPEG ha sido reconocida como la líder en la reproducción con alta calidad en máquinas con la suficiente capacidad de procesamiento. Microsoft llegó a un acuerdo con Mediamatics en mayo de 1995 para incluir en Windows el soporte para MPEG basado en software.

El soporte para MPEG basado en software de Windows ofrece a los desarrolladores al menos dos ventajas claras:

- MPEG introduce, de forma sorprendente, vídeos con buena calidad en archivos muy pequeños, por lo que en un único CD puede caber una cantidad importante de imágenes de alta calidad.

- MPEG se adapta bien a las velocidades de transmisión de datos que generan las unidades CD-ROM de alta velocidad, lo que permite cubrir una gran mayoría de las unidades CD-ROM instaladas actualmente.

Aunque el códec MPEG genera reproducciones de alta calidad, sin embargo requiere una gran cantidad de cálculos. Actualmente, en la mayor parte de los casos, la utilización práctica de MPEG requiere un hardware especializado. La disponibilidad generalizada de hardware MPEG para Windows es una de las claras ventajas de la plataforma Windows, aunque la base de estas tarjetas está lejos de ser universal. La descompresión MPEG basada en software, como la proporcionada por MPEG Arcade Player de Mediamatics, incrementa el impulso de MPEG, especialmente en sistemas Pentium. Otros códec, como Indeo y Cinepak, también son importantes, gracias a que imponen menos requisitos al sistema y a su mayor flexibilidad.

Surround Video

En la Feria de Electrónica de Consumo de Invierno de 1995, Microsoft presentó Surround Video —una tecnología para Windows que permite títulos multimedia interactivos en pantalla completa—. Los títulos creados con esta tecnología permiten que los usuarios interactúen con objetos, imágenes y vídeo en tiempo real con escenas fotorrealistas de 360 grados. A diferencia de la mayoría de las experiencias multimedia, en las que el papel interactivo del usuario está limitado a una pantalla rectangular, Surround Video rodea al usuario de un entorno interactivo.

De la misma forma que un fotógrafo mira a través del visor de su cámara, el usuario de un título Surround Video puede volverse para ver más cosas del entorno software. Surround Video ofrece a los desarrolladores muchas posibilidades para sacar provecho de esta tecnología, como juegos de aventuras creados con fondos fotorrealistas. También es posible realizar visitas guiadas a las principales ciudades, museos y ofertas de las inmobiliarias.

Los desarrolladores pueden crear fácilmente títulos Surround Video, ya que las herramientas de desarrollo se basan en tecnologías de empresas bien conocidas. Por ejemplo, el segundo plano para un título Surround Video puede grabarse fácilmente con una cámara panorámica de 360 grados. De la misma forma, las imágenes de primer plano se pueden añadir utilizando las mismas técnicas de pantalla azul o *chroma-key* que se utilizan en televisión para dar la previsión del tiempo.

Sonido de gran calidad

Un archivo MIDI con unos pocos kilobytes puede contener instrucciones electrónicas para reproducir una composición de música de piano. Sin embargo, para reproducir la pieza es necesario tener un dispositivo, como una tarjeta de sonido, que pueda leer las instrucciones MIDI y reproducir el sonido del piano. El soporte integrado de MIDI significa que los desarrolladores pueden distribuir una gran variedad de sonidos en menor espacio y que los usuarios pueden oír música de mayor calidad en sus aplicaciones.

A alto nivel, MIDI es una herramienta de desarrollo popular para los músicos. Hoy en día, prácticamente todos los equipos de música avanzados soportan MIDI, que ofrece una forma útil para controlar el equipo de manera precisa. El soporte integrado para MIDI de Windows 98 hace que sea viable el desarrollo de sonido o el control de equipos en la plataforma Windows. A bajo nivel, MIDI es una herramienta cada vez más popular entre los desarrolladores de productos multimedia, ya que ofrece un mecanismo para añadir música a los títulos y juegos con una pequeña inversión en espacio en disco y ancho de banda. La mayoría de las tarjetas de sonido actuales llevan integrado en la propia tarjeta el soporte MIDI.

Con el soporte integrado en Windows 98 tanto para MIDI como para WAV, los desarrolladores pueden estar seguros de que la música desarrollada con MIDI sonará en los PC con poco o ningún esfuerzo de configuración por parte del usuario. Los consumidores fácilmente disfrutarán de un sonido de mayor calidad en sus títulos multimedia simplemente ejecutando Windows 98.

WinToon

WinToon es una herramienta para reproducir animaciones en Windows 98 que facilita la creación de títulos multimedia animados en pantalla completa y mejora la calidad y velocidad de la reproducción de la animación. WinToon proporciona la reproducción de animaciones a alta velocidad, sin obligar a los animadores a cambiar sus técnicas habituales de producción de animaciones. Se puede incorporar fácilmente en títulos multimedia en CD-ROM. El soporte de WinToon en Windows significa que los consumidores pueden elegir entre una amplia gama de títulos animados de alta calidad.

Soporte para la tecnología Intel MMX

MMX es una mejora importante en la arquitectura Intel que proporciona a los PC unas capacidades de comunicación y multimedia más robustas; en otras palabras, funcionalidad de vídeo y sonido más rápida. Las mejoras de la tecnología MMX incluyen 57 nuevas instrucciones de CPU diseñadas específicamente para realizar operaciones en paralelo con tipos de datos multimedia y de comunicaciones. Las nuevas instrucciones incluyen una técnica conocida como SIMD (*Single Instruction, Multiple Data* / Una instrucción, múltiples datos). SIMD proporciona un mejor rendimiento y respuesta en operaciones multimedia y de comunicaciones.

Windows 98 no sólo soporta la ejecución de los controladores y las aplicaciones MMX, sino que, a través del API DirectX, puede aprovecharse directamente de los procesadores MMX.

UN ENTORNO DE DESARROLLO POTENTE

Gracias a su nueva arquitectura multitarea de 32 bits, Windows 98 es una plataforma atractiva para el desarrollo profesional de títulos multimedia.

Compresión de sonido para sonido con calidad CD

El sonido puede ocupar bastante espacio en disco. El sonido estéreo descomprimido con calidad CD contiene una gran cantidad de datos, ¡aproximadamente 176 KB por cada segundo! Un CD-ROM completo puede contener aproximadamente una hora de música. Además, el sonido puede consumir buena parte de la velocidad de transmisión de una unidad CD-ROM.

Para reducir la carga de almacenamiento y reproducción del sonido de una aplicación, Windows 98 incluye una familia de tecnologías de compresión de sonido. Estos códec se pueden dividir en los dos grupos siguientes:

- ⍟ Códec orientados a música, como IMADPCM, permiten comprimir el sonido con calidad CD a un cuarto de su tamaño original.

- ⍟ Códec orientados a voz, como TrueSpeech, permiten realizar una compresión bastante eficiente de datos de voz.

Este soporte para sonido comprimido es en los dos sentidos: el sonido se puede reproducir desde un archivo de sonido comprimido, o un archivo de sonido puede ser comprimido utilizando la utilidad integrada de grabación y edición de sonido. Si los usuarios tienen micrófonos, pueden activar la compresión de voz cuando graban, por lo que el archivo es comprimido en tiempo real.

Además de los códec que vienen con Windows 98, la arquitectura de sonido de Windows ha sido diseñada para que se pueda ampliar con otros códec. La arquitectura de vídeo de Windows 98 también se puede ampliar de la misma manera.

Mejor sonido con multimensajes MIDI

Windows 98 incorpora la implementación de MIDI de Microsoft, incluyendo una tecnología llamada «soporte con multimensajes MIDI». Este soporte le permite a Windows 98 comunicar varias instrucciones MIDI simultáneamente con una única interrupción. Como resultado, la reproducción de archivos MIDI requiere menor potencia de cálculo y permite a los desarrolladores procesar con éxito instrucciones MIDI junto con gráficos y otros datos.

Multitarea

La multitarea hace que Windows 98 sea una plataforma atractiva para la creación de multimedia. La creación de contenido multimedia requiere un intenso trabajo de la CPU que puede requerir bastante tiempo. Por ejemplo, comprimir un archivo de vídeo digital puede tardar horas, dependiendo de la complejidad del archivo y del tipo de sistema en el que se esté haciendo la compresión. Más aún, en las plataformas tradicionales, los archivos de vídeo digital tienen que ser comprimidos de uno en uno. A consecuencia de esto, los autores de vídeo han estado virtualmente encadenados a sus escritorios supervisando su trabajo.

Gracias a las capacidades multitarea de Windows 98, los autores pueden conservar el control de sus PC, incluso cuando se esté realizando una operación de compresión enorme. Además, con Windows 98, los creadores de vídeo digital pueden iniciar varias operaciones de compresión a la vez y después irse a casa.

CALIDAD PROFESIONAL

Los subsistemas de vídeo digital, sonido digital, MIDI y gestión de archivos de Windows 98 constituyen una plataforma ideal para el desarrollo de vídeo, sonido y efectos de animación de alta calidad.

Captura y compresión de vídeo digital de mayor formato

La cruda realidad es que el vídeo contiene una enorme cantidad de datos. La captura de vídeo digital requiere incluso trabajar con más datos que cuando se reproduce, ya que las imágenes directas de vídeo digital no están comprimidas. Un simple cuadro de vídeo a todo color en 640 × 480 pixeles contiene cerca de un megabyte de datos. A 30 cuadros por segundo, se puede llenar un disco duro de 1 GB con datos de menos de un minuto de vídeo descomprimido. Estos datos se pueden comprimir para hacer que la capacidad de almacenamiento crezca, pero para los desarrolladores multimedia sigue siendo un asunto importante la velocidad a la que los datos se escriben en el disco.

El acceso a archivos de 32 bits de Windows 98 es tan importante para los creadores de vídeo digital como para los usuarios. Gracias a que los datos se pueden escribir en disco más rápidamente con Windows 98, los autores pueden capturar vídeo con mayor calidad, de mayor formato, con más cuadros por segundo y con más color. Después de capturar una imagen directa, el proceso de compresión comienza a consumir tiempo. Tanto Cinepak como Indeo están disponibles en versiones de 32 bits para Windows 98 para hacer que el proceso de compresión sea considerablemente más eficiente.

General MIDI para sonidos específicos

Uno de los primeros retos para MIDI es que era, en cierto modo, demasiado flexible. Cualquier instrumento podía ser «conectado» a cualquier canal MIDI, de modo que una «secuencia» (canción) escrita para un piano podía terminar siendo reproducida por una tuba. Windows 98 incorpora la especificación General MIDI, una manera estándar para los autores de sonidos MIDI para pedir determinados instrumentos y sonidos.

Soporte integrado para dispositivos multimedia

Windows 98 incluye soporte integrado para los dispositivos de creación multimedia más comunes, como vídeo discos y VCR. Este soporte simplifica el proceso de captura «cuadro a cuadro», un proceso en el que el autor captura los datos de un cuadro de vídeo digital cada vez, para comprimirlo normalmente más tarde. La captura cuadro a cuadro es un proceso lento, pero es la mejor manera para capturar vídeo digital con la mejor calidad. El control exacto de los cuadros de VCR también es importante para la grabación de efectos especiales con gran calidad para utilizarse en anuncios, películas, programas de televisión y vídeos musicales.

Soporte DVD

Windows 98 soporta dispositivos DVD. El acrónimo DVD surgió originalmente de *Digital Video Disc* (Vídeo Disco Digital) o de *Digital Versatile Disc* (Disco Digital Versátil), pero ahora se ha convertido en un nombre autónomo. DVD es un método para almacenar digitalmente muchos tipos de datos diferentes. Estos tipos de datos incluyen sonido, vídeo y datos informáticos. Windows 98 tiene un reproductor DVD (*DVD Player*) que se puede ejecutar para ver los datos de los discos DVD.

14

Accesibilidad

MICROSOFT SE HA COMPROMETIDO a cumplir el objetivo de que cualquier usuario pueda utilizar fácilmente las computadoras. En la medida en que las computadoras son accesibles, se convierten en poderosas herramientas que permiten a las personas trabajar, crear y comunicarse de manera que de otra forma sería difícil o imposible. La idea de facilitar el uso de las computadoras a todos sólo se puede realizar si las personas discapacitadas tienen igual acceso al mundo de las computadoras personales.

El tema de la accesibilidad a la computadora en casa o en el lugar de trabajo para personas discapacitadas es cada vez más importante. Entre 7 y 9 de cada 10 corporaciones importantes emplean personas con discapacidades que podrían necesitar utilizar computadoras en su trabajo. Sólo en Estados Unidos, se estima que 30 millones de personas tienen discapacidades que potencialmente limitan su capacidad de utilización de una computadora. Además, a medida que la población envejece, más gente sufre limitaciones funcionales, haciendo más importante la problemática de la accesibilidad a las computadoras para el conjunto de la población.

La legislación, como el Acta de los Americanos Discapacitados (que afecta a empresas privadas con más de 15 empleados) y la Sección 508 del Acta de Rehabilitación (que regula los gastos del gobierno), también trasladan los aspectos de accesibilidad a un primer plano, tanto en el sector público como en el privado.

Microsoft también ofrece una serie de productos específicos para usuarios con discapacidades e incluye en sus principales productos software características que facilitan su utilización a personas con discapacidades. Los dos principales productos de accesibilidad de Microsoft son el Access Pack para Microsoft Windows y Access DOS. Ambos han sido desarrollados por el Trace Research and Development Center de la Universidad de Wisconsin-Madison, basándose en investigaciones realizadas por el Instituto Nacional de Investigación de Discapacidad y Rehabilitación. El Access Pack también se encuentra disponible para Windows NT.

Estos productos mejoran los sistemas operativos Windows, MS-DOS y Windows NT, añadiendo una serie de características que hacen más accesibles las computadoras a los usuarios con destreza limitada o con problemas de audición. Microsoft distribuye estas utilidades de manera gratuita a los clientes y anuncia su disponibilidad en cada uno de sus nuevos productos.

Microsoft Windows 98 ofrece varias características diseñadas para hacer los sistemas más útiles para las personas con discapacidades. En los últimos años, Microsoft ha establecido estrechas relaciones con usuarios discapacitados, organizaciones que representan a personas discapacitadas, trabajadores del campo de la rehabilitación y desarrolladores de software que crean productos para este mercado. Basándose en las observaciones de todos ellos, se definieron los siguientes objetivos específicos de diseño para Windows 95:

- Integrar y mejorar las características del Access Pack para compensar las dificultades que algunas personas tienen en la utilización del teclado o el ratón.

- Simplificar la personalización de la interfaz visual para personas con visión limitada.

- Proporcionar información visual adicional para usuarios sordos o con problemas de audición.

- Proporcionar nuevas API e «incentivos» para los ISV que desarrollan ayudas de accesibilidad, incluyendo las que permiten la utilización de Windows a personas invidentes.

- Ampliar la disponibilidad de información sobre soluciones de accesibilidad e incrementar la preocupación pública acerca de dicho aspecto.

Las características diseñadas para alcanzar estos objetivos se incluyeron en Windows 95 y se han mantenido en Windows 98. Este capítulo describe dichas características.

CARACTERÍSTICAS DE ACCESIBILIDAD EN MICROSOFT WINDOWS 98

Windows 98 mejora la accesibilidad del sistema (o permite que el usuario ajuste dichas mejoras) de las siguientes formas:

- Hace escalables los elementos de la Interfaz de Usuario.

- Compensa las dificultades en la utilización del ratón.

- ⊕ Emula el ratón a través del teclado.

- ⊕ Soporta dispositivos de entrada alternativos que emulan el teclado y el ratón.

- ⊕ Proporciona señales visuales que permiten al usuario detectar cuándo una aplicación está emitiendo sonidos.

- ⊕ Informa a las aplicaciones cuándo el usuario tiene dificultades de visión.

- ⊕ Informa a las aplicaciones cuándo el usuario necesita soporte adicional a través de teclado debido a dificultades en la utilización del ratón.

- ⊕ Informa a las aplicaciones cuándo el usuario desea señales visuales para voz u otros sonidos.

- ⊕ Informa a las aplicaciones cuándo deberían modificar su comportamiento para ser compatibles con utilidades de accesibilidad que están funcionando en el sistema.

- ⊕ Optimiza los patrones de teclado para usuarios que teclean con una mano, un dedo o con algún dispositivo en su boca.

- ⊕ Incluye avisos sonoros durante la instalación para usuarios con problemas de visión.

- ⊕ Optimiza los esquemas de colores para usuarios con problemas de visión.

- ⊕ Incluye información de accesibilidad en la documentación de los productos de Microsoft.

Windows 98 incluye varias funcionalidades para proporcionar información acerca de las características de accesibilidad y la posibilidad de controlar dichas características, descritas brevemente en las secciones siguientes.

Ayuda interactiva

Una sección de Accesibilidad en los contenidos e índice de la ayuda interactiva de Windows 98 proporciona una guía rápida y un enlace a temas que pueden ayudar a los usuarios a adaptar el comportamiento del sistema para personas discapacitadas.

Control de las características de accesibilidad

En Windows 98, la mayoría de las características de accesibilidad descritas en este capítulo se ajustan a través del icono Opciones de Accesibilidad en el Panel de control. Al seleccionar esta herramienta, se visualiza el cuadro de diálogo de propiedades, mostrada en la Figura 14.1, que permite a los usuarios activar y desactivar las características de accesibilidad y personalizar temporizadores, información y otros comportamientos para sus necesidades particulares.

Teclas de acceso directo de emergencia

La mayoría de las características de accesibilidad descritas en este capítulo se ajustan a través del Panel de control. Pero si los usuarios no pueden utilizar la computadora hasta que se ha activado una característica de accesibilidad, ¿cómo podrían utilizar el Panel de control para activarla? Este problema del huevo y la gallina se soluciona proporcionando teclas de acceso directo de emergencia que los usuarios pueden utilizar temporalmente para activar la característica concreta que necesitan. Una vez activada la característica, los usuarios pueden navegar hasta el Panel de control y ajustarla a sus preferencias o activarla permanentemente.

Si una característica se encuentra activada o si otra persona necesita utilizar la computadora, se puede utilizar la misma tecla de acceso directo para desactivarla temporalmente.

Microsoft se ha esforzado para asegurar que las teclas de acceso directo de emergencia no interfieren a los usuarios que no las necesitan. Cada tecla de acceso directo es una compleja combinación de teclas o una secuencia que no debería entrar en conflicto con ninguna aplicación. Si se llegara a producir un conflicto, se

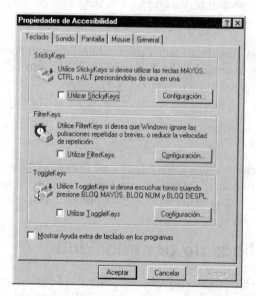

Figura 14.1
Cuadro de diálogo de propiedades de Accesibilidad.

pueden desactivar las teclas de acceso directo, pero las características seguirían estando disponibles si fueran necesarias.

Como precaución adicional, cada tecla de acceso directo de emergencia emite un sonido y muestra un cuadro de diálogo de confirmación que explica brevemente la característica y cómo fue activada. Si un usuario pulsa la tecla de acceso directo de forma accidental, esta notificación le permitirá desactivar la característica. También proporciona un enlace rápido a un tema de Ayuda más detallado y a la configuración del Panel de control para dicha característica, permitiendo a los usuarios que no la necesitan su desactivación permanentemente.

Reinicialización automática

Esta característica desactiva las funcionalidades de Accesibilidad después de que el sistema haya estado inactivo durante cierto período de tiempo. Devuelve al sistema a su configuración por defecto. Es útil en sistemas compartidos por múltiples usuarios. El período de tiempo para reinicialización automática se puede ajustar desde el Panel de control.

Indicador de estado de Accesibilidad

Windows 98 proporciona un indicador visual opcional, mostrado en la Figura 14.2, que informa al usuario sobre las características de accesibilidad activadas, ayudando a los usuarios no familiarizados con las características a identificar la causa de un comportamiento inusual. El indicador también proporciona información sobre las teclas y botones del ratón que se encuentran «pulsadas» en cada momento por las características de StickyKeys y MouseKeys (descritas más adelante en este capítulo). El indicador de estado se puede mostrar en la barra de tareas o como ventana flotante.

CARACTERÍSTICAS PARA USUARIOS CON VISIÓN LIMITADA

Windows 98 ofrece varias características diseñadas para hacer los sistemas más accesibles y fáciles de utilizar por usuarios con problemas de visión.

Figura 14.2
Indicador de estado de Accesibilidad.

Elementos de interfaz de usuario escalables

Los usuarios con visión limitada o que sufren de vista fatigada pueden ajustar los tamaños de los títulos de las ventanas, barras de deslizamiento, bordes, texto de menús y otros elementos estándar de la pantalla. En Windows 98 estos tamaños son totalmente configurables desde el Panel de control. Los usuarios también pueden elegir entre dos tamaños de letra.

Puntero de ratón configurable

Los usuarios con dificultados para ver o seguir el puntero del ratón pueden elegir ahora entre tres tamaños: normal, grande y extra grande. También pueden ajustar el color o añadir animación, de forma que se incremente la visibilidad del puntero.

Esquemas de color de contraste alto

Los esquemas de color de Windows permiten que los usuarios elijan entre varios conjuntos de opciones de color para la pantalla, diseñados tanto para complacer los gustos particulares de cada usuario como para ajustarse a sus necesidades de visión. Los nuevos esquemas de color de Windows 98 incluyen colores de contraste alto para optimizar la visibilidad de objetos en la pantalla, haciendo más fácil su utilización por usuarios con problemas de visión.

Modo de contraste alto

Muchos usuarios con visión limitada requieren un alto contraste entre los objetos del fondo y los que se encuentran en primer plano que les permita distinguir unos de otros. Por ejemplo, podría ocurrir que no fueran capaces de leer fácilmente texto negro sobre un fondo gris, o texto escrito sobre un dibujo. Los usuarios pueden establecer un indicador global que informe a Windows 98 y a las aplicaciones que muestren su información con contraste alto.

Windows 98 también proporciona una tecla de acceso directo de emergencia que permite a los usuarios activar el modo de contraste alto cuando no pueden utilizar el Panel de control o cuando el esquema de color actual impide que puedan utilizar la computadora. Pulsando esta tecla —ALT IZQ + MAYÚS IZQ + IMPRPANT— permite al usuario seleccionar un esquema de color alternativo que se adapte mejor a sus necesidades.

CARACTERÍSTICAS DE WINDOWS 98 PARA FACILITAR LA ENTRADA A TRAVÉS DE TECLADO Y RATÓN

Windows 98 ofrece varias características diseñadas para facilitar la entrada de información a través de teclado y ratón.

StickyKeys

Muchos programas software requieren que los usuarios presionen dos o tres teclas simultáneamente. Para personas que teclean con un único dedo o con la boca mediante algún dispositivo, esto es sencillamente imposible. Las StickyKeys permiten al usuario presionar de una en una las teclas de una combinación, haciendo que Windows responda como si se hubieran pulsado simultáneamente.

Cuando se activa StickyKeys, al pulsar una tecla modificadora —esto es, CTRL, ALT o MAYÚS—, ésta se mantiene activa hasta que se vuelva a presionar una tecla no modificadora o un botón del ratón. Si se pulsa un modificador dos veces seguidas, se queda activado hasta que es pulsado por tercera vez.

La funcionalidad de StickyKeys se configura desde el Panel de control o se puede activar y desactivar utilizando una tecla de acceso directo de emergencia (presionar la tecla MAYÚS cinco veces consecutivas).

SlowKeys (FilterKeys)

La sensibilidad del teclado puede ser un gran problema para algunas personas, especialmente si pulsan teclas accidentalmente con mucha frecuencia. SlowKeys hace que Windows descarte pulsaciones que no se mantengan durante un período mínimo de tiempo, permitiendo que el usuario resbale sobre el teclado sin que esto sea un problema. Cuando se sitúa un dedo sobre la tecla correcta, ésta se debe mantener pulsada hasta que el carácter aparezca en la pantalla.

La funcionalidad de SlowKeys se configura desde el Panel de control o se puede activar y desactivar utilizando una tecla de acceso directo de emergencia (mantener presionada la tecla MAYÚS DER durante 8 segundos).

RepeatKeys (FilterKeys)

La mayoría de los teclados permite que el usuario repita una tecla simplemente manteniéndola pulsada. Esta característica es conveniente para algunos, pero puede tratarse de un gran inconveniente para personas que no pueden retirar sus dedos del teclado de forma rápida. RepeatKeys permite que el usuario ajuste la velocidad de repetición o la desactive por completo.

La funcionalidad de RepeatKeys se configura desde el Panel de control o se puede activar y desactivar utilizando una tecla de acceso directo de emergencia (mantener presionada la tecla MAYÚS DER durante 8 segundos).

BounceKeys (FilterKeys)

Para usuarios que involuntariamente producen pulsaciones dobles de la misma tecla o errores similares, BounceKeys hace que Windows ignore pulsaciones accidentales.

La funcionalidad de BounceKeys se configura desde el Panel de control o se puede activar y desactivar utilizando una tecla de acceso directo de emergencia (mantener presionada la tecla MAYÚS DER durante 8 segundos).

MouseKeys

Esta característica permite que el usuario controle el puntero del ratón a través del teclado. El usuario no necesita el ratón para hacer uso de esta utilidad. Windows 98 se ha diseñado para permitir que el usuario pueda llevar a cabo todas las acciones del sistema sin ratón, pero algunas aplicaciones sí lo requieren, además un ratón puede resultar más conveniente para realizar ciertas tareas. MouseKeys también resulta útil para artistas gráficos o similares que necesitan situar el ratón con gran precisión.

Cuando se activa MouseKeys, las siguientes teclas permiten navegar con el puntero del ratón a través de la pantalla:

- 🌐 Presionar cualquier número, excepto 0 o 5, en el teclado numérico (estas teclas se denominan también teclas de dirección) para mover el puntero en las direcciones indicadas en la Figura 14.3.

- 🌐 Presionar la tecla 5 para hacer clic y presionar la tecla MÁS (+) para hacer doble clic.

- 🌐 Para arrastrar un objeto, presionar la tecla INS sobre el mismo para comenzar a arrastrar, mover el objeto a su nueva posición y presionar la tecla DEL para soltarlo.

- 🌐 Seleccionar el botón izquierdo, derecho o ambos para hacer clic presionando las teclas BARRA OBLICUA (/), MENOS (–) o ASTERISCO (*), respectivamente.

- 🌐 Mantener presionada la tecla CTRL a la vez que se utilizan las teclas de dirección para mover el puntero a saltos para desplazamientos largos a través de la pantalla.

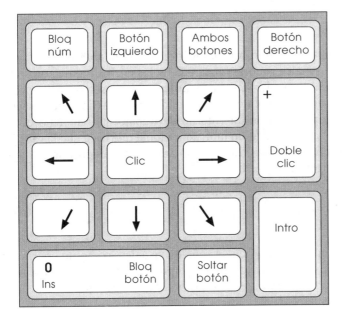

Figura 14.3
Teclas del teclado numérico que controlan el puntero del ratón.

🌐 Mantener presionada la tecla MAYÚS a la vez que se utilizan las teclas de dirección para mover el ratón pixel a pixel cuando se necesita gran precisión.

La funcionalidad de MouseKeys se configura desde el Panel de control o se puede activar y desactivar utilizando una tecla de acceso directo de emergencia (ALT IZQ + MAYÚS IZQ + BLOQ NÚM).

ToggleKeys

ToggleKeys proporciona señales acústicas (tonos altos y bajos) que indican al usuario cuándo una de las ToggleKeys, BLOQ MAYÚS, BLOQ NÚM y BLOQ DES, está activada o desactivada.
La funcionalidad de ToggleKeys se configura desde el Panel de control o se puede activar y desactivar utilizando una tecla de acceso directo de emergencia (mantener presionada la tecla BLOQ NÚM durante 5 segundos).

CARACTERÍSTICAS PARA USUARIOS CON AUDICIÓN LIMITADA

Windows 98 ofrece varias características diseñadas para hacer los sistemas más accesibles y fáciles de utilizar por usuarios con problemas de audición.

ShowSounds

Algunas aplicaciones ofrecen información audible, como archivos con voz digitalizada o a través de señales sonoras, cada una de las cuales implica un significado diferente. Estas señales pueden resultar inútiles para personas con problemas de audición o que trabajan en un entorno muy ruidoso, o aquellos que desactiven los altavoces de la computadora en un entorno de trabajo muy silencioso. En Windows 98, el usuario puede activar un indicador global que hace que las aplicaciones sepan que deben proporcionar información visual, haciendo que las aplicaciones parezcan «subtituladas».

SoundSentry

SoundSentry hace que Windows envíe señales visuales, como una barra de título intermitente o un destello en la pantalla siempre que el sistema emita un sonido. Activar esta característica permite al usuario ver mensajes que de otra forma podría no haber escuchado.

SOPORTE PARA DISPOSITIVOS DE ENTRADA ALTERNATIVOS

Windows 98 permite la utilización de dispositivos de entrada alternativos, como dispositivos ajustados a la cabeza o sistemas detectores de movimiento de ojos, a través de los cuales el usuario puede controlar la computadora.

SerialKeys

Esta característica, junto con una interfaz de ayuda de comunicaciones, permite al usuario controlar la computadora utilizando un dispositivo de entrada alternativo. Estos dispositivos pueden enviar cadenas de comandos codificados a través del puerto serie de la computadora que especifiquen pulsaciones de teclas y eventos de ratón que son procesados como entradas normales de teclado o ratón.

Soporte para múltiples apuntadores

La arquitectura Plug and Play de Windows 98 soporta por defecto la coexistencia de múltiples apuntadores. De esta forma se permite la adición de apuntadores alternativos, sin que sea necesario que el usuario reemplace o desactive el ratón normal.

CARACTERÍSTICAS PARA LOS DESARROLLADORES DE SOFTWARE

Como se puede ver, Windows 98 incorpora numerosas características diseñadas para que las computadoras sean más accesibles a personas con discapacidades. Sin embargo, para hacer que Windows 98 se ejecute de forma realmente accesible, los desarrolladores deben proporcionar acceso a las características de sus aplicaciones, teniendo especial cuidado para evitar incompatibilidades con las ayudas de accesibilidad.

Directrices de accesibilidad para desarrolladores de software

Microsoft proporciona documentación a los desarrolladores, como parte del *Kit de Desarrollo de Software Win32* y *de las Directrices de Interfaz Windows para Diseño de Software*, en la que no sólo se describen estos importantes conceptos, sino que también proporciona consejos técnicos y de diseño que ayuden a los ISV a producir aplicaciones más accesibles. La mayoría de estos consejos implica muy poco trabajo adicional para los desarrolladores, en la medida en que son conscientes de estos aspectos e incorporan la accesibilidad durante las etapas iniciales de diseño de la aplicación. Proporcionando esta información a los desarrolladores de aplicaciones, Microsoft espera que aumente el nivel general de accesibilidad de todo el software que se ejecuta en la plataforma Windows.

Métodos de simulación de entrada

Windows 98 permite que los desarrolladores de sistemas de entrada de voz y otros sistemas de entradas alternativas simulen fácilmente la entrada a través de teclado y ratón utilizando procedimientos totalmente soportados y documentados.

Controladores de pantalla encadenados

Algunas ayudas de accesibilidad, como utilidades de examen de pantalla para usuarios con problemas de visión, necesitan detectar la información a medida que se dibuja en la pantalla. Windows 98 soporta controladores de pantalla encadenados que permiten a estas utilidades interceptar el texto y los gráficos que se están dibujando, sin interferir con la operativa normal de la computadora.

Nuevos controles estándar

Muchas ayudas de accesibilidad tienen problemas a la hora de trabajar con aplicaciones que incorporan controles que no son estándar. Windows 98 proporciona todo un nuevo conjunto de controles para desarrolladores de software, diseñados para cooperar con las ayudas de accesibilidad.

15

Aplicaciones y utilidades de Windows 98

MICROSOFT WINDOWS 98 incluye aplicaciones y utilidades diseñadas para beneficiarse de la multitarea por división en el tiempo de 32 bits, nombres de archivos largos, nuevos elementos visuales y cuadros de diálogo estándar, OLE, TAPI, MAPI y otras características del API Win32. Este capítulo describe algunas de las nuevas aplicaciones y utilidades.

Las aplicaciones y utilidades de Windows 98 están diseñadas para asegurar que incluso los usuarios principiantes son capaces de trabajar con ellas sin problemas. Los usuarios experimentados hallarán las aplicaciones a la vez potentes y flexibles, aunque éstas no fueran necesariamente diseñadas para satisfacer todas las necesidades de los usuarios avanzados. Desarrolladores de otras compañías deberían inspirarse en muchas de las aplicaciones y utilidades para promover la utilización de la tecnología incluida en Windows 98.

VISUALIZADORES RÁPIDOS

Los visualizadores rápidos incluidos en Windows 98 permiten ver archivos correspondientes a los formatos de archivo más populares sin necesidad de abrir las aplicaciones utilizadas para crearlos. Por ejemplo, los visualizadores rápidos son idóneos para acceder a los anexos enviados en los mensajes de correo electrónico o examinar archivos en una red. La Figura 15.1 muestra el menú de acceso directo obtenido al pulsar la tecla derecha del ratón con el comando Vista rápida seleccionado y la ventana Vista rápida resultante, que presenta el contenido de una hoja de cálculo de Microsoft Excel.

Los visualizadores rápidos permiten la posibilidad de arrastrar y soltar un archivo desde el Explorador de Microsoft Windows o desde el escritorio en una ven-

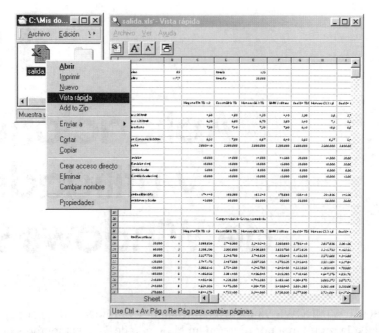

Figura 15.1
Hoja de cálculo de Microsoft Excel en una ventana de vista rápida.

tana de vista rápida abierta. También es posible acceder a la vista rápida desde el cuadro de diálogo Abrir. Si se intenta abrir un archivo con una extensión que no tiene una aplicación conocida, se muestra el cuadro de diálogo Abrir, de manera que puede especificarse si se desea ver el archivo en una ventana de vista rápida o abrir el archivo seleccionado con una aplicación.

Es posible seleccionar Opciones en el menú Ver del Explorador de Windows y especificar Vista rápida como el comando de Abrir predeterminado para cualquier tipo de archivo, lo cual es aconsejable cuando se desea ver un tipo de archivo particular pero no se dispone de la correspondiente aplicación en el disco duro. La ventana de Vista rápida se puede personalizar para que adopte los siguientes comportamientos:

- Ver archivos en una vista normal o en una vista de página, tanto en modo apaisado como vertical.

- Ver archivos usando fuentes y tamaños de fuentes diferentes.

- Rotar los archivos de mapa de bits de manera que documentos como mensajes de fax puedan orientarse correctamente.

Los visualizadores rápidos, desarrollados conjuntamente por Microsoft y Systems Compatibility Corporation (SCC), se encuentran disponibles para la mayoría de los formatos de archivos más populares. SCC ofrece visualizadores y características adicionales en su producto Outside In para Windows. Se anima a los ISV a incluir visualizadores rápidos para los formatos de archivos admitidos por sus productos en futuras versiones de su software. En la Tabla 15.1 se listan los visualizadores rápidos para formatos de archivo disponibles con Windows 98, incluidos en el CD-ROM (los usuarios que empleen disquetes pueden cargar los visualizadores rápidos desde fuentes interactivas o solicitar los discos a Microsoft).

Tabla 15.1. Formatos de archivo QV

Formato de archivo	Descripción
ASC	Archivos ASCII
BMP	Archivos gráficos de mapa de bits Windows
CDR	Archivos CorelDraw
DIB	Archivos gráficos de mapa de bits Windows
DLL	Biblioteca de enlace dinámico
DOC	Archivos creados por Microsoft Word para MS-DOS; Word para Windows y WordPerfect
DRW	Archivos Micrographix Draw
EXE	Archivos ejecutables
INF	Archivos de instalación
INI	Archivos de configuración
MOD	Archivos creados por Multiplan
PPT	Archivos de Microsoft PowerPoint
PRE	Freelance para archivos Windows
RLE	Archivos de mapa de bits (codificación extendida)
RTF	Archivos RTF (Rich Text Format)
SAM	Archivos AMI y AMI PRO
TXT	Archivos de texto
WB1	Quattro Pro para archivos de hoja de cálculo Windows
WDB	Archivos de base de datos de Microsoft Work
WK1	Archivos Lotus 1-2-3 versión 1 y 2
WK3	Archivos Lotus 1-2-3 versión 3
WK4	Archivos de hoja de cálculo y diagramas Lotus 1-2-3 versión 4
WKS	Archivos Lotus 1-2-3 y archivos Works
WMF	Metaarchivos Windows
WPD	Archivos de demostración WordPerfect
WPS	Archivos de procesamiento de texto Works
WQ1	Quattro Pro para archivos MS-DOS
WQ2	Quattro Pro versión 5 para archivos MS-DOS
WRI	Archivos Windows Write
XLC	Archivos de diagramas Excel 4
XLS	Archivos de hoja de cálculo y diagramas Excel

WORDPAD

WordPad de Microsoft es un editor de 32 bits que puede ser empleado en lugar de Write y NotePad. Aunque no se trata de un procesador de textos, WordPad facilita la creación de documentos y memorándums sencillos. La ventana de WordPad se muestra en la Figura 15.2.

WordPad constituye un ejemplo del estilo de la interfaz de usuario que deberían tener las aplicaciones escritas para Windows 98. Utiliza los nuevos cuadros de dialogo estándar para abrir, guardar e imprimir archivos, lo que facilita el empleo de nombres de archivos largos.

Al igual que sucede en un servidor o en una aplicación cliente ActiveX, Word-Pad proporciona una integración sencilla con otras aplicaciones que incorporan Active-X suministradas con Windows 98 o por terceros. WordPad emplea el mismo formato de archivo nativo que Word para Windows versión 6, pero también permite la lectura y escritura de archivos RTF (*Rich Text Format*) y archivos de texto, y la lectura de archivos Write (WRI).

WordPad incorpora MAPI, de manera que puede integrarse fácilmente con Microsoft Exchange y Microsoft Outlook, permitiendo a los usuario enviar archivos a través de correo electrónico o por fax directamente desde WordPad.

PAINT

Microsoft Paint es una aplicación de 32 bits de Windows 98 que sustituye a Paint-brush. La Figura 15.3 muestra la ventana de Paint.

Paint es un servidor ActiveX que permite crear información de objeto ActiveX susceptible de ser incorporada o asociada a otros documentos. Paint también in-

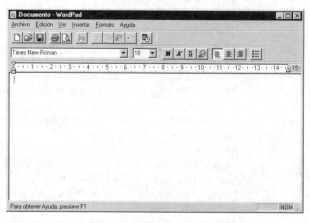

Figura 15.2
Aplicación WordPad.

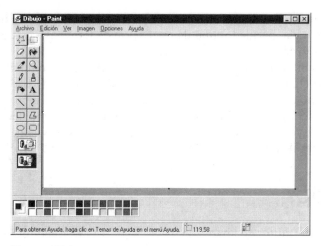

Figura 15.3
Aplicación Paint.

corpora MAPI, de manera que puede integrarse fácilmente con Exchange y Outlook para enviar imágenes como correo electrónico o mensajes de fax. Paint puede leer archivos PCX y BMP y escribir archivos BMP.

HYPERTERMINAL

HyperTerminal es una aplicación de comunicaciones de 32 bits incluida en Windows 98 que proporciona conectividad asíncrona con computadoras centrales (como la de los servicios interactivos) o con otros PC. HyperTerminal reemplaza a Terminal y suministra características y funcionalidades avanzadas no permitidas por Terminal.

HyperTerminal está totalmente integrado con los subsistemas Telephony API y Unimodem incorporados en Windows 98, beneficiándose completamente de sus capacidades. HyperTerminal emplea el subsistema de comunicaciones de 32 bits y proporciona una transferencia de datos libre de errores aprovechando los componentes de la arquitectura en Windows 98, incluyendo multithreading (multiproceso) y multitarea multiplexada por división en el tiempo. La interfaz de usuario de HiperTerminal refleja la naturaleza basada en documentos de Windows 98 y se centra en la conexión de comunicaciones que el usuario realiza en vez de en la aplicación principal. Al igual que otras aplicaciones y utilidades incluidas en Windows 98, HyperTerminal utiliza los cuadro de diálogo estándar y permite el uso de nombres largos de archivos.

HyperTerminal facilita el establecimiento de conexiones con computadoras remotas a todos los niveles de usuarios de PC. Mediante el empleo de una innovadora tecnología de autodetección, HyperTerminal determina automáticamente los parámetros de configuración de las comunicaciones (como velocidad en baudios, número de bits de parada, paridad y tipo de emulación de terminal). Los usuarios ya no tendrán que volver a preocuparse de estos parámetros.

HyperTerminal suministra la funcionalidad de un programa de comunicaciones popular, incluyendo emulación de terminal y la posibilidad de transferir archivos binarios. La integración de la emulación de terminal incluye la emulación de terminales ANSI, TTY, VT52 y VT100. La integración del protocolo de transferencia de archivos binarios incluye los protocolos de transferencia de archivos Xmodem, Ymodem, Zmodem y Kermit. La Figura 15.4 muestra el HyperTerminal funcionando.

EL EDITOR DE MS-DOS

Windows 98 incluye un editor de textos MS-DOS, EDIT.COM. El editor facilita al usuario trabajar con archivos de texto en el caso de que, por alguna razón, la interfaz de órdenes de Windows 98 no pueda ser arrancada.

EDIT.COM es pequeño y rápido. Permite abrir hasta nueve archivos al mismo tiempo, dividir la pantalla en dos archivos y copiar y pegar fácilmente información entre archivos. También es posible abrir archivos de hasta 4 MB de tamaño. Además, EDIT.COM admite nombres de archivo largos y permite abrir archivos y navegar a través de las estructuras de directorios de la misma forma que en la interfaz de usuario de Windows 98. La Figura 15.5 muestra la nueva ventana del Editor de MS-DOS.

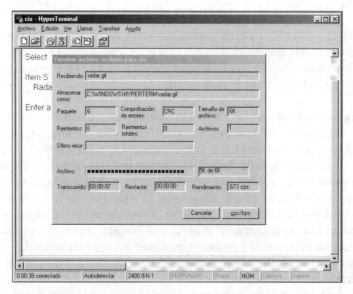

Figura 15.4
La aplicación HyperTerminal establece conexiones a servicios de computadoras centrales y simplifica la carga de archivos sin errores.

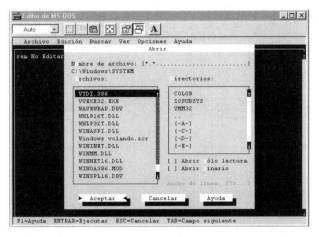

Figura 15.5
El Editor MS-DOS permite dividir una pantalla y el empleo de nombres
de archivo largos.

UTILIDADES DE DISCO

Windows 98 incluye utilidades de disco para mantener el sistema libre de errores y funcionado de manera óptima. Además de la herramienta de compresión de disco DriveSpace (tratada en el Capítulo 16, «Arquitectura básica del sistema»), Windows 98 proporciona una pequeña aplicación Backup, que es a la vez una herramienta de optimización, comprobación y reparación del disco.

Backup

Backup es una utilidad de 32 bits de Windows 98 que simplifica la realización de copias de seguridad de la información contenida en la computadora en otro medio de almacenamiento, como disquetes o cinta. Como ilustra la Figura 15.6, la interfaz de usuario de Backup se beneficia completamente de la interfaz de usuario de Windows 98. Puesto que la interfaz de usuario de Backup utiliza controles estándares, como los controles de vista en árbol y en lista, tanto los principiantes como los usuarios habituados a estos tipos de controles en el Explorador de Windows 98 pueden realizar copias de seguridad de manera rápida y simple.

Backup incluye la posibilidad de arrastrar y soltar conjuntos de archivos y realizar la copia de seguridad de los mismos mediante un acceso directo a la utilidad Backup, que puede situarse en el escritorio, de manera que el inicio de una operación de copia de seguridad se convierta en un simple procedimiento de pulsar y arrastrar. Igualmente es posible ejecutar la utilidad Backup de la forma habitual, a través de la interfaz de usuario o seleccionando la opción Backup en la ficha de Herramientas del cuadro de diálogo de propiedades del disco.

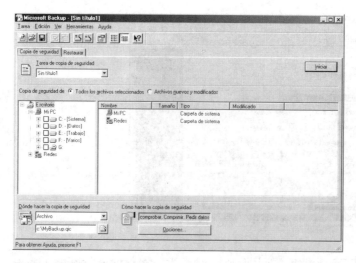

Figura 15.6
La utilidad de Backup puede realizar copias de seguridad del disco duro local, discos flexibles o unidades de red.

Backup es extremadamente flexible y permite la realización de copias de seguridad, recuperaciones y comparación de archivos en los siguientes medios:

- Discos duros.

- Controladores de red.

- Discos flexibles.

- Unidades de cinta QIC 40, 80 y 3010 conectadas al controlador principal de disco flexible.

- Unidades de cinta QIC 40, 80 y 3010, fabricadas por Colorado Memory Systems, conectadas al puerto paralelo.

- Dispositivos paralelos, IDE/ATAPI y SCSI; los dispositivos permitidos incluyen QIC-80, QIC-80 Wide, QIC-3010, QIC-3010 Wide, QIC-3020, QIC-3020 Wide, TR1, TR2, TR3, TR4, DAT (DDS1&2), DC 6000, 8mm y DLT; esto incluye dispositivos de Conner, Exabyte, HP/Colorado, Iomega, Micro Solutions, Seagate, Tandberg WangDAT y Wangtek; Backup permite realizar copias de seguridad a discos flexibles y unidades de red.

Backup también permite la compresión de archivos para maximizar el espacio de almacenamiento. El de cinta corresponde con el formato estándar en el industrial QIC-113. La utilidad Backup es capaz de leer cintas creadas con otras utilidades de copia de seguridad que empleen este estándar, ya sea con o sin compresión de archivos.

Otras opciones estándar incluyen copias de seguridad diferenciales y totales, redirección de archivos durante la recuperación y el borrado de discos flexibles y cintas antes de realizar la copia de seguridad. Backup incorpora la capacidad de realizar una copia de seguridad/recuperación total del sistema, que permite al usuario simplemente seleccionar el conjunto de archivos correspondientes a la copia de seguridad total del sistema (creado automáticamente cuando Backup se arranca por primera vez), realizar la copia de seguridad y recuperar los archivos posteriormente. Esta característica funciona incluso si se sustituye el disco duro por otro tipo de disco duro completamente diferente. Puesto que la utilidad de Backup realiza todas las operaciones sobre los parámetros del Registro y gestiona la sustitución de los archivos en uso, los usuarios inexpertos no necesitan comprender todos los detalles técnicos asociados a esta compleja operación.

Backup permite, además, reconstruir el sistema operativo y la última copia de seguridad total sin la necesidad de reinstalar el sistema operativo o el software de copias de seguridad. Esto se realiza creando Discos de Recuperación de Emergencia, que permiten recuperar los archivos incluso aunque Windows 98 no arranque.

Defragmentador de disco

El defragmentador de disco, utilidad gráfica que se ejecuta con Windows 98, optimiza el disco duro reordenando la información para que esté mejor organizada. La información organizada adecuadamente ayuda a reducir el área de disco duro en la que Windows 98 necesita buscar para obtener la información solicitada.

Por comodidad, es posible defragmentar discos en segundo plano mientras el sistema ejecuta otras aplicaciones. Igualmente, puede accederse a detalles del proceso de defragmentación y observar su progreso, o puede presentarse una información mínima del estado, como ilustra la Figura 15.7, que simplemente muestra el estado del proceso de defragmentación.

Nuevo asistente para optimizar Windows Defragmentador de disco

El nuevo asistente de optimización de defragmentador de disco, ilustrado en la Figura 15.8, emplea el proceso de defragmentación de disco para acelerar la velo-

Figura 15.7
La utilidad defragmentador de disco ayuda a optimizar
el rendimiento del disco.

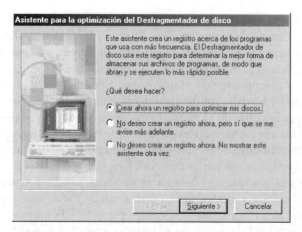

Figura 15.8
Ventana de inicio del asistente de optimización de defragmentador de disco.

cidad con la que se ejecutan las aplicaciones utilizadas más frecuentemente (para una definición de defragmentación de disco, véase la Nota a continuación). Para ello, el asistente crea un archivo de registro que identifica los programas empleados con mayor frecuencia. Una vez creado este archivo de registro, el defragmentador de disco puede utilizarlo para almacenar los archivos asociados con los programas más utilizados en una única ubicación. Situar todos los archivos asociados a una determinada aplicación en la misma localización del disco duro optimizará la velocidad con la que se ejecuta la aplicación.

Nota. Un archivo se fragmenta cuando su tamaño es demasiado grande como para que la computadora lo almacene en una única ubicación de disco. Cuando esto sucede, la computadora divide el archivo y lo almacena por partes. Es posible utilizar archivos fragmentados, pero la computadora necesitará más tiempo para acceder a ellos. El defragmentador de disco incrementa la velocidad de acceso al disco mediante la reorganización de los archivos y el espacio libre de la computadora, de modo que los archivos se almacenen en unidades contiguas y el espacio libre se consolide en un único bloque.

ScanDisk

La utilidad de verificación y reparación de disco ScanDisk incluida en Windows 98 está diseñada para asistir en la comprobación de la integridad de los discos y corregir cualquier problema que se detecte. ScanDisk es una utilidad gráfica. Como se ilustra en la Figura 15.9, se puede realizar una verificación Estándar, en cuyo caso ScanDisk inspecciona sólo errores en los archivos del sistema, o una verifica-

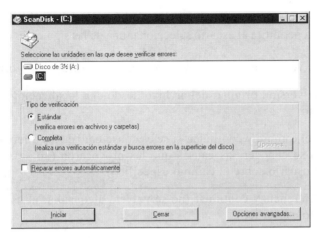

Figura 15.9
La utilidad ScanDisk realiza una verificación Estándar o Completa
para comprobar la integridad de archivos y discos.

ción Completa, en la que ScanDisk realiza una comprobación de errores en los
archivos y una revisión de la superficie del disco para examinar errores adicionales.

Al igual que sucede en el caso del defragmentador de disco, no es necesario
abandonar las aplicaciones que se estén ejecutando para utilizar ScanDisk. Como
resultado, la verificación de la integridad de un sistema de discos, y por lo tanto
evitar posibles errores catastróficos en el futuro, es fácil y útil.

ScanDisk automático tras un cierre incorrecto del sistema

Windows 98 ejecuta ScanDisk automáticamente en el caso de que se cierre el sistema de manera incorrecta o el disco duro sufra un error hardware. Esta característica adicional garantiza que el disco duro esté funcionando adecuadamente y libre
de agrupaciones perdidas, archivos fragmentados y otros problemas de disco.

Gracias a ScanDisk, cualquier archivo dañado después de un cierre incorrecto
del sistema es automática e inmediatamente corregido, y el espacio de disco no
usado es recuperado.

Comprobador de archivos de sistema

El comprobador de archivos de sistema es una nueva utilidad que proporciona una
manera fácil de verificar que los archivos del sistema Windows 98 (como *.dll,
*.com, *.drv, *.ocx, *.inf y *.hlp) no han sido modificados o dañados. La utilidad
también proporciona un sencillo mecanismo para recuperar las versiones originales de los archivos del sistema que han sido dañados o modificados debido a la
instalación de una aplicación/utilidad.

Cuando se identifica que un archivo del sistema ha cambiado, el comprobador de archivos de sistema permitirá al usuario seleccionar una de las siguientes acciones:

- ⊕ Recuperar la versión original del archivo desde su localización original.

- ⊕ Recuperar la versión original del archivo desde una localización definida por el usuario.

- ⊕ «Registrar» el cambio y continuar, si se es consciente de las diferencias en el archivo o se conocen las causas que las provocaron (no se volverá a consultar al usuario sobre el cambio específico).

- ⊕ Ignorar la diferencia y continuar (no se volverá a consultar al usuario sobre el cambio específico).

Como facilidad adicional, esta utilidad no sólo supervisa archivos del sistema Windows 98 específicos, sino que también puede configurarse para supervisar cualquier tipo de archivo ubicado en cualquier localización del disco duro. Esta flexibilidad permite supervisar, verificar y recuperar archivos asociados a otras aplicaciones y utilidades.

El comprobador de archivos del sistema es muy útil, facilitando a usuarios y personal de soporte técnico el seguimiento de cambios (para situaciones como corrupción de archivos, instalación de aplicaciones, eliminación de aplicaciones y borrado accidental de archivos) realizados en los sistemas Windows 98 y la recuperación de archivos originales en el caso de que una modificación produzca un conflicto.

SOPORTE
PARA HARDWARE
Y SOFTWARE

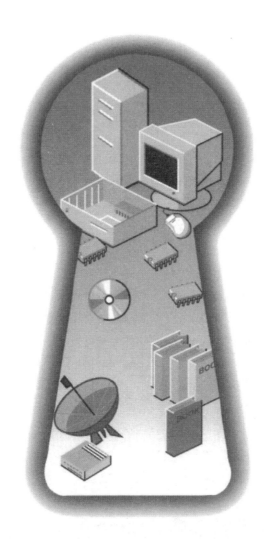

16

Arquitectura básica
del sistema

LA FACILIDAD EN LA SUPERFICIE requiere potencia y velocidad en el núcleo, y la moderna arquitectura de 32 bits de Microsoft Windows 98 cumple estos requisitos. En Windows 98, los componentes de 32 bits realizan multitarea por división en el tiempo, consiguiendo una mayor fiabilidad y protección para las aplicaciones. Windows 98 también ofrece las bases para desarrollar aplicaciones multiproceso de 32 bits más fáciles y potentes. Y lo que es más importante, Windows 98 entrega esta potencia y fiabilidad mientras crece, aprovechándose de la memoria y ciclos de CPU adicionales.

La misión de Windows 98 es conseguir un sistema operativo completo e integrado que ofrezca una tecnología moderna de sistemas operativos de 32 bits e incorpore soporte a la conectividad. Además de la misión de alto nivel de Windows 98, los requisitos del mercado exigen la entrega de un sistema operativo de alto rendimiento, robusto y completamente compatible hacia atrás, que ofrezca una plataforma de desarrollo de aplicaciones.

Windows 98 se construye a partir del mismo código base que Windows 95. El objetivo es conseguir el mismo nivel de compatibilidad que Windows 95, mejorando el soporte hardware, el crecimiento del sistema y la fiabilidad; reduciendo los costes de soporte y administración, y actualizando las aplicaciones de Internet y otras utilidades. Se ha añadido un conjunto limitado de servicios del núcleo de NT en el modelo de controladores Win32 (WDM, *Win32 Driver Model*), y los mismos componentes MS-DOS en modo real, el núcleo de Windows 95, USER, GDI y VMM, todavía existen por motivos de compatibilidad con aplicaciones ya existentes. La eliminación o rediseño de estos componentes introducirían graves problemas de compatibilidad y rendimiento. Manteniendo su utilización, a la vez que se añaden nuevos servicios comunes entre NT y Windows 95, se podrá ofrecer lo mejor de ambos mundos.

Este capítulo describe la arquitectura básica del sistema utilizada por Windows 98. La arquitectura básica abarca los servicios de bajo nivel de la gestión de memoria del sistema, los dispositivos de acceso a disco, y ofrece un soporte robusto de ejecución de aplicaciones.

COMPONENTES PRINCIPALES DE LA ARQUITECTURA BÁSICA DE WINDOWS 98

La arquitectura básica de Windows 98 proporciona muchos beneficios para los usuarios. A continuación se muestra un resumen de algunos de los componentes clave:

- **Un sistema operativo de 32 bits en modo protegido totalmente integrado.** Se elimina la necesidad de tener una copia separada de MS-DOS.

- **Soporte de multitarea y multiproceso por división en el tiempo.** Estas capacidades permiten al sistema tener una buena respuesta y un procesamiento en segundo plano fluido.

- **Sistemas de archivos instalables de 32 bits.** Sistemas como VFAT, sistemas de archivos en CD-ROM (CDFS, *CD-ROM file system*), FAT32 y redirectores de red ofrecen un alto rendimiento, la utilización de nombres largos de archivos y una arquitectura abierta que puede crecer en el futuro.

- **Controladores de dispositivos de 32 bits.** Disponibles en todo el sistema, estos dispositivos ofrecen un alto rendimiento y un uso inteligente de la memoria.

- **Un núcleo completo de 32 bits.** Incluye la gestión de memoria, el planificador y la gestión de procesos.

- **Robustez y limpieza por todo el sistema.** Este entorno de operación estable y seguro se limpia después de la finalización o caída de una aplicación.

- **Configuración dinámica del entorno.** Se reduce la necesidad de los usuarios de volver a arrancar sus sistemas.

- **Capacidad del sistema mejorada.** Se incluye una mejora en los límites de los recursos del sistema cuando se ejecutan múltiples aplicaciones.

UN SISTEMA OPERATIVO TOTALMENTE INTEGRADO

Windows 98 es un sistema operativo fuertemente integrado que ofrece un núcleo multitarea por división en el tiempo, que se inicializa directamente desde dentro de la UI gráfica, ofreciendo también una compatibilidad completa con el sistema operativo MS-DOS.

Un sistema operativo multitarea por división en el tiempo

La tarea del sistema operativo es suministrar servicios a las aplicaciones que se ejecutan en el sistema, y en un entorno multitarea, proporcionar el soporte que permita que se ejecute más de una aplicación de forma concurrente. Windows 95 ofrece un mecanismo multitarea por división en el tiempo para ejecutar aplicaciones basadas en Win32, y el sistema operativo quita o da el control a otras tareas que se ejecutan, dependiendo de las necesidades del sistema. A diferencia de las aplicaciones basadas en Win16, las aplicaciones basadas en Win32 no necesitan *ceder* para realizar multitarea de forma amistosa (en aplicaciones basadas en Win16 todavía se realiza multitarea de forma cooperativa por motivos de compatibilidad). Windows 98 ofrece *multiproceso*, un mecanismo que permite que las aplicaciones basadas en Win32 se aprovechen de la naturaleza multitarea por división en el tiempo del sistema operativo y facilite el diseño de aplicaciones concurrentes. En términos de sistemas operativos, una aplicación basada en Win32 que se ejecuta se llama *proceso*. Cada proceso consiste en al menos un único subproceso. Un subproceso es una unidad de código que puede obtener una rodaja de tiempo del sistema operativo para ejecutarse concurrentemente con otras unidades de código. Debe estar asociado a otros procesos, e identifica el flujo del camino del código mientras el sistema operativo ejecuta el subproceso. Una aplicación Win32 puede dividirse (o iniciar) múltiples subprocesos para un determinado proceso. Múltiples subprocesos mejoran la aplicación desde el punto de vista de los usuarios, aumentando la capacidad de procesamiento y la respuesta, y ayudando al procesamiento en segundo plano.

Debido a la naturaleza multitarea por división en el tiempo de Windows 98, los subprocesos de ejecución permiten que el código en segundo plano se procese de forma tranquila. Por ejemplo, una aplicación de procesamiento de texto (proceso) puede tener múltiples subprocesos para mejorar el funcionamiento y simplificar la interacción con el usuario. La aplicación podría tener un subproceso de código atendiendo a las teclas pulsadas por el usuario mientras introduce caracteres en un documento, mientras que otro subproceso estaría realizando operaciones en segundo plano, como el chequeo ortográfico o la paginación, e incluso otro subproceso estaría poniendo un documento en la cola de impresión.

Algunas aplicaciones Win16 disponibles proporcionan una funcionalidad similar a la que se acaba de describir, realizada por el desarrollador de la aplicación. La utilización de subprocesos en Windows 98 facilita a los desarrolladores la utilización de procesamiento asíncrono de información.

Las aplicaciones que utilizan técnicas multiproceso también pueden aprovecharse de la mejora en el rendimiento de procesamiento ofrecido por un sistema de *multiprocesamiento simétrico* (SMP) ejecutando Windows NT, que permite que diferentes porciones del código de la aplicación se ejecuten de forma simultánea en diferentes procesadores (Windows NT utiliza el subproceso como unidad de código para planificar simétricamente entre múltiples procesadores).

Para obtener información de cómo Windows 98 ejecuta aplicaciones MS-DOS dividiendo su ejecución en el tiempo, aplicaciones Win16 de forma cooperativa y aplicaciones Win32 dividiendo su ejecución en el tiempo (como lo hace Windows NT), véanse las secciones posteriores de este capítulo.

No son necesarios los archivos CONFIG.SYS o AUTOEXEC.BAT

Windows 98 no necesita los archivos CONFIG.SYS o AUTOEXEC.BAT. En su lugar, Windows 98 es inteligente respecto a los controladores y configuraciones requeridas, cargando automáticamente los archivos de los controladores apropiados o realizando la configuración apropiada durante la inicialización del sistema. Si existiera alguno de los archivos CONFIG.SYS o AUTOEXEC.BAT, la configuración definida en dichos archivos se utilizaría para configurar el entorno global. Por ejemplo, la ruta de acceso de búsqueda por defecto, o el aspecto del indicativo de órdenes, se puede definir utilizando las entradas adecuadas en el archivo AUTOEXEC.BAT. Aunque Windows 98 no necesita los archivos CONFIG.SYS o AUTOEXEC.BAT, se mantiene la compatibilidad con el software o entornos existentes, que podrían necesitar uno o ambos archivos.

No es necesario MS-DOS

Windows 98 no depende de componentes del sistema operativo en modo real para su interacción con el sistema de archivos. Sin embargo, la secuencia de inicialización procesa el soporte de carga de cualquier controlador en modo real y programas que terminan permaneciendo residentes (TSR, *terminate-and-stay-resident*) identificados en un archivo CONFIG.SYS o AUTOEXEC.BAT. Puesto que estos controladores buscan o utilizan de forma explícita los componentes del sistema operativo en modo real de Windows 98, ayudan a mantener la compatibilidad con el software que los usuarios ya tienen en su sistema. Una vez que se han cargado los controladores en modo real, Windows 98 comienza a cargar los componentes del sistema operativo en modo protegido. En algunos casos donde se proporciona un controlador basado en Windows en modo protegido, Windows 98 borra en realidad los controladores en tiempo real de la memoria. Más adelante se da más información sobre este tema.

Si se observan los servicios de sistema que facilita Windows 98, se encontrarán categorías como estas:

- Gestión de procesos de subprocesos.
- Comunicación y sincronización entre procesos.
- Subsistema Win32 totalmente por división en el tiempo.
- Servicios de E/S de CD-ROM y disco duro.
- Servicios de E/S de red.
- Servicios de impresión.
- Operaciones gráficas de alto nivel.
- Gestión de ventanas.

En Windows 98, ninguno de estos servicios se suministra por código MS-DOS. Sin embargo, Windows 98 implementa funciones de bajo nivel en modo 8086 virtual (no en modo real) para conseguir compatibilidad hacia atrás. Todas estas funciones necesitan la asignación o recuperación de algunas estructuras de datos globales, y todas ellas necesitan propagarse hacia abajo para que los programas existentes en modo real, u otros controladores de dispositivos que dependan de estas funciones, puedan seguir funcionando.

COMPONENTES DE 32 BITS Y 16 BITS

Para conseguir un buen equilibrio entre la compatibilidad de las aplicaciones y controladores existentes, la disminución del tamaño del conjunto de tareas activas del sistema operativo y un buen rendimiento del sistema, Windows 98 utiliza una combinación de código de 32 y 16 bits. En general, Windows 98 proporciona código de 32 bits para maximizar el rendimiento del sistema, mientras que el código de 16 bits equilibra los requisitos de reducción del tamaño del sistema y mantiene la compatibilidad con las aplicaciones y controladores existentes. La fiabilidad del sistema se mantiene sin coste en términos de compatibilidad o aumento de tamaño.

El diseño de Windows 98 desarrolla código de 32 bits siempre que se mejore de forma significativa el rendimiento sin sacrificar la compatibilidad de aplicaciones. Se mantiene el código de 16 bits existente donde es necesario mantener compatibilidad, o donde el código de 32 bits aumentaría los requisitos de memoria sin mejorar significativamente el rendimiento. Todos los subsistemas de E/S y controladores de dispositivos de Windows 98, así como los de red y los sistemas de archivos, son completamente de 32 bits, así como todos los componentes de gestión de memoria y planificación (el núcleo y el gestor de memoria virtual). La Figura 16.1 describe la distribución relativa de código de 32 bits frente a código de 16 bits presente en Windows 98 para los servicios del nivel de sistema.

Como se muestra en la Figura 16.1, los servicios de bajo nivel proporcionados por el núcleo del sistema operativo se proporcionan como código de 32 bits. La

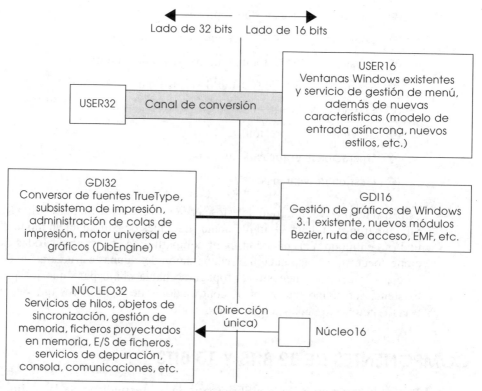

Figura 16.1
Distribución relativa de código en Windows 98.

mayoría del código de 16 bits restante consiste en código ensamblador ajustado a mano, consiguiendo un rendimiento que compite con el código de 32 bits utilizado en otros sistemas operativos disponibles actualmente en el mercado. Muchas funciones suministradas por la interfaz de dispositivos gráficos (GDI, *Graphics Device Interface*) se han trasladado a código de 32 bits, incluyendo el subsistema de administración de colas de impresión, el adaptador tipográfico de tipos de letras y las operaciones de dibujo realizadas por el motor universal de gráficos (*DibEngine*). Gran parte del código de gestión de ventanas (USER) permanece siendo de 16 bits para mantener la compatibilidad entre aplicaciones.

Además, Windows 98 implementa muchos controladores de dispositivos con código de 32 bits en modo protegido. Los controladores de dispositivos virtuales de Windows 98 asumen la funcionalidad suministrada por muchos controladores de dispositivos basados en MS-DOS en modo real, eliminando la necesidad de cargarlos en MS-DOS. Esta técnica tiene como resultado un impacto mínimo en la memoria convencional, un alto rendimiento, así como la fiabilidad y estabilidad del sistema.

Controladores de dispositivos virtuales

Un controlador de dispositivos virtuales es un controlador de 32 bits en modo protegido que gestiona un recurso del sistema, como un dispositivo hardware o un software instalado, de forma que más de una aplicación pueda utilizar el recurso al mismo tiempo. Para entender la importancia de esto, sirve de ayuda tener un conocimiento básico de lo que son los controladores de dispositivos virtuales (VxD) y el papel que juegan en el entorno de Windows 98.

El término *VxD* hace referencia a un controlador general de dispositivos virtuales, donde *x* representa el tipo de controlador de dispositivo. Por ejemplo, VDD es un controlador de dispositivos virtuales para un dispositivo de pantalla, un VTD es un controlador de dispositivos virtuales para un dispositivo de reloj, un VPD es un controlador de dispositivos virtuales para un dispositivo de impresora, etc. Windows utiliza dispositivos virtuales para ofrecer multitarea en aplicaciones MD-DOS, virtualizando los diferentes componentes hardware del sistema para que a cada máquina virtual MS-DOS (VM, *virtual machine*) le parezca que se está ejecutando en su propia computadora. Los dispositivos virtuales funcionan de forma conjunta con Windows para procesar interrupciones y llevar a cabo operaciones de E/S en una determinada aplicación sin interrumpir la ejecución de otras aplicaciones.

Los controladores de dispositivos virtuales admiten todos los dispositivos hardware de una computadora típica, incluyendo el controlador programable de interrupciones (PIC, *programmable interrupt controller*), el reloj, el dispositivo de acceso directo a memoria (DMA, *direct memory access*), el controlador de disco, los puertos serie, el dispositivo de teclado y el adaptador de pantalla. Un controlador de dispositivos virtuales debe contener el código específico del dispositivo necesario para llevar a cabo las operaciones de dicho dispositivo. Es necesario tener un controlador de dispositivos virtuales para cualquier dispositivo hardware que tenga modos de funcionamiento configurables o conserve datos durante cualquier período de tiempo. En otras palabras, si la conmutación entre múltiples aplicaciones puede alterar el estado del dispositivo hardware, el dispositivo debe tener su correspondiente dispositivo virtual. El dispositivo virtual sigue la pista de cada una de las aplicaciones para asegurar que el dispositivo está en el estado correcto cada vez que continúe cualquiera de ellas.

Aunque la mayoría de los dispositivos gestionan hardware, algunos sólo gestionan el software instalado, como un controlador de dispositivo MS-DOS o un TSR. Dichos dispositivos virtuales contienen a menudo código que emula el software o aseguran que utiliza únicamente los datos relativos a la aplicación actualmente en ejecución. ROM BIOS, MS-DOS, controladores de dispositivos MS-DOS y TSR proporcionan rutinas específicas de dispositivos y funciones de sistema operativo que utilizan las aplicaciones para acceder de forma indirecta a los dispositivos hardware. Los controladores de dispositivos virtuales se utilizan a veces para mejorar el rendimiento del software instalado (por ejemplo, el procesador 80386 y otros compatibles pueden ejecutar el código de 32 bits de un dispositivo virtual en modo protegido de forma más eficiente que el código de 16 bits de un controlador de dispositivo MS-DOS o un TSR en modo real). Además, eliminando las transiciones en anillo, resultado de la ejecución de aplicaciones de 32 bits que acceden a servicios de 16 bits en modo real, se aumenta el rendimiento. Con los controladores de dispositivos virtuales, el sistema puede permanecer en modo protegido.

Windows 98 se beneficia de proporcionar más soporte a controladores de dispositivos implementados como series VxD en el entorno Windows, en vez de utilizar los controladores de dispositivos disponibles previamente como controladores de dispositivos MS-DOS en modo real. Soportados funcionalmente en Windows 98 como VxD, se incluyen los siguientes componentes:

- Sistema de archivos FAT de MS-DOS.
- SmartDrive.
- CDFS.
- Controladores de tarjetas de red y protocolos de transporte de red.
- Redirector de clientes de red.
- Controlador de ratón.
- MS-DOS SHARE.EXE TSR.
- Controladores de dispositivos de disco, incluyendo soporte a dispositivos SCSI.
- Compresión de disco DriveSpace (y DoubleSpace).

En resumen, en Windows 98, VxD proporciona las siguientes ventajas:

- Alto rendimiento como resultado de ser código de 32 bits.
- Pequeño impacto en la memoria convencional, proporcionando funcionalidad de controlador de dispositivos y TSR como componentes en modo protegido que residen en memoria extendida.
- Estabilidad y fiabilidad del sistema.

Los controladores de dispositivos virtuales de Windows 98 se pueden identificar por extensiones VxD.

Modelo de controlador Win32 (WDM)

El modelo de controlador Win32 (WDM) es un modelo de controlador unificado para Windows 98 y Windows NT. Los beneficios de WDM son los siguientes:

- Reduce la complejidad, al tener un controlador tanto para Windows 98 como para Windows NT.

- Ejemplifica nuevos desarrollos de controladores.

WDM permite que los nuevos dispositivos tengan un único controlador para ambos sistemas operativos. WDM ha sido desarrollado añadiendo servicios seleccionados del núcleo de NT en Windows 98 a través de un controlador especial de dispositivos virtuales (NTKERN.VXD). Esto permite que Windows 98 mantenga una compatibilidad completa con los controladores de dispositivos heredados, a la vez que añade soporte a nuevos dispositivos WDM. Windows 98 amplía el soporte a los dispositivos y buses WDM, incluyendo estos:

- **Dispositivos humanos de entrada.** Teclados, ratones, apuntadores, joysticks y mandos de juego.

- **Dispositivos de comunicaciones.** Módems.

- **Dispositivos de captura de imágenes.** Escáner, cámaras de foto fija y videocámaras.

- **Otros dispositivos.** Discos de vídeo digitales (DVD, Digital Video Disk), altavoces, amplificadores, etc.

- **Buses.** Bus serie universal (USB, Universal Serial Bus) e IEEE 1394.

Conéctese a *http://www.microsoft.com/hwdev* para obtener información de diseño acerca de WDM, buses y clases en Windows 98.

Soporte USB

Windows 98 ofrece soporte a concentradores USB, interfaces controladoras de host universales y abiertas e HIC conforme a dispositivos USB. (Para más información, véase la siguiente sección, «Dispositivos humanos de entrada (HID, *human input device*)». El nuevo soporte al tipo de canal WDM de Windows 98 proporciona la infraestructura para los dispositivos de vídeo y sonido USB.

Dispositivos humanos de entrada (HID)

Los HID equivalentes a los dispositivos de entrada heredados (por ejemplo, teclados, teclados numéricos, ratones, apuntadores, joysticks y mandos de juego) que son conformes a las especificaciones del firmware de los dispositivos de interfaz humana están soportados por Windows 98 cuando se conectan a través de un bus serie universal (USB). La entrada desde estos dispositivos HID se encamina a las aplicaciones a través de la arquitectura del controlador de entrada heredado de forma totalmente transparente. Se pueden conectar y utilizar múltiples teclados, aunque los múltiples flujos de datos se unen y pasan a la única ventana de aplicación activa. De forma similar, se pueden conectar y utilizar simultáneamente múltiples ratones y apuntadores, aunque el flujo de entrada es unido para controlar el movimiento del único puntero de la pantalla. Los joysticks y mandos de juego son tratados como dispositivos diferentes, de forma que las aplicaciones pueden distinguir qué entrada procede de qué dispositivo o usuario y reaccionar de forma apropiada.

Windows 98 soporta dispositivos de entrada que son conformes con la especificación del firmware HID. Sin embargo, la funcionalidad HID que va más allá de las capacidades de los dispositivos de entrada heredados que se acaban de presentar no se soportan de forma automática por Windows 98. Otras clases de dispositivos humanos de entrada necesitan software específico de proveedores y/o aplicaciones (dispositivos, aplicaciones especiales, etc.). Los proveedores y desarrolladores de dispositivos deberían consultar el DDK de Windows 98 para más detalles.

IEEE 1394

El soporte para el bus IEEE 1394 incluye la clase controlador del bus 1394 y minicontroladores, tanto para los controladores de host PCI-LYNX de Texas Intruments como para los 8940 200 MBPS de Adaptec. También se proporciona un controlador del tipo canal para la cámara de sobremesa Sony (CCM-DS250).

Sonido digital WDM

Windows 98 contiene soporte de sonido para altavoces USB (Altec Lansing Multimedia y Philips Semiconductors son fabricantes de altavoces USB).

Si no va a utilizar altavoces USB, esta sección probablemente no le sirva de nada. Las tarjetas de sonido convencionales que funcionaban antes de Windows 98 deberían seguir funcionando exactamente igual. Las características mencionadas en los siguientes párrafos no son relevantes para los sistemas que tienen instalados sistemas de sonido convencionales.

El sonido WDM incluye un simulador de Sound Blaster para los juegos DOS que se ejecutan con Windows 98. No habrá ningún soporte de sonido USB para los conjuntos de registros de Sound Blaster DOS en modo real. En Windows 98 los juegos DOS se ejecutarán en «cajas DOS» o máquinas virtuales DOS. Algunos juegos no se ejecutarán en el modo de emulación DOS.

Esta emulación es el Sound Blaster original. Éste también se conoce como Sound Blaster 2.1, que soporta únicamente sonido de 8 bits monoaural. Windows 98 soporta Sound Blaster Pro. Éste también se conoce como Sound Blaster 3.2 y proporciona sonido en estéreo.

No se simula la síntesis de música OPL-2 ni OPL-3. Estos son los chips de síntesis FM fabricados por Yamaha. OPL-2 era utilizado en las placas Adlib y Sound Blaster. OLP-3 era utilizado en el hardware Sound Blaster Pro y Sound Blaster 16. La emulación de estos chips de síntesis de música no es ni será soportado por sonido USB.

MPU-401 es una interfaz hardware de síntesis de música definida por Roland. Los juegos de computadoras más recientes soportan esta interfaz mediante registro para generar música. La emulación MIDI soporta actualmente la síntesis de música por tabla de ondas General MIDI (GM).

Generalmente, el sonido de CD o RedBook es soportado enviando una orden al controlador del CD que provoca que un convertidor digital-analógico (DAC, digital-to-analog converter) situado en la placa base reproduzca la música. Este DAC está conectado a la tarjeta de sonido del sistema que controla los niveles de volumen. Esto es poco práctico para sonido USB, de forma que Windows 98 lee bits fuera del CD sobre la interfaz de la computadora (SCSI o ATAPI) y los envía a los altavoces USB.

Generalmente, el sonido del CD se escuchará por los conectadores de auriculares que hay en la parte delantera de la unidad de CD. Habitualmente existe un control de volumen cerca del conectador de auriculares. Windows 98 ofrece poder escuchar música a través de este conectador de auriculares.

La mayoría de las aplicaciones Windows utilizan un API de 16 bits para reproducir sonido. Estas API se soportan exactamente de la misma forma que en versiones anteriores.

El mezclador se utiliza para manejar los controles de volumen. El sonido del CD, la síntesis de música por tabla de ondas y las aplicaciones Windows de 16 bits pueden reproducir sonido simultáneamente a través de un altavoz USB.

DirectSound está soportado por sonido USB en Windows 98. Windows 98 soporta DirectSound 5.

DirectShow (antiguamente conocido como Active Movie) es la API de 32 bits preferida de sonido. DirectShow está soportada de forma nativa por sonido USB. Este es el modo nativo de soporte de sonido USB.

DirectMusic es la interfaz de música preferida de Windows. Futuras versiones de DirectMusic soportarán muestras cargables. Según van apareciendo nuevas versiones de DirectMusic, sonido USB las soportará. Actualmente, el MIDI bajo Windows es soportado por sonido USB en la forma de una API MIDI de 16 bits.

Se soporta la entrada MIDI y la salida MIDI. Se soporta el intercambio de instrumentos/sonidos y es una importante característica de optimización de memoria de Windows 98.

La síntesis de música por tabla de ondas está soportada por el software residente en el núcleo. La calidad es mejor que el hardware FM anterior de síntesis.

Almacenamiento DVD y el sistema de archivos UDF

Las unidades DVD-ROM están siendo soportadas por primera vez en Windows 98 como medio de almacenamiento. Para ser capaces de utilizar una unidad DVD-ROM se debe disponer de una unidad conforme con la especificación Mt. Fuji (también llamada SFF8090). El controlador de tipo CD-ROM que existió en Windows 95 ha sido actualizado para soportar también unidades DVD-ROM.

Windows 98 tiene un nuevo sistema de archivos, llamado Universal Disk File System (UDF). Actualmente es un sistema de archivos de sólo lectura; no se puede escribir UDF en un disco. Es implementado porque las películas DVD siempre tienen un sistema de archivos UDF, mientras que podrían o no tener un sistema de archivos ISO9660. Se puede decir que se tiene instalado soporte UDF en un sistema cuando se tiene el binario UDF.EXE en alguna parte del sistema.

Todas las unidades DVD-ROM son necesarias para soportar DMA.

Reproducción de películas DVD

La reproducción de películas necesita los siguientes componentes:

Hardware

- Unidad DVD-ROM.
- El medio DVD de la película.
- Un decodificador DVD (MPEG/AC-3).

Software

- Soporte de almacenamiento DVD.
- Controlador WDM de la clase canal.
- Minicontrolador de canal específico para el decodificador hardware del que se disponga (Microsoft no lo desarrolla).
- Filtro de gráficos Active Movie específico para el decodificador de que se disponga.
- Aplicación de reproducción de películas DVD.

Los componentes de la lista anterior permiten la reproducción de películas en pantallas NTSC o PAL, si la tarjeta del decodificador tiene dichas salidas. Si se desea una salida VGA, debería existir una conexión física entre la tarjeta del decodificador y el adaptador de gráficos, y debería desarrollarse un DirectDraw HAL con VPE para el adaptador de gráficos.

Con procesadores más rápidos, los decodificadores pueden estar en software en vez de en hardware.

Microsoft todavía no está suministrando contenidos de películas.

Captura de foto fija WDM

Esta clase de dispositivo incluye escáner y cámaras de foto fija.

Captura de vídeo WDM

Esta clase de dispositivo incluye videocámaras con buses USB o 1394, hardware de digitalización de vídeo analógico y sintonizadores de televisión.

COMPOSICIÓN DE LA ARQUITECTURA DEL SISTEMA DE WINDOWS 98

La Figura 16.2 ilustra la composición de la arquitectura básica del sistema de Windows 98. Los componentes del sistema se dividen entre los bloques 0 y 3, ofreciendo diferentes niveles de protección. El código del bloque 3 se protege de otros procesos que se ejecutan mediante servicios de protección proporcionados por la arquitectura del procesador Intel. El código del bloque 0 consiste en servicios de bajo nivel del sistema operativo, tales como el sistema de archivos y el gestor de la máquina virtual.

La Figura 16.2 también describe la forma en la que las aplicaciones basadas en MS-DOS, Win16 y Win32 se ejecutan en el sistema. La siguiente sección trata las provisiones que hace el sistema para ejecutar estas aplicaciones.

SOPORTE PARA APLICACIONES WINDOWS DE 16 BITS

Las aplicaciones Windows de 16 bits se ejecutan juntas en un espacio unificado de direcciones de forma cooperativa en multitarea. Las aplicaciones Win16 se benefi-

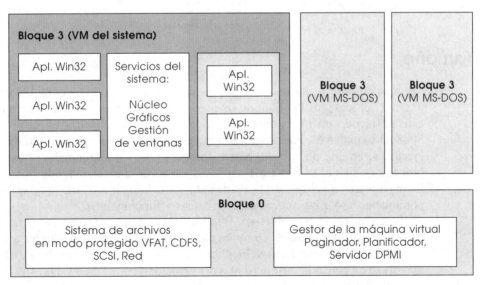

Figura 16.2
La arquitectura integrada de Windows 98, que soporta aplicaciones MS-DOS, Win16 y Win32.

cian de la multitarea por división en el tiempo de otros componentes del sistema, incluyendo los subsistemas de 32 bits de impresión y de comunicaciones, y de la fiabilidad y protección del núcleo del sistema de Windows 98.

Basado en las necesidades del cliente, las necesidades de los recursos y las necesidades del mercado, tres objetivos dirigieron el diseño de la arquitectura de soporte de aplicaciones Win16: la compatibilidad, el tamaño y el rendimiento. Fueron considerados ajustes funcionales, tales como la ejecución simultánea de aplicaciones Win16 por división en el tiempo en el subsistema Win16 o la ejecución de aplicaciones Win16 en VM separadas, pero ninguna de las opciones consideradas se ajustaba a los tres objetivos de diseño. En los siguientes apartados se proporciona una idea de la arquitectura de Windows 98 hasta donde interesa acerca de la ejecución de aplicaciones Win16 de forma rápida, estable y fiable.

Compatibilidad

En primer lugar, y ante todo, Windows 98 necesita ejecutar aplicaciones Win16 sin tener que modificarlas. Este factor es extremadamente importante para los usuarios actuales que quieren aprovecharse de la funcionalidad ofrecida en Windows 98, como la interconexión de 32 bits, pero que no quieren tener que actualizarse a Windows 98 (aplicaciones permitidas).

Windows 98 proporciona el soporte para la ejecución de las aplicaciones Win16 existentes y la utilización de controladores de dispositivos existentes basados en Windows, mientras que también proporciona soporte a las aplicaciones y componentes de 32 bits.

Tamaño

Aunque muchas de las nuevas compras de computadoras son computadoras basadas en el procesador Pentium de Intel con 16 MB (o más) de memoria, todavía se está utilizando un alto porcentaje de computadoras basadas en el procesador 80486DX con 8 MB. Para soportar las necesidades del mercado, Windows 98 debe ejecutarse en una plataforma básica formada por una computadora basada en el procesador 80486DX con 8 MB de RAM y ofrecer el nivel de rendimiento equivalente para las tareas que están realizando los usuarios, mientras que además proporcione acceso a las nuevas características y funcionalidad.

Para conseguir este objetivo, Windows 98 está diseñado para ocupar un conjunto de tareas activas de componentes que aseguren que cualquier aplicación Win16 que se ejecute a una velocidad percibida en una computadora de 8 MB (o mayor) se ejecute a la misma (o mayor) velocidad con Windows 98, sin sufrir una degradación de rendimiento. Para cumplir los objetivos de tamaño de Windows 98, las aplicaciones Win16 se ejecutan dentro de un espacio unificado de direcciones. La ejecución en un espacio unificado de direcciones permite que Windows 98 no sólo funcione en una computadora de 8 MB, sino que además tenga un buen rendimiento.

El cumplimiento del objetivo de diseño de tamaño (además de cumplir el objetivo de compatibilidad) excluye estrategias de ejecución de aplicaciones Win16 en una máquina virtual aparte (ejecutando una copia separada de Microsoft Windows 3.1 encima del sistema operativo, que implicaría el pago de un «impuesto de la memoria» de varios MB para cada aplicación), como lo hace OS/2, o emulando Windows 3.1 sobre el subsistema Win32 (que también implicaría el pago de «un impuesto de memoria» por ejecutar aplicaciones Win16), como lo hace NT.

La ejecución de aplicaciones Win16 en una VM separada es muy cara en términos de memoria. Esta estrategia requeriría códigos GDI, USER y KERNEL separados en cada VM que se crea, incrementando el conjunto de tareas activas 2 MB por cada aplicación Win16 que se ejecute (como en el caso de OS/2 para Windows). En una computadora con 16 MB o más, este incremento podría no parecer significativo. Sin embargo, teniendo en cuenta la cantidad de computadoras existentes con 8 MB, es muy difícil la ejecución de aplicaciones Win16 en su propia VM separada con el nivel esperado de rendimiento observado.

Rendimiento

Los usuarios esperan que sus aplicaciones Win16 actuales se ejecuten de forma rápida. Tanto las aplicaciones Win16 como las aplicaciones MS-DOS se benefician de la arquitectura de 32 bits de Windows 98, incluyendo la mayor utilización de componentes controladores de dispositivos y subsistemas de 32 bits.

Las aplicaciones Win16 se ejecutan dentro de un espacio unificado de direcciones. La ejecución de aplicaciones Win16 en VM separadas necesita la conversión de los componentes del sistema Win16 en cada espacio de direcciones, como hace Windows NT, o proporcionar una copia separada de cada componente del sistema en cada espacio de direcciones, como hace OS/2 para Windows. La memoria adicional requerida por los componentes del sistema Win16 para ejecutar una aplicación Win16 en cada VM tiene un impacto negativo en el rendimiento del sistema.

Windows 98 equilibra la protección y la fiabilidad del sistema con el deseo de conseguir un alto rendimiento. Esta área se trata brevemente en la siguiente sección y se describe con más detalle en el Capítulo 21, «Fiabilidad».

Protección

Windows 98 proporciona un entorno operativo más estable y seguro. Es improbable que una aplicación Win16 errante haga caer al sistema o afecte a otros procesos que estén ejecutándose. Mientras que las aplicaciones Win32 son las que más se benefician de la protección de la memoria del sistema en Windows 98, se han hecho varias cosas a lo largo de todo el sistema para hacer más fiable el sistema operativo.

Las aplicaciones Win16 se ejecutan dentro de un espacio unificado de direcciones en un entorno multitarea cooperativo. Tener una fiabilidad global en todo el sistema aumenta la capacidad del sistema para recuperarse de aplicaciones errantes, y tener una limpieza mejorada en el sistema disminuye la probabilidad de errores en las aplicaciones. Los fallos generales de protección (GPF, *general protection faults*) son causados generalmente por aplicaciones que sobrescriben sus propios segmentos de memoria en vez de por aplicaciones que sobrescriben memoria que pertenece a otras aplicaciones. Cuando un GPF provoca que el sistema pare una aplicación, el sistema generalmente deja los recursos asignados en memoria, provocando la degeneración del sistema. Windows 98 sigue la pista de estos recursos y limpia el sistema cuando ocurre un error (véase el Capítulo 21, «Fiabilidad», para una descripción más detallada).

Otras protecciones incluyen la utilización de colas de mensajes separadas para cada una de las aplicación Win32 que se ejecutan. La aplicación de una cola de mensajes separada para el espacio de direcciones Win16 y para cada aplicación Win32 que se ejecuta permite la recuperación del sistema, no parándolo cuando se cuelga una aplicación Win16.

SOPORTE PARA APLICACIONES BASADAS EN MS-DOS

En Windows 98 se mantiene el soporte para aplicaciones MS-DOS, controladores de dispositivos y TSR. Windows 98 permite que los usuarios lancen una orden MS-DOS como una VM MS-DOS. La funcionalidad ofrecida en una VM MS-DOS es la misma que la disponible en las últimas versiones de MS-DOS, permitiendo que los usuarios ejecuten las mismas órdenes y utilidades intrínsecas.

Windows 98 ofrece el soporte para aplicaciones MS-DOS que permite que casi todas las aplicaciones se ejecuten correctamente. Este soporte permite que las aplicaciones DOS coexistan de forma pacífica con el resto del entorno de Windows 98.

Resumen del soporte para la ejecución de aplicaciones basadas en MS-DOS

El soporte del sistema proporciona los siguientes beneficios a las aplicaciones MS-DOS que se ejecutan en un entorno Windows 98:

- No tiene impacto en la memoria convencional para los componentes en modo protegido.
- Compatibilidad para las aplicaciones MS-DOS que se ejecutan.
- Fiabilidad para las aplicaciones MS-DOS.
- Soporte para aplicaciones MS-DOS que se ejecutan incluso en una ventana.

- ⊕ Soporte para aplicaciones MS-DOS que se ejecutan sin salir de Windows 98 o ejecutando MS-DOS externamente.

- ⊕ Atributos consolidados para configurar las propiedades de las aplicaciones MS-DOS.

- ⊕ La disponibilidad de la barra de herramientas cuando se ejecuta una aplicación MS-DOS en una ventana, proporcionando un rápido acceso a las características y la funcionalidad de manipulación del entorno de ventanas.

- ⊕ Una ventana MS-DOS escalable por el usuario mediante la utilización de fuentes TrueType.

- ⊕ La capacidad de terminar de forma elegante una aplicación MS-DOS sin salir de la aplicación.

- ⊕ La capacidad de configurar localmente un entorno VM en función de cada aplicación mediante el uso de un archivo separado de proceso por lotes.

- ⊕ Soportar nuevas órdenes MS-DOS, ofreciendo una fuerte integración entre la línea de órdenes MS-DOS y el entorno Windows.

Componentes sin impacto en la memoria convencional

Windows 98 ayuda a obtener la máxima cantidad de memoria convencional disponible para las aplicaciones MS-DOS que se ejecutan. Windows 98 sustituye muchos de los componentes de 16 bits en modo real por sus homólogos de 32 bits en modo protegido para proporcionar la misma funcionalidad mientras mejora el rendimiento global del sistema sin utilizar memoria convencional.

Se proporcionan controladores de dispositivos virtuales de 32 bits para sustituir los homólogos de 16 bits en modo real para funciones como las listadas en la Tabla 16.1.

Los ahorros de memoria resultantes de utilizar componentes de 32 bits en modo protegido pueden ser bastante importantes. Por ejemplo, si un PC fue configurado con el software de cliente NetX de NetWare y utilizaba una unidad SCSI CD-ROM, SmartDrive, el controlador de ratón MS-DOS y la compresión de disco DriveSpace, el ahorro de memoria convencional que resultaría utilizando Windows 98 sería de más de 262 K.

Compatibilidad

Algunas aplicaciones MS-DOS necesitan que esté disponible mucha memoria convencional libre, impidiendo de esta forma que puedan ejecutarse en una VM MS-DOS por grandes componentes en modo real, como controladores de red o controladores de dispositivos. Otras aplicaciones MS-DOS necesitan un acceso directo

Tabla 16.1
Funciones realizadas por los controladores de dispositivos de 32 bits
en Windows 98

Descripción	Archivo(s)	Memoria convencional ahorrada
Software de cliente Network de Microsoft	NET.EXE (full)	95 K
	PROTMAN	3 K
	NETBEUI	35 K
	EXP16.DOS (MAC)	8 K
Software de cliente NetWare de Novell	LSLS	5 K
	EXP16ODI (MLID)	9 K
	IPXODI.COM	16 K
	NETBIOS.EXE	30 K
	NETX.EXE	48 K
	VLM.EXE	47 K
Compartición extendida de archivos MS-DOS y soporte de bloqueo	SHARE.EXE	17 K
Controlador SCSI Adaptec	ASPI4DOS.SYS	5 K
Controlador de CD-ROM Adaptec	ASPICD.SYS	11 K
Extensiones CD-ROM de Microsoft	MSCDEX.EXE	39 K
Software de caché de disco SmartDrive	SMARTDRV.EXE	28 K
Controlador de ratón de Microsoft	MOUSE.COM	17 K
Controlador de compresión de disco DriveSpace de Microsoft	DRVSPACE.BIN	37 K

al hardware de la computadora, que puede entrar en conflicto con los controladores internos de Windows u otros controladores de dispositivos.

El objetivo de soporte MS-DOS de Windows 98 es ejecutar aplicaciones MS-DOS «limpias» tan bien como las aplicaciones MS-DOS «malas» que intentan tomar posesión del hardware o solicitar recursos de la máquina ocupados.

Muchos juegos MS-DOS suponen que son las únicas aplicaciones que se ejecutan en el sistema, y acceden y manipulan el hardware subyacente directamente. Los juegos son la clase de aplicaciones MS-DOS más notoria que escriben directamente en la memoria de vídeo, manipulando los recursos hardware de soporte como los temporizadores de reloj, y tomando posesión de recursos hardware como las tarjetas de sonido.

Se han utilizado diversas estrategias para ofrecer soporte a las aplicaciones MS-DOS que interactúan con el hardware, incluyendo la virtualización de recursos del sistema como temporizadores y dispositivos de sonido. Además, la utilización de controladores de dispositivos de 32 bits en modo protegido ofrece a las aplicaciones MS-DOS mucha memoria convencional libre, de forma que las aplicaciones que usan la memoria de forma intensiva se ejecuten adecuadamente.

Aplicaciones MS-DOS diferentes necesitan diversos niveles de soporte, tanto de hardware de la computadora como del sistema operativo. Por ejemplo, algunos juegos MS-DOS necesitan utilizar cerca del ciento por ciento de la CPU para funcionar adecuadamente. Otras aplicaciones MS-DOS modifican las direcciones de las interrupciones y otras configuraciones hardware de bajo nivel. Estos niveles de soporte tienen en cuenta que diferentes aplicaciones interactúan con el hardware de diferentes formas, y que algunas se comportan bien mientras que otras suponen un acceso exclusivo al sistema y al hardware del PC. Por defecto, las aplicaciones MS-DOS se ejecutan en un entorno multitarea por división en el tiempo con el resto de tareas del sistema, pudiendo ejecutarse en toda la pantalla o en una ventana (las aplicaciones MS-DOS que hacen un uso intensivo de la CPU podrían no funcionar bien en una ventana, pero se pueden ejecutar en modo de pantalla completa para obtener el mejor nivel de respuesta).

APPS.INF

Windows 98 proporciona un archivo INF que contiene la configuración de los programas de muchas aplicaciones MS-DOS. Estas configuraciones de programas especifican configuraciones especiales que son necesarias para permitir que las aplicaciones se ejecuten en Windows 98.

El archivo APPS.INF se procesa cuando un usuario intenta ejecutar una aplicación MS-DOS desde la interfaz de usuario de Windows 98. Si no existe un archivo de información de programa (PIF) para la aplicación MS-DOS, el sistema examina el archivo APPS.INF para encontrar información acerca de la aplicación MS-DOS especificada. Si dicha aplicación aparece en el archivo APPS.INF, el sistema leerá su contenido y creará un PIF que se utilizará cuando se ejecute la aplicación.

Modo MS-DOS

Para ofrecer soporte a las aplicaciones MS-DOS más intrusivas que sólo funcionan en MS-DOS y necesitan un acceso total a los componentes y recursos del sistema, Windows 98 ofrece un mecanismo que es equivalente a ejecutar una aplicación MS-DOS en MS-DOS en modo real. Este mecanismo, llamado modo MS-DOS, ofrece una «escotilla de salida» para aplicaciones que únicamente se ejecutan con MS-DOS. En este modo, Windows 98 se borra a sí mismo la memoria (excepto una pequeña porción) y ofrece a las aplicaciones MS-DOS un acceso completo a todos los recursos de la computadora. Relativamente pocas aplicaciones MS-DOS necesitan ejecutarse como aplicaciones únicas en MS-DOS, debido al soporte de compatibilidad ofrecido por Windows 98.

Para ejecutar una aplicación MS-DOS en este modo, el usuario asigna la propiedad Modo MS-DOS en el cuadro de diálogo Configuración avanzada de programas (desde el botón Avanzada de la ficha Programa) del cuadro de diálogo de propiedades MS-DOS de la aplicación. Para crear un entorno único diseñado para los requisitos del sistema y las necesidades de una aplicación, el usuario también puede especificar un archivo CONFIG.SYS o AUTOEXEC.BAT que se ejecute por la aplicación. Cuando el usuario ejecuta una aplicación MS-DOS en este modo, Windows 98 pregunta si las tareas que se ejecutan pueden finalizarse. Con la aprobación del usuario, Windows 98 finaliza todas las tareas que se ejecutan, configura la máquina para que utilice los archivos CONFIG.SYS o AUTOEXEC.BAT para la sesión en modo MS-DOS, reinicia la computadora, carga una copia MS-DOS en modo real y lanza la aplicación especificada. Cuando el usuario termina la aplicación MS-DOS, Windows 98 se reinicia y devuelve al usuario a la interfaz de órdenes de Windows 98. Esta solución es mucho más elegante que hacer que los usuarios arranquen diferentes sistemas operativos para ejecutar las aplicaciones deseadas.

Algunas entradas del archivo APPS.INF contienen información de configuración que da instrucciones a Windows 98 para que ejecute una aplicación MS-DOS en modo MS-DOS. Estas aplicaciones se ejecutarán sólo en modo MS-DOS, debido a los problemas que tienen cuando se ejecutan en el modo protegido de Windows 98, como consecuencia de las suposiciones que hacen sobre el entorno (por ejemplo, direccionamiento de memoria externa para cargar su información) que impiden que se puedan ejecutar con Windows 98.

Soporte para aplicaciones MS-DOS con un uso intensivo de gráficos

Windows 98 ofrece soporte para la ejecución de aplicaciones MS-DOS que utilizan gráficos de forma intensiva en el entorno Windows. Las aplicaciones MS-DOS que utilizan modos gráficos de vídeo VGA, ahora pueden ejecutarse en una ventana; no tienen que ser ejecutadas en modo de pantalla completa. Los usuarios todavía pueden elegir ejecutar aplicaciones MS-DOS que utilizan gráficos de forma intensiva en modo de pantalla completa para obtener el mejor nivel de rendimiento.

Protección de la memoria

Para ofrecer un alto nivel de protección de memoria con aplicaciones MS-DOS, Windows 98 incluye en la ficha Programa del cuadro de diálogo de propiedades de la aplicación un atributo de protección global de la memoria que permite al área del sistema MS-DOS ser protegida contra aplicaciones MS-DOS errantes. Cuando se selecciona el atributo de protección global de la memoria, las secciones del área del sistema MS-DOS se protegen contra escritura, de forma que las aplicaciones no pueden escribir en esta área de memoria y degradar el soporte y los controladores de dispositivos MS-DOS. Además de la protección del área del sistema, se realiza una validación mejorada de parámetros en las peticiones de E/S de archivos que se realizan mediante la interrupción 21H de MS-DOS, ofreciendo un nivel más alto de seguridad.

Esta opción no está activada por defecto en todas las aplicaciones MS-DOS (debido a la carga adicional asociada al chequeo mejorado de parámetros y direcciones de memoria). Los usuarios pueden activar este indicador si constantemente tienen dificultades para ejecutar una aplicación MS-DOS específica.

Ejecución por defecto de aplicaciones MS-DOS

Por defecto, Windows 98 ejecuta aplicaciones MS-DOS en una ventana y permite la ejecución en segundo plano, consintiendo que la aplicación continúe ejecutándose cuando no sea la que está activa. Este comportamiento por defecto permite la integración de aplicaciones MS-DOS con aplicaciones Windows sin necesidad de que los usuarios cambien o adecuen el estado del sistema.

Adecuación consolidada de las propiedades de las aplicaciones MS-DOS

Cada aplicación MS-DOS tiene características y mecanismos diferentes de utilización de los recursos de la máquina, tales como los accesos a la memoria, el vídeo y el teclado. Windows 98 sabe cómo ejecutar aplicaciones Windows porque las peticiones a los servicios del sistema se manejan utilizando el API de Windows. Sin embargo, las aplicaciones MS-DOS sólo incluyen una información mínima de sus requisitos en el formato de sus cabeceras EXE. Para ofrecer información adicional al entorno Windows acerca de los requisitos de la aplicación se utilizan PIF que especifican la configuración necesaria.

Windows 98 define propiedades para ejecutar aplicaciones MS-DOS con archivos PIF (cargados en directorios PIF donde está instalado Windows). Esta disposición ofrece un acceso fácil a la información de las propiedades de una aplicación (pulsando el botón derecho del ratón en el icono o ventana de la aplicación) y ofrece una mejor organización de las propiedades (a través de un cuadro de diálogo de propiedades con fichas, como se muestra en la Figura 16.3). Mediante esta disposición, Windows 98 ofrece flexibilidad y control de la ejecución de aplicaciones MS-DOS.

Barras de herramientas en ventanas MS-DOS

Muchas aplicaciones Windows ofrecen una o más barras de herramientas para acceder rápidamente a características y funcionalidad comunes. Windows 98 extiende esta simple, pero potente característica, para suministrar un acceso fácil a la funcionalidad asociada a las aplicaciones MS-DOS, como se muestra en la Figura 16.4.

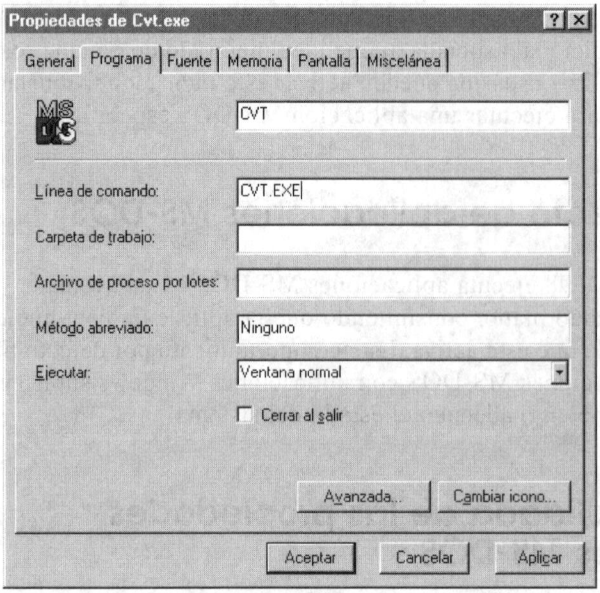

Figura 16.3
El cuadro de diálogo de propiedades de configuración
de aplicaciones MS-DOS.

Opcionalmente, los usuarios pueden activar la aparición en pantalla de una barra de herramientas en la ventana de una aplicación MS-DOS que se ejecuta para proporcionar al usuario un acceso rápido a la siguiente funcionalidad:

Figura 16.4
Una barra de herramientas en un cuadro MS-DOS presentado
en una ventana.

- Acceso a operaciones para cortar, copiar y pegar que integran texto y gráfico de aplicaciones MS-DOS en aplicaciones Windows.

- Conmutar entre los modos de pantalla completa y de ventana.

- Acceder al cuadro de diálogo de propiedades asociadas a las aplicaciones MS-DOS.

- Acceder a las propiedades de las tareas de la VM MS-DOS, tales como atributos de procesamiento exclusivo o en primer plano.

- Acceder a las opciones de los tipos de letra para presentar texto en una VM MS-DOS en modo ventana.

Ventanas MS-DOS de tamaño modificable

Windows 98 ofrece la utilización de fuentes TrueType en una VM MS-DOS en modo ventana, que permite a los usuarios modificar el tamaño de la ventana MS-DOS. Cuando el tamaño de la fuente es Auto, el contenido de la ventana MS-DOS se ajusta automáticamente para presentar la ventana completa dentro del área específica del usuario.

Finalización elegante de aplicaciones MS-DOS

Windows 98 ofrece soporte para cerrar de forma elegante una VM MS-DOS mediante un cuadro de diálogo de propiedades que está disponible para cada aplicación. Cuando se activa esta configuración, los usuarios pueden cerrar una aplicación MS-DOS de la misma forma que lo harían con una aplicación Windows (pulsando con el ratón en el botón Cerrar de la ventana).

Además de la finalización elegante de aplicaciones MS-DOS, el sistema Windows 98 asegura que la limpieza del sistema se completa correctamente y que se liberan todos los recursos asignados. Como resultado, la memoria utilizada por las aplicaciones MS-DOS que se ejecutan con Windows 98 se libera correctamente, pudiendo ser utilizada por otras aplicaciones.

Configuraciones locales del entorno de la máquina virtual

En Windows 98 se puede especificar opcionalmente un archivo de proceso por lotes para una determinada aplicación MS-DOS, permitiendo la personalización de la VM de forma local antes de ejecutar la aplicación. El archivo de proceso por lotes se especifica en la ficha Programa del cuadro de diálogo de propiedades de la aplicación MS-DOS, como se muestra en la Figura 16.5. La utilización de un archivo de proceso por lotes permite asignar o personalizar las variables de entorno

Figura 16.5
Especificación de un archivo de proceso por lotes en la ficha Programa
del cuadro de diálogo de propiedades de aplicaciones MS-DOS.

MS-DOS para aplicaciones MS-DOS o TSR que se cargan únicamente en la VM local. Este mecanismo es equivalente a tener archivos AUTOEXEC.BAT diferentes para aplicaciones MS-DOS diferentes.

Soporte para el acceso a los recursos de red con rutas de acceso UNC

Windows 98 hace más fácil el acceso a los recursos de red desde el indicativo de órdenes MS-DOS, ofreciendo el uso de convenciones de nombrado universal (UNC, *universal naming conventions*). UNC ofrece un esquema de nombrado estándar para hacer referencia a servidores de red y directorios compartidos. Utiliza la siguiente sintaxis:

```
\\NombreServidor\NombreCompartido[\RutaAcceso]
```

La interfaz de órdenes de Windows 98 permite que los usuarios naveguen y se conecten a servidores de red sin tener que convertir una letra de la unidad al recurso de red. Windows 98 ofrece la misma funcionalidad a un indicativo de órdenes MS-DOS, permitiendo hacer lo siguiente:

🌐 Ver el contenido de los directorios compartidos en los servidores de red, tanto desde servidores Network de Microsoft como desde servidores NetWare de Novell, tecleando
dir\\NombreServidor\NombreCompartido[\RutaAcceso]

- Copiar archivos de los directorios compartidos en servidores de red, tanto desde servidores Network de Microsoft como desde servidores NetWare de Novell, tecleando
  copy\\NombreServidor\NombreCompartido\RutaAcceso\ destino del archivo

- Ejecutar aplicaciones desde directorios compartidos en servidores de red, tanto desde servidores Network de Microsoft como desde servidores NetWare de Novell, tecleando
  \\NombreServidor\NombreCompartido\RutaAcceso\archivo

Indicativo de órdenes MS-DOS

Las utilidades y el procesador de órdenes MS-DOS integran la funcionalidad MS-DOS con el entorno Windows. Las órdenes que manipulan archivos ofrecen nombres largos de archivos, y otras órdenes ofrecen acceso a las capacidades suministradas por el sistema.

Por ejemplo, la orden **start** tiene la siguiente sintaxis:

```
Start <nombre de aplicación> | <nombre de documento>
```

La orden **start** permite a los usuarios arrancar una aplicación MS-DOS o Windows desde el indicativo de órdenes en una de las siguientes formas:

- Arrancar una aplicación indicando el nombre de un documento que se tiene que abrir, en cuyo caso Windows 98 lanza la aplicación asociada con el tipo de archivo dado. Por ejemplo, tecleando *start miarchivo.xls* se arranca la aplicación asociada al archivo especificado, si existiera una asociación válida.

- Arrancar una aplicación MS-DOS en una VM diferente en vez de en la actual.

- Arrancar una aplicación Windows desde el indicativo de órdenes MS-DOS. Teclear el nombre de la aplicación Windows es lo mismo que teclear *start <aplicación>*.

Soporte para nombres largos de archivos

Muchas de las órdenes y utilidades intrínsecas de MS-DOS soportan la utilización de nombres largos de archivos. Por ejemplo, las siguientes órdenes están entre ellas:

⊛ La orden **dir** ha sido extendida para mostrar nombres largos de archivos en la estructura de directorios, junto con los correspondientes nombres de archivos 8.3. También la orden **dir** ofrece ahora un modo detallado de forma que los usuarios pueden visualizar detalles adicionales de los archivos tecleando *dir /v*.

⊛ La orden **copy** ha sido extendida para permitir mezclar nombres de archivos largos y cortos en las operaciones de copiado. Por ejemplo, tecleando *copy miarch.txt «este es mi archivo»* se crea un nuevo archivo con un nombre largo de archivo.

SOPORTE PARA APLICACIONES BASADAS EN WIN32

Las aplicaciones Win32 pueden aprovecharse totalmente y beneficiarse significativamente del diseño de la arquitectura de Windows 98. Además, cada aplicación Win32 se ejecuta en su propio espacio privado de direcciones, completamente protegido. Esta estrategia evita que las aplicaciones Win32 interfieran entre sí.

Las aplicaciones Win32 presentan los siguientes beneficios sobre las aplicaciones Win16 en Windows 98:

⊛ Multitarea por división en el tiempo.

⊛ Colas de mensajes separadas.

⊛ Espacio plano de direcciones.

⊛ Compatibilidad con Windows NT.

⊛ Soporte para nombres largos de archivos.

⊛ Protección de la memoria.

⊛ Mejora de la fiabilidad.

Multitarea por división en el tiempo

En Windows 98, las aplicaciones Win32 de 32 bits se ejecutan en un entorno multitarea por división en el tiempo. El núcleo del sistema operativo es responsable de la planificación del tiempo asignado a las aplicaciones que se ejecutan en el sistema, ofreciendo un procesamiento concurrente fluido y evitando que cualquier otra aplicación utilice todos los recursos del sistema, no permitiendo que se ejecute otra tarea.

Las aplicaciones Win32 pueden implementar opcionalmente subprocesos para mejorar la granularidad a la que realizan la multitarea en el sistema. La utilización de subprocesos en las aplicaciones mejora la interacción con el usuario, teniendo como resultado operaciones multitarea tranquilas.

Colas de mensajes separadas

Por debajo de los entornos con multitarea cooperativa, el sistema utiliza el instante en el que una aplicación comprueba la cola de mensajes del sistema como mecanismo de paso de control a otra tarea, permitiendo que esa tarea se ejecute de forma cooperativa. Si una aplicación no comprueba la cola de mensajes de forma regular, o si la aplicación se cuelga, impidiendo de esta forma que otras aplicaciones comprueben la cola de mensajes, el sistema mantiene al resto de tareas suspendidas hasta que finaliza la aplicación errante.

Cada aplicación Win32 tiene su propia cola de mensajes, y de esta forma no se ve afectada por el comportamiento de otra tarea que esta ejecutándose en sus propias colas de mensajes. Si una aplicación Win16 se cuelga, o si otra aplicación Win32 que se está ejecutando se cae, el resto de aplicaciones Win32 continúa ejecutándose en su rodaja de tiempo, pudiendo incluso recibir mensajes de entrada o notificaciones de eventos.

Las colas de mensajes se tratan con más detalle en el Capítulo 21, «Fiabilidad».

Espacio plano de direcciones

Las aplicaciones Win32 pueden acceder a la memoria de forma lineal, en vez de estar limitadas a la arquitectura de memoria segmentada utilizada por los sistemas de 16 bits. Para ofrecer una forma de acceso a grandes cantidades de memoria utilizando un modelo de direccionamiento de 16 bits, la arquitectura de la CPU de Intel ofrece el soporte para acceder de forma simultánea a trozos de memoria, llamados segmentos. Las aplicaciones y los sistemas operativos sufren una reducción de rendimiento en esta arquitectura, debido a la manipulación realizada por el procesador para convertir las referencias de memoria a partir de la combinación segmento/offset a la estructura de la memoria física.

La utilización de espacios planos de direcciones en Windows 98 por componentes de 32 bits y aplicaciones Win32 permite a los desarrolladores de aplicaciones y controladores de dispositivos escribir software sin las limitaciones o aspectos de diseño inherentes a la arquitectura de memoria segmentada.

Compatibilidad con Windows NT

Las aplicaciones Win32 que explotan las API Win32 comunes a Windows 98 y Windows NT pueden ejecutarse sin modificaciones en cualquier plataforma de computadoras basadas en Intel. Al ser comunes las API Win32, se ofrece una interfaz de programación consistente, permitiendo que los desarrolladores de aplicaciones realicen un único esfuerzo de desarrollo para producir software que se ejecuta en múltiples plataformas. También ofrece escalabilidad de aplicaciones y aumenta el número de plataformas en las que se pueden ejecutar ISV o aplicaciones de cliente, con un mínimo esfuerzo adicional.

Se anima a los desarrolladores de aplicaciones a realizar aplicaciones tanto bajo Windows 98 como bajo Windows NT y probar la compatibilidad de ambas plataformas.

Soporte a nombres largos de archivos

Las aplicaciones Win32 que llaman a las funciones de E/S de archivos soportadas por la API Win32 se benefician de la capacidad de soportar y manipular nombres de archivos de más de 255 caracteres, sin ningún esfuerzo adicional de desarrollo. Para facilitar el trabajo del desarrollador de aplicaciones, las API Win32 y el soporte común de diálogo realizan el trabajo de manipulación de los nombres largos de archivos y el sistema de archivos proporciona compatibilidad con MS-DOS y otros sistemas, manteniendo de forma automática los archivos tradicionales 8.3.

Protección de la memoria

Cada aplicación Win32 se ejecuta en su propio espacio de direcciones privado y está protegida de otras aplicaciones o procesos que se ejecutan en el sistema. Las aplicaciones Win32 errantes de Windows 98 sólo se afectan a sí mismas, en vez de hacer que se caiga todo el sistema cuando intentan acceder a la memoria de otra aplicación Win32.

La utilización de colas de mensajes separadas para aplicaciones Win32 también asegura que el sistema continúa ejecutándose, incluso aunque una aplicación se quede colgada o se pare respondiendo a mensajes o eventos, permitiendo de esta forma que el usuario cambie o finalice la tarea errante.

ARQUITECTURA DEL SISTEMA DE ARCHIVOS DE 32 BITS

El sistema de archivos de Windows 98 soporta las características y necesidades de la naturaleza multitarea de su núcleo. El sistema de archivos de 32 bits presente en Windows 98 proporciona muchos beneficios a los usuarios, obteniendo los siguientes resultados:

- 🌐 **Facilidad de uso mejorada.** La facilidad de uso es mejorada por el soporte de nombres largos de archivos, porque los usuarios no volverán a necesitar hacer referencia a archivos con la estructura de archivos 8.3 de MS-DOS. En su lugar, se podrán utilizar más de 255 caracteres para identificar sus documentos. La facilidad de uso también es mejorada ocultando las extensiones de los nombres de archivos.

- 🌐 **Rendimiento.** El rendimiento de E/S procede del código de 32 bits en modo protegido utilizado para leer información desde, y escribir información en un sistema de archivos, de leer desde y escribir en un dispositivo de disco, y de mecanismos inteligentes de caché de 32 bits. Hay disponible un código de 32 bits desde el sistema de archivos hasta el dispositivo de disco.

- 🌐 **Estabilidad y seguridad del sistema.** Los componentes del sistema de archivos implementados como controladores de dispositivos de 32 bits en modo protegido ofrecen estabilidad y seguridad al sistema, porque pueden permanecer en modo protegido durante la ejecución de código, y porque se aprovechan de la tecnología de controladores existentes implementada inicialmente en Windows NT.

Panorámica general de la arquitectura

Windows 98 presenta una arquitectura en capas del sistema de archivos, que ofrece múltiples sistemas de archivos y proporciona una ruta de acceso en modo protegido desde la aplicación al dispositivo, dando como resultado un alto nivel de rendimiento de E/S de disco y archivos. Las siguientes características están incluidas en la nueva arquitectura del sistema de archivos:

- 🌐 Soporte del API Win32.
- 🌐 Soporte de nombres largos de archivos.
- 🌐 Sistema de archivos FAT de 32 bits.
- 🌐 Sistema de archivos CD-ROM de 32 bits.
- 🌐 Caché dinámica del sistema para E/S de red y archivos.
- 🌐 Arquitectura abierta para soportes futuros del sistema.
- 🌐 Compatibilidad de controladores de dispositivos de disco con Windows NT.

La Figura 16.6 de la siguiente página describe la arquitectura del sistema de archivos utilizada por Windows 98, que se compone de los siguientes elementos:

- 🌐 **Gestor del sistema de archivos instalables (IFS, *instalable file system*).** El gestor IFS es responsable del arbitraje de los accesos a los diferentes componentes del sistema de archivos.

- 🌐 **Controladores del sistema de archivos.** La capa de los controladores del sistema de archivos incluye el acceso a la tabla de asignación de archivos (FAT, *file allocation table*), basada en los dispositivos de disco, los sistemas de archivos CD-ROM, y del soporte a los dispositivos de red redirigidos.

- 🌐 **Subsistema de E/S de bloques.** El subsistema de E/S de bloques es responsable de interactuar con los dispositivos físicos de disco.

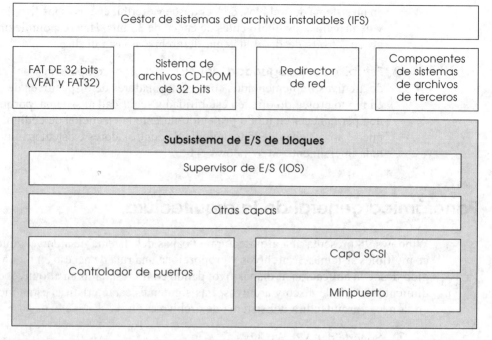

Figura 16.6
La arquitectura del sistema de archivos.

Los componentes de cada una de estas capas se examinan en las siguientes tres secciones.

Gestor de sistemas de archivos instalables

En MS-DOS y Windows 3.1, la interrupción INT 21H de MS-DOS es responsable de proporcionar el acceso al sistema de archivos para manipular la información de los archivos en un dispositivo de disco. Para soportar dispositivos de disco redirigidos, como un controlador de red o un controlador de CD-ROM, otros componentes del sistema, como el redirector de red, engancharían la función INT 21H para poder examinar las peticiones del sistema de archivos y determinar si deberían manejar la petición o es el sistema de archivos básico quien debería hacerlo. Aunque este mecanismo ofrece la capacidad de añadir controladores de dispositivos adicionales, algunos componentes añadidos se comportan mal e interfieren con otros controladores instalados.

Otro problema del sistema de archivos MS-DOS fue la dificultad de soportar la carga de múltiples redirectores de red para ofrecer acceso concurrente a diferentes tipos de red. Microsoft Windows for WorkGroups ofrecía soporte para ejecutar los redirectores de red de Microsoft al mismo tiempo que un redirector de red adicional, como Netware de Novell, VINES de Banyan o PC-NFS de SUN. Sin embargo, no era ofrecido el soporte para ejecutar más de dos redirectores de red al mismo tiempo.

En Windows 98, la clave para acceder de forma amistosa al disco y a los dispositivos redirectores es el gestor de sistemas de archivos instalables (IFS). El gestor de IFS es responsable de arbitrar el acceso al sistema de archivos, así como al resto de los componentes de dispositivos de sistemas de archivos.

Controladores del sistema de archivos

Windows 98 incluye soporte a los siguientes sistemas de archivos:

- Controlador de la tabla de asignación de archivos de 32 bits (VFAT y FAT32).

- Controlador del sistema de archivos CD-ROM de 32 bits (CDFS).

- Redirectores de red de 32 bits para conexiones con servidores de red de Microsoft, tales como Windows NT Server, junto con redirectores de red de 32 bits para conexiones con servidores NetWare de Novell.

Además, terceros utilizarán las API del gestor de IFS para proporcionar una forma limpia de soportar concurrentemente múltiples tipos de dispositivos y de añadir más soporte de dispositivos de disco y redirectores de red.

El sistema de archivos FAT de 32 bits en modo protegido

El controlador VFAT de 32 bits proporciona un direccionamiento de 32 bits en modo protegido para manipular el sistema de archivos almacenado en un disco. También es reentrante y multiproceso, ofreciendo un rendimiento multitarea fluido. El controlador de acceso a archivos de 32 bits es compatible con más controladores de disco duro y controladores de dispositivos MS-DOS.

Los beneficios del controlador de acceso a archivos de 32 bits respecto a las soluciones de controladores MS-DOS incluyen los siguientes:

- Rendimiento y caché en disco en modo real mejorados de forma importante.

- No se utiliza memoria convencional (sustitución de SmartDrive en modo real).

- Entorno multitarea mejorado cuando se accede a la información del disco sin bloqueo.

- Soporte a caché dinámica.

En MS-DOS y Windows 3.1, la manipulación de la FAT y la escritura o lectura del disco es manejado por la función INT 21H de MS-DOS, que está formada por código de 16 bits en modo real. Si se es capaz de manipular el sistema de archivos de disco desde el modo protegido, se elimina o reduce la necesidad de pasar al modo real para escribir información en el disco mediante MS-DOS, aumentando el rendimiento de los accesos de E/S a archivos.

El controlador VFAT de 32 bits interactúa con el subsistema de E/S de bloques para proporcionar accesos a disco de 32 bits a más tipos de dispositivos. También se proporciona soporte para convertir los controladores de discos en modo real existentes que podrían estar siendo utilizados en los sistemas de usuario. La combinación del acceso a archivos de 32 bits y de controladores de acceso a disco de 32 bits consigue un rendimiento significativamente mayor de E/S de archivos y disco.

La caché de 32 bits

La VFAT de 32 bits funciona conjuntamente con el controlador de caché de 32 bits en modo protegido (VCACHE), sustituyendo y mejorando el software de caché en disco de 16 bits en modo real SmartDrive de MS-DOS. El controlador VCACHE presenta un algoritmo más inteligente de caché de información leída desde o escrita en un controlador de disco que SmartDrive, aumentando el rendimiento cuando se lee información de la caché. El controlador VCACHE también es responsable de gestionar la cantidad de caché del sistema de archivos del CD-ROM (CDFS) y los redirectores de red de 32 bits suministrados.

Otra de las grandes mejoras que ofrece VCACHE respecto de SmartDrive es que la cantidad de memoria utilizada para la caché es dinámica y se basa en la cantidad de memoria libre que hay disponible. Los usuarios ya no van a necesitar asignar de forma estática un bloque de memoria que se deja aparte como caché en disco, porque el sistema asigna o libera de forma automática la memoria utilizada por la caché en función del uso del sistema. Debido a la utilización de una caché inteligente, el rendimiento del sistema también aumenta.

FAT32

FAT32 es una versión mejorada del sistema de archivos FAT que permite que discos de más de 2 GB sean formateados como una única unidad. FAT32 también utiliza agrupaciones más pequeñas que los controladores FAT, dando como resultado una utilización del espacio más eficiente en grandes discos. FAT ofrece los siguientes beneficios:

- 🌐 Reduce la complejidad representando discos muy grandes con una única letra de dispositivo.

- 🌐 Ahorra espacio en disco almacenando los datos más eficientemente.

- 🌐 Permite que los usuarios de FAT existentes recuperen espacio en disco.

Tamaños de las agrupaciones

El tamaño de las agrupaciones utilizado en todas las particiones FAT depende del tamaño de la unidad. En la primera versión FAT, los tamaños por defecto de las agrupaciones eran los presentados en la siguiente tabla:

Tabla 16.2
Tamaños originales por defecto de las agrupaciones

Tamaño de la unidad	Tamaño de la agrupación FAT
< 32 MB	512 bytes
32-63 MB	1 K
64-127 MB	2 K
128-255 MB	4 K
256-511 MB	8 K
512-1023 MB	16 K
1024-2048 MB	32 K

Para FAT32, los tamaños por defecto de las agrupaciones se muestran aquí:

Tabla 16.3
Tamaños por defecto de las agrupaciones FAT32

Tamaño de la unidad	Tamaño de la agrupación FAT
< 260 MB	512 bytes
260 MB - 8 GB	4 K
8 GB - 16 GB	8 K
16 GB - 32 GB	16 K
> 32 GB	32 K

Estos son los valores por defecto que se tendrán si se emplea FDISK y se formatea un disco utilizando FAT32, o si se convierte un controlador FAT existente utilizando CVT.EXE.

Nota. FDISK sólo ofrece activar el soporte FAT32 en unidades de más de 512 MB.

El controlador FAT32 tiene un formato de disco diferente que el de los controladores FAT existentes. La mayoría de las utilidades de disco (por ejemplo, herramientas de defragmentación de disco) ya han sido modificadas para funcionar con volúmenes FAT32; esto incluye a los principales proveedores de utilidades de discos. Si se dispone de versiones más antiguas, podría necesitarse actualizar las utilidades de disco. Las utilidades de disco incluidas en Windows 98 ya han sido modificadas para soportar FAT32, incluyendo FDISK, Format, ScanDisk, defragmentador de disco y DriveSpace. Sin embargo, obsérvese que DriveSpace no soporta (y no lo hará) compresión de unidades FAT32.

Además, el soporte de FAT32 afecta a muchas de las estructuras de datos internas utilizadas en el núcleo DOS en modo real y los componentes del sistema de archivo en modo protegido. Como resultado, algunos controladores de dispositivos y utilidades de disco podrían encontrarse con problemas de compatibilidad con Windows 98, tanto si se usan o no los controladores FAT32. Para soportar FAT32, Windows 98 proporciona muchas nuevas API de disco de bajo nivel, y algunas de las viejas fallarán o se comportarán de forma diferente con dispositivos FAT32. Las nuevas API y las cambiadas se resumen en la Win32SDK, disponible suscribiéndose a MSDN.

Observe que la mayoría de las aplicaciones son incapaces de visualizar el espacio en disco, total o libre, de más de 2 GB. Windows 98 incluye nuevas API DOS y Win32 (*GetDiskFreeSpaceEx*) que las aplicaciones pueden usar para obtener las cantidades de espacio correctas. Se ha modificado el explorador Windows y el indicativo de órdenes MS-DOS para utilizar estas nuevas API, de forma que éstas mostrarán la cantidad correcta de espacio libre. El gestor de archivos no mostrará más de 2 GB de espacio libre.

Nota. Si se utiliza FAT32 con software antivirus, la conversión de la unidad necesita la actualización de la tabla de particiones y el registro de arranque. Si se tiene activado software antivirus, éste podría interceptar la petición de actualización de la tabla de particiones y/o el registro de arranque y preguntarle si permite actualizarlos. Si esto ocurre, podría indicarle al software antivirus que permita que se actualicen estas estructuras. También, cuando se reinicie el sistema después de la conversión de la unidad, el software antivirus podría detectar que la tabla de particiones y/o el registro de arranque se han cambiado y ofrecerse a «repararlos». *NO permita que el software antivirus restablezca el registro de arranque o la tabla de particiones, o la unidad y todos los datos que contenga serán inaccesibles.*

Utilidad de conversión a FAT32

Para tener una flexibilidad añadida, Windows 98 ofrece una utilidad gráfica de conversión a FAT32, que puede convertir de forma rápida y segura un disco duro con una versión inicial de FAT (que se entrega con todas las versiones MS-DOS y Windows 95) a FAT32. Esta utilidad se puede ejecutar desde el menú Inicio eligiendo Programas, Accesorios, Herramientas del sistema, Convertidor FAT32. Después del proceso de conversión, el defragmentador de disco se ejecutará en la unidad durante la siguiente inicialización. Dependiendo del tamaño de la unidad, el proceso de defragmentación puede llevar algún tiempo. Se puede parar el defragmentador y ejecutarlo en otro momento, pero el rendimiento del sistema podría degradarse hasta que se permita que el defragmentador termine con esta unidad.

Una ventaja de la utilidad de conversión a FAT32 es que permite que los usuarios de FAT existente obtengan los beneficios de FAT32 sin reformatear.

Nota. Windows 98 no incluye ninguna utilidad que convierta una unidad de nuevo a FAT16 una vez pasada a FAT32. Sin embargo, actualmente hay varios productos de terceros en el mercado que ofrecen una conversión hacia atrás desde FAT32 a FAT16.

Cómo activar FAT32

Aviso. Antes de convertir una unidad a FAT32, se recomienda hacer una copia de seguridad de cualquier dato importante, además de hacer un disco de arranque de emergencia de Windows 98.

La conversión de una unidad FAT existente es fácil. En el CD que se adjunta hay un archivo de proceso por lotes llamado FAT32.BAT. Ejecute este archivo de proceso por lotes desde dentro de Windows, que hará lo siguiente:

- Copia una utilidad de conversión en el directorio C:\.

- Le indica que introduzca la unidad a convertir.

- Reinicia el sistema en modo MS-DOS.

- Comprueba los errores de la unidad que se está convirtiendo utilizando ScanDisk.

- Convierte la unidad a FAT32.

- Defragmenta la unidad reiniciando en Windows.

Preguntas y respuestas sobre FAT32

Pregunta.—*¿Es FAT32 más rápido que FAT16?*
Respuesta.—En general, no. El rendimiento de FAT 32 será generalmente el mismo que el de FAT16, pero en algunos casos podría ser un poco más lento. Típicamente, no hay una clara diferencia de rendimiento. Los principales beneficios de FAT32 son que es más eficiente que FAT16 en grandes discos (a veces del orden del 20 al 30 por ciento), y que puede soportar unidades mayores de 2 GB sin tener que utilizar múltiples particiones.

En MS-DOS en modo real, o cuando se ejecuta Windows 98 en modo seguro, FAT32 será considerablemente más lenta que FAT16. Si se necesita ejecutar aplicaciones en modo MS-DOS, puede ser beneficioso cargar SMARTDRV.EXE y AUTOEXEC.BAT.

Pregunta.—*¿Se puede arrancar de forma dual Windows NT si se utiliza FAT32?*

Respuesta.—En general, no. Windows NT (incluyendo la versión 4.0) no puede acceder o arrancar desde una unidad FAT32, por eso, si se necesita arrancar de forma dual Windows NT, no se debería utilizar FAT32, excepto en un disco que no sea de arranque al que no se necesite acceder desde NT.

Pregunta.—*¿Por qué Microsoft no añade NTFS a Windows 98, en vez de introducir otro sistema de archivos?*

Respuesta.—Ciertamente se ha considerado NTFS, pero no cumplía tres requisitos críticos de Windows 98: Windows 98 inicia utilizando MS-DOS en modo real y ofrece el modo MS-DOS para juegos y otras aplicaciones que no pueden ejecutarse en un SO multitarea. Ofrecer NTFS bajo DOS hubiera consumido una cantidad significativa de la escasa memoria DOS, perjudicando la capacidad de Windows de continuar soportando estas aplicaciones. La implementación de NTFS sin soporte DOS hubiera significado que fueran necesarias dos particiones de disco (una partición FAT desde la que se pudiera arrancar, más la partición NTFS principal). Una solución con una única letra para la unidad es crítica para los usuarios de Windows 98. En segundo lugar, y basado en la realimentación de los fabricantes de PC y unidades de disco, queda claro que un porcentaje significativo de los nuevos PC que se están vendiendo tienen unidades de más de 2 GB. Dada la sofisticación y complejidad de NTFS, hubiera sido imposible completar y probar una implementación NTFS hasta bastante después de que este problema se hubiera convertido en agudo. Finalmente, puesto que NTFS tiene un formato de disco tan diferente de FAT, es mucho menos probable que FAT32 introduzca problemas de compatibilidad de aplicaciones.

Pregunta.—*¿El convertidor de FAT16 a FAT32 es parte de Windows 98?*

Respuesta.—Sí. La herramienta de conversión es parte de Windows 98.

Pregunta.—*¿Cómo puedo saber si mi unidad es FAT32?*

Respuesta.—Pulsando con el botón derecho del ratón en la unidad y seleccionando Propiedades. El campo Tipo debería indicar si una unidad es FAT o FAT32.

Pregunta.—*¿Puedo utilizar compresión de disco en unidades FAT32?*

Respuesta.—No. El DriveSpace incluido en Windows 98 ha sido modificado para reorganizar las unidades FAT32, pero no las comprimirá. No se tiene la intención de realizar nuevas modificaciones en DriveSpace.

Pregunta.—*¿Puedo utilizar FAT32 en unidades que no son visibles desde MS-DOS en modo real?*

Respuesta.—Sí. La utilidad CVT.EXE puede convertir unidades sólo en modo protegido mientras se ejecuta Windows. Sin embargo, la mayoría de las unidades son visibles en modo MS-DOS, debiendo cerrar el modo MS-DOS para convertirlos con CVT.

Observaciones sobre FAT32

- **Inicio dual y FAT32.** Se puede utilizar FAT32 en máquinas donde sea necesario arrancar de forma dual otro sistema operativo, como las versiones primitivas de Windows 95, Windows NT, y Windows 3.1 o MS-DOS 6.x. Otros sistemas operativos son incapaces de acceder a particiones FAT32. Esto es simplemente porque estos antiguos sistemas operativos no conocen las nuevas estructuras de datos. Se *puede* arrancar de forma dual otro sistema operativo si el disco C: es FAT16, pero si se tienen otras particiones que son FAT32, no serán visibles a otros sistemas operativos. Windows 98 también soporta un inicio dual entre Windows 98 y versiones antiguas del sistema operativo MS-DOS, como MS-DOS 6.22, utilizando el mismo inicio dual «F4» que soporta Windows 95, a condición de que se esté utilizando FAT16. Sin embargo, en este momento no se puede hacer un inicio múltiple entre Windows 95 y Windows 98 porque Windows 98 sustituye a Windows 95.

- **FAT32 y espacio libre en disco.** Algunas aplicaciones son incapaces de visualizar el espacio libre o total en disco por encima de 2 GB, incluso en unidades FAT32 mayores. Estas aplicaciones mostrarán de forma correcta el espacio libre en disco hasta los 2 GB, pero en este punto sobrepasarán su máximo y mostrarán sólo 2 GB. Esto es debido generalmente a las limitaciones de aquellas aplicaciones que asumían que el espacio en disco nunca excedería de los 2 GB debido a las limitaciones anteriores de FAT16. Windows 98 suministra nuevas API DOS y Win32 que pueden ser utilizadas por las aplicaciones para determinar el espacio en disco libre o total de más de 2 GB.

- **Convertidor FAT32.** Se puede convertir un disco duro de FAT16 a FAT32 ejecutando CVT.EXE *x*: (donde *x*: representa la letra de la unidad que se desea convertir). Después de ejecutar el convertidor, el defragmentador de discos se ejecutará en esa unidad durante el siguiente inicio. La defragmentación de la unidad después de que se ha convertido podría llevar varias horas. Se *puede* parar el defragmentador y ejecutarlo en otro momento, pero el rendimiento del sistema podría degradarse hasta que se permita que el defragmentador terminara con esta unidad.

- **InterLnk desde DOS 6.x.** El producto InterLnk de interconexión contenido en MS-DOS 6.x no funcionará correctamente en modo MS-DOS si se utiliza FAT32.

- **Disk Manager de Ontrack System.** Si se utiliza el producto Disk Manager de Ontrack System en un sistema que se inicia desde una unidad FAT32, se podría producir una larga pausa durante la inicialización y/o a que la unidad se configure para ejecutarse en modo compatibilidad. Con la versión 7.0*x* se puede utilizar la opción /L=0 con Disk Manager para evitar esta pausa. Si se está ejecutando una versión anterior de Disk Manager, se debe actualizar hasta al menos la versión 7.04 y utilizar la opción /L=0 si se utiliza FAT32.

⊛ **Controladores SyQuest SQATDRV.SYS y SQDRIVER.SYS.** El controlador SQATDRV.SYS podría dejar colgados durante la inicialización los sistemas que contienen unidades FAT32. Si se utilizan unidades FAT32 en un sistema con este controlador de dispositivos, se deben eliminar del archivo CONFIG.SYS durante la inicialización. Pronto se añadirán a la biblioteca de controladores Windows versiones de estos controladores que son compatibles con unidades de inicialización FAT32 (en el CD de Windows y cargable desde Internet).

El sistema de archivos CD-ROM de 32 bits en modo protegido

El sistema de archivos CD-ROM de 32 bits en modo protegido (CDFS) de Windows 98 proporciona un alto rendimiento de acceso a CD-ROM y es un sistema de archivos de CD ISO 9660 completamente de 32 bits. El controlador CDFS sustituye el controlador MSCDEX de 16 bits en modo real y presenta una caché en modo protegido de los datos del CD-ROM. La caché del controlador CDFS es dinámica y comparte la memoria caché con el controlador VFAT de 32 bits, no necesitando configuración o asignación estática por parte del usuario.

Los beneficios del controlador CDFS de 32 bits incluyen los siguientes:

⊛ No se utiliza memoria convencional (sustituye al MSCDEX en modo real).

⊛ Alto rendimiento.

⊛ Multitarea cuando se accede a la información contenida en el CD-ROM, sin bloqueo.

⊛ Soporte de caché dinámica para proporcionar un equilibrio entre el suministro de memoria para ejecutar aplicaciones y la memoria que sirve como caché en disco.

Si se especifica MSCDEX en el archivo AUTOEXEC.BAT, el controlador CDFS de 32 bits reemplaza el papel jugado por el controlador MSCDEX, comunicándose con la unidad de CD-ROM. La utilización de MSCDEX es innecesaria en Windows 98.

Los usuarios de aplicaciones CD-ROM multimedia se beneficiarán enormemente del CDFS de 32 bits. Sus aplicaciones multimedia se ejecutarán tranquilamente y la información será leída del CD-ROM rápidamente para obtener un alto rendimiento.

El subsistema de E/S de bloques

El subsistema de E/S de bloques de Windows 98 ofrece un alto rendimiento en todo el sistema de archivos y un amplio conjunto de soporte a dispositivos.

Como se muestra en la Figura 16.7, los componentes del subsistema de E/S de bloques incluye los siguientes:

- Capa de Supervisor de E/S de alto nivel (IOS, I/O supervisor), que proporciona una interfaz entre el subsistema de E/S de bloques y los componentes de capas superiores.

- El controlador de puertos, que representa un controlador monolítico de unidades de disco.

- La capa SCSI, que proporciona una capa controlador y una interfaz estándar con un código de control independiente del dispositivo, para dispositivos SCSI.

- El controlador de minipuertos SCSI, que contiene el código de control dependiente del dispositivo responsable de la interacción con los controladores SCSI individuales.

En Windows 98, el subsistema de E/S de bloques ofrece el siguiente soporte:

- Una arquitectura totalmente Plug and Play.

- Soporte para controladores de minipuertos binarios compatibles con Windows NT.

- Soporte para controladores de discos rápidos de Windows 3.1 para mantener compatibilidad hacia atrás.

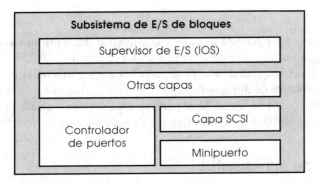

Figura 16.7
La arquitectura del subsistema de E/S de bloques.

- Controladores en modo protegido que sustituyen los controladores de dispositivos MS-DOS en modo real cuando sea seguro hacerlo.

- Soporte de parada de unidades IDE.

- Capacidad para soportar controladores de dispositivos de disco MS-DOS en modo real para mantener la compatibilidad.

Las siguientes secciones examinan las diferentes áreas que configuran el subsistema de E/S de bloques. Las explicaciones se proporcionan para facilitar un conocimiento de los componentes, teniendo en cuenta que la configuración de las capas del controlador del dispositivo de disco está aislada del usuario.

El supervisor de E/S

El supervisor de E/S (IOS) proporciona servicios del sistema de archivos y controladores. EL IOS es responsable de encolar las peticiones al servicio de archivos y de encaminar las peticiones al controlador del sistema de archivos adecuado. El IOS también proporciona notificaciones asíncronas de los eventos del sistema de archivos a los controladores instalados.

El controlador de puertos

El controlador de puertos es un controlador monolítico de 32 bits en modo protegido que se comunica con un dispositivo de disco específico, como un controlador de disco duro. Este controlador se usa de forma específica en Windows 98. En Windows 98, el controlador que se comunica con los controladores de disco duro IDE/ESDI y los controladores de unidades de disquetes se implementa como un controlador de puertos. Un controlador de puertos proporciona la misma funcionalidad que la combinación de un gestor SCSI y un controlador de minipuertos.

La capa SCSI

La capa SCSI aplica la arquitectura del modelo universal de controladores de 32 bits en modo protegido a las comunicaciones con los dispositivos SCSI. La capa SCSI ofrece toda la funcionalidad de alto nivel común a dispositivos del tipo SCSI y luego utiliza un controlador de minipuertos para manejar las llamadas de E/S específicas de los dispositivos. El gestor SCSI es parte de este sistema y ofrece el soporte de compatibilidad para utilizar los controladores de minipuertos de Windows NT.

El controlador de minipuertos

El modelo controlador de minipuertos utilizado en Windows 98 simplifica la tarea de desarrollo de controladores de dispositivos por parte de los proveedores hardware de dispositivos de disco. Puesto que el nivel SCSI proporciona la funcionalidad de alto nivel necesaria para la comunicación con los dispositivos SCSI, los proveedores de hardware de dispositivos de disco únicamente necesitan crear un controlador de minipuertos diseñado de forma específica para su propia unidad de disco. El controlador de minipuertos de Windows 98 está formado por código de 32 bits en modo protegido y binario compatible con los controladores de minipuertos de Windows NT, otro factor que simplifica la tarea de desarrollo de controladores de dispositivos. Ser binario compatible con Windows NT también tiene como resultado un controlador de dispositivos estable y seguro, porque los proveedores de hardware sólo necesitan mantener un único código base para soportar dispositivos. Los usuarios de Windows 98 también se benefician, porque muchos controladores de minipuertos ya están disponibles en Windows NT.

Soporte para los controladores IDE, ESDI y SCSI

A través de la utilización tanto de un controlador de puertos como de un controlador de minipuertos, Windows 98 soporta un amplio conjunto de dispositivos de disco, incluyendo los populares controladores de disco IDE, ESDI y SCSI. Los usuarios no tendrán que decidir si utilizar un controlador de puertos o un controlador de minipuertos, porque el controlador es proporcionado por el proveedor hardware y la configuración del controlador es manejada por el propio sistema Windows 98.

Soporte para la parada de unidades IDE

La parada de unidades IDE permite que las máquinas con Windows 98 paren el disco duro cuando no se está utilizando la unidad. La parada de la unidad reduce el consumo de energía y el ruido.

El conversor en modo real

Con el objetivo de ofrecer compatibilidad binaria con los controladores de dispositivos de disco MS-DOS en modo real, para los que no existe un homólogo en modo protegido en Windows 98, el subsistema de E/S de bloques ofrece una capa de conversión que permite que el sistema de archivos en modo protegido se comunique con un controlador en modo real como si éste fuera un componente en modo protegido. Las capas superiores, incluyendo este conversor en modo real (RMM, *real-mode mapper*), son código en modo protegido, y el conversor en modo real traslada las peticiones de E/S de archivos desde el modo protegido al modo real de forma que el controlador de dispositivos MS-DOS pueda realizar las operaciones de lectura o escritura que se deseen desde o al dispositivo de disco. El conversor en modo real entraría en juego cuando, por ejemplo, se está ejecutando un software de compresión de discos en modo real y no está disponible un controlador de compresión de discos en modo protegido.

Soporte a nombres largos de archivos

En Windows 98, la utilización de nombres largos de archivos con más de 255 caracteres vence la a veces críptica convención de nombres de archivos 8.3 de MS-DOS, permitiendo nombres más fáciles de utilizar. Los nombres de archivo 8.3 de MS-DOS se mantienen y se rastrean por el sistema para ofrecer compatibilidad con las aplicaciones Win16 y MS-DOS que únicamente manipulan archivos 8.3, pero según van migrando los usuarios a aplicaciones Win32, la utilización de convenciones de nombres de archivos 8.3 se ocultan al usuario.

Los nombres largos de archivos se soportan extendiendo el sistema de archivos FAT de MS-DOS y utilizando bits y campos que fueron reservados previamente por el sistema operativo para añadir entradas de directorios especiales, que mantienen la información de los nombres largos de archivos. Extendiendo la composición de la FAT de MS-DOS, en vez de crear un nuevo formato, se permite que los usuarios instalen y usen Windows 98 con formatos de disco existentes sin tener que cambiar su estructura de disco o reformatear sus unidades. Esta implementación permite una facilidad de uso y un crecimiento futuro, mientras mantiene compatibilidad hacia atrás con las aplicaciones existentes.

Puesto que Windows 98 extiende simplemente la estructura FAT, los nombres largos de archivos se soportan en los discos, así como en discos duros. Si un archivo de un disco que tiene un nombre largo de archivo es visto desde una computadora que no está ejecutando Windows 95 o Windows 98, únicamente se ve la representación 8.3 del archivo.

Los siguientes directorios de disco listados desde el indicativo de órdenes muestran nombres largos de archivos y su correspondiente traslado a nombres de archivo 8.3 en una computadora que ejecuta Windows 98:

```
El volumen de la unidad C es MI DISCO DURO
El número de serie del volumen es 1E30-830F
Directorio de C:\Directorio de nombres largos de archivos

.  <DIR> 07/11/94 10:02a .
.. <DIR> 07/11/94 10:02a ..
ANALIS~1 XLS 147 05/11/94 12:25a Analisis del cuarto trimestre.xls
TARJET~1 TXT 147 05/11/94 12:25a tarjeta de cumpleaños del jefe.txt
PROYEC~1 DOC 147 05/11/94 10:35a Proyecciones financieras de 1994.doc
INFORM~1 <DIR> 07/11/94 10:02a Informacion fiscal del año
LOGOTI~1 BMP 478 03/27/94 12:00a Logotipo de la compañia.bmp
NUEVOV~1 AVI 0 06/14/94 01:15p Nuevo video.avi
 5 archivo(s) 2.033 bytes
 3 directorio(s) 134.643.712 bytes libres
```

Soporte para las utilidades existentes de gestión de disco

Para que las utilidades de gestión de discos reconozcan y conserven nombres largos de archivos, los proveedores de utilidades necesitan modificar sus productos software. Microsoft documenta el soporte a nombres largos de archivos y su implementación como una extensión del formato FAT, como parte de las herramientas de desarrollo software de Windows 98 (SDK, *software development kit*).

Las utilidades existentes de gestión de discos MS-DOS que manipulan el formato FAT, incluyendo los defragmentadores de disco, editores de bit de disco y algún software de copias de seguridad en cinta, podrían no reconocer los nombres largos de archivos que se utilizan en Windows 98, destruyendo sus entradas en el formato FAT. Sin embargo, si se destruye la entrada de un nombre largo de archivo no se pierden datos, porque se conserva el correspondiente nombre de archivo 8.3 definido por el sistema.

Extensiones ocultas de archivos

Windows 95 utiliza las extensiones de los archivos para asociar un determinado tipo de archivo a una aplicación. Sin embargo, para hacer más fácil la manipulación de archivos, sus extensiones se ocultan a los usuarios en la interfaz de órdenes de Windows 98 y en el explorador de Windows, y en su lugar, en la IU de Windows 98 se utilizan iconos que diferencian los documentos asociados a las distintas aplicaciones. La información acerca de las asociaciones del tipo de archivo se almacena en el Registro, utilizándose para trasladar un determinado archivo al icono que representa el tipo de documento (por razones de compatibilidad, Windows 98 debe rastrear las extensiones de los archivos para utilizarlas con las aplicaciones MS-DOS o Win16 existentes).

Atributos de archivo adicionales de fecha/hora

Windows 98 mantiene atributos de fecha/hora adicionales para archivos que MS-DOS no mantiene. Windows 98 deja constancia de la fecha y hora en la que se crea un nuevo archivo, la fecha y la hora en la que se modifica y la fecha en la que se ha abierto por última vez. Estos atributos de archivo se presentan en el cuadro de diálogo de propiedades del archivo, como se muestra en la Figura 16.8 de la siguiente página.

Los proveedores de utilidades se aprovechan de esta información adicional de fecha y hora para ofrecer utilidades de copias de seguridad mejoradas (por ejemplo, para mejorar un mecanismo que detecte si un determinado archivo ha sido modificado).

Formato horario coordinado universal

MS-DOS ha utilizado tradicionalmente la hora local de la computadora como marca de tiempo para la entrada de directorio de un archivo y continúa utilizando el tiempo local para los archivos almacenados en el sistema local. Sin embargo, Windows 98 ofrece la utilización del formato horario coordinado universal (UTC, *universal coordinated time*) para acceder o crear información en servidores de archi-

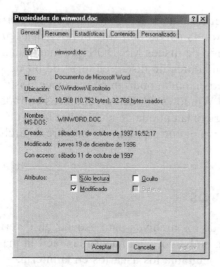

Figura 16.8
Las propiedades de un archivo, mostrando los nuevos atributos de archivo fecha/hora.

vos en red. Este formato ofrece un seguimiento superior y más universal de la información horaria necesaria en las redes que funcionan en varias zonas horarias.

Acceso exclusivo para herramientas de gestión de discos

Las utilidades de gestión de discos, como los defragmentadores de disco, las utilidades de compresión de discos, los editores de sectores y programas del sistema de archivos, como CHKDSK y DEFRAG, necesitan un acceso exclusivo al sistema de archivos para minimizar la complejidad de operación que aparece en los entornos multitarea donde suceden E/S de disco. Por ejemplo, sin un acceso exclusivo al disco, podría producirse una corrupción de los datos si un usuario solicitara una operación que trasladara información en el disco al mismo tiempo que otra tarea está accediendo a esa información o escribiendo otra diferente.

El sistema de archivos de Windows 98 soporta la utilización de herramientas de gestión de discos, permitiendo un acceso exclusivo al dispositivo del disco. Los accesos exclusivos al disco se manejan como parte del sistema de archivos a través de un mecanismo de API, y puede ser utilizado por los proveedores de utilidades para desarrollar utilidades Windows de gestión de discos. Microsoft estimula a terceros fabricantes de utilidades a usar este mecanismo de API, usándose también para entregar utilidades de gestión de disco como parte de Windows 98.

Por ejemplo, este mecanismo es utilizado por la utilidad defragmentador de disco entregada como parte de Windows 98. El defragmentador de disco de

Windows 98 puede ejecutarse desde la interfaz de órdenes de Windows 98, e incluso puede ejecutarse en segundo plano mientras los usuarios continúan trabajando con sus sistemas.

COMPRESIÓN DE DISCOS CON DRIVESPACE

Windows 98 ofrece un soporte interno para la compresión de discos con Drive-Space. Windows 98 ofrece una compresión básica en la forma de un controlador de dispositivos virtual de 32 bits, que ofrece un alto rendimiento y libera memoria convencional para ser utilizado por aplicaciones MS-DOS. Los usuarios de DoubleSpace y DriveSpace de MS-DOS no necesitan cambiar su archivo de volumen comprimido (CVF, *compressed volume file*), y de este modo, no necesitan tomar ninguna acción especial cuando instalen Windows 98.

Nota. El DriveSpace incluido en Windows 98 ha sido modificado para reconocer unidades FAT32, pero no las comprimirá. No se tiene la intención de realizar nuevas modificaciones en DriveSpace.

Como se muestra en la Figura 16.9, la herramienta de compresión de disco DriveSpace entregada con Windows 98 está basada en una interfaz gráfica de usuario,

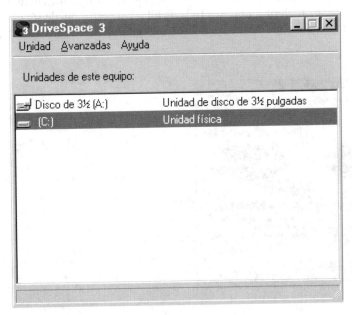

Figura 16.9
La herramienta DriveSpace de compresión de discos.

y ofrece la capacidad de comprimir una unidad de disco física o unidad de disquetes. El cuadro de diálogo Comprimir unidad, mostrado en la Figura 16.10, describe gráficamente la cantidad de espacio libre que hay disponible antes de la compresión y el espacio disponible estimado después de la compresión.

Recursos del sistema

Antes de Windows 95, muchos usuarios encontraban mensajes de error «Memoria insuficiente» cuando ejecutaban múltiples aplicaciones Windows, incluso aunque el sistema todavía informaba de la existencia de varios megabytes de memoria libre disponible. Estos mensajes aparecían generalmente cuando el sistema no podía asignar un recurso interno de memoria en una llamada a una función del API de Windows, debido a la falta de espacio disponible en una región de memoria llamada *heap*.

Windows mantiene heaps para los componentes del sistema llamados GDI y USER. Cada heap tiene 64 K de tamaño y se utiliza para almacenar información de objetos o GDI en memoria que se asignan cuando una aplicación llama a una función del API de Windows. La cantidad de espacio disponible combinando estos dos heaps identifica el porcentaje de recursos libres del sistema.

El porcentaje de recursos libres del sistema se calcula utilizando un algoritmo interno que representa el porcentaje del conjunto de memoria libre en los heaps del GDI y del USER. Cuando el porcentaje de recursos libres del sistema es muy bajo, los usuarios ven generalmente un mensaje de error «Memoria insuficiente», incluso aunque la cantidad de memoria libre sea todavía alta. Este error puede ser el resultado de la existencia de poca memoria en el heap del GDI o del USER (o en ambos).

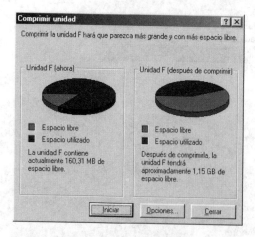

Figura 16.10
El cuadro de diálogo Comprimir unidad, que muestra gráficamente el espacio libre.

Para ayudar a reducir esta limitación de los recursos del sistema, se sacaron diversas estructuras de datos que se almacenaban en los heap de 16 bits del GDI y del USER para almacenarlos en heaps de 32 bits, ofreciendo más espacio para los elementos de datos restantes que son creados. Como resultado, los recursos del sistema disminuyen menos rápidamente.

Por compatibilidad, no todos los objetos se eliminaron del heap de 16 bits del GDI y del USER para colocarlos en un heap de 32 bits. Por ejemplo, algunas aplicaciones Windows manipulan el contenido del heap del GDI directamente, saltando los mecanismos de API publicados, porque sus desarrolladores piensan que la manipulación directa aumenta el rendimiento. Sin embargo, debido a que estas aplicaciones se saltan los mecanismos del API de Windows, el traslado de sus datos desde las estructuras heap existentes a heaps de 32 bits causaría que estas aplicaciones fallaran, debido a violaciones de acceso a memoria.

Las aplicaciones Win16 y Win32 utilizan los mismos heaps GDI y USER. El impacto de la eliminación de determinados objetos de los heaps fue examinado en detalle, seleccionándose para maximizar la mejora que sería conseguida y minimizando el número de aplicaciones que se verían afectadas. Por ejemplo, el heap del GDI puede llenarse rápidamente por la creación de objetos gráficos que utilizan la memoria de forma intensiva, utilizados por las aplicaciones que crean imágenes complejas y por los subsistemas de impresión para generar salidas complejas. Los objetos gráficos fueron eliminados del heap de 16 bits y 64 K del GDI para situarlos en un heap de 32 bits, beneficiando a las aplicaciones que utilizan gráficos de forma intensiva y ayudando a la creación de objetos más pequeños por el sistema. La capacidad del sistema Windows 98 para el heap del USER se amplió cuando los descriptores de menús y ventanas se trasladaron al heap del USER de 32 bits. Windows 98 permite 32.767 descriptores de menú y unos 32.767 descriptores de ventana adicionales *por proceso,* en vez de para todo el sistema. La Tabla 16.4 identifica otros límites de sistema.

Tabla 16.4
Límites de sistema de Windows 98

Recurso	Tamaño*
Descriptores de menú de Windows	32 K
Temporizadores	Ilimitado
Puertos COM y LPT	Ilimitado
Objetos por cuadro de lista	32 K
Datos por cuadro de lista	Ilimitado
Datos por cuadro de edición	Ilimitado
Regiones	Ilimitado
Lápices y pinceles lógicos	Todos en un segmento de 64 K
Fuentes lógicas	750-800
Fuentes instaladas	1.000 (o más)
Contextos de dispositivos	16 K

* Recursos en todo el sistema, a menos que se indique de otra manera.

Además de trasladar información de los heaps del GDI y del USER, las mejoras en la fiabilidad de Windows 98 que facilitan la limpieza de los recursos no liberados del sistema también alivia las limitaciones de recursos. Cuando Windows 98 determina que el propietario y otros procesos terminados no van a necesitar más los recursos de memoria, Windows 98 limpia y libera las estructuras de datos restantes. Las mejoras de fiabilidad de Windows 98 se tratan en el Capítulo 21, «Fiabilidad».

GESTIÓN DE MEMORIA

Windows 98 utiliza un direccionamiento lineal de memoria para acceder a la memoria física, mejorando la implementación del archivo de intercambio de Windows 3.1 para soportar memoria virtual además de memoria física.

Direccionamiento lineal de memoria para aplicaciones Win32

Para ofrecer un entorno operativo de 16 bits, la arquitectura del procesador Intel utiliza un mecanismo llamado *segmento* para direccionar memoria, utilizando direcciones de segmento y direcciones de desplazamiento de 16 bits dentro del segmento. Un segmento ocupa 64 K, y las aplicaciones y el sistema operativo pagan una penalización de rendimiento cuando acceden a la información a través de segmentos. Para la funcionalidad de sistemas operativos de 32 bits y aplicaciones Win32, Windows 98 aborda esta cuestión utilizando las capacidades de 32 bits de la arquitectura del procesador Intel 80386 (y superior) para ofrecer un modo de memoria plana y lineal. Un modelo de direccionamiento lineal simplifica el proceso de desarrollo a los que construyen aplicaciones, elimina las penalizaciones de rendimiento impuestas por la arquitectura de memoria segmentada y proporciona acceso a un espacio de direcciones virtual que permite el direccionamiento de más de 4 GB de memoria. Windows 98 utiliza internamente el modelo de memoria plana para componentes de 32 bits y controladores de dispositivos virtuales.

Compatibilidad con el modelo de memoria de Windows NT

Windows 98 utiliza la misma arquitectura del modelo de memoria que Windows NT, proporcionando una funcionalidad de altas prestaciones del sistema operativo para el subsistema principal. Windows 98 permite utilizar completamente el espacio de 4 GB de memoria direccionable para soportar incluso las mayores aplicaciones de escritorio. El sistema operativo proporciona un rango de memoria de 2 GB para las aplicaciones y reserva un rango de 2 GB para sí mismo.

Soporte de memoria virtual (el archivo de intercambio)

La memoria virtual puede utilizar tanto un archivo de intercambio temporal como un archivo de intercambio permanente. Decidir cuánta memoria hay que asignar al archivo de intercambio y si utilizar un acceso a disco de 32 bits para acceder al archivo de intercambio son decisiones importantes. Un archivo de intercambio temporal no necesita estar contiguo, y Windows asigna dinámicamente espacio de disco duro cuando arranca, liberándolo cuando ha terminado. Un archivo de intercambio permanente ofrece el mayor rendimiento, pero tiene que ser contiguo, tiene que montarse en un disco duro físico y especificarse estadísticamente, y no se libera después de salir de Windows.

La implementación de un archivo de intercambio en Windows 98 simplifica la configuración, y debido a la mejora de los algoritmos de memoria virtual y los métodos de acceso, combina las mejores características de un archivo de intercambio temporal y un archivo de intercambio permanente. El archivo de intercambio de Windows 98 es dinámico, pudiendo reducirse o aumentarse en función de las operaciones realizadas en el sistema. El archivo de intercambio puede ocupar una región fragmentada del disco duro y puede situarse en un volumen de disco comprimido.

Windows 98 utiliza valores predeterminados de sistema inteligentes para la configuración de la memoria virtual. La Figura 16.11 muestra la configuración de la memoria virtual.

EL REGISTRO: ALMACÉN DE CONFIGURACIÓN CENTRALIZADO

Windows 98 utiliza un mecanismo llamado el *Registro*, que sirve como almacén central de información de usuarios, aplicaciones e información específica de la computadora. El Registro es una base de datos jerárquica que almacena información de todo el sistema en un único lugar, haciéndola fácil de gestionar y mantener.

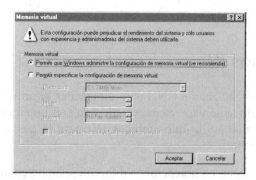

Figura 16.11
La configuración de la memoria virtual.

Mejoras del Registro en Windows 98

Se ha rescrito el código de manejo del Registro para que sea más rápido y robusto. Las estructuras de datos en memoria están mejor optimizadas. No se verá ningún cambio en la estructura del Registro tal y como se presentan a través de API o REGEDIT. Pero la forma en la que es manejada en código ha sido mejorada significativamente.

Se han añadido algunas nuevas entradas al Registro para soportar administración avanzada de energía y múltiples pantallas (véase el Capítulo 18, «Soporte para pantallas», y el Capítulo 19, «Soporte para dispositivos», para más información acerca de estos temas).

Infraestructura de gestión de ventanas

La infraestructura de gestión de ventanas recoge abundante información acerca de los dispositivos y los sistemas como un todo. Esta información se almacena en el Registro y se hace disponible a través de extensiones del API del Registro. Este software es la base del soporte de Microsoft para DMI, y en un futuro proporcionará información de dispositivos y sistema a los servicios de gestión OLE (OLE MS, *OLE management services*) y SNMP.

El paquete puede ser instalado a través de Agregar o quitar programas del Panel de Control. El paquete se llama Desktop Management y se selecciona desde la opción Accesorios de la ficha de configuración Windows.

Cuando se instala este paquete, una nueva clave, HKLM\DesktopManagement, se crea en el Registro. Allí se encontrarán muchas entradas que localizan donde se instalará el código de instrumentación (qué información de dispositivos «extraer»). Sin embargo, no hay forma de activar la instrumentación, porque este paquete contiene tan sólo la infraestructura. Si se está interesado en probar este código o desarrollar una instrumentación propia, envíese un correo electrónico a *WMI_INFO@micro-soft.com* y solicítese el WMI SDK.

Soluciones a los problemas INI

La utilización de archivos de inicialización (INI) para almacenar información específica del sistema o de una aplicación acerca del estado o la configuración plantea diversos problemas. Problemas utilizando archivos INI para la gestión de la configuración incluye los siguientes:

- 🌐 La información se almacena en ubicaciones diferentes, incluyendo CONFIG.SYS, AUTOEXEC.BAT, WIN.INI, SYSTEM.INI, PROTOCOL.INI, archivos INI privados y archivos GRP privados.

- Los archivos INI son de texto y están limitados a un tamaño de 64 K y las API sólo permiten operaciones de lectura/escritura.

- La información almacenada en archivos INI no es jerárquica y sólo soporta dos niveles de información: nombres clave divididos por cabeceras de secciones.

- Muchos archivos INI contienen numerosos conmutadores y entradas que son complicados de configurar o son utilizados únicamente por componentes del sistema operativo.

- Los archivos INI no proporcionan mecanismos para almacenar información específica del usuario, haciendo que sea difícil que múltiples usuarios compartan una única computadora.

- La información de configuración de los archivos INI es local a cada sistema, y puesto que no existen mecanismos de API que gestionen la configuración de forma remota, es difícil la gestión de múltiples sistemas.

Para resolver estos problemas, el Registro fue diseñado teniendo en mente los siguientes objetivos:

- Simplificar la carga de soporte.

- Centralizar la información de configuración.

- Proporcionar una forma de almacenar información del usuario, las aplicaciones y específica de la computadora.

- Proporcionar un acceso local y remoto a la información de configuración.

El Registro se estructura como una base de datos de claves en los que cada clave puede contener un valor u otras claves (subclaves). Como se muestra en la Figura 16.12, el Registro utiliza una estructura jerárquica para almacenar valores de texto o binarios, manteniendo todos los parámetros de configuración almacenados normalmente en los archivos de sistema INI de Windows, tales como el WIN.INI, SYSTEM.INI y PROTOCOL.INI. El Registro no sólo sirve como un repositorio central de asociaciones de archivos e información de registro OLE, sino que también soporta claves que pueden tener más de un valor, así como datos de diferentes tipos.

El Registro se compone de varios archivos DAT que contienen información específica del sistema (SYSTEM.DAT) o información específica de usuario (USER.DAT). La información específica de usuario, como la referencia estática para cargar controladores de dispositivos virtuales, se lleva del archivo SYSTEM.INI al Registro.

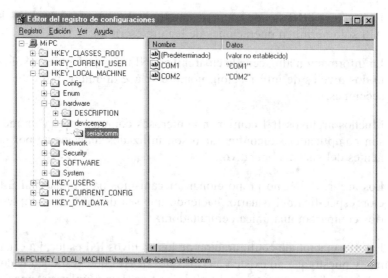

Figura 16.12
La jerarquía del Registro, tal como se muestra por el editor del Registro.

Conmutadores del sistema

Windows soporta varios cientos de conmutadores diferentes de configuración del sistema. Con mejoras inteligentes de las propiedades de configuración dinámica y del sistema, Windows 98 reduce el número de conmutadores de sistema que deben ser manejados. Esta reducción no se produce simplemente como resultado del traslado de las entradas de los conmutadores del sistema al Registro, sino examinando y justificando la presencia de todos y cada uno de ellos.

El papel de los archivos INI

Todavía existen por motivos de compatibilidad archivos del tipo CONFIG.SYS y AUTOEXEC.BAT, WIN.INI y SYSTEM.INI, y archivos INI específicos de aplicaciones. Las API Win16 de manipulación de archivos INI todavía manipulan archivos INI, pero se anima a los desarrolladores de aplicaciones Win32 a utilizar las API del Registro para consolidar la información específica de las aplicaciones.

Muchas aplicaciones Win16 existentes esperan encontrar y manipular los archivos WIN.INI y SYSTEM.INI para añadir entradas o cargar controladores de dispositivos únicos, por lo que Windows 98 examina los archivos INI durante el proceso de inicialización. Por ejemplo, durante el arranque se comprueban los controladores de dispositivos virtuales en la sección [386Enh] de SYSTEM.INI.

Papel en el Plug and Play

En Windows 98, uno de los roles principales del Registro es servir como repositorio central de la información específica del hardware que se utiliza por los componentes Plug and Play del sistema. Windows 98 mantiene información sobre los componentes hardware y los dispositivos que han sido identificados a través de un proceso de recuento en la estructura jerárquica del Registro. Cuando se instalan nuevos dispositivos, el sistema comprueba la configuración existente en el Registro para determinar qué recursos hardware (por ejemplo, IRQ, direcciones de E/S, canales DMA, etc.) no están siendo utilizados. De esta forma, se puede configurar adecuadamente el nuevo dispositivo sin entrar en conflictos con los dispositivos ya instalados en el sistema.

Acceso remoto a la información del Registro

En Windows 98, muchas de las API Win32 del Registro utilizan mecanismos de llamadas a procedimientos remotos (RPC, *remote procedure calls*) para proporcionar un acceso remoto a la información del Registro a través de la red. Como resultado, las aplicaciones de gestión de escritorio pueden ayudar a la gestión y soporte de computadoras basadas en Windows, y el contenido del Registro de un determinado PC puede ser consultado por red. Mecanismos de gestión industriales, como SNMP o DMI, pueden integrarse fácilmente en Windows 98, simplificando la gestión y la carga de soporte de una organización MIS (para más información sobre la gestión y administración remota, véase el Capítulo 9, «Las redes en Windows 98»).

SOPORTE PARA TIPOS DE LETRA

El soporte para tipos de letra de Windows 98 se integra con la IU y está optimizado para entornos de 32 bits.

El adaptador tipográfico TrueType de 32 bits

El componente adaptador tipográfico que interpreta y genera los tipos de letra True-Type en Windows 98 está desarrollado como un componente de 32 bits y proporciona la fidelidad de la representación matemática al mapa de bits generado, así como un alto rendimiento de interpretación de fuentes TrueType.

Además, el adaptador tipográfico de 32 bits proporciona soporte para generar símbolos complicados (por ejemplo, Han) consiguiendo un tiempo inicial de arranque de Windows 98 muy rápido, incluso cuando están instalados muchos tipos de letra.

17

Plug and Play

LAS COMPUTADORAS PERSONALES han revolucionado la forma de trabajar de la gente. Actualmente, los PC se utilizan de forma extensiva, tanto en el lugar de trabajo como en el hogar, para diferentes tareas (productividad personal, intercambio de información en el hogar y en el trabajo, educación y entretenimiento). Aún más, conforme la tecnología ha avanzado en el área de gráficos, audio, redes, almacenamiento, imágenes y comunicaciones, los PC se han vuelto más potentes y baratos, acelerando su adquisición por todo el mundo. La amplia aceptación del sistema operativo Microsoft Windows ha avanzado hombro con hombro con los avances en la tecnología hardware.

Sin embargo, estas innovaciones han venido acompañadas de nuevos desafíos para la industria. Concretamente, la configuración del hardware y del sistema operativo del PC para trabajar con diferentes redes y dispositivos periféricos puede suponer un verdadero problema. Cambiar la configuración hardware de una máquina es una tarea que pocos usuarios intentan hacer, e incluso técnicos preparados pueden encontrar difícil, costosa en tiempo y frustrante. Los dispositivos portátiles se desconectan a menudo de las redes corporativas y dispositivos periféricos de la oficina, y son reconfigurados para permitir su utilización y comunicación remota desde el hogar o durante los desplazamientos.

Tanto si se trata de cambiar la configuración de una computadora portátil de una oficina a una configuración móvil, o simplemente añadir un CD-ROM u otro dispositivo a una computadora de sobremesa, las dificultades de configuración pueden dar como resultado una baja satisfacción del cliente y altos costes de soporte técnico. El marco de la arquitectura Plug and Play de Microsoft Windows 98 reduce el coste de adquisición del PC, además de incrementar su facilidad de uso y su valor.

¿QUÉ ES PLUG AND PLAY?

Es tanto una filosofía de diseño como un conjunto de especificaciones de arquitectura para PC. El objetivo de Microsoft para Plug and Play es hacer que el PC, los dispositivos hardware adicionales, los controladores y el sistema operativo trabajen juntos de forma automática, sin la intervención del usuario. Para alcanzar este objetivo, todos los componentes necesitan ser compatibles Plug and Play. Los componentes de un sistema Plug and Play completo son los siguientes:

- Un sistema operativo Plug and Play.
- Un Sistema Básico de Entrada Salida (BIOS, *Basic Input/Output System*) Plug and Play.
- Dispositivos hardware Plug and Play con controladores.

Niveles de soporte Plug and Play

La facilidad de uso del sistema, así como su operación dinámica, dependen de cuántos de los tres componentes principales (sistema operativo, BIOS y dispositivos hardware con controladores) soporten Plug and Play. En el nivel más bajo, cuando ninguno de los componentes permite Plug and Play, el usuario necesita configurar manualmente los puentes y conmutadores de las tarjetas y cargar los controladores desde disquetes.

En el siguiente nivel, cuando el sistema operativo es compatible Plug and Play pero es utilizado con hardware heredado o que no es Plug and Play, la intervención del usuario se reduce pero no se elimina completamente. Para ayudar al usuario en la configuración del hardware, el sistema operativo Plug and Play proporciona herramientas como el asistente Agregar nuevo hardware, el Administrador de dispositivos y el Registro (véase la sección titulada «Arquitectura Plug and Play en Windows 98», para una descripción de estas funcionalidades). Además, los controladores se instalan, cargan y descargan automáticamente.

En el nivel más alto, cuando los tres componentes soportan Plug and Play, la instalación de nuevos dispositivos es tan fácil como conectarlos y arrancar el sistema. La identificación y configuración del hardware es completamente automática e invisible para el usuario. Y gracias a la BIOS Plug and Play, el sistema permite la operación totalmente dinámica, incluyendo el acoplamiento en caliente, la administración avanzada de energía (*Advanced Power Management*, APM 1.1), la configuración automática de dispositivos de arranque y la programación de placas base.

Beneficios de Plug and Play

Un sistema Plug and Play completo proporciona ventajas sustanciales, tanto a los usuarios como a los fabricantes de la industria informática. El PC es más fácil de utilizar, puesto que los usuarios no deben preocuparse de conmutadores, puentes, conflictos hardware o carga manual de controladores. Por ejemplo, para transformar una computadora de sobremesa en un gran sistema multimedia, todo lo que el usuario debe hacer es conectar una tarjeta de sonido Plug and Play, un CD-ROM y los adaptadores SCSI, encender el sistema y reproducir un vídeo.

El usuario también adquiere una gran movilidad. Por ejemplo, las estaciones con acoplamiento en caliente que soportan Plug and Play permiten al usuario extraer un sistema portátil mientras está funcionando y llevarlo a una reunión sin necesidad de cerrar o rearrancar el sistema. Éste detecta automáticamente que ha sido extraído, se reconfigura para trabajar con el nuevo monitor y hace los ajustes necesarios para trabajar sin red y sin disco.

Para los fabricantes de PC, Plug and Play puede suponer una reducción de costes. Cerca de un 50 por ciento de las llamadas de soporte técnico a los fabricantes de PC son resultado de problemas de instalación y configuración. Haciendo estas operaciones más fáciles y automáticas, los fabricantes pueden conseguir menores costes de soporte técnico y repercutir estos beneficios al cliente. La facilidad de instalación y configuración también beneficia a los fabricantes de equipamiento original (OEM, *original equipment manufacturers*) que ofrecen sistemas con Windows preinstalado; ellos también pueden hacer llegar al usuario sus beneficios. De forma similar, el Controlador Universal Plug and Play simplifica el desarrollo dispositivo-controlador, permitiendo que el desarrollador cree un único controlador que funciona para muchos tipos de bus, eliminando la necesidad de incluir código específico de bus para varios controladores.

Finalmente, Plug and Play proporciona una plataforma común que permite a los fabricantes de PC desarrollar funcionalidades innovadoras que diferencien sus productos del resto. Este esfuerzo puede conllevar el efecto de expandir el mercado PC.

Aparición en el mercado

Microsoft, Intel y Compaq Computer presentaron formalmente el Plug and Play en marzo de 1993 en la Conferencia de Ingeniería Hardware de Windows a más de 1.300 asistentes. En COMDEX/Primavera 93 se demostraron 18 dispositivos Plug and Play. Actualmente, la aceptación de Plug and Play se extiende a toda la industria del PC. Se han presentado, y están disponibles hoy en día, más de 300 productos Plug and Play de más de 80 fabricantes.

Además, se han finalizado y están públicamente disponibles para los fabricantes de PC las especificaciones hardware Plug and Play para BIOS, ISA, SCSI, LPT, COM, ESCD, PCI, PCMCIA, VL y VESA DDC. Estas especificaciones se generaron utilizando un proceso de diseño abierto a través de CompuServe. El foro PLUGPLAY de CompuServe fue utilizado para distribuir las especificaciones y solicitar información de más de 3.000 participantes.

Por último, Plug and Play constituye una parte integral de los planes de producto de los fabricantes de PC. Éstos están utilizando las especificaciones, junto con la *Guía de diseño de hardware de Microsoft Windows 98*, para construir los tres componentes de los sistemas Plug and Play. Estos componentes se prueban durante los talleres de interoperabilidad Plug and Play.

PROCESO DE CONFIGURACIÓN EN UN SISTEMA PLUG AND PLAY

La BIOS del sistema debe llevar a cabo ciertas tareas de configuración en la fase de arranque. Para que el sistema arranque la BIOS debe, como mínimo, configurar un dispositivo de visualización, un dispositivo de entrada y un dispositivo para la carga inicial de programa. Después debe traspasar la información sobre cada uno de estos dispositivos al sistema operativo para una configuración adicional del sistema.

Cuando se añaden o suprimen dispositivos, los tres componentes del sistema Plug and Play se coordinan para realizar las siguientes tareas básicas:

- Identificar los dispositivos instalados.

- Determinar los requisitos de recursos de los dispositivos.

- Crear una configuración de sistema sin conflictos.

- Programar los dispositivos.

- Cargar los controladores de dispositivos.

- Notificar al sistema operativo los cambios de configuración.

El sistema operativo identifica en primer lugar cada dispositivo instalado en el sistema y determina los requisitos de recursos de cada uno de ellos. Cada dispositivo sin arranque se encuentra inactivo al arrancar para que el sistema operativo pueda identificar cualquier conflicto entre los requisitos de los recursos de los diferentes dispositivos antes de configurarlos. El sistema operativo entonces identifica y crea una configuración de sistema sin conflictos. Una vez que se ha resuelto cualquier conflicto de recursos, el sistema operativo programa cada dispositivo hardware automáticamente con su configuración de trabajo, después almacena toda la información de configuración en la base de datos central. Finalmente, el sistema operativo carga los controladores de dispositivo para cada dispositivo y notifica a estos controladores la asignación de recursos. Este proceso, gestionado de forma centralizada por el sistema operativo Plug and Play, se repite conforme se añaden o suprimen dispositivos.

Si durante la operación tiene lugar un cambio en la configuración del sistema operativo, el hardware debe ser capaz de notificar el evento al sistema operativo, de forma que éste pueda configurar el nuevo dispositivo. Además, las aplicaciones deben poder responder a los cambios de configuración para aprovechar las ventajas de los nuevos dispositivos y dejar de hacer llamadas a los dispositivos eliminados. Tales eventos de configuración dinámica incluyen la inserción de una tarjeta PCMCIA, la introducción o eliminación de un periférico, tal como un ratón, un CD-ROM o impresora, o un evento de acoplamiento en una computadora portátil.

SOPORTE PLUG AND PLAY EN WINDOWS 98

Las especificaciones Plug and Play han sido diseñadas para ser independientes de la implementación y no están sujetas a un sistema operativo específico. Es decisión del desarrollador del sistema operativo definir el nivel de soporte que proporciona el sistema. Windows 98 ha sido diseñado y construido con soporte Plug and Play. Soporta tanto los requisitos actuales de mercado como la futura evolución del PC para permitir lo siguiente:

- **Compatibilidad con hardware heredado.** Con más de 140 millones de PC basados en MS-DOS y Windows en todo el mundo, es un requerimiento proporcionar compatibilidad con el hardware heredado. La compatibilidad con el hardware existente asegura que ni Windows 98 ni los periféricos Plug and Play requieren la adquisición de hardware completamente nuevo.

- **Instalación y configuración automática de dispositivos Plug and Play.** Con Plug and Play la configuración inicial del PC es automática. El usuario no necesita configurar su sistema ni hacer asignaciones de recursos, tales como IRQ, puertos E/S y direcciones DMA. Estas asignaciones son manejadas por la BIOS y el sistema operativo, lo que evita conflictos de configuración. La instalación y configuración de dispositivos y periféricos añadidos es también automática.

- **Entorno dinámico con soporte para entornos informáticos móviles.** Las propiedades Plug and Play de Windows 98 incluyen soporte para lo siguiente, todo lo cual tiene el efecto de permitir que el usuario reconfigure su PC sobre la marcha y que los cambios tengan un efecto inmediato sin necesidad de rearrancar:

  — Acoplamiento y desacoplamiento en caliente de computadoras portátiles para cambiar el estado del sistema dinámicamente.

  — Conexión y desconexión en caliente de los dispositivos Plug and Play sobre la marcha.

  — «Cargadores dinámicos», que son cargados por el sistema operativo para los dispositivos presentes y descargados de memoria cuando el dispositivo ya no se encuentra disponible.

— Mecanismo unificado de mensajes para notificar dinámicamente a otros componentes del sistema operativo y aplicaciones los cambios de estado del sistema.

🌐 **Modelo de controlador universal que simplifica el desarrollo de controladores de dispositivos.** Para simplificar el desarrollo de controladores de dispositivos a los fabricantes de hardware independientes (IHV, *independent hardware vendors*), Windows 98 incorpora la utilización de un modelo de controlador universal en varios componentes del sistema. Windows 98 proporciona soporte para controladores de impresora, de comunicaciones, de adaptadores de vídeo, de ratón y de disco. El modelo de controlador universal asegura que los IHV pueden escribir fácilmente controladores de periféricos, incrementando de esta forma el número de dispositivos Plug and Play disponibles en el mercado.

🌐 **Arquitectura abierta y extensible que permite nuevas tecnologías.** La implementación de Plug and Play en Windows 98 es lo suficientemente flexible y extensible como para integrar tecnologías futuras a medida que emerjan en el mercado. La iniciativa Plug and Play impulsará la creación de tecnologías nuevas e innovadoras, y Windows 98 las podrá soportar.

🌐 **Disponibilidad de información de configuración para simplificar la gestión de sistemas.** La compartición de información no sólo ayuda a que los usuarios resuelvan problemas de configuración, sino que también ayuda a las organizaciones MIS a soportar y gestionar los PC en el entorno corporativo, que podría constar de cientos o miles de PC. A través de la utilización del Registro, la información de configuración está fácilmente accesible para el sistema y las aplicaciones, tanto local como remotamente.

ARQUITECTURA PLUG AND PLAY DE WINDOWS 98

Microsoft incluye los siguientes componentes para proporcionar funcionalidad Plug and Play completa en Windows 98:

🌐 Gestor de Configuración.

🌐 Árbol de hardware y Registro.

🌐 Enumeradores de bus y puerto.

🌐 Árbitros de recursos.

🌐 Instalación e instalador de dispositivos.

Gestor de Configuración

El Gestor de Configuración es el componente software central que maneja todas las fases del proceso de configuración. Dirige el flujo de operaciones realizadas por todos los componentes involucrados en el proceso de configuración y acepta y responde a las comunicaciones de la BIOS y dispositivos hardware durante el proceso de configuración. También responde a eventos dinámicos durante la operación, incluyendo la inserción o extracción de dispositivos y el acoplamiento y desacoplamiento de computadoras portátiles. A medida que suceden estos eventos, el Gestor de Configuración comunica la información a las aplicaciones.

Árbol de hardware y Registro

El árbol de hardware es un registro de la configuración actual del sistema. El árbol de información se configura a partir del Registro, una base de datos central de información de configuración de todos los dispositivos. El Registro se almacena localmente para cada computadora y contiene información sobre todos los tipos de dispositivos, ya estén instalados actualmente o no. El Gestor de Configuración crea el árbol de hardware en tiempo de ejecución, cada vez que el sistema arranca o tiene lugar un cambio en la configuración del mismo. La existencia del Registro hace innecesarios la mayoría de los archivos de inicialización específicos de cada dispositivo. El árbol de hardware se muestra al usuario en el cuadro de diálogo de propiedades del Administrador de dispositivos, como muestra la Figura 17.1.

Figura 17.1
Cuadro de diálogo del Administrador de dispositivos.

Enumerador de bus y puerto

Los enumeradores de bus son responsables de construir (enumerar) el árbol de hardware en un sistema Plug and Play. Los enumeradores de bus son un tipo de controlador. Los enumeradores se basan en arquitecturas específicas de bus y conocen los detalles de implementación de sus tipos de bus. Por lo tanto, un enumerador ISA puede identificar los dispositivos en un bus ISA, leer sus requisitos de recursos y configurarlos según las instrucciones del Gestor de Configuración. Otros enumeradores incluyen los de VLB, PCI, SCSI, PCMCIA, puertos serie y puertos paralelo. Durante la instalación, Windows determina automáticamente qué enumeradores de bus son aplicables a una computadora determinada.

Árbitros de recursos

Los árbitros de recursos asignan tipos de recursos específicos a dispositivos y resuelven conflictos entre dispositivos que requieren asignaciones de recursos idénticas. La separación funcional entre los árbitros de recursos y el Gestor de Configuración permite la extensión futura del sistema operativo Windows para integrar nuevos tipos de recursos.

Instalación e instalador de dispositivos

El programa de instalación del sistema operativo crea la base de datos central de configuración durante el arranque inicial del sistema. Aunque bajo circunstancias normales el sistema no requerirá la intervención del usuario para llevar a cabo ninguna operación de configuración inicial, existen ciertas excepciones. Por ejemplo, si el sistema no consigue detectar un dispositivo que no es Plug and Play, el usuario puede forzar la instalación utilizando el asistente Agregar nuevo hardware en el Panel de Control, mostrado en la Figura 17.2 de la página siguiente. Algunas veces, el sistema puede ser incapaz de generar una configuración no conflictiva para un dispositivo que no es Plug and Play. En este caso, un componente de la interfaz de usuario Windows comunica tal evento al usuario y presenta al mismo varias opciones para resolver el problema.

DISEÑO DE HARDWARE PARA PLUG AND PLAY

El hardware PC 98 está optimizado para Windows 98 y aprovecha totalmente los beneficios de Plug and Play. El hardware PC 98 cumple ciertos requisitos que se listan en la *Guía de diseño hardware para Microsoft Windows 98*, así como las especificaciones Plug and Play.

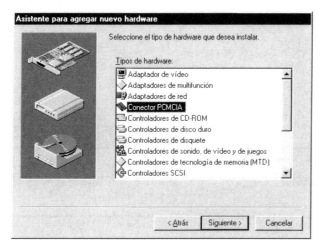

Figura 17.2
Asistente para agregar nuevo hardware.

Programa de certificación Windows 98

Para ayudar a los usuarios a identificar fácilmente el hardware y el software PC 98 que está optimizado para Windows 98, se encuentra disponible un logotipo «Diseñado para Microsoft Windows 98». Este nuevo logotipo sustituye a los antiguos «Diseñado para Windows 95», «Preparado para ejecutar Windows» y «Compatible Windows». Los PC, periféricos y software que lleven el logotipo de Windows 98 deben estar cualificados y autorizados por Microsoft.

Construir hardware PC 98 es el primero de los tres pasos esenciales que los fabricantes de hardware PC deben seguir para conseguir el logotipo de Windows 98. Los otros dos pasos son pasar las pruebas de compatibilidad de hardware Windows 98 (*Hardware Compatibility Test,* HCT) y devolver un acuerdo de licencia firmado a Microsoft (para más información, véase el Programa de certificación Windows para fabricantes de hardware de PC). El hardware PC 98 cubre la mayor parte de los buses (ISA, PCI, VLB, USB y IEEE 1398); conectores (PCMCIA, PC Card32 [Cardbus] y SCSI); puertos (LPT, COM, teclado y ratón); sistemas (de sobremesa y portátiles); placas base y dispositivos añadidos (como monitores, adaptadores de vídeo y adaptadores de red, así como SCSI, IDE y dispositivos de almacenamiento en disquete, impresoras y otros dispositivos LPT, fax/módem y otros dispositivos COM).

MÁS INFORMACIÓN

Se puede obtener información adicional, incluyendo especificaciones Plug and Play, catálogos e información general, a través de CompuServe a partir de las bibliotecas del foro PLUGPLAY del subdirectorio *ftp://ftp.microsoft.com/developr/drg/Plug-and-Play.*

Programa de certificación Windows 98

MÁS INFORMACIÓN

18

Soporte
para pantallas

MICROSOFT WINDOWS 98 heredó él soporte de Microsoft Windows 95 para adaptadores de pantallas, y ahora añade soporte a múltiples pantallas. El soporte a múltiples pantallas permite la utilización de más de un monitor y más de un adaptador gráfico en un único PC en cualquier momento. La facilidad de presentar un trabajo en múltiples pantallas puede ser extremadamente beneficioso en muchas áreas, incluyendo la edición de escritorio, el desarrollo en Web, la edición de vídeo y los entornos de juego. Se descubrirá más acerca del soporte de múltiples pantallas posteriormente en este capítulo.

Windows 98 consolida las propiedades de pantalla en un icono común de Pantalla en el Panel de control, permitiendo una fácil personalización de la configuración de los colores, el papel tapiz, el protector de pantalla y el adaptador de pantalla desde un único lugar. El acceso a las propiedades de la pantalla es tan fácil como pulsar en el icono Pantalla del Panel de control, o pulsando con el botón derecho del ratón en el escritorio y seleccionar Propiedades, para mostrar el cuadro de diálogo apropiado, que se muestra en la Figura 18.1 de la siguiente página.

Añadiendo las nuevas propiedades consolidadas de pantalla, los usuarios pueden hacer ahora lo siguiente:

- Ver la apariencia simulada de los cambios de pantalla antes de ser aplicados. Esta capacidad ha sido referida como *Lo que se ve antes de tenerlo* (WYSBYGI, *what you see before you get it*).

- Cambiar la configuración del fondo del escritorio seleccionando diseños o papel tapiz.

- Seleccionar un protector de pantalla que se active después de que la computadora haya permanecido inactiva durante un período de tiempo especificado.

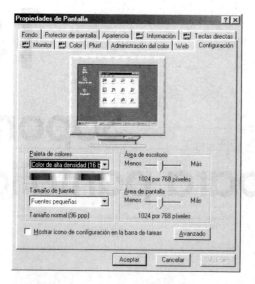

Figura 18.1
El cuadro de diálogo de Propiedades de pantalla.

🌐 Cambiar las propiedades de la apariencia de las ventanas para presentar texto en las barras de títulos o en los menús, tales como el tipo de letra, el estilo del tipo de letra (incluyendo negrita o cursiva) y el tamaño.

🌐 Cambiar la configuración de la pantalla, como el número de colores a utilizar con el controlador de pantalla, o cambiar el tamaño del área de escritorio sobre la marcha (si el controlador de pantalla y el adaptador de pantalla soporta esta funcionalidad).

CONFIGURACIÓN DE LA PANTALLA

El cuadro de diálogo de Propiedades de pantalla ha sido mejorado para soportar la nueva tecnología de controladores de pantalla. Éste contiene las siguientes nuevas características:

🌐 **Icono de configuración en la barra de tareas.** Desde este icono se puede cambiar automáticamente la resolución y profundidad de color. Se puede usar una casilla de verificación para volver al icono de la barra de tareas para una rápida modificación de la resolución y profundidad de color.

🌐 **Botón de Propiedades avanzadas.** La ficha de configuración del cuadro de diálogo de Propiedades de pantalla incluye un botón de Propiedades avanzadas que proporciona acceso a opciones adicionales de configuración (véase la Figura 18.2).

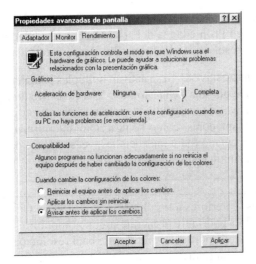

Figura 18.2
El cuadro de diálogo de Propiedades avanzadas.

- **Modificación de la profundidad de color y resolución sin tener que reiniciar.** Esta opción, situada en la ficha Rendimiento del cuadro de diálogo Propiedades avanzadas de pantalla, permite la modificación de la profundidad de los colores de pantalla sin reiniciar (todavía es necesario reiniciar si se cambia el tamaño de la fuente). Muchas aplicaciones y controladores de pantalla funcionarán con esto automáticamente, pero algunos necesitarán ser actualizados. Esta característica es de gran utilidad para los desarrolladores de juegos que desean utilizar una profundidad de color específica.

- **Desplazamiento hardware de la pantalla.** El desplazamiento hardware de la pantalla se activa en pantallas de baja resolución, como monitores VGA o pantallas LCD de computadoras portátiles, donde el chip lo soporta. Si el chip lo soporta y se tiene seleccionado un monitor en la configuración Monitor que no soporta una resolución mayor de 800×600, el desplazamiento de pantalla se activará. El desplazamiento de pantalla se desactiva en monitores capaces de dar una resolución de 1024×768, porque normalmente no se necesita. Si el desplazamiento hardware se activa y el dispositivo de pantalla es capaz de dar una resolución de pantalla de 800×600, hay dos deslizadores disponibles (uno para la resolución de pantalla y otro para la resolución del escritorio virtual). El deslizador de pantalla no se muestra en pantallas con una resolución de sólo 640×480, porque coincide el tamaño de la pantalla con el del escritorio.

- **Deslizador de rendimiento del adaptador de pantalla.** Este deslizador se encuentra ahora accesible desde la ficha Rendimiento del cuadro de diálogo Propiedades avanzadas de pantalla. Los usuarios ya no necesitan ir al cuadro de diálogo Propiedades del sistema. Este deslizador se utiliza para diagnosticar y resolver las incompatibilidades entre dispositivos.

🌐 **Soporte a múltiples dispositivos.** Si se activan múltiples pantallas, la ficha Configuración se sustituye por una ficha Monitor. Esta ficha Monitor permite controlar posiciones relativas de la pantalla arrastrando, y realizar configuraciones individuales de adaptadores, como se describió anteriormente, seleccionando el adaptador apropiado (para más detalles, véase la sección «Soporte para varios monitores simultáneos», página siguiente).

Sugerencia. En algunos chips (anteriores a los chips S3, como 801 y Cirrus Laguna), los modos de baja resolución podrían causar que algunos monitores antiguos perdieran el sincronismo. Esto sucede porque los modos de baja resolución manejan el reloj de pixel muy rápidamente. La reinicialización de la configuración de la pantalla a una configuración VGA (640×480 con 16 colores) podría servir de ayuda.

SOPORTE PARA MONITORES CON ENERGY STAR

Energy Star es un esfuerzo inspirado en la agencia de protección ambiental (EPA, *Environmental Protection Agency*) para desarrollar hardware de computadoras y periféricos que ahorren energía cuando estén inactivos. La idea es similar al modo en espera implementado comúnmente en las computadoras portátiles para ahorrar energía.

En un sistema PC, el monitor es generalmente uno de los componentes que consumen más energía. Los fabricantes de nuevos monitores incorporan características de ahorro de energía en sus monitores basándose en la especificación VESA de señalización de gestión de energía de pantallas (DPMS, *Display Power Management Signaling*). Basado en las señales de un adaptador de pantallas de vídeo, el software puede situar el monitor en un modo en espera, o incluso apagarlo completamente, reduciendo de esta forma la energía que utiliza cuando está inactivo.

Por ejemplo, un usuario podría querer mostrar un protector de pantalla específico después de 5 minutos de inactividad, poner el PC en modo de espera después de que el protector de pantalla se haya presentado durante 10 minutos, y apagar el monitor después de que éste hubiera estado en modo de espera durante 15 minutos.

Para beneficiarse de los mecanismos de consumo de energía Energy Star, los usuarios necesitan tanto un monitor que cumpla las especificaciones DPMS/Energy Star como una tarjeta de vídeo que cumpla las especificaciones VESA DPMS. El controlador de pantalla debe soportar las extensiones necesarias para controlar el dispositivo de pantalla. Diversos fabricantes están ya vendiendo monitores diseñados para cumplir los objetivos Energy Star.

SOPORTE PARA VARIOS MONITORES SIMULTÁNEOS

Como se mencionó al principio del capítulo, el soporte de múltiples monitores permite la conexión de más de un monitor y más de un adaptador gráfico a un único PC. Para maximizar la eficiencia, la interfaz de usuario ha sido modificada para reconocer un escritorio que se extiende sobre múltiples monitores, sin restricciones de tamaño o posición. Para monitores conectados al mismo sistema, pero mostrando imágenes diferentes al mismo tiempo, las diferentes pantallas podrían tener resoluciones y velocidades de refresco diferentes, además de diferentes capacidades gráficas.

Se han añadido API al conjunto de API Win32 para permitir que cualquier aplicación obtenga el máximo provecho de múltiples monitores. No es necesario modificar las aplicaciones para que funcionen en un PC con múltiples pantallas, pero algunos desarrolladores de aplicaciones podrían querer aprovecharse de forma especial de esta característica utilizando nuevas API.

A continuación se muestran los beneficios más evidentes del soporte de múltiples pantallas:

- Facilidad de desarrollo de nodos Web a través de múltiples vistas simultáneas del contenido.

- Experiencias mejoradas en multimedia, juegos y edición de escritorio.

Activación del soporte para varios monitores simultáneos

El requisito principal de soporte de múltiples monitores es que los adaptadores de pantalla sean unidades PCI. Las instrucciones de configuración varían conforme a dos escenarios, que se describen en esta sección.

Primer escenario: la computadora tiene un adaptador de pantalla PCI en la placa base y se dispone de adaptadores de pantalla PCI adicionales que pueden conectarse.

Si la computadora tiene un adaptador de pantalla PCI interno en la placa base, cuando se configure Windows 98 se deben seguir exactamente estos pasos:

1. Ejecutar el programa de instalación con *sólo* el vídeo de la placa base en la computadora.
2. Después de que la configuración se ha terminado con éxito, cerrar el sistema y añadir los adaptadores de pantalla adicionales.
3. Inicializar la computadora y rearrancar cuando aparezca el indicativo.
4. En el cuadro de diálogo Propiedades de pantalla se debería ver una ficha Monitores que sustituye a la ficha Configuración.
5. Seleccionar la combinación pantalla/monitor secundaria y compruebe la casilla titulada Utilice este dispositivo como parte del escritorio.

Observe que la resolución y la profundidad del color se puede configurar de forma independiente para cada pantalla pulsando el botón Configuración cuando el par monitor/adaptador deseado está seleccionado. También hay que tener en cuenta las siguientes observaciones sobre sistemas con adaptadores de pantalla incorporados a la placa base:

- La pantalla integrada se convierte generalmente en la pantalla secundaria (o terciaria, etc., dependiendo del número de tarjetas gráficas que se tengan en el sistema). El sistema desactivará el vídeo de la placa base durante la inicialización, y la tarjeta de vídeo adicional pasará a ser la pantalla principal. Esta es una función de la BIOS y no está bajo nuestro control.

- Es importante que se configure Windows 98 por primera vez con sólo el vídeo de la placa base del sistema. Si hay otro adaptador presente antes de arrancar Windows 98 por primera vez, el sistema probablemente no será capaz de inicializar el vídeo de la placa base correctamente hasta que se instale sin la tarjeta gráfica adicional.

- Si se siguen las instrucciones y el vídeo de la placa base no funciona correctamente como pantalla secundaria, es probable que nunca lo haga. Seguramente el sistema sea incapaz de encontrar y leer la ROM completa del adaptador para inicializarla adecuadamente. Se tendrán que utilizar dos adaptadores adicionales para el soporte de múltiples pantallas.

Segundo escenario: se tienen dos adaptadores de pantalla PCI que se pueden conectar.

Si el adaptador de pantalla de la computadora es una tarjeta que se puede conectar (en otras palabras, ninguno de los adaptadores de pantalla del sistema están en la placa base o incorporados), se tiene la opción de instalar las tarjetas de gráficos adicionales *antes* de configurar Windows 98. Las instrucciones del primer escenario siguen siendo válidas.

Observaciones generales acerca del soporte de varias pantallas simultáneas

Virtualmente, cualquier adaptador de pantalla puede funcionar como pantalla primaria. Cualquier adaptador de pantalla PCI con un controlador Windows 95 o superior (con la destacada excepción de la placa base o el vídeo de la placa base) puede ser una pantalla primaria. Sin embargo, para funcionar como pantalla secundaria, el adaptador de pantalla debe ser un dispositivo PCI soportado por Windows 98 como adaptador de pantalla adicional. Actualmente, las siguientes familias de chips adaptadores de pantalla se soportan como pantallas adicionales:

- ATI Mach64.

- S3 764 (Trio) y 764V+ (765).

- Cirrus 5436, 5446 y 7548.

- Imagine 128, series 1 y 2.

- S3 ViRGE.

- ET6000.

SOPORTE DE CONTROLADORES DE DISPOSITIVOS DE PANTALLA EN WINDOWS 98

Los controladores de pantalla de Windows 98 ofrecen una alta funcionalidad y fácil instalación y configuración. El soporte a los controladores de pantalla en Windows 98 obtiene los siguientes beneficios:

- Controladores de adaptadores de pantalla estables y fiables.

- Soporte para muchas tarjetas de vídeo.

- Soporte para la capacidad de cambiar la resolución sobre la marcha sin rearrancar Windows 98 (importante para acoplamientos en caliente y acoplamientos en estado suspendido).

- Soporte a controladores de vídeo para conexiones y desconexiones de computadoras portátiles, proporcionando la funcionalidad para conmutar automáticamente entre la tarjeta de vídeo de la computadora portátil y la tarjeta de vídeo de la unidad base.

- Instalación y configuración consistente y unificada de los controladores y propiedades de la pantalla, tales como los colores, los patrones del papel tamiz y los protectores de pantalla.

- Soporte de coincidencia de color de imagen para la utilización de colores independientes del dispositivo, en el que Microsoft y Kodak colaboran conjuntamente.

- Soporte para funcionalidad hardware y de dispositivos, tales como monitores Energy Star conformes a la especificación VESA DPMS, y la detección de propiedades del monitor, tales como la máxima resolución ofrecida cuando se utiliza con monitores que soportan la especificación VESA de canal de datos de pantalla (DDC, *display data channel*).

Fiabilidad y estabilidad de los controladores

Utilizando una arquitectura minicontrolador para controladores de adaptadores de pantallas, Windows 98 soporta el rango de productos ofrecidos por IHV, proporcionando controladores estables y fiables. Windows 98 ofrece un controlador universal para soportar código y funcionalidad independiente del dispositivo, manejada normalmente por un controlador de pantalla monolítico, y soporta código dependiente del dispositivo en un minicontrolador de pantalla. El minicontrolador utiliza un motor gráfico de mapa de bits independiente del dispositivo (DIB, *device-independent bitmap*), proporcionando un mecanismo de alta calidad para la manipulación de mapas de bits en memoria, entregando un alto rendimiento.

Debido a que los minicontroladores son más simples que los controladores de pantalla monolíticos, son más fáciles de desarrollar y depurar. Una prueba extensiva de un controlador menos complejo tiene como resultado una mayor estabilidad y fiabilidad en todo el sistema operativo.

Además, para asegurar un amplio soporte a dispositivos adaptadores de pantalla en Windows 98, Microsoft desarrolló muchos controladores de pantalla con la cooperación de los principales IHV de controladores de pantalla. Microsoft también trabajó muy estrechamente con IHV para escribir controladores de pantalla adicionales, y ayudó a IHV, optimizando sus controladores de pantalla y rendimiento, ajustándolos a la velocidad de información mostrada por el controlador.

La utilización de una arquitectura minicontrolador en Windows 98 para controladores de pantalla apoya la experiencia de Microsoft, desarrollando código de gráficos rápido y fiable con la experiencia de IHV, permitiendo que éstos se concentren en entregar adaptadores de pantalla hardware de alto rendimiento.

Rendimiento de pantalla

Los adaptadores de pantalla de Windows 98 no sólo son estables y fiables, sino que los controladores de pantalla muestran un alto rendimiento. La arquitectura minicontrolador para controladores de pantalla de Windows 98 se centra en un motor DIB de 32 bits que tiene código optimizado orientado a un dibujo rápido y robusto para adaptadores de pantalla de alta resolución y búferes de imagen. La utilización de un controlador universal para proporcionar el soporte de adaptadores de pantalla independiente del dispositivo, en vez de exigir que cada IHV rediseñe su código, permite una funcionalidad básica optimizada, y de esta forma, beneficia a todos los controladores de pantalla minicontrolador.

Windows 98 incluye controladores para casi todos los aceleradores de gráficos más conocidos.

Fiabilidad

Los controladores de vídeo proporcionados con Windows 98 son rigurosamente probados para asegurar su fiabilidad y estabilidad.

Windows 98 incluye mecanismos que aseguran que controladores de vídeo malos o incompatibles no puedan impedir que los usuarios accedan al sistema. Si un controlador de vídeo no se carga o inicializa cuando arranca el sistema, Windows 98 carga por defecto el controlador de vídeo genérico VGA. Debido a que la configuración del controlador se maneja a través de una interfaz gráfica, los usuarios pueden al menos entrar en el sistema para arreglarlo.

Soporte de coincidencia de color de imagen

Por motivos de consistencia, Windows 98 ofrece soporte para la coincidencia de color de imagen (ICM, *image color matching*) que asocia los colores mostrados en pantalla con los colores generados por los dispositivos de salida.

La primera implementación de Microsoft del soporte a la gestión de colores fue entregada en el sistema operativo Windows 95 como ICM 1.0. Esta versión de ICM fue diseñada para abordar las necesidades de las aplicaciones que no podían funcionar en colores fuera de RGB (como CMYK) y que querían una gestión de colores para funcionar de forma transparente al usuario. ICM 1.0 exigía perfiles del consorcio internacional del color (ICC, *International Color Consortium*) para ser instalado en todos los dispositivos de color en el sistema de usuario, y exigía que la aplicación representara de forma exacta los colores para soportar las API ICM 1.0.

Después de acuerdos con los diversos líderes industriales en el campo del color, Microsoft ha diseñado ICM 2.0. Las nuevas API son un superconjunto completo de las API ICM 1.0, añadiendo un nuevo rango de capacidades:

- Compatible con ICM 1.0.

- Conforme con ICC.

- Escalable: API sencillas para aplicaciones como Microsoft Office, un control completo para aplicaciones como Adobe PhotoShop.

- Las mismas API para los sistemas operativos Windows 95 y Microsoft Windows NT.

- Soporte para gestión de perfiles a nivel de API y IU.

- Soporte a encabezados de mapas de bits en formato v5.

- Soporte a espacio de color estándar: sRGB.

- Un soporte de colores más amplio: RGB, CMYK, LAB y otros.

- Un soporte más amplio a formatos de mapas de bits.

- Manejo mejorado de la paleta.

- Participación en controladores de dispositivos de los sistemas operativos Windows 98 y Windows NT.

- Soporte para múltiples módulos de gestión de color (CMM, *color management modules*).

- CMM por defecto más rápido que soporta todos los perfiles conformes a ICC.

- Perfiles más fáciles de instalar.

19

Soporte
para dispositivos

LAS CARACTERÍSTICAS DE MICROSOFT WINDOWS 98, al igual que las de Windows 95, mejoraron el soporte de dispositivos hardware y periféricos respecto a versiones anteriores de Windows, incluyendo dispositivos de disco, adaptadores de vídeo, ratón, módem e impresoras. Este soporte se proporciona a través de una arquitectura minicontrolador, que proporciona código independiente del dispositivo en un controlador universal desarrollado por Microsoft, y un código dependiente de dispositivo para comunicación directa con la impresora desarrollado por los fabricantes de hardware independientes (*independent hardware vendors*, IHV). La arquitectura minicontrolador incrementa la estabilidad del soporte de controladores para dispositivos y disminuye la cantidad de tiempo necesario por parte de los fabricantes de dispositivos para desarrollar el controlador de un nuevo dispositivo. Aunque los IHV todavía pueden desarrollar controladores monolíticos, Microsoft recomienda utilizar el modelo del minicontrolador, debido a las ventajas que éste proporciona.

FUNDAMENTOS DE LOS CONTROLADORES DE DISPOSITIVOS

La filosofía de controlador de dispositivos de Windows 98 se basa en un modelo en capas minicontrolador/minipuerto, que proporciona los beneficios siguientes:

⊕ **Aprovecha el conocimiento hardware de los IHV.** Los IHV conocen su hardware. Saben qué mecanismos diferentes de E/S soporta su hardware y saben a qué órdenes responderá su hardware. El modelo minicontrolador permite que los IHV implementen la porción de código dependiente de dispositivo utilizada para interactuar con sus dispositivos hardware.

🌐 **Aprovecha el conocimiento de Windows de Microsoft.** Microsoft desarrolló el código del controlador universal, que es la capa de código situada entre el nivel API de interacción del dispositivo (tal como lo utilizan otros componentes Windows) y el código dependiente de dispositivo. El equipo que desarrolló los componentes Windows por encima del nivel API conocen los mecanismos disponibles para que el sistema operativo interactúe con el código. Este modelo aúna el conocimiento de Microsoft acerca del sistema operativo con el conocimiento de los IHV acerca de su hardware.

🌐 **Incrementa la estabilidad y fiabilidad del sistema.** Puesto que el controlador universal es un mecanismo a través del cual los componentes Windows se comunican con los dispositivos, este controlador es objeto de un alto nivel de examen y depuración. A través de un uso extensivo y las pruebas a las que ha sido sometido, el código del controlador universal se ha hecho estable y fiable. Debido a que los IHV ya no tienen que desarrollar el código independiente del dispositivo (tal como hacían para escribir controladores monolíticos), se minimiza el código de las funciones dependientes de controlador necesarias para interactuar con el dispositivo hardware. Se reduce la complejidad del código y se simplifica el proceso de desarrollo del controlador. Un controlador menos complejo es presumiblemente más estable y fiable que un controlador monolítico tradicional.

🌐 **Incrementa la compatibilidad futura.** La compatibilidad futura está asegurada al permitir que el código independiente de dispositivo evolucione y encapsular el código dependiente de dispositivo en un minicontrolador. Si un IHV desarrolla una funcionalidad nueva en un dispositivo hardware, el modelo minicontrolador también simplifica las modificaciones del controlador. El IHV no necesita volver a escribir por completo el controlador de dispositivo; la nueva funcionalidad puede añadirse de forma sencilla al minicontrolador (en el caso de que sea necesario).

🌐 **Integración de las innovaciones OEM/IHV.** El modelo minicontrolador proporciona mecanismos para que los IHV incorporen soporte para funcionalidades especiales más allá de lo que se consideraría el conjunto básico de funcionalidades requeridas. El modelo minicontrolador no exige que los IHV sacrifiquen la flexibilidad para simplificar el proceso de desarrollo de controladores.

Windows 98 utiliza el modelo en capas minicontrolador/minipuerto para componentes a través del sistema operativo, incluyendo impresoras, dispositivos de visualización, módem, dispositivos de comunicaciones y ratones.

MEJORAS PARA LA ADMINISTRACIÓN DE ENERGÍA

Windows 98 incorpora las siguientes mejoras para la administración de energía:

- Integración de la interfaz avanzada de configuración de energía y la iniciativa de diseño OnNow.

- Integración de administración avanzada de energía 1.2.

- Integración de dispositivos IDE con parada de rotación (véase el Capítulo 16, «Arquitectura básica del sistema», para una descripción de esta característica).

- Desconexión de módem PCMCIA inactivos.

Las mejoras en la administración de energía proporcionan los siguientes beneficios:

- Ahorro de energía.

- Permite el acceso instantáneo al PC.

- Facilita la realización de tareas automáticas, incluso cuando el PC está apagado.

Integración de la interfaz avanzada de configuración de energía y la iniciativa de diseño OnNow

Windows 98 incorpora internamente el soporte para la interfaz avanzada de configuración de energía (ACPI, *Advanced Configuration and Power Interface*). ACPI es una especificación abierta de la industria propuesta por Intel, Microsoft y Toshiba que define las interfaces hardware y tiene en consideración la funcionalidad de administración de energía en un sistema PC.

Con la intención de extender las interfaces definidas en ACPI, Microsoft propuso la iniciativa de diseño OnNow. OnNow constituye un enfoque global sobre el control de energía en el sistema y los dispositivos. OnNow es un término aplicable a un PC que está siempre activo pero que parece estar apagado y que responde inmediatamente al usuario o a otras peticiones. La iniciativa de diseño OnNow tiene su origen en las modificaciones definidas en la especificación de la versión 1.0 de ACPI.

Fundamentos de la iniciativa de diseño OnNow

Para que el PC se convierta en una parte integral de la vida cotidiana en la oficina y el hogar, éste debe estar disponible instantáneamente para contestar al teléfono, mostrar el nuevo correo electrónico o navegar por Internet. El PC debe estar siempre conectado y preparado para ser utilizado pero parecer que está apagado cuando no se está empleando. El hardware y software del PC deben ser capaces de responder inmediatamente al botón de encendido, a los eventos de la red o de comunicaciones o a cualquier otra acción. Por último, el PC debe ser capaz de volver automáticamente a su estado «inactivo pero preparado» y de sobrevivir al maltrato diario de la vida cotidiana.

El objetivo de la iniciativa de diseño OnNow es llevar la plataforma PC a un nivel de utilización y fiabilidad que le permita proporcionar estas nuevas capacidades. Para la iniciativa de diseño OnNow, el término *Plataforma PC* incluye no sólo el hardware del PC, sino también el software que ejecuta. La clave para crear el PC OnNow es la integración. El hardware, el sistema operativo y las aplicaciones deben funcionar de forma coordinada para asegurar que el PC funciona de la manera que el usuario espera.

La plataforma de PC OnNow funciona de la siguiente manera:

- El PC está inmediatamente preparado para ser utilizado cuando el usuario presiona el botón On.

- El PC parece estar apagado cuando no se utiliza, pero es capaz de responder a eventos que lo activen. Un dispositivo que reciba una entrada, como el timbre de un teléfono o un software que ha solicitado activar el PC en un momento predeterminado, puede disparar los eventos de activación.

- El software ajusta su comportamiento cuando el estado de actividad del PC cambia. El sistema operativo y las aplicaciones trabajan conjunta e inteligentemente para hacer funcionar al PC de forma que proporcione la clase de administración de energía que el usuario necesita en cada instante. Por ejemplo, las aplicaciones no mantendrán inadvertidamente activo el PC innecesariamente, y en su lugar, colaborarán en desconectar el PC para ahorrar energía y reducir el ruido.

- Todos los dispositivos tienen un papel en el esquema de administración de energía de dispositivos, ya fueran instalados originalmente en el PC o añadidos posteriormente por el usuario. Cualquier nuevo dispositivo puede modificar su estado de energía en función del uso del sistema.

Soporte de la administración avanzada de energía 1.2

Windows 98, a través de la administración avanzada de energía 1.2 (APM 1.2, *Advanced Power Management*), incorpora diversas mejoras, incluyendo múltiples baterías (que muestran información sobre el estado de la energía de dos baterías al mismo tiempo) y módem que se activan cuando reciben una llamada.

Desconexión de módem PCMCIA inactivos

Por comodidad, muchos usuarios de computadoras portátiles dejan sus módems de tarjeta PC en sus computadoras portátiles. Este hábito puede acortar la vida de la batería, porque el módem sigue consumiendo energía incluso aunque no se esté usando. Windows 98 desconecta los módems de tarjeta PC cuando éstos no están activos. Esta característica proporciona un beneficio apreciable en la vida de la batería, no sólo mientras el PC está funcionando, sino también cuando está inactivo.

SOPORTE PARA DISPOSITIVOS DE DISCO

Windows 98 posee la característica de un subsistema de E/S de bloques que proporciona la integración de diversos dispositivos de disco de 32 bits, así como una mejora en el rendimiento de E/S a disco. Adicionalmente, los controladores de dispositivos minipuerto de disco escritos para Windows 98 son compatibles con Microsoft Windows NT, y viceversa.

Windows 98 también proporciona integración en las siguientes áreas:

- 🌐 **Soporte para grandes medios utilizando direccionamiento lógico de bloques.** Los controladores de disco en modo protegido proporcionan extensiones al soporte del controlador de disco basado en la interrupción 13h, que permite discos con más de 1.024 cilindros.

- 🌐 **Mejor soporte para medios extraíbles.** Windows 98 proporciona un mejor soporte para dispositivos de medios extraíbles y permite al sistema bloquear y desbloquear el dispositivo para impedir que el medio sea retirado prematuramente. Windows 98 también suministra un mecanismo de expulsión para dispositivos que lo permiten, lo que significa que el usuario puede emplear el software de control para extraer el medio de un dispositivo (por ejemplo, en las nuevas unidades de disco flexible que permiten la extracción del medio mediante software).

Modelo de controlador Win32

El modelo de controlador Win32 reduce la complejidad al disponer de un único controlador, tanto para Windows 98 como para Windows NT; y simplifica el desarrollo de nuevos controladores (se proporciona más información sobre este tema en el Capítulo 16, «Arquitectura básica del sistema»).

Nuevos controladores de dispositivo

La siguiente sección describe los controladores de dispositivos nuevos o actualizados en Windows 98.

Pantalla

Estos son los controladores DirectX 3 y DirectX 5 con capacidad de integrar múltiples pantallas. Los controladores nuevos en Windows 98 son ET6000, 3Dfx VooDoo y 3Dlabs (todavía no disponible). Los controladores actualizados en Windows 98 son ati3d, chips, cirrus, cirruslg, cirrusmm, i128, mach64, mgamm, rendition, s3mm y s3v.

Nota. Los chips ATI Rage y Rage II serán soportados por los controladores en la versión final de Windows 98. Mientras tanto, ATI ha proporcionado, como cortesía con los examinadores de versiones beta de Microsoft, una versión de su controlador que parece funcionar con Windows 98. Se encuentra localizado en el directorio \betaonly\atirage. Para emplear este controlador, el usuario deberá copiar manualmente el archivo VDD.VXD en el directorio \windows\system.

Sonido

El sistema de sonido de Windows DirectX 3 ha sido actualizado a DirectX 5.

Módem

Se soportan, aproximadamente, 300 nuevos módem, haciendo de esta manera que Windows 98 sea compatible con Windows NT 4.0. Actualmente, Microsoft está incluyendo la hornada actual de nuevos controladores de módem.

Unidades de disco

Las unidades de disco descritas a continuación son nuevas o han sido actualizadas en Windows 98.

Unidad de disco flexible

Windows 98 incluye un controlador de unidad flexible completamente nuevo HSFLOP.PDR, diseñado desde el principio. Este nuevo controlador ofrece un rendimiento significativamente mayor en muchas máquinas. También funciona en algunas máquinas portátiles que solían requerir archivos HSFLOP.PDR antiguos. Este nuevo controlador es compatible con todos los hardware conocidos.

Nota. La actual versión al arrancar dañará el disco flexible; se trata de una prueba de diagnóstico que será eliminada antes de que Windows 98 aparezca públicamente.

Soporte para LS 120

El núcleo en modo real MS-DOS, los componentes del sistema de archivos en modo protegido y distintas utilidades de formateo han sido actualizadas para soportar los discos flexibles LS 120 (120 MB) integrados en algunos nuevos PC.

Controlador de disco IDE

El controlador de disco IDE actualizado soporta el siguiente hardware:

- Familias de chip Bus Master, como Intel Triton y Opti Viper M.

- SMART (*Self-Monitoring Analysis and Reporting Technology,* Tecnología de autosupervisión de análisis e informes), un sistema de predicción de fallos de la unidad de disco duro desarrollado por Compaq y varios fabricantes de unidades de disco duro.

- Unidades de copias de seguridad IDE Tape.

- Cambiadores ATAPI-CD (hasta con siete ranuras de CD), incluyendo el cambiador Sanyo/Torisan 3CD.

Bus master

Bus master únicamente debería ser activado para modelos de unidades de disco duro específicas cuyos fabricantes hayan certificado que funcionan correctamente con un controlador bus master de Windows. Las unidades en cuestión deben especificar que soportan acceso directo a memoria (DMA, *Direct Memory Access*) en la información de identificación de la unidad (tanto en unidades ATA como ATAPI).

Precaución. Durante las pruebas conjuntas de Intel y Microsoft, en algunas unidades de disco duro que fueron originalmente diseñadas para integrar esta funcionalidad DMA, se encontraron errores de firmware que pueden provocar corrupción de datos. Sólo los OEM deberían activar la característica DMA cuando venden unidades de disco duro compatibles. Los usuarios *no* deberían activar esta característica en sus PC si no lo ha hecho inicialmente el fabricante del PC.

Para determinar si se dispone de bus master, síganse los siguientes pasos:

1. Abra el Panel de control.
2. Abra el icono del Sistema.
3. Seleccione la ficha de Administrador de dispositivos.
4. Seleccione la unidad de disco (no el controlador de disco duro) y pulse Propiedades.

Si se activa la casilla de verificación para DMA correspondiente a Unidad Int 13 en el cuadro de Opciones de la ficha de configuración, entonces puede probarse la transferencia DMA Bus Master. Si no aparece la casilla de verificación, la familia de chip de la placa base no permite una interfaz bus master compatible.

Nota. Si la casilla de verificación no se comprueba después de un arranque del sistema, probablemente la unidad de disco duro no soporte bus master y haya sido inhabilitado automáticamente.

Cambiadores de CD-ROM

Se encuentra disponible el soporte para el cambiador de CD-ROM para unidades CD-ROM compatibles con el cambiador ATAPI-CD con hasta siete ranuras para CD. Los dispositivos de CD-ROM con más de siete ranuras se consideran normalmente «CD jukeboxes» y no son soportados por estos controladores. Este conjunto de controladores también incluye soporte para el cambiador Sanyo/Torisan 3CD.

Controlador de disco CD

Se han actualizado CDFS.VXD y CDVSD.VXD:

- Se soportan CD de formato ISO-9660 de más de 4 GB.

- El comportamiento de lectura anticipada de CDFS es más inteligente y soporta mejor el hardware más lento y las aplicaciones que acceden al CD aleatoriamente.

- Se soportan discos CDI (con el software de aplicación apropiado).

Nota. Actualmente, Enhanced Music CD (CD+) funciona correctamente en la primera letra de unidad asignada. El audio CD+ no será reconocido en discos CD+ en ranuras no asignadas a la primera letra de unidad. Por ejemplo, en un sistema que posee ranuras asignadas a las unidades D:, E:, F: y G:, el audio CD+ sólo funcionará en la unidad D:. Este problema no afecta a los CD de audio estándar.

Monitores

Microsoft ha añadido aproximadamente 175 nuevos monitores a su lista.

Entrada de datos humana (teclado, joystick, ratón, mando de juegos)

Busque los nuevos controladores incorporados para estos dispositivos en la versión final.

Captura de imagen fija

Busque los nuevos controladores incorporados para estos dispositivos en la versión final.

Captura de vídeo

Busque los nuevos controladores incorporados para estos dispositivos en la versión final.

Soporte para unidades y controladores IDE

Windows 98 proporciona soporte para configuraciones de unidad IDE, incluyendo las siguientes:

- ⊛ **Soporte para unidades de disco IDE de gran tamaño.** Algunas de las nuevas unidades IDE soportan un esquema de direccionamiento lógico de bloque que les permite superar la limitación de 0.5 GB (528 MB). El sistema operativo Windows 98 proporciona soporte para unidades de disco IDE de hasta 137 GB. Este soporte se proporciona a través de un controlador de disco en modo protegido.

- ⊛ **Soporte para un controlador IDE alternativo.** Windows 98 permite la utilización de dos controladores IDE en un PC, o la combinación de un controlador IDE en una computadora portátil y un controlador alternativo en la estación de acoplamiento (disponible, por ejemplo, en algunos productos Compaq de combinación computadora portátil/estación de acoplamiento). Windows 98 proporciona este soporte a través de un controlador de disco en modo protegido.

- ⊛ **Soporte para unidades CD-ROM basadas en IDE.** La mayoría de las unidades de disco de los PC utilizan un controlador de disco duro basado en IDE. El hecho de añadir una unidad de CD-ROM requiere normalmente añadir un controlador adicional que pueda proporcionar el interfaz SCSI o propietario necesario para conectar la unidad CD-ROM. Se encuentran disponibles unidades CD-ROM baratas que se conectan a controladores de disco compatibles IDE. Windows 98 reconoce y soporta estos dispositivos.

Soporte para controladores y dispositivos SCSI

Windows 98 también soporta dispositivos de disco SCSI:

- ⊛ **Amplio soporte para controladores SCSI populares.** Windows 98 incluye controladores de dispositivo de disco de 32 bits para controladores

SCSI populares, de fabricantes como Adaptec, Future Domain, Trantor y UltraStor, proporcionando un gran soporte inmediato.

⊕ **Compatibilidad con controladores minipuerto de Windows NT.** Windows 98 soporta la utilización de controladores SCSI minipuerto de Windows NT, sin necesidad de modificación o recompilación. La compatibilidad con controladores minipuerto basados en Windows NT asegura un amplio soporte para dispositivos de disco en Windows 98, a la vez que simplifica el esfuerzo de desarrollo de controladores por los fabricantes de hardware.

⊕ **Compatibilidad ASPI/CAM para aplicaciones y controladores basados en MS-DOS.** Windows 98 soporta la Interfaz de Programación Avanzada SCSI (*Advanced SCSI Programming Interface*, ASPI) y Método de Acceso Común (*Common Access Method*, CAM), que permiten que los desarrolladores de controladores y aplicaciones dirijan las solicitudes de E/S a dispositivos SCSI. Como resultado, las aplicaciones y controladores basados en MS-DOS que utilizan la especificación ASPI o CAM funcionan correctamente con Windows 98.

⊕ **ASPI de 16 bits y de 32 bits para aplicaciones y clientes basados en MS-DOS.** Además de la compatibilidad con ASPI de aplicaciones basadas en MS-DOS, Windows 98 incluye controladores de 16 bits y de 32 bits para soportar clientes y aplicaciones ASPI basadas en Windows.

Soporte para controladores ESDI

Además de soportar dispositivos de disco IDE y SCSI, Windows 98 soporta controladores de disco ESDI de 32 bits.

La unidad de disquete de alta velocidad

Al igual que con el soporte de controladores de disco duro, Windows 98 proporciona soporte en modo protegido para la comunicación con los controladores de disquete. Windows 98 soporta controladores de disco duro basados en la interrupción 13h en forma de controladores de 32 bits, dando como resultado una mejora del rendimiento, estabilidad y robustez del sistema. Windows 98 soporta controladores de disquete a través de un controlador de dispositivo de 32 bits, dando como resultado un alto rendimiento en E/S hacia estos dispositivos, además de una mayor fiabilidad del sistema.

El usuario puede dar formato o copiar archivos desde o hacia un disco mientras realiza otras tareas.

Soporte integrado para la Infrared Data Association (Asociación de datos infrarrojos)

Windows 98 incorpora soporte para el estándar de conectividad inalámbrica de la Infrared Data Association (IrDA). El soporte IrDA permite que los usuarios de Windows 98 conecten fácilmente dispositivos periféricos u otros PC basados en Windows 98 sin necesidad de cables de conexión. Este controlador proporciona a las computadoras portátiles o de sobremesa con equipamiento de infrarrojos la capacidad de trabajar en red, transferir archivos e imprimir de forma remota sin cables, a través de otros dispositivos infrarrojos compatibles IrDA. La conectividad IrDA fue diseñada para aprovechar las ventajas de las características de la informática móvil ya incorporadas en Windows 98.

El controlador de IRDA en Windows 98 (IrDA 2.0) incorpora una nueva característica, denominada Modo de punto de acceso para redes locales de infrarrojos (*IrLan Access Point Mode*), que permite que una computadora con un adaptador IrDA se acople a una red de área local (*local area network*, LAN) a través de un dispositivo de punto de acceso que actúa como adaptador de red para la computadora (véase el Capítulo 12, «Servicios para computadoras móviles», para más información sobre IrDA).

SOPORTE PARA DISPOSITIVOS DE RATÓN Y APUNTADORES

Al igual que con otros controladores de dispositivos, la arquitectura minicontrolador de Windows 98 simplifica el desarrollo del controlador del ratón y mejora su virtualización en modo protegido para soportar mejor las aplicaciones basadas en MS-DOS en el entorno Windows.

El soporte de ratón en Windows 98 proporciona los siguientes beneficios:

- Entrada de datos fácil y fiable a través de la utilización de controladores en modo protegido.

- Soporte para numerosos dispositivos, lo que facilita a los IHV el desarrollo de controladores y el soporte para el modelo de arquitectura minicontrolador.

- El soporte Plug and Play hace que los dispositivos de ratón sean fáciles de instalar y utilizar.

- Se puede implementar funcionalidad de controlador de ratón en un único controlador, y no será preciso utilizar controladores de ratón basados en MS-DOS, lo que incrementa la robustez y ahorra memoria convencional.

- Soporte para conectar un ratón *después* de que haya arrancado Windows 98, lo que significa que los usuarios de computadoras portátiles que hayan olvidado conectar el ratón antes de encender la computadora, pueden conectarlo posteriormente sin necesidad de volver a arrancar.

Características del controlador de ratón de Windows

Windows 98 soporta el ratón mediante un controlador virtual de dispositivos en modo protegido. La virtualización de los servicios de interrupción del ratón permite que los controladores Windows de ratón en modo protegido soporten el ratón en aplicaciones Windows, en aplicaciones MS-DOS que se ejecutan en una ventana y en aplicaciones MS-DOS que se ejecutan en modo de pantalla completa. Las características dan como resultado una utilización nula de memoria convencional para soporte del ratón en un entorno Windows.

Además de estos servicios de ratón, Windows 98 proporciona un soporte robusto de dispositivos que permiten la utilización de los puertos serie COM1 hasta COM4 para conexión de un ratón u otro dispositivo apuntador.

Panel de control del ratón

Windows 98 consolida la configuración y personalización del soporte del ratón en un único icono del Panel de control y utiliza el cuadro de diálogo de Propiedades con fichas, mostrado en la Figura 19.1, para proporcionar un fácil acceso a todas

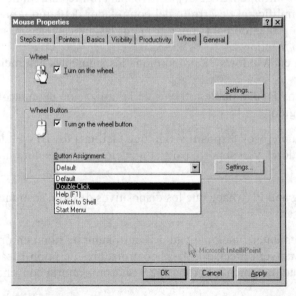

Figura 19.1
Cuadro de diálogo de Propiedades del IntelliMouse.

las posibles opciones de configuración. Dichas opciones controlan el comportamiento de los botones del ratón, la apariencia del puntero del ratón y el comportamiento de la rueda en el IntelliMouse.

Soporte integrado para el IntelliMouse de Microsoft

El IntelliMouse de Microsoft, con la rueda en la parte superior, permite que el usuario se concentre en sus documentos u hojas de cálculo, en lugar de moverse hacia iconos y barras de desplazamiento para navegar en el programa. Las siguientes características de soporte se encuentran integradas en el IntelliMouse para aplicaciones que pueden aprovecharse de su diseño.

- Simplemente girando la rueda se consigue que el texto se desplace varias líneas (tres por defecto) cada vez que la rueda se detiene.

- En Microsoft Office 97, si se hace girar la rueda mientras se mantiene pulsada la tecla CTRL, se consigue hacer zoom de la imagen del monitor (haciendo que el tamaño del documento aumente o disminuya).

- Si se pulsa, la propia rueda actúa como el botón intermedio.

- Pulsando el botón-rueda en una aplicación preparada para ello (por ejemplo, Office 97 e Internet Explorer de Microsoft), se pasa al «modo de desplazamiento de pantalla». Este modo viene indicado por el cambio de apariencia del cursor del ratón a un cursor especial. Mientras está activo este modo, arrastrando simplemente el ratón hacia adelante y hacia atrás se consigue que el documento se desplace automáticamente. La velocidad a la que el documento se desplaza viene determinada por la distancia a la que se arrastra el ratón respecto al punto en el que se activó el modo de desplazamiento de pantalla. Para abandonar este modo, tan sólo es necesario pulsar cualquier botón del ratón.

20

Internacionalización

CON EL CRECIMIENTO DEL MERCADO de los PC, Microsoft Windows y las aplicaciones Windows han hecho los PC más fáciles de usar en todo el mundo. El hecho de que Windows y las aplicaciones Windows se vendan y utilicen mundialmente plantea algunos problemas únicos para Microsoft como vendedor de un sistema operativo, así como para los fabricantes de software independientes y desarrolladores de aplicaciones.

Cuando se desarrolla una nueva aplicación software o un sistema operativo para un mercado mundial, se deben realizar esfuerzos para adaptar el software a los países e idiomas en los que se va a usar. En muchos casos la regionalización es sólo cuestión de traducir los nombres de los menús, elementos de los menús y textos que se muestran en el software al idioma del lugar. Sin embargo, al tiempo que crecen las posibilidades y funcionalidad del producto, también crece la complejidad requerida para adaptar la aplicación a las características de cada país. Desde el comienzo del diseño del sistema operativo Microsoft Windows NT, Microsoft ha tenido en cuenta los distintos idiomas y convenciones culturales en las ediciones de 32 bits de la familia de sistemas operativos Windows.

CARACTERÍSTICAS PRINCIPALES DE LA INTERNACIONALIZACIÓN DE WINDOWS 98

El soporte integrado en Microsoft Windows 98 para la internacionalización del sistema operativo Windows proporciona beneficios tanto a usuarios como a desarrolladores. Las principales características de la internacionalización de Windows se resumen en las dos siguientes listas, describiendo la primera los beneficios para los usuarios.

⊕ **Fácil cambio de un idioma a otro, incluso dentro de un documento.** Windows 98 incorpora numerosas fuentes de idiomas y juegos de caracteres y permite el cambio entre diferentes distribuciones de teclado para facilitar su utilización.

En la versión en CD-ROM de Windows 98 (para todos los idiomas) existe una opción que permite a cualquier aplicación *escribir texto* no sólo en idiomas de la Europa Occidental, sino también en todos los de la Europa del Este (téngase en cuenta que sólo se puede *escribir texto* en estos idiomas. Si, por ejemplo, se desea ejecutar una versión rusa de Microsoft Excel, se necesitará la edición rusa o paneuropea de Windows 98). La capacidad multilenguaje en Windows 98 se puede instalar cuando se configura Windows 98, o más adelante por medio del Panel de control (eligiendo Soporte multilenguaje en la ficha de Instalación de Windows del cuadro de diálogo Propiedades de agregar o quitar Programas).

Con Windows 98, los usuarios pueden cambiar fácilmente entre todos los idiomas y las correspondientes distribuciones de teclado disponibles configurados en sus sistemas usando la combinación de teclas ALT IZQ+SHIFT o haciendo clic en el indicador de idioma de la barra de tareas, haciendo fácil la creación e integración de información en un documento multilenguaje.

⊕ **Sustitución de fuentes.** Cuando un usuario cambia entre diferentes idiomas, Windows 98 utiliza fuentes asociadas de cada nuevo idioma si la fuente empleada para crear el documento en su idioma original no se encuentra disponible. Como resultado, los usuarios pueden leer y usar el texto con un juego de caracteres similar, incluso si no disponen de la fuente con la que el documento fue originariamente creado.

⊕ **Reglas de ordenación y formato correctas.** Las diferentes regiones y culturas tienen reglas diferentes para interpretar la información. Por ejemplo, diferentes culturas utilizan diferentes algoritmos de secuenciamiento para ordenar la información, utilizan diferentes algoritmos de comparación para buscar o encontrar información, y utilizan diferentes formatos para especificar información de fechas y horas. Las aplicaciones Win32 que emplean el API de Soporte internacional (NLS) permiten que los usuarios intercambien información fácilmente en términos globales, al tiempo que se preserva la integridad de la información.

Entre las ventajas para los desarrolladores se encuentran las siguientes:

⊕ **Fácil internacionalización de las aplicaciones.** Los desarrolladores pueden usar el API NLS Win32 para ordenar, buscar y manipular información de forma independiente del lugar. Los servicios NLS de Windows 98 aseguran que la información se gestiona correctamente para una cultura y lugar dados. El formato nacional correcto se suministra automáticamente basándose en la configuración internacional que el usuario especifique en el Panel de control. Por ejemplo, para hacer que el formato de fecha actual corresponda al de la región actual, la aplicación llama al API NLS y el sistema devuelve el formato correcto. De igual forma, para ordenar la información en la secuencia apropiada en francés, noruego o español, la aplicación llama al API NLS independiente de la cultura.

🌐 **Cambio automático de fuentes y distribuciones de teclado.** Windows 98 proporciona servicios que los desarrolladores de aplicaciones pueden utilizar para asegurar que cuando los usuarios se muevan a través de un documento multilenguaje se usen las fuentes y distribuciones de teclados correctos. Para los usuarios que creen o editen documentos multilenguaje —por ejemplo los traductores—, una aplicación Win32 que utilice los servicios internacionales de Windows 98 activa automáticamente las fuentes correctas y las correspondientes distribuciones de teclado para cada punto de edición en el texto. Esta característica permite una fácil edición de la información contenida en documentos multilenguaje.

🌐 **Preservación de atributos específicos del idioma en el Portapapeles.** Windows 98 proporciona servicios adicionales para desarrolladores de aplicaciones, de forma que se puede pasar información a través del Portapapeles para un fácil intercambio de información entre aplicaciones que tengan en cuenta la internacionalización, al tiempo que se preservan todas las características de formato del idioma.

🌐 **Cambio de idioma en aplicaciones multilenguaje.** Windows 98 proporciona servicios para que los desarrolladores de aplicaciones puedan cambiar automáticamente el idioma que el sistema utiliza para asociar atributos en un documento. Por ejemplo, mientras un usuario se desplaza por un documento multilenguaje, la aplicación puede cambiar automáticamente el idioma del sistema para que se adapte al formato de la información que contiene el documento.

🌐 **Almacenamiento de información de idioma internacional en formato RTF.** Se han añadido extensiones a la especificación RTF para que permita el almacenamiento de información relevante al idioma en RTF desde una aplicación multilenguaje.

REGIONALIZACIÓN DE WINDOWS 98

Como consecuencia del éxito de Microsoft Windows en el mundo, Windows y las aplicaciones Windows se han adaptado a muchos idiomas. Para abarcar la totalidad del mercado, Microsoft planea singularizar Windows 98 en versiones de al menos 29 idiomas, incluyendo el alemán, francés, español, sueco, holandés, italiano, edición paneuropea (una versión en inglés que contempla la ejecución de aplicaciones de la Europa del Este), noruego, danés, finlandés, portugués (brasileño e ibérico), japonés, chino, coreano, ruso, checo, polaco, húngaro, turco, griego, árabe, vasco, hebreo, tailandés y catalán (así como algunas variaciones de estos idiomas). Las versiones particularizadas de Windows 98 salen al mercado de forma planificada dentro de los 120 días siguientes a la salida de la versión en inglés; la versión árabe y hebrea son una excepción, saliendo al mercado alrededor de 180 días después de la versión inglesa.

CARACTERÍSTICAS DEL IDIOMA

La regionalización es sólo una pequeña parte del esfuerzo que requiere asegurar que un sistema operativo se pueda usar de forma efectiva en un entorno a nivel mundial. Un sistema operativo de ámbito mundial también debe proporcionar servicios que faciliten el trabajo de los desarrolladores, permitiendo el uso de aplicaciones internacionales y abarcar el mercado global. A continuación se muestran algunas características del idioma que los desarrolladores y usuarios internacionales deben tener en cuenta:

- **Desde el punto de vista del usuario.** Algunos usuarios necesitan emplear más de un idioma en un documento. Por ejemplo, pueden estar traduciendo del inglés al ruso, o pueden estar traduciendo el manual de instrucciones de un producto a distintos idiomas. Cuando se utiliza más de un idioma, los usuarios deben enfrentarse con una serie de obstáculos. Por ejemplo, pueden necesitar cambiar repetidamente de una distribución del teclado a otra de forma que puedan continuar escribiendo en un idioma diferente. Cuando se utiliza una base de datos, los usuarios se enfrentan al problema de ordenar la información de forma correcta para el idioma dado.

- **Desde el punto de vista del desarrollador.** Cuando se caracteriza un producto a distintos idiomas, los desarrolladores se enfrentan a algunas cuestiones, como las siguientes: «¿Cuál es la forma de ordenación correcta en francés?»; «¿Cómo se representa la fecha en alemán?»; «¿Los caracteres Å, Ä y Ö se emplean en sueco?»; «Si un documento contiene texto en más de un idioma, ¿hay alguna forma de que el software conozca en qué idioma se encuentra cada parte del documento?»; «¿Se puede pasar información de un documento multilenguaje a otra aplicación por medio del Portapapeles?». Muchos desarrolladores intentan solventar estos problemas en sus aplicaciones, mas no lo consiguen, creando problemas a los usuarios, a su organización y a sus propios equipos de desarrollo.

Antes de que la plataforma principal de Windows ofreciera soporte a la internacionalización como un servicio del sistema operativo, muchos vendedores de aplicaciones codificaban de forma permanente en sus aplicaciones características globales. Esta codificación permanente permite que sus aplicaciones se puedan usar en un lugar concreto, pero impide que las aplicaciones se puedan usar fácilmente en un entorno cultural distinto. Como resultado, los usuarios han tenido que depender de que los desarrolladores de aplicaciones proporcionaran una versión de la aplicación que se adecuara a las características de su idioma y cultura.

En Windows 98, Microsoft ofrece soporte a la internacionalización al nivel de sistema operativo y de API. Esta ayuda proporciona funcionalidad para usar el software e intercambiar documentos alrededor del mundo, a pesar de las diferencias regionales en la forma de presentar los datos (se puede ampliar información sobre este tema en el apartado «Soporte para informaciones multilenguaje», más adelante en este capítulo). Al proporcionar soporte a la internacionalización en Windows 98 se facilita que los desarrolladores de aplicaciones puedan resolver cuestiones de internacionalización relacionadas con la presentación y manipulación de la información en sus aplicaciones. Los siguientes apartados describen algunas de estas cuestiones.

Formatos de fecha y hora

La información de fecha y hora se ha de poder representar en diferentes formatos, según la costumbre de la región donde la información se vaya a usar. Por ejemplo, en las fechas en el inglés americano el día se coloca entre el mes y el año, como en «March 9, 1994», mientras que un neozelandés representa la misma fecha como «9 March 1994».

Ordenación y búsqueda

Otros temas de internacionalización son mucho más complejos que el problema de representar la información de fecha y hora en el formato correcto. Los algoritmos de ordenación y búsqueda de las aplicaciones se han de corresponder con las reglas propias del idioma del lugar en donde la información se usa y manipula. Los siguientes ejemplos muestran las diferencias sutiles en reglas de diferentes idiomas:

- En francés, los diacríticos se ordenan de derecha a izquierda, en vez de izquierda a derecha, como en inglés.

- En noruego, algunos caracteres extendidos (caracteres marcados diacríticamente) se colocan a continuación del carácter Z en el alfabeto, ya que se consideran caracteres únicos, en vez de caracteres ordinarios con un diacrítico añadido.

En español, CH es un único carácter situado entre la C y la D, y Ñ es un único carácter situado entre la N y la O.

Como ejemplo adicional, si una base de datos en sueco fuese ordenada con un algoritmo de ordenación basado en el idioma inglés, los nombres se ordenarían como se muestra en la columna izquierda de la Tabla 20.1.

Tabla 20.1
¿Cómo se ordenan los nombres?

Ordenación inglesa	Ordenación sueca correcta
Andersson	Andersson
Åkesson	Karlsson
Ärlingmark	Magnusson
Karlsson	Turesson
Magnusson	Åkesson
Turesson	Ärlingmark

El sistema inglés trata la Ä y la Å como una A, y por tanto las ordena tras la A al principio de la lista. Sin embargo, en sueco la ordenación correcta es situar la Å y la Ä después de la Z, pues se trata de vocales separadas que se encuentran al final del alfabeto sueco. Cualquiera con un cierto conocimiento de sueco vería extraño encontrar «Ärlingmark» casi al principio de una lista de nombres, en lugar de al final.

SOPORTE PARA INFORMACIONES MULTILENGUAJE

Windows 98 resuelve muchos problemas relacionados con temas de internacionalización integrando el soporte para informaciones multilenguaje en el núcleo del sistema operativo. Windows 98 también ofrece soporte para la internacionalización a los desarrolladores de aplicaciones a través de un API que forma parte del conjunto de API de Win32.

El soporte para informaciones multilenguaje es la capacidad de mostrar y editar texto de distintos idiomas y escrituras en un mismo documento. El soporte para informaciones multilenguaje es una característica fundamental de Windows 98.

El soporte para informaciones multilenguaje en una aplicación proporciona dos importantes beneficios:

Los usuarios pueden crear y editar documentos en múltiples idiomas y escrituras e intercambiar estos documentos con usuarios de otros idiomas. Esta característica es importante dentro de la Unión Europea, por ejemplo, donde los idiomas derivados del griego y los derivados del latín deben coexistir en los documentos.

⊕ Una aplicación que permita contenidos multilenguaje, permite contenido nativo de cualquier mercado en el que sea vendido.

Fácil cambio entre idiomas y distribuciones de teclado

Windows 98 permite que los usuarios agreguen múltiples distribuciones de teclado para que se adecuen a las distintas convenciones internacionales. En el Panel de control, el icono de Teclado proporciona la capacidad de configurar el sistema para que permita las distribuciones del teclado preferidas, como se muestra en la Figura 20.1.

En Windows 98, el cambio de distribuciones de teclado resulta fácil. En la Figura 20.2 se observa un ejemplo de documento de un procesador de texto que muestra la capacidad de integrar texto usando la fuente Tahoma en diferentes idiomas dentro del mismo documento. El identificador de idioma en el área de estado de la barra de tareas permite que los usuarios cambien fácilmente de idioma entre las opciones disponibles. Una aplicación Windows 98 que utilice el API NLS in-

Figura 20.1
Cuadro de diálogo de Propiedades de Teclado, mostrando el soporte a la internacionalización.

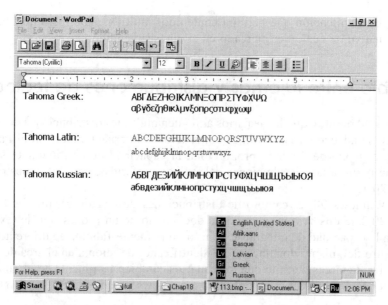

Figura 20.2
Cambio entre diferentes idiomas para crear un documento multilenguaje.

corporaría la capacidad de cambiar de idioma directamente sobre la barra de herramientas de la aplicación.

Extensiones multilenguaje del cuadro de diálogo Fuente

El cuadro de diálogo Fuente incluye un cuadro de lista que muestra las escrituras permitidas por una fuente particular. Este mecanismo asegura una representación correcta de las fuentes para un idioma dado.

La Figura 20.3 muestra el cuadro de diálogo Fuente, que muestra la integración de opciones de selección de fuentes y alfabetos. La lista desplegable Alfabeto muestra los nombres de alfabetos para cada uno de los juegos de caracteres cubiertos por la fuente seleccionada en la lista Fuente. El cuadro Muestra da un ejemplo de fuente dependiente del alfabeto seleccionado, así como de los otros atributos de la fuente. La cadena de previsualización de ejemplo, que es específica del juego de caracteres seleccionado, muestra el aspecto de los diferentes alfabetos.

La aplicaciones que quieran considerar la capacidad multilenguaje pueden incorporar la selección de fuentes multilenguaje para que los usuarios puedan seleccionar fuentes por medio del cuadro de diálogo Fuente, y reconocer las extensiones a las estructuras de datos ChooseFont de Windows 98. Incluso las aplicaciones Windows —que al no haber sido diseñadas originariamente para Windows 98 permiten textos con formato pero no mensajes multilenguaje— pueden ganar un cier-

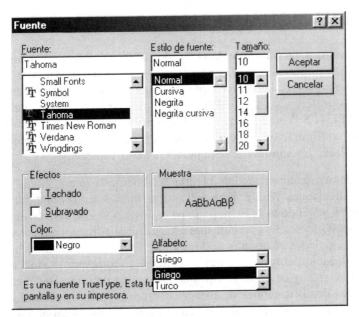

Figura 20.3
Cuadro de diálogo Fuente, con la lista desplegable Alfabeto.

to nivel básico de soporte para contenidos multilenguaje. Si una aplicación usa el cuadro de diálogo Fuente, se beneficia de estas mejoras, permitiendo que los usuarios puedan seleccionar de entre un completo rango de juegos de caracteres y fuentes configurados en el sistema. Siempre que la aplicación almacene para las fuentes la representación completa de la estructura de datos de fuentes lógica, una aplicación Windows existente podrá arreglárselas sin ser consciente de que la fuente seleccionada por el usuario incluye un posible cambio del juego de caracteres (las aplicaciones sí almacenan generalmente estos datos cuando almacenan texto en su formato nativo, pero no todas almacenan estos datos cuando escriben en formatos de intercambio, tales como RTF).

Soporte multilenguaje para el intercambio de datos por medio del Portapapeles

Una buena aplicación que permita multilenguaje puede intercambiar contenido multilenguaje con otras aplicaciones que también lo permitan, y puede intercambiar texto sin formato con aplicaciones que no permitan multilenguaje con las limitaciones de los formatos de texto ASCII. Windows 98 permite en las API de intercambio de datos el paso de información de idioma junto con los datos de texto.

EL API DE INTERNACIONALIZACIÓN DE WIN32

Cuando los usuarios instalan Windows 98 en un disco duro recién formateado, especifican unas preferencias de regionalización. Al instalar Windows 98 sobre Windows 95, se preservan las preferencias de regionalización configuradas en Windows 95 (estas preferencias se pueden cambiar más tarde por medio del Panel de control). El API NLS Win32 puede usar esta configuración de regionalización por defecto o una configuración de regionalización específica. La utilización del API NLS Win32 ofrece las siguientes ventajas a los desarrolladores:

🌐 Los desarrolladores pueden integrar fácilmente la internacionalización en sus aplicaciones Win32. Este API que se incluye en las plataformas Windows 98 y Windows NT (limitado para aplicaciones Win32 en entorno Microsoft Windows 3.1) permite que las aplicaciones recuperen correctamente configuraciones regionales y de idioma, formatos de fecha y hora, listas de ordenación conforme a reglas culturales, comparar y asociar cadenas de caracteres, y determinar información de tipo de caracteres. Los desarrolladores de aplicaciones de Estados Unidos pueden estar seguros de que las ordenaciones y formatos de fechas que Microsoft proporciona con el sistema operativo son correctas, de forma que todo lo que tienen que hacer para ordenar o mostrar información es usar el API NLS Win32.

🌐 Pueden desarrollar aplicaciones más fácilmente para nuevos mercados globales. Utilizar este API abarata los costes de desarrollo, al eliminar la necesidad de métodos de ordenación propietarios, el análisis del archivo WIN.INI o del Registro, y la codificación específica para una región.

Quizá sea más importante para los desarrolladores el hecho de que el API proporciona un mecanismo para un comportamiento preciso y consistente en todas las plataformas Win32.

Los usuarios se benefician porque el API asegura que la información se gestiona y muestra correctamente para un formato dado de una localización específica. Además, los usuarios no tienen que preocuparse de si sus textos internacionales se ordenan apropiadamente.

21
Fiabilidad

LA FIABILIDAD DE MICROSOFT WINDOWS NT constituye una gran ayuda para ejecutar aplicaciones basadas en MS-DOS, Win16 y Win32, y proporciona un alto nivel de protección al sistema frente a aplicaciones con errores.

Microsoft Windows 3.1 proporcionó una serie de mecanismos para permitir un entorno más robusto y estable que en Windows 3.0, entre los que se incluían:

- 🌐 **Mejor liberación de recursos.** Cuando una aplicación MS-DOS o Windows fracasaba, los usuarios podían continuar la ejecución y así poder almacenar el trabajo realizado.

- 🌐 **Reinicio local.** Los usuarios podían eliminar una aplicación que había quedado bloqueada.

- 🌐 **Validación de parámetros en llamadas a un API.** El sistema podía detectar muchos errores de las aplicaciones y devolver un error de llamada a API, en vez de pasar a un API datos erróneos.

De igual forma que Windows 3.1 proporcionó un entorno más fiable y estable que Windows 3.0, las mejoras en Windows 95 proporcionaron un entorno todavía mejor.

Windows 98 está construido sobre la misma base que Windows 95. Su objetivo es proporcionar el mismo nivel de compatibilidad que Windows 95, a la vez que se mejora la gestión del hardware, la estabilidad del sistema y la fiabilidad, reduciendo los costes de mantenimiento y administración, y actualizando aplicaciones de Internet y otras utilidades. Se ha añadido un conjunto limitado de servicios del Kernel NT para el Modelo de controlador de Win32, pero todavía están disponibles los componentes del modo real MS-DOS, Kernel de Windows 95, USUARIO, GDI y VMM, para la compatibilidad con las aplicaciones existentes. Eliminar o rediseñar estos componentes introduciría una compatibilidad significativa y problemas de rendimiento. Al continuar usando éstos y añadir servicios comunes a Microsoft Windows NT y Windows 98, se incorpora lo mejor de ambos mundos.

En las descripciones de fiabilidad del resto de este capítulo, las características son las mismas tanto en Windows 98 como en Windows NT. Las características derivadas y mejoradas de Windows 95 se describen como características de Windows 98.

CARACTERÍSTICAS DE FIABILIDAD DE WINDOWS 98

Entre las características que hacen fiable el entorno del sistema operativo Windows 98 se incluyen las siguientes:

- Mejor reinicio local.

- Limpieza de procesos de controladores de dispositivo virtuales.

- Supervisión del estado de cada proceso.

- Validación de parámetros de controladores de dispositivo virtuales.

Reinicio local

La capacidad de permitir que un usuario finalice una aplicación o Máquina virtual (VM) que se queda bloqueada se denomina *reinicio local*. La incorporación del reinicio local en Windows 98 proporciona una forma de finalizar una aplicación MS-DOS que se ejecuta en una VM, una aplicación Win16 o una aplicación Win32, sin tener que finalizar todo el sistema. Además, el proceso de limpieza del sistema tras un reinicio local es completo (este proceso se describe más adelante en este capítulo).

Cuando un usuario hace una petición de reinicio local en Windows 98, el sistema muestra el cuadro de diálogo Cerrar programa, que identifica las tareas que están en ejecución y el estado en el que el sistema considera que se encuentran, como se muestra en la Figura 21.1. Este nivel de detalle aporta al usuario flexibilidad y control sobre el reinicio local.

Las aplicaciones se identifican como «No responde» cuando no han verificado la cola de mensajes durante un período de tiempo. Aunque algunas aplicaciones no verifican la cola de mensajes mientras ejecutan operaciones de computación intensiva, las aplicaciones que se comportan correctamente lo hacen con frecuencia. En Windows 98, como en Windows 95 y Windows 3.1, las aplicaciones basadas en Win16 deben verificar la cola de mensajes para ceder el control a otras tareas en ejecución.

Figura 21.1
Cuadro de diálogo Cerrar programa.

Limpieza de procesos de controladores de dispositivo virtuales

La capacidad de reinicio local se ve favorecida por la limpieza de procesos VxD cuando un proceso dado finaliza. Windows 98 implementa la limpieza del sistema proporcionando a cada VxD del sistema la capacidad de supervisar los recursos que utiliza cada proceso particular. Ya que la mayor parte de la funcionalidad del sistema es gestionada en Windows 98 por los VxD más que por código en modo real o rutinas BIOS, Windows 98 puede recuperarse de errores o situaciones que anteriormente requerían la reinicialización de la computadora.

Cuando Windows 98 finaliza un proceso dado (porque el usuario sale de la aplicación, se requiere un reinicio local o la aplicación termina de forma anómala), cada VxD recibe la notificación de que el proceso ha finalizado. Esta notificación permite que el VxD cancele de forma segura cualquier operación cuya finalización esté esperando y libere cualquier recurso que el VxD tuviera asignado al proceso o aplicación. Debido a que el sistema supervisa cada VM, aplicación Win16 y proceso Win32 como una instancia por proceso separada, el sistema puede limpiar de forma apropiada a cualquiera de estos niveles sin afectar a la integridad del sistema.

Seguimiento del estado por proceso

Como se ha mencionado antes, para la limpieza del sistema, Windows 98 hace un seguimiento de los recursos al nivel de proceso para los VxD del sistema. Los recursos tales como bloques de memoria, gestores de memoria, objetos gráficos y otros elementos del sistema son asignados y también supervisados por los componentes del sistema para cada proceso particular. El seguimiento de estos recursos por proceso permite que el sistema realice una limpieza segura cuando un proceso dado finaliza, ya sea normalmente, a petición del usuario, o de forma anormal. Los recursos son identificados y supervisados tanto por un identificador (ID) de proceso como por el número de versión principal de Windows que se almacena en la cabecera EXE de la aplicación.

Para una descripción de cómo se utilizan el ID de proceso y el número de versión de Windows para facilitar la limpieza del sistema y la recuperación de recursos asignados a aplicaciones basadas en Win16 y Win32, consúltense los apartados de fiabilidad para estas aplicaciones, más adelante en este capítulo.

Validación de parámetros de controlador de dispositivo virtual

Los controladores de dispositivos virtuales son una parte integral del sistema operativo Windows 98 y tienen un importante papel porque muchos de los componentes del sistema operativo se implementan como VxD. Para proporcionar un sistema operativo estable y fiable, Windows 98 permite la validación de parámetros de controladores de dispositivo virtuales. La versión de depuración de los archivos del sistema de Windows 98 proporcionada como parte del SDK de Windows 98 y DDK de Windows 98 pueden ser usadas por los desarrolladores de VxD para depurar sus VxD durante el curso del desarrollo, para asegurar que sus VxD son estables y fiables.

Además de la fiabilidad del sistema, Windows 98 proporciona fiabilidad en la ejecución de aplicaciones basadas en MS-DOS, Win16 y Win32, lo que asegura que Windows 98 sea un entorno estable y fiable.

CARACTERÍSTICAS DE FIABILIDAD PARA APLICACIONES BASADAS EN MS-DOS

Cada aplicación MS-DOS se ejecuta en una VM separada y está configurada por defecto para su ejecución con derecho preferente y su ejecución en segundo plano cuando otra aplicación esté activa. Cada VM está protegida de otras tareas que se ejecutan en el sistema, de forma que una aplicación Win16 o Win32 con fallos no pueda alterar una aplicación MS-DOS, y viceversa.

Windows 98 proporciona protección de memoria para aplicaciones basadas en MS-DOS al impedir que las aplicaciones sobrescriban el área del sistema de MS-DOS en modo real. Si los usuarios quieren el máximo nivel de protección de memoria, pueden configurar sus aplicaciones basadas en MS-DOS para que se ejecuten con la protección de memoria general activada (este modo no se activa por defecto debido a la sobrecarga que requiere validar las peticiones de acceso a memoria). Además, la validación de parámetros de operaciones INT 21H sobre punteros incrementa la fiabilidad del sistema.

Mejor limpieza cuando finaliza una máquina virtual

Cuando una VM finaliza en Windows 98 —ya sea normalmente, porque el usuario sale de la aplicación o VM o realiza un reinicio local, o anormalmente, porque la aplicación se queda bloqueada—, el sistema libera todos los recursos asignados a la VM. Estos recursos incluyen no sólo aquellos asignados y mantenidos por los VxD del sistema, sino también aquellos asignados para la VM por el Gestor de máquinas virtuales, incluyendo cualquier memoria XMS y DPMI solicitada por la VM.

CARACTERÍSTICAS DE FIABILIDAD PARA APLICACIONES BASADAS EN WIN16

Windows 98 proporciona fiabilidad para aplicaciones basadas en Win16, así como compatibilidad con aplicaciones existentes basadas en Windows, al tiempo que mantiene los requerimientos de memoria bajos. Los dos siguientes apartados describen la forma en la que Windows 98 gestiona las aplicaciones basadas en Win16.

Supervisión del estado de cada proceso

Para la supervisión de recursos en Windows 98, cada aplicación Win16 se ejecuta como un proceso separado en el espacio de direcciones de Win16. Cuando una aplicación Win16 finaliza, Windows 98 no libera inmediatamente los recursos asignados a la aplicación, sino que los mantiene hasta que la última aplicación Win16 haya finalizado (Windows 98 determina que no existen más aplicaciones en ejecución basadas en Win16 asociando el número de versión de Windows de la aplicación al ID de subproceso del proceso en ejecución). Cuando la última aplicación Win16 finalice y sea seguro liberar todos los recursos asignados a las aplicaciones Win16, Windows 98 empezará a liberar los recursos.

Validación de parámetros para las API Win16

Windows 98 proporciona validaciones para todos las API Win16 y verifica los datos de entrada a las funciones de las API para asegurar la validez de los datos. Por ejemplo, en las funciones que hacen referencia a memoria se comprueba la presencia de punteros NULL, y en las funciones que operan con datos dentro de un rango de valores se comprueba que los datos estén dentro del rango apropiado. Si se detectan datos inválidos, se devuelve a la aplicación un número de error apropiado, y depende ya de la aplicación detectar la condición de error y gestionarla de forma pertinente.

El SDK de Windows 98 proporciona componentes del sistema para depuración con el fin de ayudar a los desarrolladores de software a depurar sus aplicaciones. Los componentes de depuración proporcionan información de errores detallada para la validación de parámetros con el fin de asistir a los desarrolladores en la supervisión de problemas comunes relacionados con parámetros inválidos durante el curso del desarrollo.

CARACTERÍSTICAS DE FIABILIDAD PARA APLICACIONES BASADAS EN WIN32

Aunque la fiabilidad en la ejecución de aplicaciones basadas en MS-DOS y Win16 viene proporcionada por Windows 98, existen características de fiabilidad aún mayores para aplicaciones basadas en Win32. Las aplicaciones basadas en Win32 también se benefician de la multitarea con derecho preferente, un espacio de memoria lineal (en vez de segmentado) y la capacidad de un conjunto de API más amplio.

Entre las características de fiabilidad para aplicaciones basadas en Win32 se encuentran las siguientes:

- Un espacio de direcciones privado para cada aplicación Win32 en ejecución, separando y protegiendo una aplicación de otras que se ejecuten concurrentemente.

- API de Win32 que permiten la validación de parámetros y proporcionan un entorno estable y fiable.

- Supervisión de recursos de cada proceso y la inmediata liberación de recursos cuando el proceso finaliza.

- Colas de mensajes separadas para cada aplicación Win32, asegurando que una aplicación Win32 bloqueada no bloquea todo el sistema.

Espacio de direcciones privado para cada aplicación Win32

Cada aplicación Win32 se ejecuta en su propio espacio de direcciones, de forma que sus recursos se encuentran protegidos al nivel de sistema de otras aplicaciones que se ejecuten en el sistema. Esta estrategia también impide que otras aplicaciones sobrescriban inadvertidamente en el espacio de memoria de una aplicación Win32 dada, e impide que la aplicación Win32 sobrescriba inadvertidamente en el espacio de memoria de otra aplicación o del sistema global.

Validación de parámetros para las API de Win32

Al igual que hace con aplicaciones basadas en Win16, Windows 98 proporciona validación de parámetros para las API de Win32 utilizadas por aplicaciones basadas en Win32. El SDK de Windows 98 ayuda a que los desarrolladores de software depuren errores originados por intentos de pasar parámetros inválidos a las API de Windows (para obtener más información acerca de validación de parámetros para aplicaciones basadas en Win32, véase la descripción de las características de fiabilidad para aplicaciones basadas en Win16 descritas anteriormente en este capítulo).

Supervisión de recursos por proceso

Windows 98 supervisa los recursos asignados a las aplicaciones basadas en Win32 por cada proceso. A diferencia de los recursos asignados a las aplicaciones basadas en Win16, los recursos asignados a las aplicaciones basadas en Win32 se liberan automáticamente cuando un proceso finaliza su ejecución. Esta liberación inmediata de recursos del sistema asegura que los recursos se encuentren disponibles para su utilización por otras tareas en ejecución.

Los recursos se limpian apropiadamente cuando los procesos finalizan su ejecución, ya sea por sí mismos —por ejemplo, si el desarrollador de la aplicación olvidó liberar los recursos asignados— o cuando el usuario solicita un reinicio local que finaliza un subproceso o proceso de aplicación dado basado en Win32. Las aplicaciones basadas en Win32 liberan sus recursos asignados inmediatamente cuando un proceso separado o la aplicación misma finaliza.

Colas de mensajes separadas para aplicaciones basadas en Win32

El entorno Windows realiza tareas basadas en la recepción de mensajes enviados por componentes del sistema. Cada mensaje se genera sobre la base de una acción o *suceso* que ocurre en el sistema. Por ejemplo, cuando un usuario presiona una tecla del teclado y la suelta o mueve el mouse, el sistema genera un mensaje que pasa a la aplicación activa para informarle del suceso que ha ocurrido. Las aplicaciones basadas en Windows llaman a funciones de API de Windows específicas para extraer mensajes de sucesos de las colas de mensajes y realizar operaciones sobre los mensajes —por ejemplo, aceptar un carácter de entrada escrito en el teclado o mover el mouse a otra posición de la pantalla.

Windows 98 proporciona colas de mensajes separadas para cada aplicación Win32 en ejecución (cada proceso de una aplicación Win32 puede tener su propia cola de mensajes). Como se muestra en la Figura 21.2, el sistema toma mensajes de la cola de mensajes de entrada y los pasa a la aplicación Win32 apropiada o al Subsistema Win16 si el mensaje va destinado a una aplicación Win16. Si una aplicación Win32 se queda bloqueada y ya no acepta ni procesa sus mensajes de entrada, otras aplicaciones en ejecución basadas en Win16 y Win32 no se ven afectadas.

Si una aplicación Win32 finaliza o el usuario solicita un reinicio local para una aplicación Win32, tener colas de mensajes separadas mejora la fiabilidad del sistema operativo, al facilitar la limpieza y liberación de los recursos del sistema usados por la aplicación. También proporciona mayor fiabilidad y capacidad de recuperación si el sistema se bloquea.

Efectividad del reinicio local

Debido a la fiabilidad de las aplicaciones basadas en Win32, incluyendo el uso de un espacio de direcciones privado, cola de mensajes separadas y supervisión de recursos por proceso, los usuarios deberían poder solicitar un reinicio local para finalizar casi cualquier aplicación Win32 que se comporte de forma inadecuada sin afectar a la integridad del sistema Windows u otras aplicaciones en ejecución.

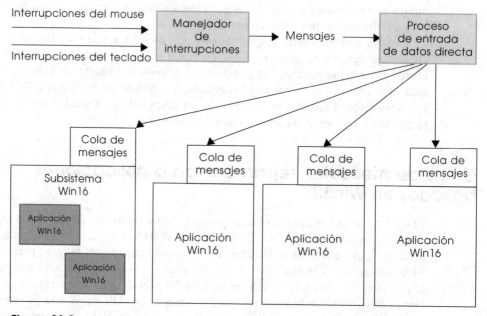

Figura 21.2
Las aplicaciones basadas en Win32 usan colas de mensajes separadas para incrementar la fiabilidad.

Cuando Windows 98 finaliza una aplicación Win32, el sistema libera y limpia sus recursos inmediatamente. Debido a que las aplicaciones basadas en Win32 se ejecutan en entornos asignados individualmente, este método es incluso más robusto que el método de reasignación de recursos de las aplicaciones basadas en Win16 (para más información acerca de la fiabilidad de las aplicaciones basadas en Win16, véase el apartado apropiado anteriormente en este capítulo).

Gestión estructurada de excepciones

Una *excepción* es un suceso que tiene lugar durante la ejecución de un programa y requiere la ejecución de software fuera del flujo normal de control. Las excepciones hardware pueden ser el resultado de la ejecución de ciertas secuencias de instrucciones, tales como una división por cero o un intento de acceder a una dirección de memoria inválida. Una rutina software también puede iniciar una excepción de forma explícita.

El API de Win32 permite un mecanismo denominado *gestión estructurada de excepciones* para gestionar excepciones generadas por el hardware y por el software. La gestión estructurada de excepciones ofrece a los programadores un completo control de la gestión de excepciones. El API de Win32 también incluye la gestión de la finalización, que permite a los programadores asegurar que cuando se ejecute una sección de código protegida, un determinado bloque de código de finalización se ejecute también. El código de finalización se ejecuta con independencia de cómo salga el flujo de control de la sección protegida. Por ejemplo, un gestor de finalización puede garantizar que se realicen las tareas de limpieza incluso si ocurre una excepción o cualquier otro error mientras el código protegido esté en ejecución. La gestión estructurada de excepciones y finalizaciones constituye una parte integrante del sistema Win32 y permite una implementación muy robusta de software del sistema.

Windows 98 proporciona la gestión estructurada de excepciones y finalizaciones para las aplicaciones basadas en Win32. Usando esta funcionalidad, las aplicaciones pueden identificar y rectificar condiciones de error que pudieran ocurrir fuera de su dominio de control, proporcionando un entorno fiable.

22

Administración de sistemas

MICROSOFT WINDOWS 98 está diseñado para su posible administración. El diseño asegura que un administrador de red con privilegios suficientes pueda administrar los PC que ejecutan Windows 98 tanto de forma local como remota. La seguridad de red se emplea para determinar las cuentas que tienen privilegios de administrador utilizando seguridad transferida. Windows 98 también permite que los usuarios de PC estén lógicamente separados de sus PC, de forma que los privilegios y configuraciones de usuarios y PC se puedan administrar de forma independiente. Como consecuencia, los administradores de red pueden permitir que los usuarios «vaguen» por la red, es decir, inicien una sesión desde virtualmente cualquier PC de la red y operar entonces desde un ordenador de sobremesa que tenga la configuración y privilegios adecuados. La separación lógica también significa que múltiples usuarios pueden compartir un mismo PC, cada uno con una configuración distinta y privilegios de red distintos.

Dada la proliferación de PC conectados a redes corporativas, un PC Windows 98 debe poder formar parte de cualquier esquema de seguridad de red. Windows 98 está diseñado para cumplir diversos criterios de administración de red mediante la integración de algunos de los estándares de seguridad de red principales. Con esta infraestructura integrada en Windows 98, las aplicaciones de administración de red pueden proporcionar herramientas a los administradores de red que mantengan los PC y redes trabajando de forma más eficiente y con menor coste.

Las interfaces de gestión abiertas son fundamentales para la implementación de la administración en Windows 98. Donde exista un estándar, Windows 98 implementa una tecnología que permita incluir el estándar; por ejemplo, se suministra un agente del Protocolo simple de administración de red (SNMP) para la administración remota de los PC por medio de cualquier número de consolas SNMP de terceras partes. Donde no exista un estándar, las interfaces se documentan en el

API de Win32. Existe software de administración de Windows 98 de un gran número de vendedores.

La siguiente lista perfila los componentes clave de la infraestructura de administración del sistema en Windows 98:

- Actualización de Windows.

- Comprobador de archivos del sistema.

- Utilidad de información del sistema.

- Nueva utilidad Dr. Watson.

- Nueva utilidad Copia de seguridad.

- ScanDisk automático tras un cierre del sistema incorrecto.

- Registro.

- Editor del Registro.

- Perfiles de usuario (el componente de usuario del Registro).

- Perfiles hardware (el componente de sistema del Registro).

- Directivas del sistema (los componentes de red y seguridad de sistema del Registro).

- Editor de directivas del sistema.

- Seguridad de administración remota (el esquema de identificación de administración remota).

- Llamada a procedimiento remoto (el mecanismo empleado para administrar Windows 95 de forma remota).

- Monitor de red.

- Monitor de sistema.

- Agente SNMP.

- Agente de administración del escritorio.

- Agentes de copia de seguridad, tales como Cheyenne ARCserve y Arcada Backup Exec con MTF (formato de cinta de Microsoft).

La discusión de la infraestructura de administración de Windows 98 se organiza de la siguiente forma:

⊕ Registro.

⊕ Administración de usuarios.

⊕ Administración del sistema.

Nota. Las utilidades del sistema también forman parte de la infraestructura de administración en Windows 98, y son ahora más rápidas y eficientes. Las utilidades del sistema nuevas y mejoradas se describen en otros capítulos: Actualización de Windows, la utilidad de información del sistema y la utilidad Dr. Watson, en el Capítulo 2; la utilidad Comprobador de archivos del sistema, el Asistente para optimizar Windows (que incluye el Defragmentador de disco), la utilidad Copia de seguridad y ScanDisk automático tras un cierre del sistema incorrecto, en los Capítulos 2 y 15.

EL REGISTRO

El Registro de Windows 98 no ha cambiado de forma significativa del de Windows 95. Es el repositorio central en el que Windows 98 almacena todos sus datos de configuración. La configuración de sistema de Windows 98, la configuración hardware PC, las aplicaciones Win32 y las preferencias de usuario se almacenan todas en el Registro. Por ejemplo, cualquier cambio de configuración de hardware de un PC con Windows 98 realizada con un dispositivo Plug and Play se refleja inmediatamente en un cambio de configuración del Registro. Debido a estas características, el Registro es fundamental para el usuario, el sistema y la administración de red en Windows 98.

El Registro sustituye esencialmente a los archivos AUTOEXEC.BAT, CONFIG.SYS, WIN.INI, SYSTEM.INI y al resto de archivos INI de las aplicaciones. Sin embargo, pueden existir instancias de los archivos CONFIG.SYS, WIN.INI y SYSTEM.INI en un PC Windows 98 para compatibilidad tanto con controladores de dispositivos de 16 bits como aplicaciones de 16 bits que deban ejecutarse en Windows 98. Por ejemplo, las aplicaciones de 16 bits probablemente continuarán creando y actualizando sus propios archivos INI.

El Registro es un almacén de datos de configuración único integrado directamente en el sistema operativo. Aunque lógicamente es un único almacén de datos, físicamente consta de tres archivos distintos para permitir la máxima flexibilidad de configuración de red. Windows 98 utiliza el Registro para almacenar información en las tres grandes categorías siguientes:

⊕ La información específica de usuario, en forma de perfiles de usuario, se almacena en el archivo USER.DAT.

⊕ La configuración hardware o específica de la computadora (el perfil hardware) se almacena en el archivo SYSTEM.DAT.

🌐 Las directivas del sistema están diseñadas para poder sustituir a cualquiera de los datos de configuración contenidos en los otros dos componentes del Registro. Las directivas del sistema pueden contener datos adicionales específicos del entorno de red o corporativo, como establezca el administrador de red. Las directivas del sistema se encuentran en el archivo POLICY.POL. A diferencia de SYSTEM.DAT y USER.DAT, POLICY.POL no es un componente obligatorio en una instalación Windows 98.

La división del Registro en estos tres componentes lógicos ofrece las siguientes ventajas:

🌐 Los componentes del Registro se pueden localizar en lugares físicamente distintos. Por ejemplo, el componente SYSTEM.DAT y otros archivos de sistema de Windows 98 pueden encontrarse en el disco duro del PC, y el componente USER.DAT puede situarse en el directorio de inicio de sesión de un servidor de red. Con esta configuración, los usuarios pueden conectarse a varios PC de la red y seguir teniendo privilegios de red y configuración de escritorio únicos, permitiendo la configuración de red de «usuario itinerante» de Windows 98.

🌐 Todos los archivos del Registro y el resto de archivos de Windows 98 se pueden instalar en un servidor de red. Esta configuración permite que Windows 98 se ejecute en una estación de trabajo sin disco o de carga remota de programa inicial (RIPL, *remote initial program load*), o desde una configuración de arranque de disco flexible. En este escenario, Windows 98 se puede configurar para paginar a un disco duro local, pero al mismo tiempo cargar todos sus archivos de sistema desde un servidor.

🌐 El Registro y todos los archivos de sistema pueden instalarse en el disco duro local. Con esta configuración, múltiples usuarios pueden compartir un único PC Windows 98. Cada usuario tiene un nombre de usuario de inicio de sesión distinto, perfil de usuario distinto, privilegios distintos y una configuración de escritorio distinta.

🌐 El administrador de red puede administrar los privilegios de usuario de toda una red teniendo un único archivo POLICY.POL global. O el administrador de red puede establecer estas directivas sobre la base de un servidor o para cada usuario. De esta forma, un administrador de red puede obligar a usar una «configuración de escritorio común» para cada tipo de usuario. Por ejemplo, un PC Windows 98 de entrada de datos se puede configurar de forma que sólo se puedan ejecutar dos aplicaciones, la aplicación de entrada de datos y el correo electrónico. Además, el administrador de red puede especificar que los usuarios de entrada de datos no puedan modificar esta configuración de escritorio. A pesar de esta configuración, el PC Windows 98 puede plenamente formar parte de la red, y es totalmente configurable si un usuario diferente con más privilegios de red inicia una sesión en el mismo PC.

⊛ Se pueden asignar privilegios separados a los usuarios y a un PC. Por ejemplo, si un usuario que tiene privilegios de compartición inicia una sesión en un PC Windows 98 que no tiene compartición (no tiene servicios de igual a igual), el usuario no puede acceder a los recursos del PC. Esta característica es útil si ciertos PC contienen datos importantes que no deberían estar accesibles a todo el mundo en la red corporativa.

El Registro contiene parejas ordenadas de claves y sus valores asociados que se manipulan por medio del API del Registro de Win32. Por ejemplo, el Registro puede tener una clave denominada Wallpaper (Fondo), con un valor asociado de WORK.BMP, indicando que el fondo actual del escritorio está configurado para usar el mapa de bits Work.

De forma adicional, una categoría especial de claves conocida como *claves dinámicas* apunta a una dirección de memoria o a una función de retrollamada. Las claves dinámicas son utilizadas por los controladores de dispositivo o subsistemas Windows 98 que quieren registrar un tipo de datos dinámico, tal como un contador, en el Registro. En el caso de tarjetas de red, las claves dinámicas representan datos tales como velocidades de transferencia de datos, número de errores de generación de tramas, paquetes perdidos, etc. En general, las claves dinámicas se utilizan para datos que se actualizan con frecuencia, y por tanto no se adaptan bien al almacenamiento en el Registro basado en disco. Debido a que las claves dinámicas existen en memoria, sus datos pueden ser actualizados y recuperados con rapidez. Los datos pueden ser utilizados por las herramientas de rendimiento del sistema de Windows 98, que piden al Registro los datos que están monitorizando.

Las claves y valores se pueden crear ya sea mediante programa o utilizando el Editor del Registro (REGEDIT). El API para gestionar el Registro mediante programa es el API de Registro Win32, que se puede invocar remotamente por medio del soporte RPC de Microsoft (que es conforme a DCE) integrado en Windows 98. Windows 98 incluye tanto la parte de cliente como la parte de servidor de RPC (Llamada a procedimiento remoto) de Microsoft, permitiendo que la administración del Registro se pueda hacer remotamente desde otro PC Windows 98. En este escenario, el sistema de administración de red es el cliente RPC. Este cliente accede al API del registro en el PC Windows 98 destino a través del servidor RPC que se ejecuta en la máquina destino. Este acceso RPC al Registro es seguro, y los administradores de red pueden limitar el acceso, ya sea a determinados usuarios con privilegios o a un grupo de administradores de red.

El Registro también se puede editar mediante el Editor del Registro, que se muestra en la Figura 22.1. El Registro consta de varios «árboles» paralelos. El Editor del Registro está construido sobre el soporte RPC y puede editar el Registro Windows 98 local, así como Registros en otros PC Windows 98 remotos. Aunque el Editor del Registro es una herramienta poderosa, tiene un diseño algo rudimen-

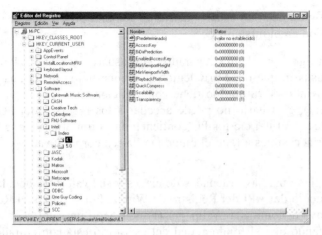

Figura 22.1.
Herramienta Editor del Registro, mostrando la configuración almacenada
en el Registro, cuyo acceso puede ser remoto.

tario y su uso está dirigido a personal de soporte de red y usuarios con privilegios.
La mayoría de los usuarios nunca utilizarán el Editor del Registro, porque las entradas del Registro se modifican normalmente mediante el Panel de control, aplicaciones o mediante Plug and Play. Asignar un valor incorrecto a una entrada del
Registro o agregar o eliminar ciertas entradas puede causar que el sistema operativo se vuelva completamente inoperativo.

Como muestra la Figura 22.2, el Registro es el almacén central de datos sobre
el que se basan todos los servicios de administración del sistema. El Registro une
todos los subsistemas fundamentales, y Windows 98 implementa «agentes» para
los protocolos de administración estándares, tales como SNMP, usando el Registro
y los servicios del Registro.

Mejoras del Registro en Windows 98

Microsoft ha rescrito el código de gestión del Registro para que sea más rápido y
fiable. Las estructuras de datos en memoria se han optimizado. No se verá ningún
cambio en la estructura del Registro como se ha expuesto por medio del API o el
Editor del Registro, pero la forma en la que el código gestiona la estructura ha sido
mejorada significativamente.

Herramientas del Registro

Las principales herramientas de administración de usuarios en Windows 98 son el
Editor del Registro y el Editor de directivas del sistema. Para la mayoría de tipos

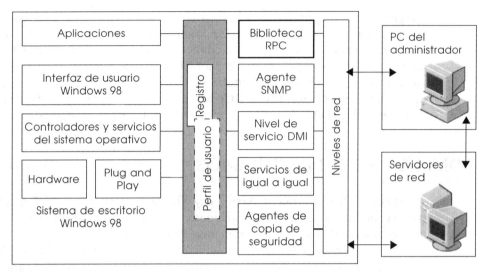

Figura 22.2
Arquitectura de administración de Windows 98, mostrando el papel central
del Registro.

de administración de usuarios, los administradores de red utilizarán las mismas
herramientas en sus PC que las que utilizaban con Windows 95, e incluso anteriormente.

Editor del Registro

El Editor del Registro permite a los administradores de red leer y escribir directamente en el Registro valores contenidos en los perfiles de usuario y en el perfil
hardware. Mediante esta herramienta, los administradores de red pueden leer la
configuración actual, modificarla, crear nuevas claves y valores, y borrar claves y
valores actuales en el Registro.

El Editor del Registro permite editar Registros remotos usando el API de Registro Win32 basado en RPC integrado en Windows 98. En caso de que un perfil
de usuario resida en un servidor de red, el administrador de red se conecta simplemente al servidor de red y abre el archivo usando la E/S de archivo normal —no se
necesita ninguna conexión RPC entre el cliente Windows 98 y el servidor de red.

Editor de directivas del sistema

El Editor de directivas del sistema genera el archivo de directivas del sistema,
POLICY.POL. Esta herramienta permite a los administradores de red especificar
directivas de red concretas o configuraciones de usuario para Windows 98. La herramienta puede ser ampliable por terceras partes; los archivos en formato ADF

(archivos de configuración de administración) son archivos de texto que pueden ser ampliados por los vendedores de herramientas de red o por administradores de red, según la necesidad. El Editor de directivas del sistema trabaja mediante E/S a archivo local y no está configurado para RPC. Debido a que el archivo de directivas del sistema se encuentra centralizado en un servidor de red, cada servidor necesita habitualmente una copia. Todo lo que el administrador de red ha de hacer es conectarse al servidor de red y editar el archivo de directivas del sistema.

ADMINISTRACIÓN DE USUARIOS

Windows 95 fue la primera versión de Windows en implementar funcionalidad para la administración de configuraciones y privilegios específicos de usuario. La administración de usuarios con Windows 98 es igual.

La administración de usuarios resulta evidente en el cuadro de diálogo de inicio de sesión, que pide a los usuarios sus nombres y contraseñas de inicio de sesión cada vez que reinician un PC Windows 98. Este cuadro de diálogo de inicio de sesión captura el nombre de usuario y contraseña, lo que puede originar que Windows 98 reconfigure el escritorio, y cuando sea necesario, limitar el acceso a recursos de red o posibilidades de compartición de este PC Windows 98. Windows 98 también puede comunicar el nombre de usuario y contraseña a aplicaciones y servicios de red registrados que utilicen la información de inicio de sesión de Windows 98 como «llave maestra» para conceder o denegar el acceso.

Las características de administración de usuarios en Windows 98 se basan en los siguientes componentes:

- 🌐 Perfiles de usuario.

- 🌐 Directivas del sistema.

- 🌐 Seguridad basada en un servidor.

Perfiles de usuario

La administración de usuarios en Windows 98 está integrada en el sistema y se implementa mediante perfiles de usuario. Los perfiles de usuario forman parte del Registro y contienen datos de sistema, aplicación y red que son únicos para cada usuario individual de un PC Windows 98. El usuario, el administrador de red o el personal de soporte pueden configurar las características de los perfiles de usuario. Los perfiles de usuario de Windows 98 se encuentran en un único archivo, denominado USER.DAT. Al guardar todos los datos específicos de usuario en un archivo, Windows 98 proporciona un medio de administrar los usuarios de forma separada de la configuración del sistema operativo Windows 98 y del hardware del

PC. Esta separación también permite que la información de usuario se pueda situar físicamente en un lugar distinto del de la configuración del sistema. También permite que los perfiles de usuario se puedan actualizar de forma separada del resto del Registro. Todos los parámetros de configuración de un perfil de usuario se pueden administrar de forma local o remota desde otro PC Windows 98. Windows 98 permite la administración de usuarios centralizada, y el administrador de red puede utilizar el Editor del Registro incorporado en Windows 98 o una diversidad de herramientas de terceros para automatizar la administración de perfiles de usuario.

La configuración contenida en los perfiles de usuario incluye:

- 🌐 Configuración de la interfaz de usuario de Windows 98, que incluye el aspecto del escritorio, fondo, selección de fuente, colores, teclas de método abreviado, resolución de pantalla, etc.

- 🌐 Configuración de red, que incluye la configuración de conexiones de red para trabajo en grupo, servidor preferente, recursos compartidos, etc.

- 🌐 Configuración de aplicaciones, que incluye la configuración de menús y barra de herramientas, fuentes, preferencias de configuración de Windows, etc.

Los perfiles de usuario se pueden deshabilitar en los PC Windows 98 que tienen un solo usuario deshabilitando la opción en el cuadro de diálogo Propiedades de Contraseñas, que se muestra en la Figura 22.3, que asigna a cada usuario un escritorio distinto.

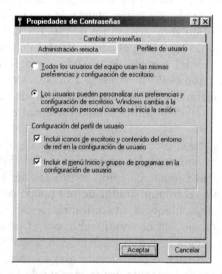

Figura 22.3
Cuadro de diálogo de los perfiles de usuario, que permite habilitar
y especificar escritorios únicos, opciones de la barra de tareas
y grupos de programas para cada usuario.

Directivas del sistema

Las directivas del sistema ofrecen a los administradores de red la capacidad de personalizar el control que tienen sobre Windows 98 usuarios de distintas características o niveles de privilegio de red, incluyendo el control sobre la interfaz de usuario, características de red, configuración de escritorio, capacidad de compartición, etc. Al igual que los otros dos componentes del Registro, las directivas del sistema consisten en parejas de clave y valor. A diferencia de los otros dos componentes del Registro, las directivas del sistema están pensadas para suplantar cualquier configuración que pueda existir en los perfiles de usuario o en el perfil hardware. Las directivas del sistema no son necesarias para el arranque del sistema Windows 98. Se cargan en último lugar y normalmente se traen desde una zona del servidor de red definida por el administrador de red.

Las directivas del sistema se pueden utilizar para definir una configuración por defecto del perfil de usuario o del perfil hardware. Una configuración por defecto para un usuario por defecto y una computadora por defecto puede resolver el problema de los PC preconfigurados a los administradores de red. Los nuevos PC vienen preinstalados con Windows, y en algunos casos con el hardware y software de red necesarios para la conexión a la red corporativa. Muchos administradores de red tienen una configuración de Windows estándar para toda la red, que implementan en cada PC antes de que se instale en la red corporativa. Sin embargo, si un PC se entrega directamente al usuario, como suele ser habitual, el administrador de red no tiene la oportunidad de instalar la configuración de red estándar en el PC. Las directivas del sistema por defecto pueden resolver este problema. Por ejemplo, si la configuración de Windows estándar de la red consta de un conjunto estándar de aplicaciones y un conjunto estándar de privilegios de usuario, tales como los servidores a los que tienen permiso de conexión, el administrador de red puede preconfigurar un conjunto de directivas del sistema de usuario por defecto para forzar estos estándares la primera vez que el PC se conecte a un servidor de red. Asumiendo que el usuario inicia la sesión con un nombre de usuario de inicio de sesión de red válido, los privilegios de red disponibles serán exactamente aquellos a los que esté autorizado.

El control que las directivas del sistema ofrecen sobre el puesto de trabajo es amplio, e incluye conexiones de red estándares y la habilitación o deshabilitación de capacidades de compartición de igual a igual, así como controles tales como la antigüedad de contraseña. Por ejemplo, el administrador de red puede definir un puesto de trabajo para un usuario y luego bloquear su configuración activando el atributo que hace que el puesto de trabajo sea no modificable por el usuario. El administrador de red también puede asegurar que el usuario sólo tenga acceso a ciertas aplicaciones, no permitiendo al usuario que ejecute ninguna otra aplicación. Esta restricción impide que el usuario ejecute programas desde la línea de mandatos o desde los visualizadores de interfaz de usuario, impidiendo, por tanto, la instalación de nuevo software. Otro ejemplo de utilización de las directivas de usuario consiste en deshabilitar elementos del Panel de control para usuarios que tienen la costumbre de reconfigurar sus PC y que como consecuencia requieren demasiada atención del Servicio de asistencia.

Directivas del sistema para usuarios

Windows 98 incluye un conjunto de directivas del sistema integradas con varios componentes del sistema para controlar el entorno Windows 98 de cara al usuario. Se pueden controlar las siguientes áreas y directivas del sistema para los usuarios:

- **Panel de control.** Dentro de esta categoría de opciones, los administradores de red pueden configurar directivas para impedir que un usuario acceda a propiedades del Panel de control. Las directivas incluyen la restricción de acceso a parámetros de la Pantalla del Panel de control, parámetros de Red, parámetros de Impresoras, parámetros de Sistema y parámetros de Seguridad.

- **Escritorio.** Las directivas permiten impedir que los usuarios modifiquen características del escritorio. Incluyen la especificación del fondo y del esquema de colores a utilizar.

- **Red.** Las directivas de red proporcionan restricciones a la compartición de archivos e impresoras. Incluyen la deshabilitación de controles de compartición de archivos e impresoras.

- **Interfaz de usuario.** Las directivas de la interfaz de usuario se utilizan para personalizar carpetas y otros elementos del escritorio, y para restringir los cambios a la interfaz de usuario. Estas directivas incluyen la personalización de la carpeta de Programas de usuario, elementos de escritorio, carpeta de Inicio, menú Entorno de red y menú Inicio. Las restricciones incluyen:

  — Eliminar los mandatos Ejecutar y Buscar del menú Inicio.

  — Eliminar carpetas y la barra de tareas de Configuración en el menú Inicio.

  — Ocultar unidades en MiPC y ocultar Entorno de red.

  — Ocultar todos los elementos del escritorio.

  — Deshabilitar el mandato Apagar el sistema, lo que impide que se almacenen los parámetros cambiados a la salida.

- **Sistema.** Estas directivas restringen el uso de herramientas de edición del Registro, aplicaciones y aplicaciones MS-DOS. Las directivas incluyen:

— Restricción del uso de herramientas de edición del Registro.

— Ejecución limitada a aplicaciones Windows seleccionadas.

— Deshabilitación de la capacidad de ejecutar un mandato desde la línea de comandos MS-DOS y del modo de aplicación MS-DOS simple.

Directivas del sistema para computadoras

Windows 98 incluye un conjunto de directivas del sistema integradas con varios componentes del sistema para controlar el entorno Windows 98 de cara a la computadora. Se pueden controlar las siguientes áreas y directivas del sistema para las computadoras:

Configuración de las directivas del sistema

La configuración de las directivas del sistema hace referencia a la configuración de la computadora, e incluye:

- Identificar de la ruta de acceso a red para Instalación de Windows.

- Habilitar los perfiles de usuario.

- Identificar los elementos a ejecutar cada vez que la computadora arranca, o a ejecutar sólo una vez cuando la computadora arranca por primera vez.

Configuración de las directivas de red

La configuración de las directivas de red hace referencia a la configuración de red de la computadora, e incluye:

- Controlar la configuración de inicio de sesión.

- Deshabilitar la compartición de archivos e impresoras.

- Activar la seguridad a nivel de usuario.

- Controlar la configuración de contraseñas.

- Deshabilitar el acceso telefónico a redes.

- Controlar el acceso remoto al Registro.

- Definir propiedades para actualizaciones de directivas remotas.

- Definir la configuración del Cliente para redes Microsoft y el Cliente Microsoft para redes Netware.

- Configuración de atributos para el servicio SNMP.

Papel del servidor en la administración de sistemas

En la administración de usuarios, el servidor juega un papel fundamental. Toda la administración del espacio de nombres de usuarios se realiza en el servidor de red, de forma que Windows 98 utiliza el mecanismo de seguridad nativo a nivel de usuario integrado en el servidor de red para la autenticación de inicios de sesión y seguridad transferida. Windows 98 no tiene integrado ningún mecanismo de seguridad propio a nivel de usuario. Como consecuencia, los administradores de red pueden usar las herramientas de administración de servidores familiares para administrar las cuentas de usuario en Windows 98.

El segundo papel del servidor en la administración de usuarios en Windows 98 es el de contener copias de los perfiles de usuario y las directivas del sistema. Habitualmente, los perfiles de usuario se almacenan en directorios de usuario con acceso de lectura/escritura para el usuario. Conforme se realizan cambios en la copia local de los perfiles de usuario, se actualiza la copia que reside en el servidor. Windows 98 mantiene sincronizadas la imagen local y de red. Las directivas del sistema deberían almacenarse en un directorio que fuera accesible a todos los inicios de sesión de usuario, y deberían tener acceso de sólo lectura para los usuarios, con el fin de asegurar que sólo los administradores de red puedan modificar las directivas de red que el archivo de directivas del sistema pueda definir.

23

Visor de TV

SI SE DISPONE de una tarjeta de televisión NTSC (*National Television System Committee*) o PAL (*Phase Alternation Line*) instalada en la computadora, se pueden ver programas de televisión en una ventana del escritorio. Microsoft Windows 98 incluye un visor de TV que proporciona el software necesario para recibir señales de TV en la ventana de la computadora. Las señales pueden proceder de una emisión de TV multidifusión (aérea), un servicio de TV por cable o del servicio de satélite de difusión directa (DBS, *direct broadcast satellite*) DIRECTV. Para disfrutar de todas las características del visor de TV se ha de estar conectado con DIRECTV.

UTILIZACIÓN DE LA BARRA DE HERRAMIENTAS DE TV

La barra de herramientas de TV, que se muestra en la Figura 23.1, se desliza en la pantalla desde la derecha cuando se pulsa F10, se mueve el ratón al borde derecho de la pantalla o se presiona el botón de menú del controlador remoto.

El menú de TV permite las siguientes acciones:

- Sintonizar la guía de programas.
- Registrarse para ver la TV.
- Crear restricciones de telespectadores.
- Crear una lista de canales personales.
- Sintonizar rápidamente un canal favorito.
- Agregar o eliminar canales favoritos.
- Obtener ayuda.

Figura 23.1
Barra de herramientas de TV.

CÓMO OBTENER AYUDA

Aunque se mencione en el último lugar de la lista anterior, la Ayuda es conveniente que sea revisada en primer lugar, por si no se consigue llegar a ver la TV en el escritorio. Para obtener la Ayuda, efectúe los siguientes pasos:

1. Presione F10 para mostrar la barra de herramientas de TV (o presione el botón de menú del controlador remoto).
2. En la barra de herramientas, haga clic sobre Ayuda (mueva el puntero a Ayuda y luego presione el botón de selección en el controlador remoto). Verá la primera pantalla de Ayuda, como se muestra a continuación:

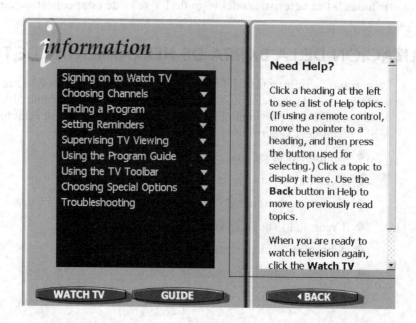

3. Haga clic sobre uno de los apartados de la izquierda para ver el menú de dicho apartado. Por ejemplo, al hacer clic sobre el botón de búsqueda de programa, se despliega una lista de temas de ayuda, como se muestra a continuación:

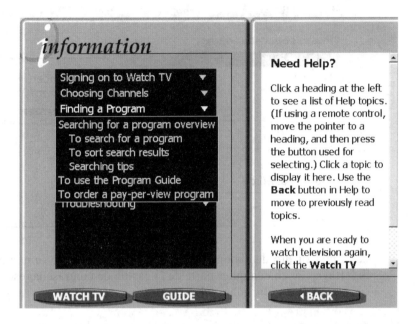

4. A continuación, haga clic sobre un tema del menú para ver el mensaje de ayuda.
5. Cuando quiera volver a ver la TV, haga clic sobre el botón de ver la TV o haga clic sobre el botón de selección de la guía para volver a la guía de programas.

CÓMO REGISTRARSE

Registrarse para ver la TV es importante si se han configurado restricciones de telespectadores para algún miembro de la familia. Cuando se han configurado restricciones y alguien ve la TV sin registrarse, se ve la TV como telespectador invitado. Un telespectador invitado tiene los privilegios de visión más restrictivos y sólo puede ver aquellos programas que cualquier telespectador pueda ver.

Para registrarse para ver la TV, efectúe los siguientes pasos:

1. Presione F10 para desplegar la barra de herramientas de TV (o presione el botón de menú del controlador remoto). En la barra de herramientas, haga clic sobre el botón de registro (mueva el puntero sobre dicha opción, y a

continuación presione el botón de selección en el controlador remoto). Aparecerá el cuadro de diálogo de registro que se muestra en la siguiente figura.

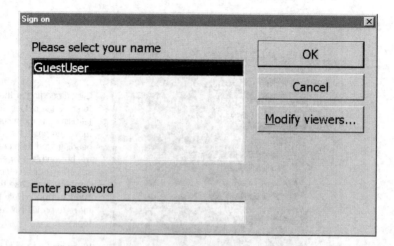

2. En el cuadro de diálogo de registro, haga clic sobre su nombre en la lista.
3. Haga clic en cualquier parte de la casilla de contraseña, escriba su contraseña y haga clic sobre OK.

Para ver la TV sin registrarse, efectúe uno de los siguientes pasos:

🌐 En el menú Inicio, haga clic sobre el visor de TV.

🌐 Presione el botón de TV en su controlador remoto.

UTILIZACIÓN DE LA GUÍA DE PROGRAMAS

La Guía de programas es una guía de TV. Para utilizarla, presione F10 sobre el teclado para desplegar la barra de herramientas de TV, y luego pulse el botón de selección de la guía (o presione el botón de selección de la guía en su controlador remoto).

En la Guía de programas, la programación de TV se presenta en una cuadrícula que muestra los canales a la izquierda verticalmente y las horas del día en la parte superior horizontalmente. Se puede ver en la guía lo que están emitiendo en un instante, o se puede buscar un programa específico haciendo clic sobre el botón de búsqueda. También se pueden buscar otras horas de emisión de un programa y configurar recordatorios para programas futuros.

Obtención de la Guía de programas

Tras empezar a ver la TV, se ofrece la oportunidad de obtener la Guía de programas local. Se puede obtener la Guía de programas o cambiar la configuración de canales en cualquier momento utilizando el canal de configuración de TV. Simplemente siga los siguientes pasos:

1. En la Guía de programas, haga clic sobre la opción de configuración de TV y seleccione la opción de Ver. Verá la pantalla inicial, como se muestra en la siguiente figura, para configurar el visor de TV.

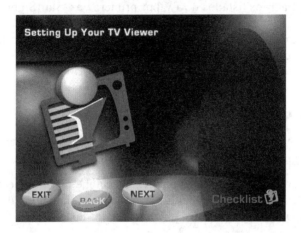

2. Haga clic sobre el botón de pasar a la siguiente pantalla y siga las instrucciones hasta que llegue a la página web StarSight Web Site Data Download (nodo web de StarSight para obtener datos), como se muestra en la siguiente figura:

3. En la página Data Download Page, escriba su código postal con el teclado numérico (asegurándose de que esté activo) y luego haga clic sobre Submit (validar). Aparecerá la página Select Broadcast Area (seleccione área de difusión).

4. Seleccione el proveedor de TV por cable de su área y haga clic sobre el botón de pasar a la siguiente pantalla.

5. Haga clic sobre el botón Download (traer) para recibir la Guía de programas. Data Downloader se conecta a la Web, obtiene los listados de TV y los trae a su computadora.

Después de traer los listados de TV por primera vez, StartSight Loader se configura en el administrador de tareas de Windows y se ejecuta una vez al día para traer automáticamente la Guía de programas. DTVLoader realiza la misma carga automática para clientes de DIRECTV.

Selección de un programa

Para seleccionar el programa a ver, siga los siguientes pasos:

1. En la barra de herramientas de TV, seleccione el botón de selección de la guía. Verá una lista de canales y programas en la página de horarios de la guía de programas, como se muestra a continuación:

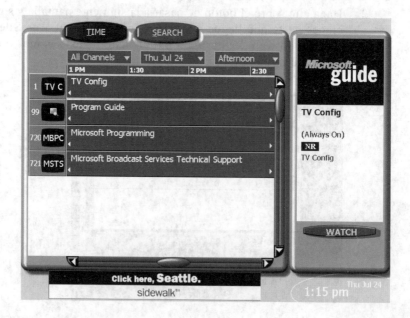

2. Haga clic sobre el programa en la Guía de programas (mueva el puntero a la posición del programa y luego presione el botón del controlador remoto).

3. Haga clic sobre el botón de ver programa.

Se ha de tener en cuenta los siguientes aspectos:

- Los programas que estén en dicho instante en emisión se muestran en casillas gris oscuro.

- Se puede hacer doble clic sobre un programa que esté en gris oscuro para empezar a verlo (presione dos veces, con rapidez, el botón de selección en el controlador remoto).

Cómo encontrar las horas de emisión de otros programas

Para encontrar las horas de emisión de otros programas, siga los siguientes pasos:

1. En la Guía de programas, haga clic sobre el programa del que desea saber los horas de emisión (mueva el puntero a la casilla del programa y presione el botón de selección en el controlador remoto).

2. Haga clic sobre el botón de búsqueda para ver las otras horas de emisión de la lista de búsqueda.

Para encontrar información adicional acerca de encontrar programas, véase el apartado «Cómo buscar un programa», más adelante en este capítulo.

Cómo desplazarse por las horas de emisión

Para desplazarse por las horas de emisión se han de utilizar los botones de la Guía de programas, como se muestra en la Figura 23.2

Cómo ver la programación de otra hora del día

Cuando se muestra la Guía de programas se observan los programas que se emiten a la hora actual del día. Se pueden consultar programas que se emiten a otras horas del día. Para ello siga los siguientes pasos:

1. En la Guía de programas, haga clic sobre la ficha que muestra el período actual (mañana, tarde, etc.), como se muestra en la página siguiente (mueva el puntero a la ficha y luego presione el botón de selección en el controlador remoto).

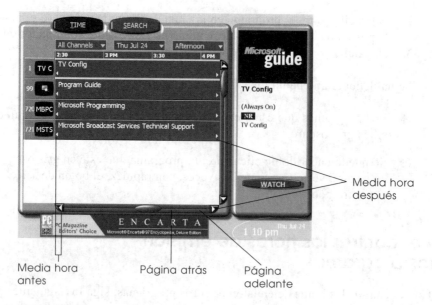

Figura 23.2.
Botones para desplazarse por las horas de emisión de la Guía de programas.

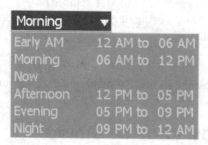

2. Haga clic sobre el período del día del que quiere ver la programación de TV.

Cómo ver la programación de otro día

De igual forma que se puede ver la programación de cualquier hora del día, se puede ver la programación de cualquier otro día de la semana. Para ver los programas que se emiten otro día, siga los siguientes pasos:

1. En la Guía de programas, haga clic sobre la ficha que muestra el día y hora actuales, como se muestra en la página siguiente (mueva el puntero

a la ficha, y después presione el botón de selección del controlador remoto).

2. Haga clic sobre el día del que quiera ver la programación de TV.

Cómo volver al día y hora actuales

Después de ver la programación de otra hora del día o de otro día de la semana, se puede volver a la hora actual para comprobar los programas de TV. Para volver al día y hora actuales, haga clic sobre la hora actual en la parte inferior de la página de la Guía de programas.

Nota. Cuando se hace clic sobre la hora actual, un programa que se esté mostrando en dicho instante en un canal que sea visible en la rejilla se convierte en el programa seleccionado.

Significado de los iconos de pantalla

El visor de TV puede mostrar una serie de iconos que son una forma gráfica, rápida y discreta de ofrecer información. Para averiguar qué indican los iconos que se muestran en la pantalla se puede consultar la Tabla 23.1.

CONTROL DEL VISOR DE TV

El visor de TV ofrece una serie de controles para gestionar la visualización. Los siguientes apartados describen las distintas formas de controlar el visor de TV para obtener los programas deseados.

Tabla 23.1
Iconos de pantalla

Icono	Significado
🕐	Recordatorio activado para un programa.
G	El programa es una reposición.
💬	Subtítulos disponibles.
🔊	Sonido estéreo disponible.
🔉	Pistas de sonido alternativas disponibles.
$	Programa disponible previo pago.
G	Programa recomendado para todos los públicos.
PG	Programa cuyo contenido no está recomendado para niños.
PG-13	Programa cuyo contenido no está recomendado a menores de 13 años.
R	Programa sólo recomendado para adultos.
NR	Programa sin clasificar.
NR-M	Programa clasificado para audiencias maduras.
NR-C	Programa clasificado como comedia de situación para adultos.
NC-17	Programa con desnudos, lenguaje de adultos y/o violencia.

Cambio de canales

Para cambiar de canal realice una de las siguientes operaciones:

- 🌐 En la Guía de programas, haga clic sobre el programa que desea ver.

- 🌐 Haga clic sobre un canal preferido en la barra de herramientas, o haga clic sobre los botones de flecha arriba o abajo de la barra de herramientas.

- 🌐 Haga clic sobre el botón de selección de canales en la parte superior de la pantalla, seleccione la opción de canales favoritos del menú, y a continuación haga clic sobre el canal que desee ver.

- 🌐 Utilice el botón de canales favoritos en el controlador remoto.

🌐 Utilice el teclado numérico en el controlador remoto para introducir el número de canal y presione el botón INTRO.

He aquí cómo averiguar lo que están emitiendo:

🌐 Para averiguar lo que están emitiendo en el canal actual, presione F10, mueva el ratón al borde derecho de la pantalla o presione el botón de menú del controlador remoto.

🌐 Para averiguar qué se emite en otro canal, utilice la Guía de programas.

Cómo desplazarse por los canales

Para desplazarse por los canales de la Guía de programas, utilice los botones que se muestran en la Figura 23.3.

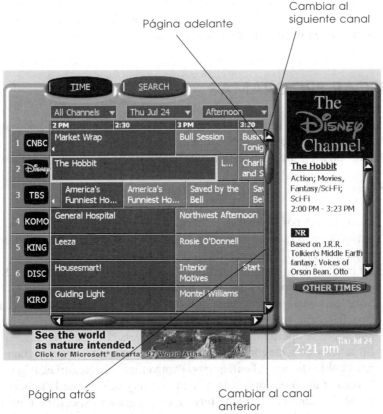

Figura 23.3
Desplazamiento por los canales.

Cómo cambiar la pista de sonido

Para cambiar la pista de sonido, realice los siguientes pasos:

1. Haga clic sobre el icono de altavoz de la barra de canales. Este icono sólo se muestra cuando están disponibles varias pistas de sonido.
2. Seleccione una opción del menú de sonido.

Cómo mostrar subtítulos

De igual forma que se pueden recibir subtítulos en un televisor normal, se pueden mostrar subtítulos mediante el visor de TV. Basta con seguir los siguientes pasos:

1. Presione F10 para desplegar la barra de herramientas de TV (o presione el botón de menú en el controlador remoto).
2. En la barra de herramientas de TV, pulse el botón de configuración.
3. En el cuadro de diálogo de Configuración, haga clic sobre la casilla de verificación de subtítulos y luego haga clic sobre OK.

CÓMO BUSCAR PROGRAMAS

La Guía de programas proporciona una forma de encontrar un programa rápidamente sin tener que buscar por todos los programas de la lista de la guía. Se puede buscar un programa específico, una categoría de programas o un canal específico.

Para buscar un programa, realice los siguientes pasos:

1. Presione F10 para mostrar la barra de herramientas y haga clic sobre el botón de selección de la guía (o presione el botón de selección de la guía sobre el controlador remoto).
2. En la Guía de programas, haga clic sobre el botón de búsqueda. Su pantalla tendrá un aspecto similar al de la Figura 23.4.
3. Si desea buscar un programa que se emita actualmente o en un día específico, haga clic sobre la opción de selección de todos los días, y luego haga clic sobre la opción del menú que desee ver.
4. En la lista de Categorías, haga clic sobre una categoría. Algunas categorías también tienen subcategorías. Para ver las subcategorías, haga clic sobre la opción de Todas aplicada a la categoría y seleccione la subcategoría en el menú. También se puede buscar un programa específico o estación introduciendo el nombre de la estación en la casilla de búsqueda y luego pulsando el botón de búsqueda en la parte inferior de la pantalla.

Figura 23.4
Búsqueda de un canal.

Sugerencia. Si está viendo un programa cuando hace clic sobre el botón de búsqueda, la página de búsqueda muestra inicialmente todas las restantes horas a las que aparece este programa en la lista actual.

Ordenación de los resultados de búsqueda

Después de que el visor de TV muestre el resultado de una búsqueda, se puede ordenar dicho resultado, bien sea alfabéticamente por nombre de programa, o cronológicamente por hora y fecha.

🌐 Para ordenar el resultado alfabéticamente, en la página de búsqueda, haga clic sobre la opción de Ordenación por título.

🌐 Para ordenar el resultado cronológicamente, en la página de búsqueda, haga clic sobre la opción de Ordenación por tiempo.

Creación de una lista personal de canales

Una lista personal de canales es una lista de canales disponibles para cada telespectador. Antes de hacer ningún cambio, la lista contiene todos los canales de todas las fuentes de vídeo disponibles (red, cable o satélite). Si se han configurado restricciones de telespectadores, una lista de canales supervisada contiene sólo aquellos canales permitidos por las restricciones. Cualquier telespectador puede realizar cambios para eliminar canales no deseados.

Para crear una lista personal de canales, efectúe los siguientes pasos:

1. Presione F10 para mostrar la barra de herramientas de TV (o presione el botón de menú en el controlador remoto).
2. En la barra de herramientas de TV, haga clic sobre el botón de Configuración (mueva el puntero al botón de Configuración, y luego presione el botón de Selección en el controlador remoto).

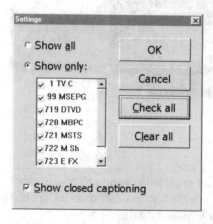

3. En el cuadro de diálogo de Configuración, asegúrese de que se encuentra seleccionada la opción de Sólo mostrar.
4. Para eliminar un canal de la lista, haga clic sobre la casilla de verificación a la izquierda del nombre del canal para eliminar la marca de verificación (si desea incluir un canal en lista, la casilla de verificación deberá tener una marca de verificación).
5. Haga clic sobre OK.

Las siguientes sugerencias le ayudarán a generar la lista personal de canales:

⊕ Utilice el botón específico de Eliminar todos para eliminar todos los canales de la lista de canales, y el botón de Agregar todos para agregar todos los canales a la lista.

⊕ Si existen restricciones para telespectadores, deberá registrarse para ver la TV antes de crear una lista personal de canales. Si no se registra, no se cambia la lista personal de canales; en su lugar, se crea una lista de canales para un telespectador invitado.

- Cuando recorra los canales de TV, sólo verá aquellos canales que se encuentran en su lista personal de canales. También verá estos canales en la Guía de programas.

- Si agrega sus cinco canales favoritos a la barra de herramientas de TV, podrá acceder a ellos rápidamente desplegando el menú y haciendo clic sobre el canal deseado (véase el apartado siguiente para más detalles).

CÓMO SELECCIONAR LOS CANALES FAVORITOS

Se pueden colocar cinco de los canales de TV favoritos en el menú de TV, desde donde pueden sintonizarse fácilmente. Se pueden cambiar tantas veces como se desee.

Cómo agregar un canal favorito a la barra de herramientas de TV

Para agregar un canal favorito a la barra de herramientas de TV, siga los siguientes pasos:

1. Sintonice el canal que quiera agregar.
2. Presione F10 para desplegar la barra de herramientas de TV (o presione el botón de menú en el controlador remoto).
3. En la barra de herramientas de TV, haga clic sobre el botón de Agregar.

He aquí algunas notas adicionales acerca de cómo agregar los canales favoritos a la barra de herramientas de TV.

- Se pueden agregar hasta cinco canales favoritos a la barra de herramientas de TV.

- Si se agrega un canal favorito cuando ya existen cinco canales en la barra de herramientas de TV, el canal favorito más antiguo se elimina para hacer sitio al nuevo.

Cómo eliminar un canal favorito de la barra de herramientas de TV

Para eliminar un canal favorito de la barra de herramientas de TV, siga los siguientes pasos:

1. Presione F10 para desplegar la barra de herramientas de TV (o presione el botón de menú en el controlador remoto).
2. En la barra de herramientas de TV, haga clic sobre el canal que desee eliminar.
3. Haga clic sobre el botón de Eliminación.

CÓMO ESTABLECER RECORDATORIOS

En la Guía de programas se puede establecer un recordatorio para los siguientes tipos de programas:

- Un programa determinado.

- Un programa diario.

- Un programa de un día de la semana.

- Un programa semanal.

Se puede hacer que el recordatorio aparezca en la pantalla 5 o 10 minutos antes de la hora de emisión.

Para establecer un recordatorio, siga los siguientes pasos:

1. En la Guía de programas o en la página de búsqueda, haga clic en el programa sobre el que quiera establecer un recordatorio.
2. Haga clic sobre el botón de Recordatorio. Aparecerá el cuadro de diálogo de Recordatorio:

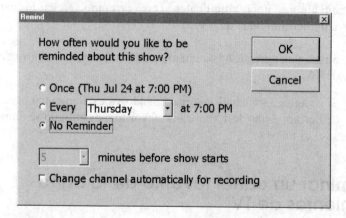

3. Siga las directrices del cuadro de diálogo de Recordatorio y haga clic sobre OK.

Comprobación de recordatorios

Para comprobar recordatorios, siga los siguientes pasos:

1. En la Guía de programas, haga clic sobre el botón de Búsqueda.
2. En la página de búsqueda, desplace hacia abajo la lista de categorías hasta que vea la categoría de recordatorios, y a continuación haga clic sobre dicha categoría. Su pantalla tendrá un aspecto similar al que se muestra en la siguiente figura:

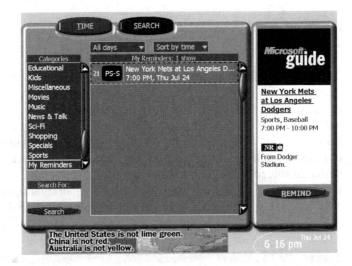

3. Compruebe su lista de recordatorios en la columna de la derecha.

Cómo cancelar recordatorios

Para cancelar un recordatorio, siga los siguientes pasos:

1. En la Guía de programas, haga clic sobre el botón de Búsqueda.
2. En la página de búsqueda, desplace hacia abajo la lista de categorías hasta que vea la categoría de recordatorios, y a continuación haga clic sobre dicha categoría.
3. Compruebe su lista de recordatorios en la columna de la derecha, haga clic sobre el recordatorio que desee cancelar, y a continuación haga clic sobre el botón de Recordatorio.
4. En el cuadro de diálogo de Recordatorio, haga clic sobre la opción de no recordatorio y luego pulse OK.

SUPERVISIÓN DE LA UTILIZACIÓN DEL VISOR DE TV

Si se quiere supervisar la visión de TV de ciertos miembros de la familia, se puede designar uno o más supervisores en la familia. Un supervisor puede determinar los siguientes aspectos:

⊕ Canales disponibles para un telespectador supervisado.

⊕ Calificaciones de programas disponibles para un telespectador supervisado.

⊕ Límite de dinero a gastar en TV de pago por un telespectador supervisado.

Para crear restricciones para un telespectador, siga los siguientes pasos:

1. Presione F10 para desplegar la barra de herramientas de TV (o presione el botón de menú en el controlador a distancia).
2. En la barra de herramientas de TV, haga clic sobre el botón de Registro (mueva el puntero a la opción de Registro, y a continuación presione el botón de selección del controlador remoto).
3. En el cuadro de diálogo de Registro, haga clic sobre la opción de Modificación de telespectadores. Aparecerá el siguiente cuadro de diálogo:

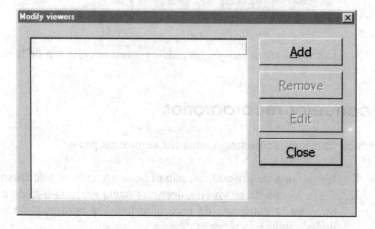

4. En el cuadro de diálogo de Modificación de telespectadores, haga clic sobre Agregar.
5. En el cuadro de diálogo de Nuevo telespectador, escriba el nombre del telespectador a agregar, como se muestra en la siguiente figura:

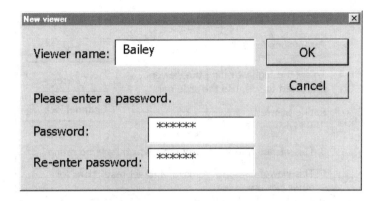

6. Haga clic en cualquier punto de la casilla de contraseña y escriba la contraseña para el nuevo telespectador.
7. Vuelva a escribir la contraseña en la casilla de rescritura de contraseña y haga clic sobre OK.
8. Edite las restricciones para el nuevo telespectador (véase el siguiente apartado).

Nota. Si no está registrado como supervisor, no podrá crear o editar restricciones para telespectadores.

Edición de restricciones para telespectadores

Después de configurar un nuevo telespectador, se necesita editar las restricciones del telespectador. También se pueden cambiar las restricciones para un telespectador que ya está en la lista.

Para editar restricciones para un telespectador, siga los siguientes pasos:

1. Presione F10 para desplegar la barra de herramientas de TV (o presione el botón de menú en el controlador a distancia).
2. En la barra de herramientas de TV, haga clic sobre el botón de Registro (mueva el puntero a la opción de Registro, y a continuación presione el botón de selección del controlador remoto).
3. En el cuadro de diálogo de Registro, haga clic sobre la opción de Modificación de telespectadores.
4. En el cuadro de diálogo de Modificación de telespectadores, haga clic sobre el nombre del telespectador cuyas restricciones desea cambiar, y luego haga clic para abrir el cuadro de diálogo de Permisos, como se muestra a continuación:

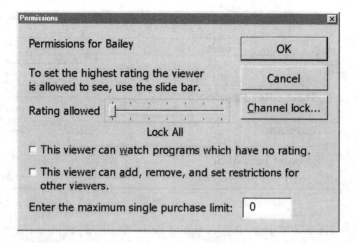

5. Mueva el deslizador para establecer la clasificación más alta permitida para este telespectador.

6. Seleccione la primera casilla de verificación para permitir que el telespectador pueda ver programas sin clasificación (NR).

7. Seleccione la segunda casilla de verificación para permitir que el telespectador pueda administrar parámetros de configuración del visor de TV.

8. Haga clic sobre el botón de Bloqueo de canal para seleccionar y deseleccionar canales para el telespectador. El botón de Bloqueo de canal despliega el cuadro de diálogo de Configuración.

9. Establezca el límite de dinero para pago por visión de un solo programa. Muchas películas de pago por visión tienen un precio estándar: por ejemplo, 3,99 $. Algunos programas de interés especial pueden costar hasta 49,99 $. Para permitir que los telespectadores vean películas en pago por visión, se puede establecer un límite de 5,00 $, impidiendo que vean programas con mayor precio.

10. Haga clic sobre OK.

Cómo obtener permiso para ver un programa

Para obtener permiso para ver un programa, siga los siguientes pasos:

1. Sintonice el programa que desea ver.

2. Cuando vea el mensaje de «Permiso denegado», haga clic sobre el botón de Petición de permiso y pida a alguien autorizado (o supervisor de restricciones) que rellene el cuadro de diálogo.

Las personas autorizadas o supervisores de restricciones han de seguir los pasos que se describen en el siguiente apartado.

Cómo anular restricciones para telespectadores

Cuando un telespectador con restricciones le pide (como supervisor de restricciones) permiso para ver un programa para el que no tiene permiso, usted puede anular las restricciones de dicho telespectador para ver el programa concreto. Para anular restricciones de telespectadores, siga los siguientes pasos:

1. En el cuadro de diálogo de Permisos que aparece en los programas con permiso restringido, haga clic sobre el botón de Petición de permiso.
2. Siga las instrucciones del cuadro de diálogo de Permiso paterno y haga clic sobre OK.

Nota. Este procedimiento se utiliza para casos excepcionales de programas restringidos. Para cambiar las restricciones del telespectador de forma permanente se han de editar las restricciones del telespectador.

Cómo eliminar un telespectador

Si la lista de telespectadores incluye a alguien sobre el que no se quiere seguir teniendo una cuenta de telespectador, se puede eliminar dicho telespectador eliminando el conjunto de restricciones de telespectador. Para eliminar un telespectador, siga los siguientes pasos:

1. Presione F10 para desplegar la barra de herramientas de TV (o presione el botón de Menú en el controlador a distancia).
2. En la barra de herramientas de TV, haga clic sobre el botón de Registro (mueva el puntero a la opción de Registro, y a continuación presione el botón de Selección del controlador remoto).
3. En el cuadro de diálogo de Registro, haga clic sobre el botón de Modificación de telespectadores.
4. En el cuadro de diálogo de Modificación de telespectadores, haga clic sobre el nombre del telespectador que desea eliminar y pulse el botón de Eliminación.
5. Confirme la operación, y a continuación pulse OK.

Se han de tener en cuenta dos aspectos:

- Si no se está registrado como supervisor, no se puede eliminar un telespectador.

- El usuario invitado no se puede eliminar; es una designación de telespectador permanente.

RESOLUCIÓN DE PROBLEMAS

Si se tiene problemas con el visor de TV, se ha de consultar el apartado Resolución de problemas en la Ayuda interactiva (seleccione Ayuda en la barra de herramientas). Dicho apartado cubre gran variedad de problemas que pueden surgir cuando se instala o utiliza el visor de TV, incluyendo los siguientes:

- Dificultades en la utilización de la Guía de programas.

- Puntos oscuros.

- Aspectos de DIRECTV.

- Recepción vía satélite.

- Programación en pago por visión.

Otra fuente de información para la resolución de problemas es el canal 721, Microsoft Broadcast Services Technical Support (MSTS). Seleccione este canal en la Guía de programas para encontrar información de ayuda sobre la carga de información remota, actualizaciones y realimentación.

Índice

McGRAW-HILL/INTERAMERICANA DE ESPAÑA, S. A.
Dpto. Marketing - C/ Basauri, 17 - Edificio Valrealty, 1.ª planta
28023 Aravaca (MADRID)

Nombre y apellidos _____

Empresa _____ *Departamento* _____

Dirección _____ *C. P.* _____

Localidad _____ *País* _____

C.I.F./D.N.I. _____ *Teléfono* _____
(Indispensable)

☐ *Ruego me envíen información del fondo McGraw-Hill*   ☐ Castellano   ☐ Inglés
Materias de interés _____

Ruego me envíen el/los siguiente/s título/s:

ISBN _____   *Autor/Tít.* _____
ISBN _____   *Autor/Tít.* _____
ISBN _____   *Autor/Tít.* _____
ISBN _____   *Autor/Tít.* _____

INDIQUE LA FORMA DE ENVIO:

☐ *Correo*

☐ *Agencia/Mensajería. (Gastos de envío no incluidos en el precio del libro. Consulte con nosotros.)*

INDIQUE LA FORMA DE PAGO:

☐ *Tarjeta de crédito*   ☐ *VISA*   ☐ *4B*   ☐ *Mastercard*

Autorizo a McGRAW-HILL/INTERAMERICANA DE ESPAÑA, S. A. a cargar en mi tarjeta el importe del presente pedido:

N.º *tarjeta:* | | | | | | | | | | | | | | | | | | |

Fecha caducidad _____ / _____   *Nombre del titular* _____

Firma

**3 FORMAS FACILES
Y RAPIDAS
DE SOLICITAR
SU PEDIDO**

**EN LIBRERIAS
ESPECIALIZADAS**

FAX:
(91) 372 85 13

TELEFONOS:
(91) 372 84 09
(91) 372 81 93

AW98

- ✂ - - - - - -

Sí envíenme el catálogo de las novedades de McGRAW-HILL en

☐ Informática   ☐ Economía/Empresa   ☐ Ciencia/Tecnología
☐ Español   ☐ Inglés

Nombre .... Titulación ....
Empresa .... Departamento ....
Dirección .... Código postal ....
Localidad .... País ....
C.I.F./N.I.F. .... Teléfono ....

¿Por qué elegí este libro?

☐ Renombre del autor
☐ Renombre McGraw-Hill
☐ Reseña en prensa
☐ Catálogo McGraw-Hill
☐ Buscando en librería
☐ Requerido como texto
☐ Precio
☐ Otros ....

**Temas que quisiera ver tratados
en futuros libros McGraw-Hill:**

....
....
....
....
....

Este libro me ha parecido:

☐ Excelente   ☐ Bueno   ☐ Malo
Comentarios ....
....

Por favor, rellene esta tarjeta y envíela por correo a la dirección apropiada.

AW98

 **Le ofrece**

- **Administración**
- **Arquitectura**
- **Biología**
- **Contabilidad**
- **Derecho**
- **Economía**
- **Electricidad**
- **Electrónica**
- **Física**
- **Informática**
- **Ingeniería**

- **Marketing**
- **Matemáticas**
- **Psicología**
- **Química**
- **Serie McGraw-Hill de Divulgación Científica**
- **Serie McGraw-Hill de Electrotecnologías**
- **Serie McGraw-Hill de Management**
- **Sociología**
- **Textos Universitarios**

OFICINAS DEL GRUPO IBEROAMERICANO

USA

McGRAW-HILL IBEROAMERICAN GROUP
28 th. floor 1221 Avenue of the Americas
New York, N. Y. 10020

BRASIL

MAKRON BOOKS EDITORA, LTDA
Rua Tabapua 1105, Sao Paulo, S.P.
Telf.: (5511) 280 66 22. Fax: (5511) 829 49 70

ESPAÑA

McGRAW-HILL/INTERAMERICANA DE ESPAÑA
Apartado Postal 786 F. D.
Edificio Valrealty - 1.ª planta - c/Basauri, 17
28023 Aravaca (Madrid)
Telf.: (341) 372 81 93. Fax: (341) 372 85 13

ARGENTINA, PARAGUAY Y URUGUAY

McGRAW-HILL EXPORT ESPAÑA
Apartado Postal 786 F. D.
Edificio Valrealty - 1.ª planta - c/Basauri, 17
28023 Aravaca (Madrid)
Telf.: (341) 372 81 93. Fax: (341) 372 85 13

CHILE

McGRAW-HILL/INTERAMERICANA DE CHILE, LTDA.
Seminario, 541
Casilla 150, Correo 29
Santiago
Telf.: 222 94 05. Fax: (56-2) 635-4467

PORTUGAL

EDITORA McGRAW-HILL DE PORTUGAL, LDA.
Estrada de Alfragide Lote 107 Parcela A-1
Alfragide 2720 - Amadora
Telf.: (3511) 471 89 64. Fax: (3511) 471 89 81

COLOMBIA

McGRAW-HILL/INTERAMERICANA DE COLOMBIA, S. A.
Avda. de las Américas 46-41
Santafé de Bogotá, D. C.
Telf.: (571) 368 27 00. Fax: (571) 368 74 84

ECUADOR, BOLIVIA Y PERU

McGRAW-HILL EXPORT COLOMBIA
Apartado 81078, Santafé de Bogotá, D. E.
Transversal 42B, 19-77, Santafé de Bogotá, D. E.
Telf.: (571) 268 27 00. Fax: (571) 268 55 67

VENEZUELA

McGRAW-HILL/INTERAMERICANA DE VENEZUELA, S. A.
Apartado Postal 50785, Caracas 1050
Calle Vargas, Edificio Centro Berimer
Planta 1.ª Boleíta Norte. Caracas
Telfs.: 238 24 97 - 238 34 94. Fax: 238 23 74

MEXICO

McGRAW-HILL/INTERAMERICANA DE MEXICO, S. A.
Apartado Postal 5-237, México 5, D. F.
Atlacomulco 499-501
Fracc. Industrial San Andrés Atoto,
Naucalpan de Juárez, Edo. de México, 53500
Telf.: (525) 576 90 44. Fax: Ventas (525) 576 08 15

CENTROAMERICA Y CARIBE

McGRAW-HILL EXPORT MEXICO
Apartado Postal 5-237, México 5, D. F.
Atlacomulco 499-501
Fracc. Industrial San Andrés Atoto.
Naucalpan de Juárez, Edo. de México, 53500
Telf.: (525) 576 90 44. Fax: Ventas (525) 576 08 15